Maria Busch, Christoph Jung

unter Mitarbeit von Willi Dieckerhoff und Karl Friedrichs

Gemeinsam handeln

Politik für die Höhere Berufsfachschule
Ausgabe NRW

1. Auflage

Bestellnummer 60300

Bildungsverlag EINS

Haben Sie Anregungen oder Kritikpunkte zu diesem Produkt?
Dann senden Sie eine E-Mail an 60300_001@bv-1.de
Autoren und Verlag freuen sich auf Ihre Rückmeldung.

www.bildungsverlag1.de

Bildungsverlag EINS GmbH
Hansestraße 115, 51149 Köln

ISBN 978-3-427-**60300**-9

Inhaltsverzeichnis

Vorwort

Das vorliegende Lern- und Arbeitsbuch ist nach dem aktuellen Lehrplan für die Bildungsgänge der Höheren Berufsfachschule im Bereich Wirtschaft und Verwaltung konzipiert. Im berufsübergreifenden Bereich leistet das Fach Politik/Gesellschaftslehre seinen spezifischen Beitrag zur Kompetenzentwicklung und Identitätsbildung. Die Schülerinnen und Schüler sollen dabei unterstützt werden, ein selbstbestimmtes und gesellschaftlich verantwortliches demokratisches Handeln bei der Teilhabe am kulturellen, politischen und beruflichen Leben zu entwickeln. Um diese personale und gesellschaftliche Handlungsfähigkeit zu erreichen, ist das vorliegende Unterrichtswerk „Gemeinsam handeln" kompetenzorientiert aufgebaut. Die Schülerinnen und Schüler lernen durch die Einstiegssituationen jeweils zu Beginn der acht Anforderungssituationen im Buch das Spannungsverhältnis zwischen wirtschaftlichem Anspruch und gesellschaftlichen Bedürfnissen in der heutigen Zeit kennen. Ausgesuchte Informationstexte und vertiefende Materialien helfen, das erforderliche Fachwissen zu erlernen.

Neben Arbeitsvorschlägen zum Festigen des Erlernten bieten Aufgabenstellungen, die mit einem Kompetenz-Icon ausgezeichnet sind, den Schülerinnen und Schülern die Möglichkeit, sich im Zusammenspiel mit den Kompetenzbausteinen am Ende des Lehrbuches in die Lage zu versetzen, neben dem „Fachwissen" die Handlungskompetenzen „Fertigkeiten", „Selbstständigkeit" und „Sozialkompetenz" zu erarbeiten und anzueignen.

Mithilfe dieser Icons werden die Kompetenzen hervorgehoben, die in der jeweiligen Aufgabe im Vordergrund stehen oder besonders gefördert werden.

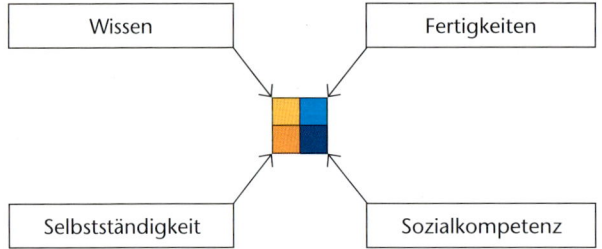

Grundsätzlich haben die vier im Lehrplan geforderten Kompetenzen eine feste Stellung im Kompetenzquadrat, der auch jeweils eine eigene Farbe zugeordnet wird. Kompetenzen, die in einer Aufgabe nicht den Schwerpunkt bilden oder nur am Rande gestreift werden, werden farbig nicht hinterlegt.

Bei politischen Diskussionen fehlen den Schülerinnen und Schülern manchmal Fachausdrücke und wichtige Begriffe. Eine „Kleine Institutionenkunde" im Anhang des Buches enthält ergänzende Informationen zu politischen Institutionen und gibt Hilfestellung bei dem einen oder anderen Fachbegriff.

Anforderungssituation 1

Spannungsfeld von individueller Freiheit und gesellschaftlicher Verantwortung – Soziales Handeln in lebensweltlichen Kontexten (Familie, Schule, Betrieb)

1

Kompetenzen

In diesem Kapitel arbeiten Sie die Wechselbeziehungen zwischen Ihrer persönlichen Identität und der gesellschaftlichen Norm selbstständig heraus. Sie lernen, diese Beziehungen vor dem Hintergrund konkreter gesellschaftlicher Referenzsysteme (Bezugssysteme) wie Geschlechterrollen, Rechte und Pflichten am Arbeitsplatz und Institutionen darzustellen. Darüber hinaus können Sie zu entsprechenden Fragen persönlich Stellung nehmen. Des Weiteren machen Sie sich mit ausgewählten Rollen- und Sozialisationstheorien und der zugehörigen Terminologie vertraut.

Sie erschließen sich wandelnde gesellschaftliche Normen und analysieren die Bedingungen, die Ursache dieser Veränderungen sind. In einem abschließenden Kapitel lernen Sie, wie gesellschaftliche Benachteiligungen durch Inklusions- und Integrationsmechanismen beseitigt werden sollen. Auch zu diesem Sachverhalt können Sie reflektiert Stellung nehmen.

Solidaritätsfonds für frühere Beschäftigte

In Not geratenen früheren Schlecker-Mitarbeitern soll durch Spendengelder geholfen werden. [...] Für den Fonds seien bisher 16.000 Euro gespendet worden. [...]

In der Regel soll eine einmalige Geldleistung in Höhe von bis zu 400 Euro gewährt werden, wie [die katholische] Betriebsseelsorge berichtet. Die Anträge würden zuvor von einem Gremium geprüft. Die Summe sei ein Tropfen auf den heißen Stein.

Aber dadurch könne im Einzelfall den Betroffenen konkret geholfen werden. „400 Euro sind viel Geld, wenn der Gerichtsvollzieher vor der Tür steht", sagte [die] Schlecker-Betriebsratschefin [...]. Durch die im Januar bekannt gewordene Schlecker-Insolvenz verloren gut 25.000 Beschäftigte ihren Job – zumeist Frauen. [Ein Stiftungsmitglied] sagte, bei Arbeitslosigkeit stehe von heute auf morgen die bittere Not vor der Tür. Arbeitslose verlören auf einen Schlag ein Drittel ihres Einkommens. [Eine] Verdi-Landesbezirksleiterin [...] sagte, es gebe gerade Gespräche mit der Bundesagentur für Arbeit über einen bundesweiten Erlass, damit die Hilfe nicht auf Sozialleistungen angerechnet wird. Sonst drohe Hartz-IV-Beziehern eine Kürzung ihrer Unterstützung. Eine Entscheidung über das Thema soll im September fallen.

dpa/lgk, in: Die Welt, 04.09.2012, abgerufen unter: www.welt.de/regionales/stuttgart/article108974999/ Solidaritaetsfonds-fuer-fruehere-Beschaeftigte.html [12.11.2012]

Schlecker soll Villa an Ehefrau übertragen haben

Anton Schlecker soll angeblich vor der Insolvenz seiner Drogeriekette das Familien-Anwesen an seine Ehefrau überschrieben haben. Reagierte der Firmengründer damit bereits auf eine absehbare Pleite?

[...] Schlecker habe das Anwesen der Familie in Ehingen am 11. August 2009 an seine Frau überschrieben, meldete der Südwestrundfunk unter Berufung auf das Grundbuchamt. Dabei gebe es unter anderem Zweifel an dem damals angegebenen Wert von Grundstück und Villa. Schlecker habe den Wert des rund vier Fußballfelder großen Grundstücks inklusive Villa damals mit 2,5 Millionen Euro angegeben. Nach Informationen des SWR sei allein das Grundstück zu diesem Zeitpunkt schon deutlich mehr als zwei Millionen Euro wert gewesen. Die Staatsanwaltschaft prüft derzeit, ob Anton Schlecker 2009 schon die bevorstehende Pleite vorhergesehen hat und deswegen Vermögen an Familienmitglieder übertrug.

dapd/fsc, in: Die Welt, 15.08.2012, abgerufen unter: www.welt.de/wirtschaft/article108625848/ Schlecker-soll-Villa-an-Ehefrau uebertragen-haben.html [12.11.2012]

Arbeitsvorschläge

1 Diskutieren Sie in der Klasse über Anton Schleckers Verantwortung gegenüber seinen ehemaligen Beschäftigten.

2 Schreiben Sie einen Leserbrief zum Verhalten von Anton Schlecker (siehe Kompetenzbaustein K14).

1.1 Familie

1.1.1 Ehe und Familie

In den vergangenen 30 Jahren haben Ehe und Familie einen gravierenden Wandel durchgemacht. Auf den ersten Blick sieht dies nicht so aus: Die moderne Kleinfamilie ist die vorherrschende Lebensform und wird immer noch von vielen Menschen als persönliches Ziel betrachtet. Immer noch heiratet die Mehrzahl aller Frauen in ihrem Leben wenigstens einmal. Doch sind

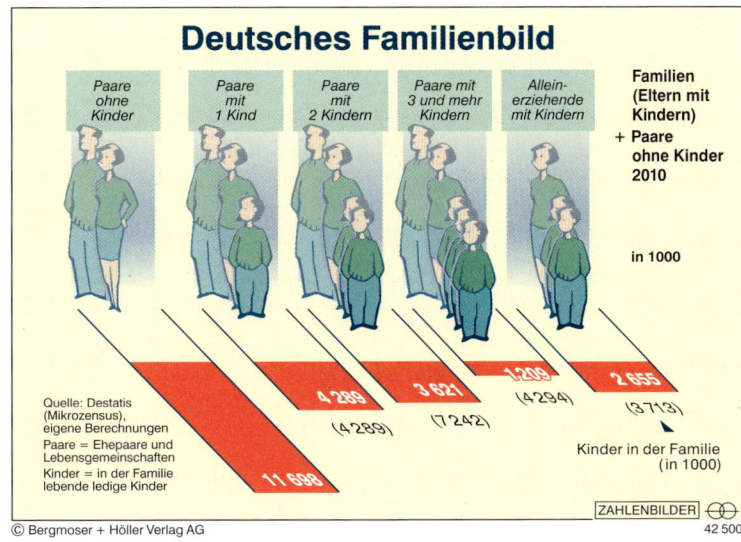

diese Ehen in vielen Fällen nicht von Bestand: Jede dritte Ehe – in einigen Großstädten auch jede zweite – wird geschieden. Dies hat zur Folge, dass jedes vierte Kind bei einem alleinerziehenden Elternteil aufwächst. Oft werden Kinder in sogenannten Patchworkfamilien groß; sie leben mit einem neuen Partner, einer neuen Partnerin ihres Elternteils zusammen, manchmal haben die neuen Partner auch weitere Kinder.

Viele junge Menschen gründen keine Familie mehr. Mittlerweile ist fast jede(r) dritte Deutsche über 30 kinderlos – eine früher unvorstellbar hohe Zahl.

Betrachtet man diese Fakten, so stellen sich zahlreiche Fragen: Welche gesellschaftlichen Auswirkungen haben diese Veränderungen? Wie wird das Zusammenleben von Mann und Frau, von Eltern und Kindern in Zukunft aussehen? Steuern wir auf eine Kultur der Bindungslosigkeit zu? Gibt es für die traditionelle Familie noch eine Überlebenschance oder wird sie von zahlreichen alternativen Lebensentwürfen abgelöst?

Kurze Geschichte der Ehe

Ursprünglich war die Ehe eine **Zweckgemeinschaft**, die oftmals von wirtschaftlichen Interessen geprägt wurde. Die Festigung der Beziehungen zwischen zwei Königshäusern konnte dabei ebenso ein Ziel sein wie die Zusammenlegung zweier Grundstücke.

In der **vorchristlichen Zeit** galt eine Eheschließung als ein Vertrag zwischen zwei Sippen. Gegen Zahlung eines Brautpreises wurde die germanische Braut ihrem Vater abgekauft, um dann in die Vormundschaft ihres Mannes überzugehen. Brach sie die Ehe, so wurde dies mit harten Sanktionen, manchmal sogar mit der Todesstrafe belegt. Dem Ehemann waren dagegen mehrere Ehefrauen und außereheliche Verhältnisse gestattet.

Auch im **Römischen Reich** waren Frauen alles andere als gleichberechtigt. Auch wenn beide Partner der Heirat zustimmen mussten, war die Frau nach der Heirat ihrem Ehemann mit Leib und Leben ausgeliefert. In Ansätzen war ein partnerschaftliches Zusammenleben lediglich in freien Lebensgemeinschaften wie dem **Konkubinat** möglich – eine Lebensform, die im Römischen Reich im Laufe der Zeit so beliebt wurde, dass sie als Ehe minderen Rechts anerkannt wurde. Allerdings wurde 1563 das Konkubinat wie alle anderen freien Beziehungen durch das Konzil von Trient verboten. Festgeschrieben wurde damals auch die Unauflöslichkeit der Ehe – es war also nicht mehr jedem Mann erlaubt, sich scheiden zu lassen, um dann eine neue Ehe einzugehen. Erst im 18. Jahrhundert entstand im Bürgertum die Idee der **Liebesehe**: Liebe, Sexualität und Ehe sollten idealerweise vereinbart werden.

Für viele junge Menschen ist es heute selbstverständlich, dass sie ihre Liebesbeziehungen frei eingehen können – sie lassen sich nicht durch gesellschaftliche und religiöse Zwänge einengen. Liebe lässt sich weder kontrollieren noch anordnen.

Rechtliche Stellung in Ehe und Familie

Die Gleichberechtigung von Mann und Frau ist in der Bundesrepublik Deutschland in der Verfassung (Grundgesetz) als Grundrecht gewährleistet.

Grundgesetz

Artikel 3
(1) Alle Menschen sind vor dem Gesetz gleich.
(2) Männer und Frauen sind gleichberechtigt. Der Staat fördert die tatsächliche Durchsetzung der Gleichberechtigung von Frauen und Männern und wirkt auf die Beseitigung bestehender Nachteile hin.
(3) Niemand darf wegen seines Geschlechts, seiner Abstammung, seiner Rasse, seiner Sprache, seiner Heimat und Herkunft, seines Glaubens, seiner religiösen oder politischen Anschauungen benachteiligt oder bevorzugt werden. Niemand darf wegen seiner Behinderung benachteiligt werden.

Heute kann sich eine junge Ehefrau kaum noch vorstellen, dass – wie bis 1953 – ihr Ehemann allein über das von seiner Ehefrau in die Ehe eingebrachte Vermögen entscheiden durfte, dass sie nur mit seiner Zustimmung eine Verpflichtung eingehen durfte, dass er ihr Arbeitsverhältnis ohne Weiteres kündigen konnte, dass in der Familie allein der Vater alle Entscheidungen über die Kinder zu treffen hatte. Die Frau, deren Lebensinhalt sich darin erfüllte, Ehegattin, Mutter und Hausfrau zu sein, war bis zur Reform des Ehe- und Familienrechts auch als Leitbild im Bürgerlichen Gesetzbuch (BGB) festgeschrieben. Erst 1976 wurde im BGB die volle Gleichberechtigung verankert.

Bürgerliches Gesetzbuch

§ 1356 Haushaltsführung, Erwerbstätigkeit
(1) Die Ehegatten regeln die Haushaltsführung in gegenseitigem Einvernehmen. Ist die Haushaltsführung einem der Ehegatten überlassen, so leitet dieser den Haushalt in eigener Verantwortung.
(2) Beide Ehegatten sind berechtigt, erwerbstätig zu sein. Bei der Wahl und Ausübung einer Erwerbstätigkeit haben sie auf die Belange des anderen Ehegatten und der Familie die gebotene Rücksicht zu nehmen.

§ 1360 Verpflichtung zum Familienunterhalt
(1) Die Ehegatten sind einander verpflichtet, durch ihre Arbeit und mit ihrem Vermögen die Familie angemessen zu unterhalten.
(2) Ist einem Ehegatten die Haushaltsführung überlassen, so erfüllt er seine Verpflichtung [...] in der Regel durch die Führung des Haushaltes.

Zerbrochene Ehen

Im Jahr 2011 wurden 187 640 Ehen geschieden. Dafür hält eine Durchschnittsehe im Vergleich zu den Jahren davor länger. Im Jahr 2011 lag die Dauer bei 14,5 Jahren. Im Jahr 1993 lag die Dauer im Durchschnitt bei 11,6 Jahren. In der Mehrheit der Fälle wurden die Ehen auf Antrag der Frau geschieden. Gemeinsam gestellte Scheidungsanträge gab es nur in 7,8 % der Fälle.

Ursachen von Scheidungen

■ **Selbstverwirklichung der Frauen**

Die treibende Kraft für die Neuorganisation der Partnerschaften und Familien sind die Frauen. 61 % der Scheidungsklagen werden von den Ehefrauen eingereicht. Nicht die Abkehr von der Familie schlechthin, sondern die Unzufriedenheit mit dem Typus der traditionellen Hausfrauenfamilie treibt die Scheidungsrate in die Höhe.

Der Anspruch der Frauen auf Selbstständigkeit wächst. Als das Bildungssystem gleichberechtigt für Jungen und Mädchen geöffnet wurde, begannen die Mädchen ihre Chance zu nutzen – und jetzt sind sie da: qualifiziert, ehrgeizig und mit Lust auf eine berufliche Tätigkeit. Frauen mit hohen Qualifikationen und guten Jobs heiraten entweder spät oder gar nicht, sie kriegen keines, eines, selten zwei Kinder, das aber nicht selten bis zu 15 Jahre später als ihre Mütter. Während 1980 nur 37 % der 15- bis 64-jährigen Frauen berufstätig waren, sind es heute 57 %. Vier von fünf Frauen im Alter zwischen 20 und 49 Jahren arbeiten, um finanziell unabhängig zu sein.

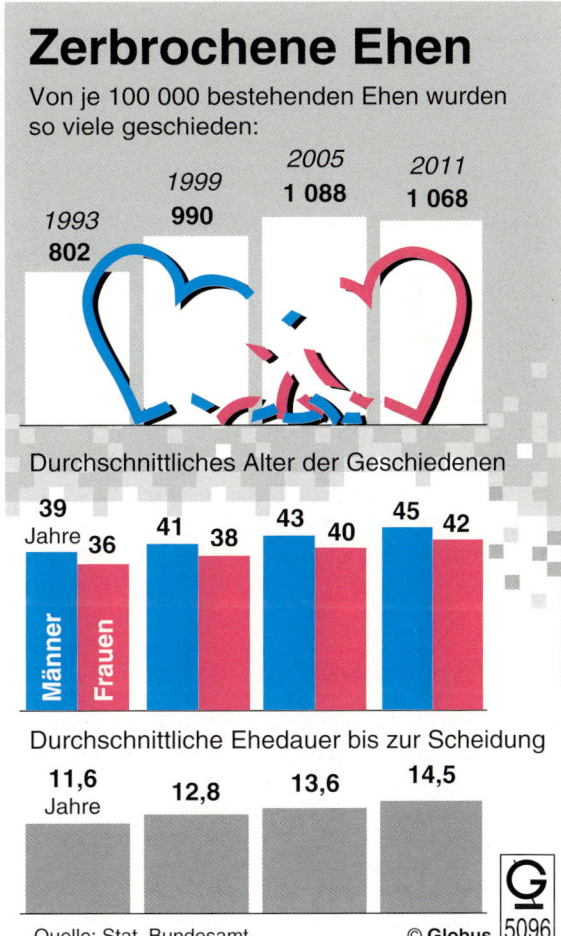

Zerbrochene Ehen

Von je 100 000 bestehenden Ehen wurden so viele geschieden:

1993 **802** 1999 **990** 2005 **1 088** 2011 **1 068**

Durchschnittliches Alter der Geschiedenen

Männer: 39 Jahre, 41, 43, 45
Frauen: 36, 38, 40, 42

Durchschnittliche Ehedauer bis zur Scheidung

11,6 Jahre **12,8** **13,6** **14,5**

Quelle: Stat. Bundesamt © Globus 5096

■ **Arbeitsmarktanforderungen**

Mehr denn je fordert der Arbeitsmarkt mobile, flexible Mitarbeiter – und das gilt heute für Frauen genauso wie für Männer. Nicht selten pendeln nun beide Partner zwischen Arbeits- und Wohnstadt. 57 % aller Pendelbeziehungen gehen irgendwann in die Brüche. Schon 5 bis 10 % der Ehepaare und 13 % aller Paare überhaupt führen Wochenendpartnerschaften – vor 30 Jahren zogen die Frauen einfach mit um in die neue Stadt.

■ **Lebenserwartung**

Die höhere Lebenserwartung der Menschen ist ein weiterer Grund dafür, dass viele Ehen heute nicht mehr bis zum Tode eines Ehepartners halten. Bis ins 19. Jahrhundert wurden die Menschen oftmals keine 50 Jahre alt. Waren die Kinder aus dem Haus, so starben die Eltern schon bald. Heute haben Frauen nach der Erziehung ihrer Kinder noch durchschnittlich 28 Jahre zu leben, bei Männern beträgt diese Zeitspanne immerhin 22 Jahre. Sind die Kinder erwachsen, so lassen sich viele Ehepartner scheiden: Sie wünschen sich einen persönlichen Neuanfang. Die Zahl der Ehescheidungen nach 20-jähriger Ehe ist heute ungefähr doppelt so hoch wie im Jahr 1970.

Kinderzahl wieder gesunken
Weltweit ist nur Deutschlands Geburtenrate dauerhaft niedrig

Die durchschnittliche Kinderzahl in Deutschland ist wieder gesunken. 2011 bekamen Frauen im Schnitt 1,36 Kinder. Insgesamt wurden vergangenes Jahr 662 685 Babys geboren. Für 2010 hatte das Statistische Bundesamt noch errechnet, dass jede Frau im Laufe ihres Lebens 1,39 Kinder zur Welt bringt. Im EU-Raum schwankte die Zahl 2011 zwischen 1,3 Kindern – etwa in Lettland, Ungarn und Portugal – und 2,0 Kindern je Frau, wie in Irland. Ein dauerhaft niedriges Geburtenniveau wurde laut Statistikamt bisher nur in Deutschland beobachtet: Die Bundesrepublik ist weltweit das einzige Land, in dem das niedrige Geburtenniveau um etwa 1,4 Kinder je Frau bereits seit fast 40 Jahren zu beobachten ist.

1977 war die Geburtenziffer erstmalig auf 1,4 Kinder je Frau gesunken. Zu diesem Zeitpunkt war die Geburtenhäufigkeit in Italien, Griechenland und Spanien mit 2,0 bis 2,7 Kindern je Frau noch deutlich höher. Von Ende der 70er- bis Ende der 90er-Jahre erlebten aber auch diese Staaten einen Geburtenrückgang. Die Zahl sank dort für einige Jahre sogar unter das deutsche Niveau. In den vergangenen 15 Jahren hat die Geburtenhäufigkeit in den drei südeuropäischen Staaten wieder zugenommen und lag zuletzt zwischen 1,4 und 1,5 Kinder je Frau. Die nord- und westeuropäischen Staaten weisen stabil ein höheres Geburtenniveau als Deutschland auf.

Die Welt kompakt: Kinderzahl wieder gesunken, 21.09.2012, abgerufen unter: www.welt.de/print/welt_kompakt/print_politik/article109365822/Kinderzahl-wieder-gesunken.html [12.11.2012]

Arbeitsvorschläge

1   *Die Formen des Zusammenlebens haben sich in den letzten 30 Jahren verändert.*
   a   Kennzeichnen Sie in Stichpunkten die heutige Situation.
   b   Setzen Sie sich mit den Texten zu den Ursachen auseinander und beschreiben Sie die Gründe für die Veränderung.

2   *Formulieren Sie Argumente pro und kontra Erhalt von Ehe und Familie (siehe Kompetenzbaustein K18).*

3   *Elternschaft unter jungen Leuten hat den Selbstverständlichkeitscharakter verloren. Mit welchen Aktivitäten könnte der Staat hier für eine Korrektur sorgen?*

4   *Sehen Sie einen Zusammenhang zwischen der Form des Zusammenlebens und dem Wirtschafts- und Wertesystem? Erläutern Sie Ihre Antwort.*
   Stichworte: Individualisierung – Aufstiegsbewusstsein – Arbeitsmarkterfordernisse – kinderloses Ehepaar – Ansprüche an das Leben – alleinerziehende Mutter – unabhängige Frau – „Nur"-Hausfrau – Lebensansprüche nicht finanzierbar

1.1.2 Nicht eheliche Lebensgemeinschaften

Beispiel

Die 36-jährige freiberufliche Grafikerin Verena Wagner und der Redakteur Christian Keller, 45 Jahre, aus Köln möchten nach elf Jahren Partnerschaft und fünf Jahren des Zusammenlebens gemeinsam alt werden. Getrennte Kassen sind für sie selbstverständlich was allerdings gemeinsame Zukunftspläne nicht ausschließt: Kinder und eine Eigentumswohnung in der Stadt sind für beide Partner vorstellbar und wünschenswert. Nicht geplant ist jedoch eine Eheschließung, denn vor allem Christian Keller ist es wichtig, dass beide Partner wirklich freiwillig zusammenleben. Doch auch für seine Freundin ist Unabhängigkeit ein zentraler Wert.

In Deutschland wie in den meisten Nachbarländern hat sich das Heiratsverhalten der jungen Erwachsenen in den letzten Jahrzehnten stark verändert. Seit Ende der Sechzigerjahre wurde das überkommene Ehe- und Familienleitbild von der jüngeren Generation zunehmend infrage gestellt. Neben der traditionellen, rechtlich fest gefügten und privilegierten Institution der Ehe entwickelten sich neue Formen der Geschlechterbeziehung, die dem Selbstständigkeits- und Unabhängigkeitsbedürfnis der Partner größeren Raum ließen und dem veränderten Rollenverständnis der auf Gleichberechtigung drängenden, berufstätigen Frau entgegenkamen. Die früher vorherrschenden Moralvorstellungen, die sexuelle Beziehungen nur innerhalb der Ehe erlaubten, machten einer allgemein toleranteren Einstellung Platz. So ging einerseits die Heiratshäufigkeit zurück, andererseits wurde die „Ehe ohne Trauschein", das nichteheliche Zusammenleben von Mann und Frau in einem Haushalt, zunehmend gesellschaftsfähig. […]

Eine generelle Ablehnung der Ehe ist mit dieser Lebensform aber nicht zwangsläufig verbunden. Bei vielen nichtehelichen Lebensgemeinschaften handelt es sich nämlich um eine Art Probeehe, die nach einiger Zeit doch in eine formelle Eheschließung einmündet. Es sind aber nicht nur ledige junge Leute, die solche Beziehungen eingehen. Vielmehr bringt jeder dritte Partner in einer nichtehelichen Gemeinschaft schon Eheerfahrung mit und die Zahl derer, die in reiferem Alter unverheiratet zusammenleben, nimmt ständig zu. […]

Bergmoser + Höller Verlag AG: Zusammenleben ohne Trauschein, abgerufen unter: www.zahlenbilder.de/Infografiken/Suchergebnisse/Zusammenleben-ohne-Trauschein-(06-2008)_1151.html [19.11.2012]

Kennzeichnend für nicht eheliche Lebensgemeinschaften sind unter anderem:

- Weitgehende finanzielle Unabhängigkeit beider Partner: Jeder verfügt über ein eigenes Bankkonto.

- Besonders die älteren Paare legen Wert auf einen eigenen Freundes- und Bekanntenkreis neben gemeinsamen Freunden.

- Im sexuellen Bereich erwarten die Partner gegenseitige Treue.

- Bei Konflikten – genauso häufig wie bei Ehepaaren – bemüht man sich darum, diese in einer offenen Aussprache zu lösen.

- Die Wohnung muss jedem Partner einen Rückzug in einen eigenen Bereich gestatten.

Nicht eheliche Lebensgemeinschaften unterscheiden sich von Ehen bezüglich des unterschiedlichen Zeithorizonts. Die Zukunftsperspektive der nicht ehelichen Lebensgemeinschaft ist gegenüber der Ehe unbestimmt, das heißt, sie steht unter dem Vorbehalt der jederzeitigen Kündbarkeit. Erst die Praxis muss erweisen, ob die Beziehung tragfähig und zukunftsträchtig ist. Allerdings belegen die steigenden Scheidungszahlen, dass auch der Zeithorizont der heutigen Ehe unbestimmter wird. Für beide Lebensformen gilt: Je länger eine Beziehung dauert, umso verbindlicher wird sie angesehen.

Arbeitsvorschläge

1   Lesen Sie das Eingangsbeispiel. Welcher Rahmen ist Verena Wagner und Christian Keller für das Zusammenleben wichtig?

2   Welche Kennzeichen sind für Sie typisch für die Ehe bzw. die nicht eheliche Lebensgemeinschaft? Stellen Sie in Stichworten die Kennzeichen dieser beiden Lebensformen einander gegenüber.

3   Äußern Sie Ihre Meinung zum Leben ohne Trauschein.

1.1.3 Eingetragene Lebenspartnerschaften

Den Start machten die Niederlande 2001: Es war weltweit das erste Land, in dem Homosexuelle heiraten durften. In Europa ermöglichen inzwischen mehrere Staaten, dazu gehören Belgien, Island, Norwegen, Portugal, Spanien und Schweden, die Homo-Ehe. In Deutschland dürfen Lesben und Schwule nur eine eingetragene Lebenspartnerschaft eingehen, die bislang allerdings weniger Rechte bietet als die herkömmliche Ehe. Die Menschenrechtsorganisation ILGA dokumentiert die Rechte von Homosexuellen und führt einen Index, mit dem einzelne Länder für ihre Situation der Homo-, Bi- und Transsexuellenrechte beurteilt werden. Im „Rainbow Europe Country Index" (die Regenbogenfarben werden in der Schwulen- und Lesbenbewegung als Symbol benutzt) stehen Großbritannien, Deutschland, Spanien und Schweden ganz oben. Moldawien und Russland sind die Schlusslichter in Bezug auf die Rechtssituation von Schwulen, Lesben, Bi- und Transsexuellen.

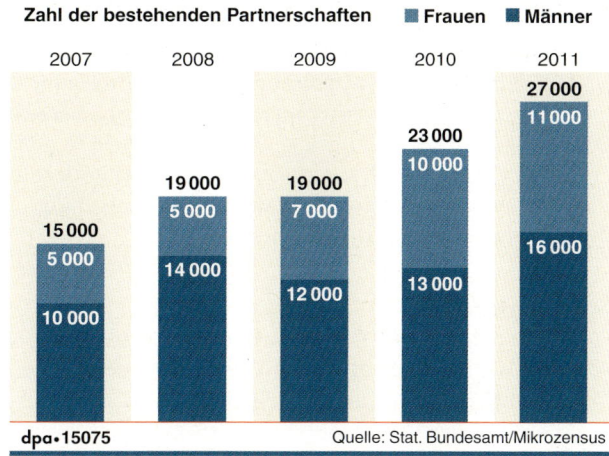

Eingetragene Lebenspartnerschaft

2011 gab es 67 000 gleichgeschlechtliche Lebensgemeinschaften. Davon ließen sich 27 000 als Eingetragene Lebenspartnerschaft („Homo-Ehe") registrieren.

Zahl der bestehenden Partnerschaften   ■ Frauen ■ Männer

2007	2008	2009	2010	2011
15 000	19 000	19 000	23 000	27 000
5 000	5 000	7 000	10 000	11 000
10 000	14 000	12 000	13 000	16 000

dpa•15075   Quelle: Stat. Bundesamt/Mikrozensus

picture-alliance/dpa-infografik: Regenbogen-Europa, abgerufen unter: http://portal.picture-alliance.com/customer/result.jsp#resultBlock [19.11.2012]

Lebenspartnerschaftsgesetz
(Gesetz über die Eingetragene Lebenspartnerschaft)

§ 1 Form und Voraussetzungen
(1) Zwei Personen gleichen Geschlechts, die gegenüber dem Standesbeamten [...] erklären, miteinander eine Partnerschaft auf Lebenszeit führen zu wollen [...], begründen eine Lebenspartnerschaft.
(2) [...] Die Begründung der Lebenspartnerschaft kann in Gegenwart von bis zu zwei Zeugen erfolgen.

§ 3 Lebenspartnerschaftsname
(1) Die Lebenspartner können einen gemeinsamen Namen (Lebenspartnerschaftsnamen) bestimmen. [...]

§ 5 Verpflichtung zum Lebenspartnerschaftsunterhalt
Die Lebenspartner sind einander verpflichtet, durch ihre Arbeit und mit ihrem Vermögen die partnerschaftliche Lebensgemeinschaft angemessen zu unterhalten. [...]

§ 6 Güterstand
Die Lebenspartner leben im Güterstand der Zugewinngemeinschaft, wenn sie nicht durch Lebenspartnerschaftsvertrag (§ 7) etwas anderes vereinbaren. [...]

§ 8 Sonstige vermögensrechtliche Wirkungen
(1) Zugunsten der Gläubiger eines der Lebenspartner wird vermutet, dass die im Besitz eines Lebenspartners oder beider Lebenspartner befindlichen beweglichen Sachen dem Schuldner gehören. [...]

§ 9 Regelungen in Bezug auf Kinder eines Lebenspartners
(1) Führt der allein sorgeberechtigte Elternteil eine Lebenspartnerschaft, hat sein Lebenspartner im Einvernehmen mit dem sorgeberechtigten Elternteil die Befugnis zur Mitentscheidung in Angelegenheiten des täglichen Lebens des Kindes. [...]
(2) Bei Gefahr im Verzug ist der Lebenspartner dazu berechtigt, alle Rechtshandlungen vorzunehmen, die zum Wohl des Kindes notwendig sind; der sorgeberechtigte Elternteil ist unverzüglich zu unterrichten.
[...]

§ 10 Erbrecht
(1) Der überlebende Lebenspartner des Erblassers ist neben Verwandten der ersten Ordnung zu einem Viertel, neben Verwandten der zweiten Ordnung oder neben Großeltern zur Hälfte der Erbschaft gesetzlicher Erbe. [...]
(2) Sind weder Verwandte der ersten noch der zweiten Ordnung noch Großeltern vorhanden, erhält der überlebende Lebenspartner die ganze Erbschaft. [...]
(4) Lebenspartner können ein gemeinschaftliches Testament errichten. [...]

§ 12 Unterhalt bei Getrenntleben
Leben die Lebenspartner getrennt, so kann ein Lebenspartner von dem anderen den nach den Lebensverhältnissen und den Erwerbs- und Vermögensverhältnissen der Lebenspartner angemessenen Unterhalt verlangen. [...]

§ 15 Aufhebung der Lebenspartnerschaft
(1) Die Lebenspartnerschaft wird auf Antrag eines oder beider Lebenspartner durch gerichtliches Urteil aufgehoben.
[...]

Arbeitsvorschläge

1   Beantworten Sie mithilfe des Lebenspartnerschaftgesetzes folgende Fragen:
   a   Wie lautet die Regelung zur Unterhaltspflicht?
   b   Welche Regelung gibt es in Bezug auf die Kinder eines Lebenspartners?
   c   Wie ist das Erbrecht geregelt?

2   Führen Sie in der Klasse eine Pro-und-Kontra-Debatte zur Gleichstellung der Homoehe (siehe Kompetenzbaustein K18).

1.2   Schule

1.2.1 Schul- und Bildungswesen nach 1945

Im Jahre 1945 setzten die vier Siegermächte USA, Großbritannien, Frankreich und UdSSR in ihren jeweiligen Besatzungszonen auch im Bildungswesen unterschiedliche Akzente, die sich jedoch alle an Punkt 7 des Potsdamer Abkommens ausrichteten:

„7. Das Erziehungswesen in Deutschland muß so überwacht werden, daß die nazistischen und militärischen Lehren völlig entfernt werden und eine erfolgreiche Entwicklung der demokratischen Ideen möglich gemacht wird."
Amtsblatt des Kontrollrats in Deutschland, 1945, Ergänzungsblatt Nr. 1, S. 45

Vorrangiges Ziel war also gemäß dem Abkommen die Entnazifizierung des Lehrpersonals, der Unterrichtsinhalte und der Schulbücher.

Selbst als der sogenannte Kalte Krieg, also der Konflikt zwischen den Westmächten unter der Führung der USA und dem Ostblock unter Leitung der Sowjetunion, bereits begonnen hatte, einigten sich die Siegermächte 1947 noch auf das folgende bemerkenswerte Dokument:

Kontrollratsdirektive Nr. 54:
Grundprinzipien für die Demokratisierung des Bildungswesens in Deutschland (1947)

Der Kontrollrat billigt die folgenden Grundsätze und überweist sie den vier Zonenbefehlshabern und der Alliierten Kommandantur Berlin als Richtlinien:
1. Es sollten gleiche Bildungsmöglichkeiten für alle gewährleistet sein.
2. In allen Bildungsinstitutionen, die ganz aus öffentlichen Mitteln unterhalten werden und überwiegend Schüler im schulpflichtigen Alter betreuen, sollten Unterricht, Schulbücher und andere notwendige Lehr- und Lernmittel unentgeltlich gewährt werden; außerdem sollten allen, die Unterstützung benötigen, Unterhaltszuschüsse gewährt werden. – In den anderen Bildungseinrichtungen, einschließlich der Universitäten, sollten Unterricht, Lehrbücher und notwendige Materialien zusammen mit Unterhaltsbeihilfen für Unterstützungsbedürftige unentgeltlich gewährt werden.
3. Für alle [Kinder] im Alter von sechs bis mindestens zum fünfzehnten Lebensjahre sollte pflichtmäßiger Vollzeit-Schulbesuch gefordert werden – und für alle Schüler, die nicht Vollzeitschulen besuchen, anschließend wenigstens pflichtmäßiger Teilzeit-Schulbesuch bis zur Vollendung des 18. Lebensjahres. [...]
5. Alle Schulen sollten Nachdruck legen auf die Erziehung zu staatsbürgerlicher Verantwortung und demokratischen Lebensstil (democratic way of life) vermittelst des Lehrplans, der Lehrbücher und Lehrmittel und der Organisation der Schule selbst. [...]
8. Für alle Schüler und Studenten sollten Gesundheitsüberwachung und Erziehung zu gesunder Lebensweise vorgesehen, außerdem Unterricht in Hygiene erteilt werden. [...]
10. Nachdrücklich sollten Bestimmungen getroffen werden, allen Bürgern die wirkungsvolle Teilnahme an der Reform und Organisation des Bildungswesens ebenso wie an seiner Verwaltung zu ermöglichen.
Ausgefertigt in Berlin am 25. Juni 1947.

Michael, Berthold/Schepp, Heinz-Hermann (Hg.): Die Schule in Staat und Gesellschaft. Dokumente zur deutschen Schulgeschichte im 19. und 20. Jahrhundert, Göttingen/Zürich: Muster-Schmidt 1993, S. 357 f. (Auszug)

1949 bestätigte das Grundgesetz für die Bundesrepublik Deutschland den Bundesländern im sogenannten **Kulturföderalismus** die Bildungshoheit (Art. 7 GG), die sie bereits in der Weimarer Republik innehatten.

Der Bund muss sich seither bei bildungspolitischen Fragen auf seine Rahmenkompetenzen beschränken, die neben grundsätzlichen Schulgesetzen, wie z. B. der allgemeinen Schulpflicht, vor allem im Hochschulbereich (z. B. einheitliche Abschlüsse wie Master und Bachelor) und der Berufsausbildung (z. B. Berufsbildungsgesetz) liegen.

Die inneren Schulangelegenheiten werden ausschließlich von den einzelnen Bundesländern geregelt. Sie sind u. a. nicht nur für die Ausbildung und Einstellung des Lehrpersonals zuständig, sondern darüber hinaus auch für die Schulaufsicht und -organisation, für die Lehrpläne, die Unterrichtsziele und die Genehmigung von Schulbüchern.

Die Kommunen sind verantwortlich für die äußeren Schulangelegenheiten wie die Unterhaltung und Verwaltung der Schulen sowie die Sachausstattung und die Anschaffung von Lehr- und Lernmitteln.

Das gesamte **Bildungssystem** in Deutschland ist vertikal in sechs Stufen gegliedert, davon bilden die Jahrgangsstufen 1–13, also der Primarbereich, der Sekundarbereich I und der Sekundarbereich II, das eigentliche deutsche **Schulsystem** (siehe Abb. „Grundstruktur des Bildungswesens", S. 19).

Betrachtet man die unten stehende Grafik, so fällt Folgendes auf: Während die Zahl der öffentlichen Bildungseinrichtungen auch aufgrund des demografischen Wandels in den letzten 12 Jahren zurückgegangen ist, so hat sich im gleichen Zeitraum die Zahl der privaten Einrichtungen um ein Viertel erhöht. Dies betrifft vor allem die allgemeinbildenden Schulen und die Hochschulen.

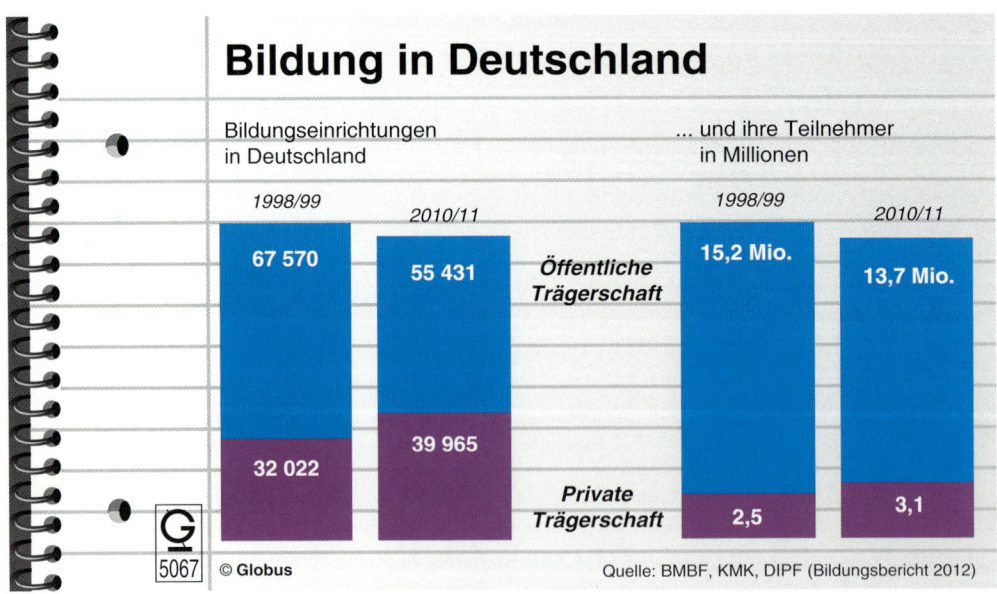

Grundstruktur des Bildungswesens in Deutschland

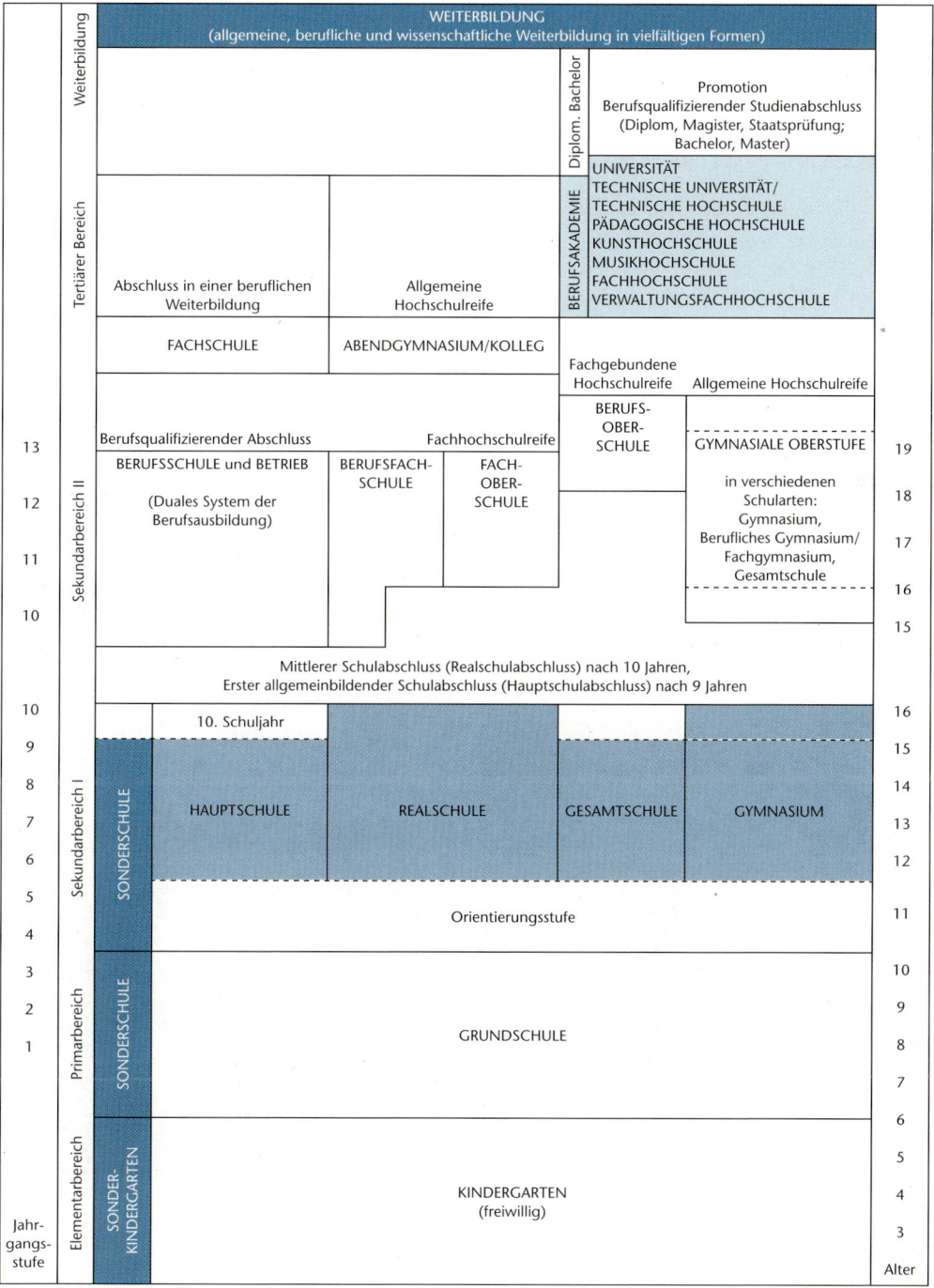

Hg.: Sekretariat der Ständigen Konferenz der Kultusminister der Länder in der Bundesrepublik Deutschland. Dokumentations- und Bildungsinformationsdienst, Stand Januar 2012, abgerufen unter: www.kmk.org/ dokumentation/das-bildungswesen-in-der-bundesrepublik-deutschland [12.09.2013]

Berufskolleg

Während Schulformen wie Haupt- und Realschule, Gymnasium und Gesamtschule den meisten Bürgern der Bundesrepublik Deutschland bekannt sind, ist vielen nicht ganz klar, was ein Berufskolleg ist und welche Abschlüsse dort erworben werden können. Dies soll im Folgenden erläutert werden.

Die Bezeichnung **Berufskolleg** steht in Nordrhein-Westfalen für eine Ende der 1990er-Jahre aus den berufsbildenden Schulen und Kollegschulen hervorgegangene Schulform.

Hierbei handelt es sich um die Schulform mit dem breitesten Angebot an schulischen Abschlüssen, die in der Regel mit einer beruflichen Qualifikation verbunden werden. So erhielten im Sommer 2011 an den Berufskollegs 76 000 Schüler einen allgemeinbildenden Schulabschluss, darunter 36 700 das Fachabitur und 8 200 das Abitur. Die zeitgleiche Qualifizierung im berufsbildenden und im allgemeinbildenden Bereich kann in den vielfältigen Bildungsgängen unterschiedlich realisiert werden.

Folgende berufliche Qualifizierungen und allgemeinbildenden Abschlüsse der Sekundarstufe I und II können an Berufskollegs erworben werden:

Qualifizierungen:

- Berufliche Kenntnisse
- Berufliche Grundbildung
- Kenntnisse und Fertigkeiten aus mehreren Berufsfeldern
- Berufsabschluss nach Landesrecht
- Schulischer Teil der Berufsausbildung in einem anerkannten Ausbildungsberuf
- Berufliche Weiterbildung
- Zusatzqualifikation

Allgemeinbildende Abschlüsse:

- Hauptschulabschluss
- Hauptschulabschluss nach Klasse 10
- Mittlerer Schulabschluss (Fachoberschulreife)
- Mittlerer Schulabschluss mit der Berechtigung zum Besuch der gymnasialen Oberstufe (Fachberufoberschulreife mit Qualifikation)
- Fachhochschulreife
- Fachgebundene Hochschulreife
- Allgemeine Hochschulreife

Arbeitsvorschläge

1   a   Welche Grundprinzipien für die Demokratisierung des Bildungswesens 1947 halten Sie auch heute noch für wichtig? Begründen Sie Ihre Auffassung.
b   Welche dieser Prinzipien werden heute noch im Bildungswesen verwirklicht?

2   Die grundsätzliche Bildungshoheit liegt in der Bundesrepublik Deutschland bei den Bundesländern und nicht beim Bund. Führen Sie mögliche Vor- und Nachteile dieses Tatbestands an.

3   Führen Sie mögliche Gründe für den zahlenmäßigen Rückgang der öffentlichen Bildungseinrichtungen und ihrer Schülerzahlen an (siehe Kompetenzbaustein K20).

1.2.2 Studien zum Bildungssystem

Wie gut sind junge Menschen auf die Herausforderungen der Wissensgesellschaft des 21. Jahrhunderts vorbereitet? Welchen Beitrag leisten hierzu die Bildungssysteme der einzelnen Mitgliedsländer? Diesen Fragen geht die OECD[1] weltweit, in sogenannten **PISA-Studien**[2] nach. Deren Ergebnisse informieren die Mitgliedsländer über Stärken und Schwächen ihrer Bildungssysteme. Die Testergebnisse berücksichtigen auch sogenannte Hintergrundmerkmale wie Migration, Elternhaus und Schulstrukturen. Geprüft werden die Kompetenzen 15-jähriger Schüler und Schülerinnen.

Die erste PISA-Erhebung fand im Jahr 2000 mit dem Schwerpunkt Lesekompetenz statt, die zweite im Jahr 2003 mit dem Schwerpunkt Mathematik, die dritte im Jahr 2006 mit dem Schwerpunkt Naturwissenschaft und die vierte im Jahr 2009 wiederum mit dem Schwerpunkt Lesekompetenz. Weitere Erhebungen sind geplant.

PISA I (2000) über die Schulen in Deutschland

- Der Durchschnitt der deutschen Schülerinnen und Schüler im Alter von 15 Jahren erreicht im Lesen sowie bei der mathematischen und naturwissenschaftlichen Grundbildung Leistungen, die im unteren Mittelfeld der an der PISA teilnehmenden OECD-Staaten liegen.

- Der Anteil von Schülerinnen und Schülern, der nur das unterste Kompetenzniveau erreicht, ist in Deutschland besonders hoch – vor allem beim Leseverständnis.

- Beim Leseverständnis fehlt es den deutschen Schülerinnen und Schülern vor allem an Kompetenzen, die für das Reflektieren und Bewerten von Texten erforderlich sind. In Mathematik sind die deutschen Schülerinnen und Schüler stark an Rechenroutinen orientiert. Selbstständiges mathematisches Argumentieren wird im internationalen Vergleich nur sehr wenig beherrscht. In den Naturwissenschaften haben deutsche Schülerinnen und Schüler besondere Schwierigkeiten beim Aufbau eines naturwissenschaftlichen Verständnisses und der Anwendung ihres Wissens.

- In allen untersuchten Leistungsbereichen ist in Deutschland der Zusammenhang zwischen sozialer Herkunft und Kompetenzerwerb besonders eng. Deutschland gelingt es offenbar in geringerem Maße als anderen Staaten, Kinder aus sozial benachteiligten Familien zu fördern.

- In allen teilnehmenden Ländern schneiden Jugendliche aus Familien mit Migrationshintergrund schlechter ab als Muttersprachler.
  [...]

- Eine möglichst frühe Aufteilung von Schülerinnen und Schülern in institutionell getrennte Bildungsgänge wirkt offenbar nicht leistungssteigernd. Viele Länder, in denen die Leistungen der deutschen Schülerinnen und Schüler übertroffen werden, kennen keine Aufteilung der Schüler auf unterschiedliche Schulformen nach Leistung.

Christoph Burkhard in: Forum Schule 8/2000 (Auszug)

---

[1] *OECD: Organisation for Economic Co-operation and Development (Organisation für wirtschaftliche Zusammenarbeit und Entwicklung)*
[2] *PISA: Programme for International Student Assessment*

PISA II (2003) über die Schulen in Deutschland

Deutsche Schulen nur Mittelmaß
Schwaches Abschneiden beim Pisa-Test

Berlin. Bei der zweiten weltweiten Pisa-Studie hat Deutschland erneut schlecht abgeschnitten.

Die deutschen Schüler landeten in allen Testdisziplinen in der unteren Hälfte der Tabelle von 31 Industriestaaten. Beim aktuellen Schwerpunkt Mathematik konnten sie sich zwar um drei Plätze verbessern und belegen jetzt den 17. Rang. Beim Thema „Lesen und Textverständnis" kommen sie allerdings nur auf Platz 20.

Drei Jahre nach der ersten Pisa-Studie belegt die Untersuchung erneut: In keinem anderen vergleichbaren Staat der Welt hängt der Schulerfolg so stark von Einkommen und Vorbildung der Eltern ab wie in Deutschland. Bei gleicher Begabung habe ein Akademikerkind im Vergleich zum Kind von Facharbeitern eine mehr als dreimal so große Chance, das Abitur zu erlangen. Das deutsche Schulsystem versage auch bei der Förderung von Migrantenkindern. Erschreckend hoch ist zugleich der Anteil sogenannter Risikoschüler. Mehr als 22 % der 15-Jährigen in Deutschland können laut der neuen Pisa-Studie einfachste Texte nicht lesen oder verstehen – und selbst am Ende ihrer Pflichtschulzeit allenfalls auf Grundschulniveau rechnen. In keiner anderen großen Industrienation ist die Zahl der Schüler, die nur das unterste Testniveau erreichen, so hoch wie in Deutschland.

dpa, Westdeutsche Allgemeine Zeitung vom 22.11.2004 (geändert)

PISA III (2006) über die Schulen in Deutschland

Die erfreulichen Nachrichten ...

Naturwissenschaften: Beim PISA-Schwerpunkt 2006 liegen die Schüler in Deutschland mit 516 Kompetenzpunkten erstmals klar über dem OECD-Mittel (500 Punkte) – und befinden sich damit im oberen Leistungsdrittel der weltweit 57 Teilnehmerstaaten. Beim ersten PISA-Test 2000 erzielte Deutschland in den Naturwissenschaften 487 Punkte. [...]

Mehr starke Schüler – weniger schwache: 11,8 % der Schüler in Deutschland erreichen in den Naturwissenschaften mindestens die Kompetenzstufe 5 – ein Wert über dem OECD-Schnitt (9 %). 1,8 % erreichen sogar die höchste Stufe 6. Diese Schüler zeigen, dass sie naturwissenschaftliches Wissen in einer Vielzahl komplexer Lebenssituationen erklären und anwenden, verschiedene Informationsquellen miteinander verknüpfen und ihre Entscheidungen gut begründen können. Mit 15,4 % ist der Anteil der Risiko-Schüler in Deutschland in den Naturwissenschaften geringer als im OECD-Schnitt (19,3 %). [...]

... und die unerfreulichen Nachrichten:

Leseverständnis: Kaum Fortschritte gibt es bei der Basiskompetenz Lesen/Textverständnis. Mit 495 PISA-Punkten liegen die 15-Jährigen in Deutschland nahe beim OECD-Schnitt (492). [...]

Mathematik: Keine Bewegung zeigt sich in Mathematik: Deutschland verharrt mit 504 Punkten weiter im Mittelfeld der Teilnehmerstaaten (OECD-Schnitt: 498). [...]

Chancengleichheit ungenügend: PISA 2006 belegt erneut die fehlende Chancengleichheit an deutschen Schulen, insbesondere für Migrantenkinder. 15-Jährige oder Angehörige der sogenannten zweiten Generation, die bereits in Deutschland geboren wurden und hier ihre gesamte Schulzeit verbracht haben, liegen in der naturwissenschaftlichen Grundbildung mit ihren Lernleistungen 93 PISA-Punkte hinter gleichaltrigen Deutschen. 39 Punkte entsprechen nach PISA-Lesart dem Lernfortschritt eines Schuljahres. Kein vergleichbarer Industriestaat erreicht hier schlechtere Werte als Deutschland. [...]

Erziehung und Wissenschaft 1/2008 (Zeitung der Bildungsgewerkschaft GEW)

PISA IV (2009) über die Schulen in Deutschland

Der Vergleich mit der ersten Studie dokumentiert für Deutschland eine positive Entwicklung: So belegt Deutschland unter 74 getesteten Teilnehmern (OECD-Länder) in Mathematik den 16., in Naturwissenschaften den 13. und im Leseverständnis den 20. Rang. Zum Vergleich: Finnland belegte in Mathematik den sechsten, in Naturwissenschaften den zweiten und im Leseverständnis den dritten Rang.

Außerdem hat in Deutschland die Lesekompetenz, auch der Jugendlichen mit Migrationshintergrund, deutlich zugenommen, ebenso die Lesefreudigkeit. Allerdings gibt die Mehrheit der Jugendlichen nach wie vor an, nicht zum Vergnügen zu lesen. Weiterhin besteht zwischen Jungen und Mädchen ein sehr großer Unterschied in der Lesekompetenz. Während Mädchen besser lesen können als Jungen, erreichen diese dagegen in der Regel eine höhere mathematische und naturwissenschaftliche Kompetenz. Die Geschlechterunterschiede sind hier aber weniger stark ausgeprägt.

Erfreulich ist, dass die Abhängigkeit der Kompetenzen vom sozialen Hintergrund abgenommen hat. Aber immer noch beeinflusst die soziale Herkunft die Bildungschancen eines jungen Menschen.

Weitere Ergebnisse diverser Bildungsstudien

Glaubt man den Angaben der OECD, so hat jeder fünfte junge Erwachsene in der Bundesrepublik Deutschland ein niedrigeres Bildungsniveau als seine Eltern. Stimmt diese Aussage zuerst bedenklich, so muss sie doch kritisch betrachtet werden, denn viele nationale Statistiken stellen im Gegensatz zur OECD eine abgeschlossene Berufsausbildung mit dem Abitur gleich.

Beispiel

Lauras Eltern sind beide Akademiker und arbeiten als Gymnasiallehrerin und Ingenieur. Laura verlässt die Schule mit dem Realschulabschluss und schließt eine Berufsausbildung als Physiotherapeutin ab. Laut OECD wäre dies ein Bildungsabstieg, den nationalen Statistiken zufolge aber nicht. Auch viele deutsche Politiker betrachten das Abitur und eine abgeschlossene Berufsausbildung als gleichwertig.

Bedenklich stimmt, dass Deutschland nur 5,3 % seiner Wirtschaftskraft für die Bildung aufwendet (öffentliche und private Investitionen zusammen). Betrachtet man nur die öffentlichen Ausgaben, so werden davon in Deutschland 10,5 % in die Bildung investiert, im OECD-Schnitt sind es dagegen 13 %.

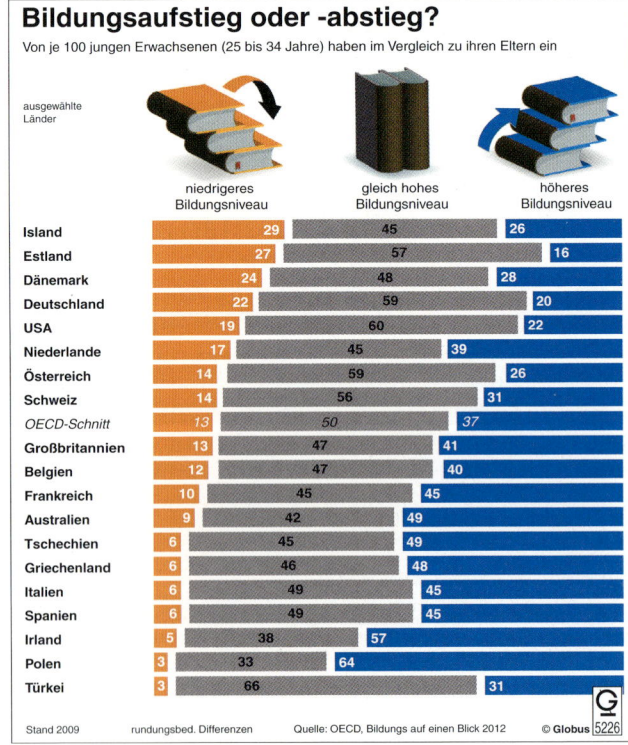

Vierter Bildungsbericht (2012)

Der Bildungsbericht ist eine umfassende empirische Bestandsaufnahme, die das Bildungswesen als Gesamtsystem beschreibt und im Abstand von zwei Jahren Informationen über die verschiedenen Bildungsbereiche und zu übergreifenden Aspekten des Bildungswesens liefert. Ins Leben gerufen wurde der Bericht wegen des schlechten Abschneidens der Bundesrepublik Deutschland in der ersten PISA-Studie 2000.

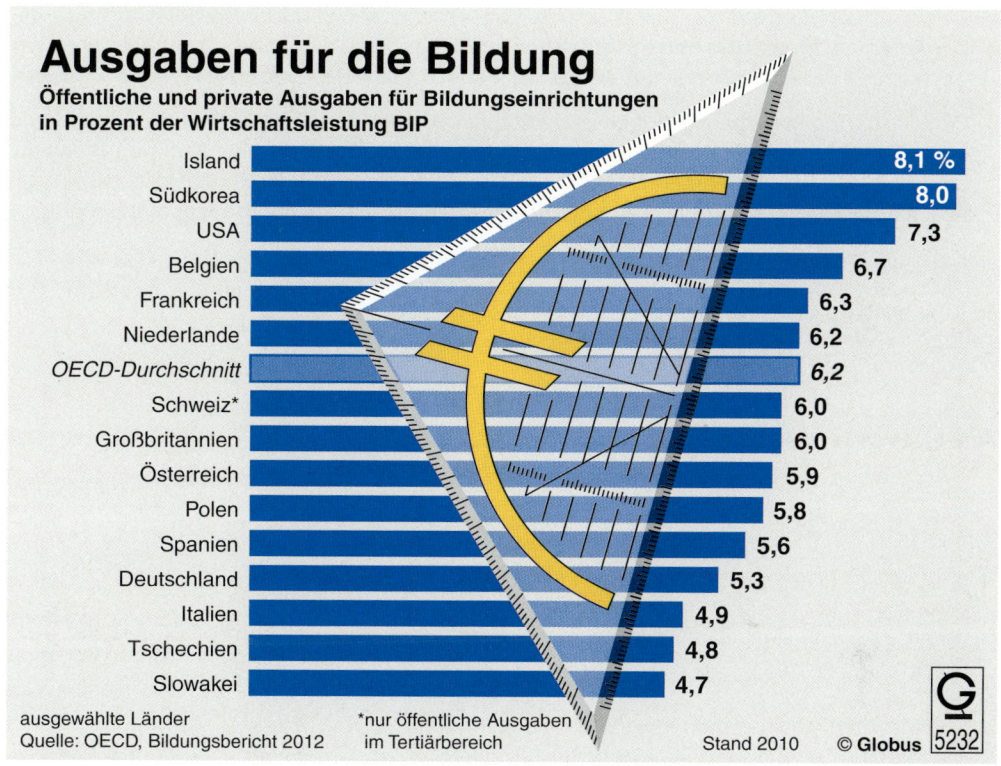

Ausgaben für die Bildung

Öffentliche und private Ausgaben für Bildungseinrichtungen in Prozent der Wirtschaftsleistung BIP

Land	%
Island	8,1 %
Südkorea	8,0
USA	7,3
Belgien	6,7
Frankreich	6,3
Niederlande	6,2
OECD-Durchschnitt	6,2
Schweiz*	6,0
Großbritannien	6,0
Österreich	5,9
Polen	5,8
Spanien	5,6
Deutschland	5,3
Italien	4,9
Tschechien	4,8
Slowakei	4,7

ausgewählte Länder
Quelle: OECD, Bildungsbericht 2012
*nur öffentliche Ausgaben im Tertiärbereich
Stand 2010 © Globus 5232

Erstellt wird der Bildungsbericht von einem unabhängigen Wissenschaftlerteam im Auftrag der Kultusministerkonferenz (KMK) und des Bildungsministeriums. Hier die Zusammenfassung einiger wichtiger Ergebnisse:

- Die **Altersstruktur** des in den Bildungseinrichtungen beschäftigten **Personals** lässt für die nächsten Jahre neben geplanten und notwendigen Ausbaumaßnahmen einen hohen Ersatzbedarf erkennen. So sind 48 % aller Lehrkräfte im Schulwesen 50 Jahre und älter. Hinzu treten besondere Bedarfe durch Ausbaumaßnahmen wie der Rechtsanspruch auf Kindertagesbetreuung für Ein- und Zweijährige ab August 2013. Wichtig ist es auch, die Unterschiede zwischen sozialen Gruppen zu verringern, da insbesondere unter dreijährige Kinder aus Familien mit Migrationshintergrund nur zu 14 % und damit selten Kindertagesbetreuung in Anspruch nehmen.

- **Schulisch schwache Jugendliche** haben es schwer, den früh eingeschlagenen Weg in die Arbeitslosigkeit zu verlassen. So verharren derzeit 300 000 Jugendliche beinahe aussichtslos im Übergang zwischen Schule und Beruf.

■ Bei der engen Verknüpfung von **Situation im Elternhaus** mit dem schulischen **Lernerfolg** kommt den Bedingungen des häuslichen Aufwachsens eine besondere Bedeutung zu. So wachsen in Deutschland immer noch 29 % aller Kinder und Jugendlichen in einem bildungsfernen Elternhaus, einer finanziellen oder sozialen Notlage auf.

■ **Vertragsauflösungen in der Berufsausbildung** signalisieren Probleme zwischen Ausbildungsangebot und individuellen wie auch betrieblichen Anforderungen an die Ausbildung. Sie betreffen in den ersten beiden Ausbildungsjahren ein Fünftel der Neuzugänge in der dualen Ausbildung, in einzelnen Berufen bis zu ein Drittel der Auszubildenden.

■ Der Anteil von **Menschen ohne Schul- oder Berufsabschluss** an der Bevölkerung ist nach wie vor hoch: In der Altersgruppe der 30- bis 35-jährigen Männer beträgt dieser Anteil 17,5 %.

■ Obwohl die **Jugendarbeitslosigkeit** in Deutschland deutlich niedriger als im OECD-Mittel und in den meisten anderen europäischen Ländern ist, haben doch einzelne Gruppen Probleme bei der Arbeitsmarktintegration. So wird z.B. in den neuen Bundesländern drei Jahre nach Ausbildungsabschluss gut die Hälfte der Absolventen nicht ausbildungsadäquat beschäftigt.

Autorengruppe Bildungsberichterstattung: Bildung in Deutschland 2012. Ein indikatorengestützter Bericht mit einer Analyse zur kulturellen Bildung im Lebenslauf, abgerufen unter: www.bildungsbericht.de/daten2012/ bb_2012.pdf [10.07.2013] (geändert)

Arbeitsvorschläge

1   Recherchieren Sie im Internet oder in der entsprechenden Fachliteratur weitere Einzelergebnisse von Schul- und Bildungsstudien.

2   Nennen Sie mögliche Ursachen für die in den einzelnen PISA-Studien angeführten Defizite.

3   Erläutern Sie die Aussagen der Diagramme „Bildungsaufstieg oder -abstieg" (S. 24) und „Ausgaben für die Bildung" (S. 25) (siehe Kompetenzbaustein K4).

4   Eltern geben deutschlandweit jährlich 1,2 Mrd. Euro für Nachhilfe aus. Jeder achte Schüler (insgesamt 1,1 Mio.) erhält regelmäßig Lernunterstützung; eine Nachhilfestunde kostet zwischen 5,80 Euro und 45,00 Euro. Halten Sie den zeitlichen und finanziellen Umfang der professionellen Nachhilfe für gerechtfertigt? Wo sehen Sie möglicherweise Probleme?

5   Erläutern Sie die möglichen Vorzüge und Defizite des deutschen Bildungssystems.

6   Finden Sie in Arbeitsgruppen mögliche Lösungsansätze zur Behebung der Defizite im deutschen Bildungssystem.

1.2.3 Verbesserungsmöglichkeiten im Schulwesen

Erwerb von Kompetenzen vor dem Eintritt in die Grundschule – frühkindliche Förderung

Im Sommer 2012 wurden in Deutschland ca. 700 000 Jungen und Mädchen eingeschult. Bildungsexperten halten z. B. folgende Kompetenzen für wichtig, die von den Eltern, aber auch von den Kindergärten und Kindertagesstätten gefördert werden könnten:

Gefühle, Kontakte, Selbstbewusstsein	Lernen, verstehen, zuordnen
Ihr Kind freut sich auf die Schule.	Ihr Kind kann Geschichten verstehen und kann den Inhalt mit eigenen Worten wiedergeben.
Es hat Vertrauen in sich und seine Fähigkeiten.	Es spricht in ganzen Sätzen.
Es kann sich durchsetzen und verfolgt seine Ziele.	Ihr Kind kennt die Dinge seiner Lebenswelt und ihre Namen.
Es kann auf Mitschüler eingehen.	Es kann sich Liedtexte und einfache Reime merken.
Es ist geduldig und muss nicht immer im Mittelpunkt stehen.	Es kann schon die Farben und kann die Formen benennen – Rechteck, Kreis, Dreieck.
Es kann sich von den Eltern trennen und geht alleine zum Training, Schwimmverein oder zum Musikunterricht.	Ihr Kind besitzt Durchhaltevermögen und gibt nicht gleich auf, wenn etwas komplizierter wird.
Ihr Kind kann auf dem Spielplatz selbstständig Kontakt zu den anderen knüpfen und mit ihnen spielen.	Es kann zum Schulstart schon von eins bis zehn zählen und Mengen richtig zuordnen (fünf ist mehr als drei).
Bei Konflikten findet es selbst eine Lösung und kann sich auf andere Lösungen einlassen.	Es erledigt kleine Aufträge selbstständig, zum Beispiel Tisch decken oder aufräumen.

Schuleignungsprofile, in: Westdeutsche Allgemeine Zeitung, 15.08.2012

Unterstützung bei der Berufsvorbereitung

Das Bundesland Nordrhein-Westfalen möchte in Zukunft Jugendliche zielgerichteter auf den Beruf vorbereiten. Um den oft schwierigen Übergang in die Berufsausbildung zu verbessern, sollen alle Schüler ab Klasse 8 systematisch bei der Berufsorientierung unterstützt werden: So werden geeignete Praktikumsplätze gemeinsam mit der Schule ausgesucht, außerdem wird jedem Schulabgänger in Klasse 10 von den Lehrern eine persönliche Ausbildungsempfehlung ausgehändigt. Diese Empfehlung soll Hinweise geben, ob ein Jugendlicher etwa eine Ausbildung im kaufmännischen oder eher im gewerblich-technischen Bereich anstreben sollte. Skizziert werden darin der weitere Ausbildungsweg, mögliche Berufsfelder und künftige Ansprechpartner. Die Vereinbarung wird von den betroffenen Schülern, ihren Eltern, Berufsberatern und Vertretern der Kammern gemeinsam erarbeitet.

Abitur-Prüfungen aus einem Guss
Klausuren sollen bundesweit vergleichbar sein –
ein Zentralabitur aber gibt es nicht

Wer mit seinen schulpflichtigen Kindern in ein anderes Bundesland umziehen muss, der bekommt es mit der Kleinstaaterei im Bildungswesen zu tun. 16 Schulsysteme mit über einem Dutzend verschiedener Schulformen gibt es zwischen Aachen und Greifswald, zwischen Bremen und München. Andere Schulen, andere Bücher, andere Anforderungen, andere Prüfungen – dies alles führt nicht selten zu Frust und Verzweiflung bei Eltern und Schülern.

Die Einigung der Länder auf einheitliche Standards für die Oberstufe in zunächst vier Kernfächern ist ein Schritt auf dem Weg, das oft beklagte Schulchaos zu mindern. Von einem echten Zentralabitur aber wollen die Minister nichts wissen. Denn das hätte zur Folge, dass sämtliche Abituri-enten ihre Klausuren am selben Tag schreiben müssten – und somit die Sommerferien in allen 16 Bundesländern zugleich beginnen würden. Zudem werde ein Zentralabitur den unterschiedlichen Bedingungen in den Bundesländern nicht gerecht, heißt es. Die Länderminister bestehen weiter auf ihrer Bildungshoheit und setzen auf den Wettbewerb der Systeme [...]

Die Bildungsstandards sollen Beispiele für mögliche Prüfungsaufgaben enthalten, um den Schulen Anregungen zu vermitteln, wie die Anforderungen im Abitur abgeprüft werden können. In einem zweiten Schritt sollen sich die Minister auf einen Aufgabentopf mit gleich schweren Aufgaben einigen, aus dem sich die Länder bedienen können. [...]

Onkelbach, Christopher: Abitur-Prüfungen aus einem Guss. Klausuren sollen bundesweit vergleichbar werden – ein Zentralabitur aber gibt es nicht. Bildungsforscher: Für die Schüler ändert sich wenig, in: WAZ, 20.10.2012 (gekürzt)

Schulformen

Im Sommer 2011 verständigten sich Regierung und Opposition in Nordrhein-Westfalen auf einen Schulkonsens, der 12 Jahre Bestand haben soll. Kernelement dieses sogenannten Schulfriedens ist die **Sekundarschule** als neue Schulform der Sekundarstufe I. Sie wird neben den anderen bereits bestehenden Schulformen der Sekundarstufe I und II (Hauptschule, Realschule, Gymnasium, Gesamtschule) im Schulgesetz verankert.

Die neue Sekundarschule erlaubt ein längeres gemeinsames Lernen aller Schüler in den Klassen 5 und 6. Dabei werden auch gymnasiale Standards gelehrt. Ab Klasse 7 ist ein gemeinsames Lernen auch weiterhin möglich; die Entscheidung, ob die Schüler auf verschiedene Bildungsgänge aufgeteilt werden oder nicht, trifft die jeweilige Gemeinde. Im Unterschied zur Gemeinschaftsschule wird die Sekundarschule allerdings keine Oberstufe haben. Die neue Schulform soll daher mit Gymnasien, Gesamtschulen und Berufskollegs kooperieren. Landesweit gingen im Schuljahr 2011/2012 42 Sekundarschulen – fast alle als Ganztagsschulen – mit 1 500 Schülern an den Start. Wie gut die Sekundarschulen von Schülern und Eltern angenommen werden, wird die Zukunft zeigen.

Zugleich verlor die **Hauptschule** ihren verfassungsrechtlichen Bestandsschutz, und zwar auch deshalb, weil in den letzten 40 Jahren über 600 Hauptschulen geschlossen wurden. Immer weniger Eltern wünschen sich für ihr Kind die Hauptschule.

Inklusion

In der UN-Konvention über die Rechte von Menschen mit Behinderungen, die im Dezember 2006 von der UN-Vollversammlung beschlossen und im Januar 2009 von der Bundesregierung ratifiziert wurde, ist in Artikel 24 eindeutig definiert, dass das Recht auf Bildung für Menschen mit Behinderungen ohne Diskriminierung und auf der Grundlage der Chancengleichheit in einem sogenannten **inklusiven Bildungssystem** zu gewährleisten sei.

Unterricht in einer Inklusionsschule

Allgemein bedeutet **Inklusion,** dass jeder Mensch von Anfang an die Möglichkeit erhält, sich vollständig und gleichberechtigt an allen gesellschaftlichen Prozessen zu beteiligen, und zwar unabhängig von individuellen Fähigkeiten, ethnischer oder sozialer Herkunft, Geschlecht oder Alter.

Bezogen auf die Schule bedeutet Inklusion, dass Kinder/Jugendliche mit Behinderung und ggf. auch mit sonderpädagogischem Förderbedarf *gemeinsam* mit Kindern/Jugendlichen ohne Behinderung in einer allgemeinen Schule (Regelschule) lernen.

Verglichen mit den europäischen Nachbarländern gibt es in der Bundesrepublik Deutschland einen großen Nachholbedarf bei der inklusiven Bildung. Denn nur jedes fünfte Kind mit Behinderung lernt an der Regelschule. Alle anderen Kinder mit Behinderung besuchen eine Förderschule, die sie oft ohne Schulabschluss verlassen. Nur zum Vergleich: In Italien besuchen 99,9 % aller Kinder mit Behinderung eine Regelschule.

Deshalb soll in Nordrhein-Westfalen ab dem Schuljahr 2014/15 der gemeinsame Unterricht von Schülern und Schülerinnen mit und ohne Behinderung Vorrang vor dem Unterricht an der Förderschule haben. Diese Zielsetzung gilt jedoch nur unter dem Vorbehalt ausreichender Kapazitäten an den allgemeinen Schulen, d. h., die organisatorischen, personellen und sächlichen Gegebenheiten für eine angemessene Förderung von Schülern mit sonderpädagogischem Förderbedarf (SPF) müssen an der Schule vorhanden sein. Der gemeinsame Unterricht an einer allgemeinen Schule soll in drei Varianten erfolgen:

- **Einzelintegration:** Integration eines Kindes mit sonderpädagogischem Förderbedarf in eine Regelklasse

- **Integrationsklassen:** Integration mehrerer Kinder mit sonderpädagogischem Förderbedarf in eine Regelklasse

- **Integrative Lerngruppen:** In der Regel lernen – nur im Sekundarbereich – mindestens fünf Schüler/-innen mit sonderpädagogischem Förderbedarf nach anderen Unterrichtsvorgaben als denen der allgemeinen Schule.

Weitere Aufgaben für das Bildungswesen

Neben den strukturellen Veränderungen im Bildungssystem sehen die Experten die dringend notwendige Beschäftigung mit folgenden **Problembereichen**:

■ Bedarfsgerechter **Ausbau von Plätzen für unter Dreijährige** in der frühkindlichen Bildung entsprechend dem Rechtsanspruch ab August 2013 und eine weitere Professionalisierung des Personals und der Bildungsangebote

■ **Quantitativer Ausbau und qualitative Ausgestaltung der Ganztagsschulangebote** aufgrund steigender Nachfrage, Einbeziehung nicht schulischer Lernumwelten wie Sportvereine, Musikschulen, Museen und Theater

■ Deutliche **Reduzierung der Zahl der Jugendlichen im Übergangssystem**, Schaffung einer angemessenen Berufsvorbereitung und Verbesserung der Ausbildungschancen. Die aktuell ca. 300 000 Jugendlichen in der „Warteschleife" (Stand 2013) verursachen rund vier Mrd. Euro Kosten im Jahr.

■ **Neugestaltung der Schnittstelle Berufsausbildungs-/Hochschulsystem** angesichts von demografischer Entwicklung, Anstieg der Wissensanforderungen in der Arbeit und ungebrochenem Trend zu höheren Bildungsabschlüssen

Arbeitsvorschläge

1 Erstellen Sie jeweils in Arbeitsgruppen eine Prioritätenliste: Welche Kompetenzen sind für ein Kindergartenkind vor dem Eintritt in die Grundschule besonders wichtig (siehe S. 27)? Ergänzen Sie ggf. die Profile um weitere Eignungsfaktoren. Welche Fähigkeiten könnten für ein Kindergartenkind außerdem noch wichtig sein, damit es sich in der Grundschule zurechtfindet?

2 Halten Sie die geplante stärkere Unterstützung von Schülern bei der Berufsorientierung für sinnvoll und notwendig? Begründen Sie Ihre Aussage.

3 Führen Sie eine Pro-und-Kontra-Debatte zu einer bundesweiten zentralen Abiturprüfung (siehe Kompetenzbaustein K18).

4 a Führen Sie mögliche Gründe dafür an, dass die Hauptschule in Nordrhein-Westfalen immer unbeliebter geworden ist.

*   b Welche Chancen bieten der Schulfrieden und die Einigung der politisch Verantwortlichen auf die Sekundarschule für die Eltern, die Kinder und Jugendlichen sowie die Kommunen?*

5 a Diskutieren Sie: Welche Vor- und Nachteile hat gemeinsames Lernen von Kindern und Jugendlichen mit und ohne Behinderung im Rahmen einer inklusiven Bildung (siehe Kompetenzbaustein K18)?

*   b Nennen Sie einzelne organisatorische, personelle und sächliche Gegebenheiten, die für eine angemessene Förderung von Kindern mit sonderpädagogischem Förderbedarf an einer Regelschule vorhanden sein sollten.*

1.3 Geschlechterverhältnisse im Wandel

1.3.1 Erwerbsbeteiligung

Die Gesellschaft der Bundesrepublik Deutschland ist in den vergangenen fünf Jahrzehnten von einem starken **sozialen Wandel** geprägt, der sich immer schneller vollzieht. Angetrieben wurde und wird dieser Prozess u. a. durch Digitalisierung, Globalisierung, Umstrukturierungen der Erwerbsarbeit und Umbrüche in den Geschlechterverhältnissen.[1]

So ist es in einer eher kurzen Zeitspanne zu weitreichenden Veränderungen in den Beziehungen zwischen Männern und Frauen gekommen (vgl. hierzu auch Kap. 1.1). Tradierte Grenzen zwischen den Geschlechtern werden zunehmend aufgebrochen, sodass sowohl im beruflichen als auch im privaten Bereich Sphären, die früher mehr oder weniger entweder Männern oder Frauen vorbehalten waren, ihren geschlechtsspezifischen Charakter verlieren.

Bis Ende der 1950er-Jahre galt der Mann als der Ernährer, der durch seine Arbeit in der Lage sein sollte, seine Familie allein zu unterhalten, während die Frau sich um Familie, Kindererziehung und Haushalt zu kümmern hatte.

Dann aber setzten sich Neuerungen im Verhältnis der Geschlechter durch. Die Einführung der **Teilzeitarbeit** in Betrieben, Behörden und Büros ermöglichte den Frauen eine Kombination von Berufsleben und Alltags- bzw. Haushaltspflichten. Durch die Teilzeitarbeit wurde den Ehefrauen erstmals ein Recht auf (zeitverkürzte) Erwerbstätigkeit eingeräumt – eine Möglichkeit, die auch von vielen Frauen genutzt wurde. So stieg der Anteil der erwerbstätigen Frauen bis 1970 von 20 auf fast 50 %. Die Frauen wurden selbstbewusster und gegenüber ihrem Ehemann unabhängiger und selbstständiger. Positiv bewertet wurden von vielen Frauen auch die neuen Kontakte außerhalb der Familie. Festzuhalten bleibt, dass Teilzeitarbeit in diesem Zusammenhang als eine ideale Ergänzung zur Familienarbeit betrachtet wurde.

Allerdings blieb das **traditionelle Rollenverständnis** ein zentrales Ordnungsmerkmal. So bevorzugten die meisten Frauen in diesen Jahrzehnten einen Status als **Zuverdienerin** im Haushalt eines gut verdienenden Ernährers. Insbesondere der Angestelltenstatus in Behörden und Büros – also im tertiären Sektor – galt als krisenfest und konjunkturunabhängig, denn er ermöglichte es den Frauen am ehesten, ihren sozialen Status aufrechtzuerhalten. Gleichzeitig blieb der Ehemann weiterhin der **Ernährer** der Familie.

In den folgenden Jahren und Jahrzehnten ließ sich allerdings ein gravierender Wandel bei den **Einstellungen** registrieren: So lag 1982 in der Bundesrepublik Deutschland der Anteil derjenigen, die egalitären (auf soziale Gleichheit gerichteten) Äußerungen zur Rollenverteilung zwischen Mann und Frau zustimmten, bei 32 %. 2008 betrug er in den westlichen Bundesländern 69 % und in den östlichen 88 %.

Hinsichtlich der **Erwerbstätigkeit** von Frauen sieht die Entwicklung ähnlich aus: Immer mehr Männer befürworten eine Berufstätigkeit von Frauen, wobei bei der Frage der Erwerbstätigkeit die westdeutschen Männer allerdings deutlich weniger an Gleichberechtigung orientiert sind als die Frauen: Die Differenz zwischen Männern und Frauen beträgt in den alten Bundesländern 9 %, im Osten hingegen nur 2 %.

---

[1] *Die Ausführungen in diesem Kapitel sind u. a. an folgendem Aufsatz orientiert: Bundeszentrale für politische Bildung: Aus Politik und Zeitgeschichte 40/2012, Meuser, Michael: Entgrenzungsdynamiken: Geschlechterverhältnisse im Umbruch, abgerufen unter: www.bpb.de/apuz/144851/entgrenzungsdynamiken-geschlechterverhaeltnisse-im-umbruch?p=all [02.06.2013]*

Der Anteil der **Beschäftigungsquote** der Frauen ist in den letzten 30 Jahren weiterhin kontinuierlich gestiegen, was jedoch nicht bedeutet, dass sich die Arbeitsumfänge gleichfalls angeglichen haben. So arbeiten nach wie vor viele Frauen in **Teilzeit**, was damit zusammenhängt, dass viele Frauen ihre Arbeitszeit mit Rücksicht auf die Familie reduzieren und dafür auch Nachteile in Kauf nehmen, wie z. B. nur eingeschränkte Karrieremöglichkeiten und eine geringere Rente im Alter. Die hier genannte Tatsache hängt aber auch stark damit zusammen, dass es gerade in Westdeutschland Mängel in der Kinderbetreuung gibt: So gibt es zu wenig Betreuungsplätze für Kinder unter drei Jahren, auch übersteigt die Nachfrage nach Plätzen in Kindertagesstätten, -horten und der offenen Ganztagsschule insbesondere in Großstädten das Angebot. Darüber hinaus ist die Qualität der bestehenden Angebote nicht durchweg befriedigend, sodass sich insbesondere Mütter von Schulkindern oftmals gezwungen sehen, ihre Arbeitszeiten zu reduzieren.

Die höhere Teilzeitquote und durchschnittlich weniger Berufserfahrung bei den Frauen sind mit Gründe für den geringeren **Verdienst** von Frauen. So gehört die Bundesrepublik Deutschland zu den Ländern in der Europäischen Union, in denen der Unterschied im Verdienst zwischen Männern und Frauen am stärksten ausgeprägt ist.

Trotz einiger neuerer Entwicklungen ist der deutsche **Arbeitsmarkt** weiterhin stark geschlechtsspezifisch aufgespalten. So wählen junge Frauen in hohem Maße **Berufe** im Dienstleistungssektor, während junge Männer technische Berufe bevorzugen. Nach Angaben des Statistischen Bundesamtes (Stand 2011) ist der am häufigsten gewählte Ausbildungsberuf bei den Frauen Kauffrau im Einzelhandel, gefolgt von Verkäuferin, bei den Männern Kfz-Mechatroniker (siehe auch Kap. 2.2.1).

Frauen verdienen weniger

Der Bruttoverdienst von Frauen liegt in Deutschland durchschnittlich 22 Prozent unter dem von Männern. In diesen Berufsgruppen verdienen Frauen so viel Prozent weniger:

Beruf	Prozent
Führungskräfte	30 %
Techniker und gleichrangige Berufe	30
Akademische Berufe	28
Handwerks- und verwandte Berufe	25
Bediener von Anlagen, Maschinen, Montageberufe	19
Fachkräfte in Land-, Forstwirtschaft, Fischerei	13
Hilfsarbeitskräfte	13
Dienstleistungsberufe, Verkäufer	12
Bürokräfte und verwandte Berufe	4

Quelle: Statistisches Bundesamt, Stand 2010 (aktuellster verfügbarer)   dpa•17545

Das Spektrum der von Frauen bevorzugten Berufe ist nach wie vor deutlich geringer als das der Männer. Frauen konzentrieren ihr Interesse nur auf rund 25 von 380 Ausbildungsberufen. Auf der anderen Seite haben manche Ausbildungsberufe einen Geschlechterwechsel zu verzeichnen.

Beispiel

Der Frauenanteil bei den Konditoren lag noch vor 30 Jahren bei knapp 20 %, während er heute bei ca. 65 % liegt. Im früheren Druckberuf Schriftsetzer/-in gab es vor 30 Jahren 22 % weibliche Auszubildende, im modernisierten Ausbildungsberuf Mediengestalter/-in Digital und Print sind es heute 56 %.

Ähnliche Tendenzen zeigen sich auch bei der Berufsausübung. Mittlerweile haben viele frühere Männerberufe ihren geschlechtsspezifischen Charakter verloren. So liegt inzwischen der Frauenanteil bei der Polizei in bestimmten Bundesländern schon bei 20 %, in der Bundeswehr bei 10 % (in bestimmten Waffengattungen) und bei den Berufspolitikerinnen zwischen 20 und 50 % (je nach Partei).

Allerdings steht der Eroberung mancher Männerberufe durch Frauen eine zunehmende Feminisierung einiger Berufe gegenüber.

Beispiel
Im NRW-Grundschullehramt ist der Frauenanteil traditionell hoch. In den letzten Jahren ist er nochmals auf mehr als 90 % gewachsen.

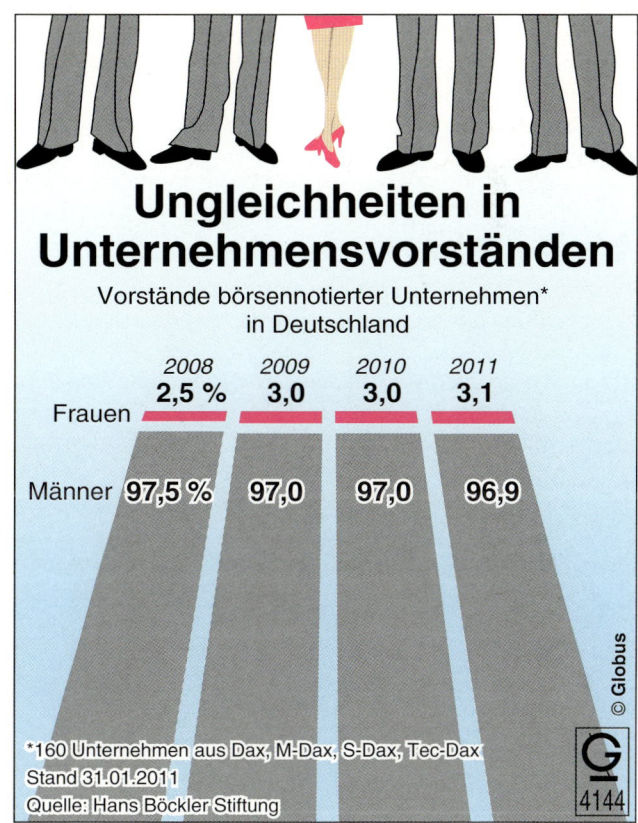

Obwohl heute viele junge Frauen mit besseren Bildungsabschlüssen in die Berufswelt starten als junge Männer (siehe auch Kap. 1.2.2), schlägt sich dies nicht in den beruflichen Werdegängen von Frauen nieder. Denn mit steigender Hierarchieebene sinkt der Frauenanteil. Trotz vielfältiger Forderungen aus Politik und Wirtschaft, mehr Frauen in **Führungspositionen** zu bringen, sind solche Positionen nach wie vor weitgehend mit Männern besetzt.

Obwohl die erwerbstätigen Frauen mittlerweile rund die Hälfte der abhängig Beschäftigten stellen, ist ihr Anteil an Führungspositionen in der Privatwirtschaft mit 20 % nach wie vor besonders gering. In den 30 Unternehmen des Deutschen Aktienindex (DAX) waren Anfang 2011 lediglich vier der 185 Vorstandsposten von Frauen besetzt.

Wie sieht es mit der **Gleichberechtigung** hoch qualifizierter Arbeitnehmerinnen in den europäischen Nachbarländern aus? Untersuchungen der Europäischen Kommission haben ergeben, dass der Frauenanteil in den höchsten Entscheidungsgremien der größten börsennotierten Unternehmen in anderen EU-Ländern ebenfalls sehr gering ist. Er liegt bei 13,7 % (Stand 2012). Den höchsten Frauenanteil gibt es in Schweden und Finnland, den geringsten mit gerade mal 2 % in den Unternehmen in Malta. Deutschland befindet sich mit einem Frauenanteil von 15,6 % (Stand 2012) im besseren Mittelfeld. Grund für die vergleichsweise gute Platzierung ist nach Angaben des Deutschen Instituts für Wirtschaftsforschung vor allem die häufige Entsendung von Frauen durch die Arbeitnehmerseite in die Aufsichtsräte.

In den deutschen Paarhaushalten sind die Männer weiterhin die **Haupternährer**. Eine egalitäre (ausgeglichene) Einkommenserwirtschaftung ist immer noch nicht die Regel.

Allerdings arbeiten inzwischen immer mehr Frauen als Haupternährerin, oft auch im **Niedriglohnsektor**. Letztere Konstellation ist aber weniger Resultat einer entsprechenden Lebensplanung als vielmehr durch Arbeitslosigkeit oder ein sehr geringes Einkommen des Mannes bedingt.

Wie wissenschaftliche Untersuchungen[1] belegen, sind jungen Männern und Frauen Beruf und Familie nahezu gleich wichtig. Zwar sagten 95 % der Männer, es sei Aufgabe des Vaters, das Familieneinkommen zu sichern und gleichzeitig Zeit für die Kinder zu haben. Allerdings ist nur die Hälfte der jungen Väter bereit, dafür Einbußen bei der eigenen Karriere in Kauf zu nehmen. Wie Studien zeigen, erhöhen Männer die für Erwerbsarbeit aufgewendete Zeit, wenn sie Vater werden.

Arbeitsvorschläge

1 Führen Sie Gründe dafür an, dass die westdeutschen Männer – im Gegensatz zu ihren ostdeutschen Geschlechtsgenossen – deutlich weniger egalitär eingestellt sind als Frauen.

2 a Wie erklären Sie sich den Tatbestand, dass Frauen nach wie vor durchschnittlich weniger verdienen als Männer?

*   b Welche Möglichkeiten sehen Sie, diesen Missstand zu ändern?*

3 Junge Frauen wählen in hohem Maße Berufe im Dienstleistungssektor, während junge Männer technische Berufe bevorzugen.

*   a Nennen Sie mögliche Gründe für diese unterschiedliche Wahl.*

*   b Welche Möglichkeiten sehen Sie, eine Angleichung bei der Berufswahl zu erreichen?*

4 Mit steigender Hierarchieebene in den Unternehmen sinkt der Frauenanteil.

*   a Welche Nachteile ergeben sich für die Betroffenen und die Gesellschaft aus diesem Sachverhalt?*

*   b Welche Möglichkeiten sehen Sie für Veränderungen?*

---

[1] *Vgl. Bundesministerium für Familie, Senioren, Frauen und Jugend (Hg.): Die Familie im Spiegel der amtlichen Statistik, Berlin 2009, S. 114.*

1.3.2 Mögliche Entwicklungen

Männer und Frauen haben in verschiedenen gesellschaftlichen Bereichen nach wie vor unterschiedliche Chancen zur Teilhabe. Allerdings ist festzuhalten, dass als Folge der erheblichen Veränderungen im Wertesystem die gesellschaftliche Dominanz des männlichen Geschlechts nicht ohne Weiteres akzeptiert wird. Sie ist zwar nach wie vor vorhanden, muss jedoch in wachsendem Maße begründet und legitimiert werden. Obwohl die Gleichberechtigung im beruflichen Bereich (z.B. wachsende Gleichstellung der Frauen in der Erwerbsarbeit, tendenzielle Auflösung der Unterscheidung von sogenannten Männer- und Frauenberufen) fortschreitet, bleibt es in Partnerschaft und Familie oftmals bei traditionellen Aufgabenverteilungen.

Die Förderung einer **familienfreundlichen Arbeitswelt** muss deshalb ein Schwerpunkt nachhaltiger Familienpolitik sein. Neben einem gesicherten finanziellen Auskommen und einer qualitativ guten und bedarfsgerechten Kinderbetreuung sind familienfreundliche Arbeitsbedingungen maßgeblich, damit die Vereinbarkeit von Familie und Beruf gelingt und sich wieder mehr junge Menschen für Kinder entscheiden. Auch Unternehmen können von den Vorteilen einer familienfreundlichen Personalpolitik profitieren.

Beschäftigte, die bei der **Vereinbarkeit von Familie und Beruf** unterstützt werden – z.B. durch flexible Arbeitszeiten, – kehren früher aus der Elternzeit zurück, fehlen u.U. seltener, sind weniger stressbelastet und arbeiten motivierter. Hinzu kommen Wettbewerbsvorteile durch eine höhere Arbeitgeberattraktivität: Neben dem Gehalt werden familienfreundliche Angebote – z.B. durch

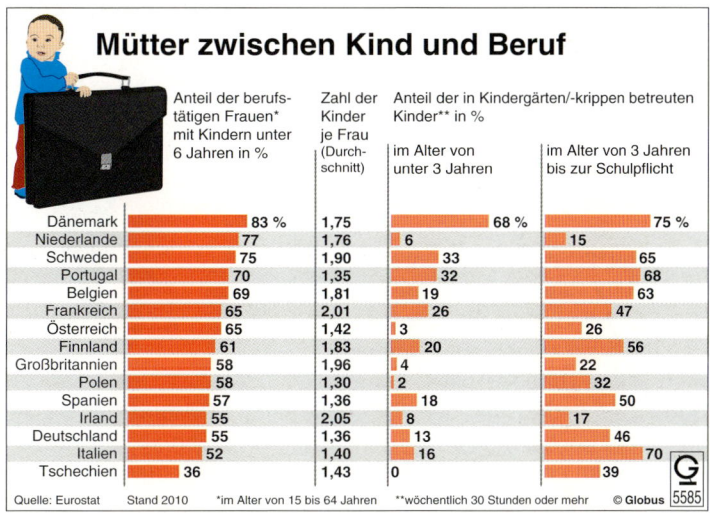

Mütter zwischen Kind und Beruf

	Anteil der berufstätigen Frauen* mit Kindern unter 6 Jahren in %	Zahl der Kinder je Frau (Durchschnitt)	Anteil der in Kindergärten/-krippen betreuten Kinder** in % im Alter von unter 3 Jahren	im Alter von 3 Jahren bis zur Schulpflicht
Dänemark	83 %	1,75	68 %	75 %
Niederlande	77	1,76	6	15
Schweden	75	1,90	33	65
Portugal	70	1,35	32	68
Belgien	69	1,81	19	63
Frankreich	65	2,01	26	47
Österreich	65	1,42	3	26
Finnland	61	1,83	20	56
Großbritannien	58	1,96	4	22
Polen	58	1,30	2	32
Spanien	57	1,36	18	50
Irland	55	2,05	8	17
Deutschland	55	1,36	13	46
Italien	52	1,40	16	70
Tschechien	36	1,43	0	39

Quelle: Eurostat   Stand 2010   *im Alter von 15 bis 64 Jahren   **wöchentlich 30 Stunden oder mehr   © Globus 5585

betriebliche Kinderbetreuung – immer wichtiger, um qualifizierte Beschäftigte zu gewinnen und zu halten.

Auch zur Sicherung der Wettbewerbsfähigkeit im Wandel der Märkte und Zielgruppen ist es für Unternehmen von zentraler Bedeutung, sich den veränderten Geschlechterrollen der Gesellschaften anzupassen. Diese Notwendigkeit bezieht sich auf fast alle Geschäftsbereiche, auf Kundenzielgruppen, Produktentwicklungen und internes Personalmanagement. Denn Frauen sind Entscheiderinnen, was z.B. der Konsumforschung nicht verborgen geblieben ist.

So treffen Frauen immer mehr **Kaufentscheidungen** selbst oder beeinflussen sie stark, z.B. bei der Auswahl von kostenintensiven Gütern wie Autos, Möbeln und Immobilien. Die Wertvorstellungen weiblicher Zielgruppen spielen bei der Positionierung von Unternehmen und Produkten eine immer größere Rolle. Entscheidungen werden durch die immer stärker werdende Präsenz von Frauen getroffen und nicht mehr nur auf der Basis rein männlicher Sichtweisen. Um auf die vielschichtigen Ansprüche von Kunden und Geschäftspartnern entsprechend eingehen zu können, sind gemischte Teams von Frauen und Männern (natürlich auch von unterschiedlichen Altersgruppen und Nationalitäten) der Schlüsselfaktor für Leistungs- und Wettbe-werbsfähigkeit.

Auch aufgrund des zunehmenden **Fachkräftemangels** ist es für Betriebe wichtig, sich den veränderten Rollenverständnissen und einer neuen Bildungsverteilung in der Gesellschaft an-zupassen. Dazu gehört auch der Aufstieg von Frauen in Führungspositionen. Die Bundesver-einigung der Arbeitgeberverbände hat zu diesem Thema folgende Erklärung abgegeben:

„Weibliche Führungskräfte beweisen vielfach ein hohes Maß analytischer Fähigkeiten, so-zialer Kompetenz, emotionaler Stabilität, Fle-xibilität, Kreativität, Ausdauer, Organisati-onstalent und Kommunikationsfähigkeit. Betriebe vergeben Chancen, wenn sie das vorhandene Führungspotential von Frauen nicht nutzen.“

Bundesvereinigung der Deutschen Arbeitgeberverbände (BDA), abgerufen unter: www.arbeitgeber.de/www/
arbeitgeber.nsf/ID/home [11.07.2013]

Im April 2013 scheiterte der Versuch der Opposition im Bundestag, eine gesetzliche **Frauenquote** durchzu-setzen. Damit wird es weiter keine gesetzliche Frauenquote in den Füh-rungsetagen von Unternehmen ge-ben. Union und FDP haben mit ihrer Mehrheit im Bundestag die rot-grü-ne Initiative zur Einführung einer solchen Regelung abgelehnt. Mit der gesetzlichen Frauenquote sollte ein Gesetz geschaffen werden, mit dem ein Mindestanteil an Frauen in den Führungsetagen von Unterneh-men vorgeschrieben wird. Frauen-

Karikatur: Phil Hubbe

quoten sind schon seit den 1980er-Jahren im Gespräch. Die Idee zu diesem Gesetz resultiert aus der Tatsache, dass die Karriereleiter für Frauen ab einer bestimmten Stufe („gläserne De-cke“) abrupt endet. Die Initiatoren der Quote möchten die Benachteiligungen von Frauen im Berufsleben ausgleichen und Frauen den Aufstieg in Spitzenpositionen ermöglichen.

Arbeitsvorschläge

1   *Führen Sie Beispiele dafür an, wie eine familienfreundliche Arbeitswelt aussehen müsste.*

2   *Erläutern Sie mithilfe von Beispielen, wie Produktenwicklungen und Produktwerbung die Wert-vorstellungen weiblicher Zielgruppen berücksichtigen müssten.*

3   *Führen Sie eine Pro-und-Kontra-Debatte zum Thema „Frauenquote“ (siehe Kompetenzbau-stein K18).*

1.4   Arbeitsvertrag

Dem Grundsatz nach kann in Deutschland jeder Verträge abschließen, wie er will. Im Arbeitsrecht machen jedoch Gesetze, Tarifverträge und Betriebsvereinbarungen bei Vertragsabschlüssen bedeutsame Vorgaben. Sie verhindern, dass Arbeitgeber bei schlechter Arbeitsmarktlage beliebig schlechte Arbeitsbedingungen durchsetzen können. Vertragsklauseln, die z. B. hinter den gesetzlichen Mindeststandards zurückbleiben, sind nichtig – auch wenn beide Seiten sie unterschrieben haben.

In der Regel werden Arbeitsverträge schriftlich abgeschlossen. Aber auch mündliche Verträge sind möglich. In diesem Fall schreibt das Nachweisgesetz vor, dass der Arbeitgeber dem Arbeitnehmer spätestens einen Monat nach der Arbeitsaufnahme die Vertragsbedingungen schriftlich mitteilen muss.

Arbeitsverträge können befristet oder unbefristet abgeschlossen werden.

Unbefristeter Arbeitsvertrag	Er wird auch „Dauerarbeitsvertrag" genannt und kann durch eine einseitige Erklärung als Kündigung oder vertragliche Vereinbarung in Form eines Aufhebungsvertrags beendet werden.
Befristeter Arbeitsvertrag	Er bedarf der Schriftform und ist nur bis maximal zwei Jahre zulässig. Sein Ende erfolgt automatisch zu einem Zeitpunkt, der unmittelbar – z. B. 31.12.2014 – oder mittelbar – z. B. mit Projektende – vereinbart ist.

Kann für einen Arbeitsvertrag der Bezug auf einen Tarifvertrag nicht vorgenommen werden, so sollten folgende Regelungen aufgenommen werden:

- Vereinbarte Arbeitszeit (Dauer und Lage), ggf. Bezahlung bzw. Ausgleich von Mehrarbeit und Reisezeiten
- Zusammensetzung und Höhe des Entgelts einschließlich aller Zuschläge, Zulagen, Prämien, Sonderzahlungen und anderer Bestandteile sowie deren Fälligkeit
- Dauer des jährlichen Erholungsurlaubs, Urlaubsgeld
- Kündigungsfristen

Pflichten von Arbeitgebern und Arbeitnehmern

Kraft seines Direktionsrechts ist der Arbeitgeber befugt, dem Arbeitnehmer Weisungen für die Ausübung der Arbeit und das Verhalten im Betrieb zu erteilen. Dem Direktionsrecht des Arbeitgebers entspricht die Gehorsamspflicht des Arbeitnehmers. Rechte und Pflichten beider Seiten entsprechen sich wechselseitig.

Pflichten Arbeitgeber	Pflichten Arbeitnehmer
– Entgeltzahlungspflicht (§§ 611, 613 BGB) – Beschäftigungspflicht – Fürsorgepflicht – Gleichbehandlungspflicht – Urlaubsgewährung – Anhörungspflicht – Respektierung und Schutz der Persönlichkeitsrechte der Arbeitnehmer – Schutz des eingebrachten Eigentums der Arbeitnehmer	– Arbeitspflicht (§§ 611, 613 BGB) – Treuepflicht – Verschwiegenheitspflicht – Gebot der Schadensverhütung – Wettbewerbsverbot – Wahrung des Betriebsfriedens – Rücksichtnahme auf Betriebsabläufe und Arbeitskollegen – Annahmeverbot von Schmiergeldern

Pflichten der Arbeitgeber

Arbeitgeber im arbeitsrechtlichen Sinne ist jeder, der einen anderen als Arbeitnehmer beschäftigt. Dabei spielt es keine Rolle, ob der Arbeitgeber eine natürliche oder juristische Person, z. B. eine Aktiengesellschaft, ist, ob er Privatperson oder Person des öffentlichen Rechts, z. B. eine Gemeinde, ist. Jeder Haushaltsvorstand, der eine Haushaltshilfe beschäftigt, kann in dieser Eigenschaft Arbeitgeber sein.

- **Pflicht zur Vergütung**
  Die Hauptpflicht des Arbeitgebers aus dem Arbeitsvertrag besteht darin, eine Arbeitsvergütung zu zahlen. Diese Pflicht des Arbeitgebers korrespondiert mit dem Vergütungsanspruch des Arbeitnehmers. Die Verpflichtung des Arbeitgebers zur Arbeitsvergütung ergibt sich dem Inhalt nach aus dem jeweils anzuwendenden Tarifvertrag oder aber, wenn der Arbeitgeber oder Arbeitnehmer keiner Tarifbindung unterliegt, aus einem individuellen Arbeitsvertrag, der sich auf einen Tarifvertrag beziehen kann.

- **Beschäftigungspflicht**
  Die Beschäftigungspflicht beinhaltet, dass der Arbeitgeber den Arbeitnehmer entsprechend der vereinbarten Tätigkeit zu beschäftigen hat. Der Arbeitnehmer hat ein entsprechendes Recht auf Beschäftigung.

- **Fürsorgepflicht**
  Die Fürsorgepflicht ist eine Vertragspflicht des Arbeitgebers; ihr entspricht die Treuepflicht des Arbeitnehmers.

- **Gleichbehandlungspflicht**
  Das Prinzip der Gleichbehandlung beruht auf der Grundidee, dass Gleiches gleich und Ungleiches entsprechend seiner Eigenart ungleich behandelt werden muss. Dieser Grundsatz wurzelt unmittelbar im Gerechtigkeitsbegriff. Der Gleichbehandlungsgrundsatz (angelehnt an den Gleichheitsgrundsatz des Art. 3 GG) ist ein tragendes Element des Arbeitsrechts. Seine Anwendung setzt voraus, dass die Arbeitnehmer in einer vertraglich vergleichbaren Beziehung zueinander stehen, d. h. Arbeitnehmer desselben Betriebes sind.

Pflichten der Arbeitnehmer

Als Arbeitnehmer gelten Personen, die einer anderen Person haupt- oder nebenberuflich aufgrund eines privatrechtlichen Vertrags für eine gewisse Dauer zur Arbeitsleistung verpflichtet sind. Das Arbeitsverhältnis setzt im Regelfall die Zahlung eines Entgelts voraus. Auszubildende gehören im eigentlichen Sinne nicht zu den Arbeitnehmern.

- **Arbeitspflicht**
  Der Arbeitnehmer hat nach dem Arbeitsvertrag die hauptsächliche Pflicht, die Arbeitsleistung persönlich zu erbringen, und zwar in der Art und Weise, wie die Arbeitsleistung vereinbart ist oder wie sie dem Berufsbild des Arbeitnehmers entspricht (vgl. §§ 249, 613 Satz 1 BGB). Die Art der vom Arbeitnehmer zu leistenden Arbeit ergibt sich aus dem Arbeitsvertrag.

- **Treuepflicht**
  Der Arbeitnehmer ist verpflichtet, nach besten Kräften für die Interessen des Arbeitgebers und dessen Betrieb zu arbeiten und alles zu unterlassen, was entweder dem Arbeitgeber oder dem Betrieb abträglich sein könnte.

- **Verschwiegenheitspflicht**

  Die Verschwiegenheitspflicht folgt unmittelbar aus der Treuepflicht des Arbeitnehmers. Sie erstreckt sich auf alle Geschäfts- und Betriebsgeheimnisse. Zu den Geschäfts- und Betriebsgeheimnissen gehören die auf das Geschäft oder den Betrieb bezogenen Tatsachen, die nur ein begrenzter Personenkreis kennt, die der Arbeitgeber/Betriebsinhaber erkennbar und berechtigt geheim halten will und die vom Arbeitnehmer als geheim zu halten erkennbar sind.

- **Wettbewerbsbeschränkungen**

  Der Verpflichtung des Arbeitnehmers, Wettbewerb zu unterlassen, liegt der Gedanke zugrunde, dass der Arbeitnehmer die Ziele des Arbeitgebers mit seiner Arbeit zu unterstützen hat.

Vertragsauflösung

Jedes Jahr werden in Deutschland rund vier Millionen Arbeitsverhältnisse aufgelöst. Zu 60 Prozent geht die Initiative vom Arbeitgeber aus. Fast 300 000-mal im Jahr reichen Arbeitnehmer gegen die Kündigung Klage beim Arbeitsgericht ein.

Die Kündigung ist ein einseitiges Rechtsgeschäft. Nach § 623 BGB bedarf die Kündigung der Schriftform. Der Kündigungsschutz wird im Wesentlichen durch das Bürgerliche Gesetzbuch und das Kündigungsschutzgesetz geregelt.

Gesetzlicher Kündigungsschutz (ordentliche Kündigung)

Das Kündigungsschutzgesetz (KSchG) schützt alle Arbeitnehmer, die das 18. Lebensjahr vollendet haben und länger als sechs Monate ohne Unterbrechung in demselben Unternehmen beschäftigt sind. Nach dem bis zum 31.12.2003 geltenden Recht war das Kündigungsschutzgesetz anwendbar, wenn ein Betrieb mehr als fünf Arbeitnehmer hatte. Auszubildende zählten hierbei nicht. Nach der Neuregelung gilt nun ein neuer Schwellenwert von zehn Arbeitnehmern, allerdings nur für solche Arbeitnehmer, deren Arbeitsverhältnis mit oder nach dem 01.01.2004 begonnen hat.

Ist das Kündigungsschutzgesetz anwendbar, darf dem Arbeitnehmer nur gekündigt werden, wenn die Kündigung sozial gerechtfertigt ist (§ 1 Abs. 2 KSchG), d.h.:

- Die Kündigung muss in der Person liegen (z.B. dauernde Abwesenheit wegen Krankheit).

- Die Kündigung muss verhaltensbedingt sein (beispielsweise Arbeitsverweigerung).

- Der Kündigung müssen betriebsbedingte Gründe zugrunde liegen (z.B. Schließung einer Abteilung).

> **§ 1 Kündigungsschutzgesetz**
> (3) Ist einem Arbeitnehmer aus dringenden betrieblichen Erfordernissen im Sinne des Absatzes 2 gekündigt worden, so ist die Kündigung trotzdem sozial ungerechtfertigt, wenn der Arbeitgeber bei der Auswahl des Arbeitnehmers die Dauer der Betriebszugehörigkeit, das Lebensalter, die Unterhaltspflichten und die Schwerbehinderung des Arbeitnehmers nicht oder nicht ausreichend berücksichtigt hat. [...]

Betriebsbedingte Kündigungen müssen soziale Gesichtspunkte berücksichtigen (§ 1 Abs. 3 KGSchG).

Bestimmte Arbeitnehmergruppen genießen Kündigungsschutz aufgrund besonderer Bestimmungen, z. B. Mitglieder des Betriebsrats, Frauen eine gewisse Zeit vor und nach der Niederkunft, Menschen mit Schwerbehinderung und Wehrpflichtige während des Wehrdienstes.

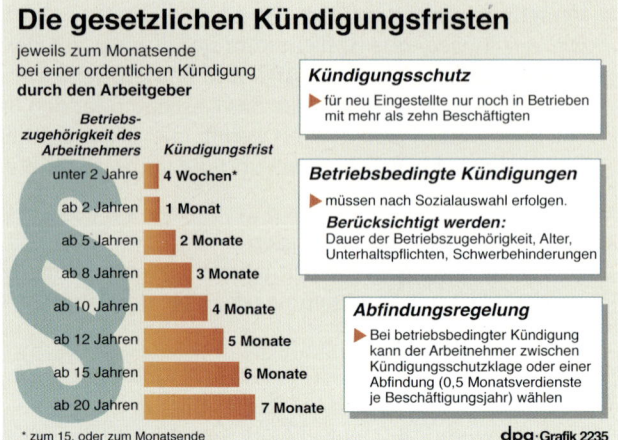

Die gesetzlichen Kündigungsfristen

jeweils zum Monatsende
bei einer ordentlichen Kündigung
durch den Arbeitgeber

Betriebs-zugehörigkeit des Arbeitnehmers	Kündigungsfrist
unter 2 Jahre	4 Wochen*
ab 2 Jahren	1 Monat
ab 5 Jahren	2 Monate
ab 8 Jahren	3 Monate
ab 10 Jahren	4 Monate
ab 12 Jahren	5 Monate
ab 15 Jahren	6 Monate
ab 20 Jahren	7 Monate

Kündigungsschutz
▶ für neu Eingestellte nur noch in Betrieben mit mehr als zehn Beschäftigten

Betriebsbedingte Kündigungen
▶ müssen nach Sozialauswahl erfolgen.
Berücksichtigt werden:
Dauer der Betriebszugehörigkeit, Alter, Unterhaltspflichten, Schwerbehinderungen

Abfindungsregelung
▶ Bei betriebsbedingter Kündigung kann der Arbeitnehmer zwischen Kündigungsschutzklage oder einer Abfindung (0,5 Monatsverdienste je Beschäftigungsjahr) wählen

* zum 15. oder zum Monatsende   dpa·Grafik 2235

Fristlose Kündigung (außerordentliche Kündigung)

Die gesetzlichen Kündigungsschutzbestimmungen gelten nicht, wenn aufseiten des Arbeitnehmers bzw. Arbeitgebers eine schwere Verfehlung vorliegt.

Der **Arbeitgeber** kann fristlos kündigen, wenn der Arbeitnehmer

- falsche Zeugnisse vorgelegt hat,
- Diebstahl, Unterschlagung, Betrug begangen hat,
- die Arbeit verlässt oder beharrlich verweigert,
- gegen den Arbeitgeber oder seine Vertreter tätlich vorgeht oder sich einer groben Beleidigung schuldig macht,
- vorsätzlich Sachen des Arbeitgebers oder eines Kollegen beschädigt.

Der **Arbeitnehmer** kann fristlos kündigen, wenn der Arbeitgeber

- das Arbeitsentgelt nicht in der vereinbarten Weise auszahlt,
- oder sein Stellvertreter gegen den Arbeitnehmer tätlich vorgeht oder sich einer groben Beleidigung schuldig macht.

Grundsätzlich kann jeder gekündigte Arbeitnehmer seine Entlassung vor dem Arbeitsgericht anfechten. Die Frist beträgt drei Wochen.

Arbeitsvorschläge

1   *Rechte und Pflichten von Arbeitgeber und Arbeitnehmer entsprechen sich gegenseitig. Nennen Sie hierfür vier Beispiele.*

2   *Welche wesentlichen Punkte sollten in einem Arbeitsvertrag geregelt sein?*

3   *Für wen gelten besondere Kündigungsbestimmungen? Führen Sie mögliche Gründe für diese Sonderregelungen an.*

4   *Ein Mitarbeiter ist wegen eines Tennisarms krankgeschrieben. Der Chef ertappt ihn bei schweren Gartenarbeiten. Ist in diesem Fall die Kündigung gerechtfertigt (siehe Kompetenzbaustein K1)?*

Anforderungssituation 2

Berufsorientierung und Arbeitsplatzsicherung im Wirtschaftssystem – Beschäftigung, Erwerb und Wohlstandssicherung

2

Kompetenzen

In diesem Kapitel lernen Sie die politischen und ökonomischen Zusammenhänge von staatlicher Regulation und marktwirtschaftlicher Entscheidungs- und Handlungsfreiheit kennen. Sie erläutern, dass ökonomische und gesellschaftliche Veränderungen den Sozialstaat beeinflussen und Folgen für das Beschäftigungssystem haben.

Darüber hinaus analysieren Sie, inwiefern die Lebenschancen des einzelnen Menschen abhängig von seinen beruflichen Möglichkeiten sind. Sie entwickeln ein Selbstkonzept für eine berufliche Laufbahn, das Ihre persönlichen Stärken und Schwächen mit einbezieht.

Schon 150 000 Jobs durch Solarenergie

Die Photovoltaikbranche hat die Zahl der Beschäftigten im letzten Jahr mehr als verdoppelt. Durch den politischen Schlingerkurs in Berlin droht nun eine Pleitewelle.

2010 war ein Rekordjahr für die Photovoltaik. Laut dem Bundesverband Solarwirtschaft hat sich allein in Deutschland der Markt gegenüber dem Vorjahr fast verdoppelt. Auch das internationale Geschäft lief sehr gut. Hier haben sich die Zubauraten fast verdreifacht.

Diese Zahlen schlagen sich auch auf die Beschäftigungssituation im Solarsektor nieder. Allein in der Photovoltaikindustrie sind inzwischen 133 000 Menschen beschäftigt. Dazu kommen noch einmal etwa 20 000 Arbeitsplätze in der Solarthermie. Damit hat sich die Zahl der Beschäftigten in der Photovoltaik mehr als verdoppelt.

Während die Zulieferindustrie, die Großhändler, die Planer und Installateure ihren Schwerpunkt im Süden und Westen Deutschlands haben, werden die Solarmodule meist im strukturschwachen Osten des Landes produziert. Die Fabriken befinden sich in scharfem Wettbewerb mit der Konkurrenz aus Fernost. In den vergangenen Jahren wurden in Asien enorme Produktionskapazitäten aus dem Boden gestampft. 2010 kamen mehr als die Hälfte der in Deutschland installierten Solarmodule aus China. Dagegen wurden im gleichen Zeitraum nur 12 % Solarmodule aus deutscher Produktion verbaut.

Doch das größte Ungemach verursachen die Deutschen selbst: Die Einspeisevergütung für Photovoltaik soll weiter absenkt werden und gefährdet damit die junge Technologie. Debatten über Deckelung des Zubaus verunsichern die Kunden und schrecken Investoren ab. Dennoch wollen die deutschen Solarhersteller auch 2011 ihre Kapazitäten weiter ausbauen, heißt es beim BSW-Solar. Außerdem will die Branche ihre Investitionen in Forschung und Entwicklung verdoppeln, um den Innovationsvorsprung zu halten und Solarstrom preiswerter anbieten zu können.

Ulrich, Sven: Schon 150 000 Jobs durch Solarenergie, in: Erneuerbare Energien. Infoportal für Entscheider im Bereich erneuerbare Energien, SunMedia Verlags GmbH, Hannover, abgerufen unter: www.erneuerbareenergien.de/schon-150 000-jobs-durch-solarenergie/150/436/29842/ [02.06.2013] (gekürzt und geändert)

Arbeitsvorschläge

1 Bei der Einspeisevergütung handelt es sich um ein Mindestpreissystem, das es ermöglicht, auch Erzeugungsformen in den Markt zu integrieren, die nicht in der Lage sind, allein über ihren Marktpreis mit anderen Erzeugungsformen zu konkurrieren. Diskutieren Sie in der Klasse diese Form des staatlichen Eingriffs in die Wirtschaftsordnung.

2 Recherchieren Sie im Internet, in welchen Ländern Einspeisevergütungen für erneuerbare Energien eingeführt wurden. Erstellen Sie ein Diagramm, das einen Überblick über die Höhe der jeweiligen Einspeisevergütung in den jeweiligen Ländern gibt (siehe Kompetenzbaustein K4).

2.1 Wirtschaftsordnungen

Die gesetzlichen Regeln für wirtschaftliches Handeln in einer Volkswirtschaft werden als Wirtschaftsordnung bezeichnet. Hierbei wird die freie Marktwirtschaft von der Planwirtschaft unterschieden. **Freie Marktwirtschaft** bedeutet, dass sich jeder einzelne Mensch frei entfalten kann und Unternehmen in ihrer Tätigkeit nicht vom Staat behindert werden. Der Staat garantiert Vertragsfreiheit, freien Wettbewerb und ein funktionierendes Geldwesen; er greift nicht in den Wirtschaftsprozess ein. Die **Planwirtschaft** ist das Gegenmodell zu diesem System. Entscheidungen gehen vom Staat aus. Der Staat bestimmt das Produktionsziel, die Anordnung der Produktionsfaktoren und die Verteilung der Produkte. Dies geschieht mithilfe eines Plans, der eine Übersicht über die vorhandenen Mittel gibt. Zugleich legt der Plan die Menge der zu erzeugenden Güter und deren Preise fest. Einzelunternehmerische Entscheidungen sind nicht möglich.

2.1.1 Soziale Marktwirtschaft

Die **soziale Marktwirtschaft** der Bundesrepublik Deutschland knüpft an das Modell der freien Marktwirtschaft an. Um die Nachteile der freien Marktwirtschaft zu eliminieren, entwickelten der Nationalökonom Alfred Müller-Armack und der damalige Wirtschaftsminister Professor Ludwig Erhard das Leitbild der sozialen Marktwirtschaft. Hierbei wurde die freie Marktwirtschaft um die soziale Komponente erweitert: Der Staat kann demnach in das Wirtschaftsgeschehen eingreifen, wenn es im Interesse der Allgemeinheit notwendig ist. Der Aspekt der sozialen Sicherung und der sozialen Teilhabe aller Bürgerinnen und Bürger ist verfassungsmäßig verankert.

Grundgesetz

Artikel 2
(1) Jeder hat das Recht auf die freie Entfaltung seiner Persönlichkeit, soweit er nicht die Rechte anderer verletzt […]
(2) Jeder hat das Recht auf Leben und körperliche Unversehrtheit. […]
Artikel 9
(1) Alle Deutschen haben das Recht, Vereine und Gesellschaften zu bilden. […]
(3) Das Recht, zur Wahrung und Förderung der Arbeits- und Wirtschaftsbedingungen Vereinigungen zu bilden, ist für jedermann und für alle Berufe gewährleistet. […]
Artikel 12
(1) Alle Deutschen haben das Recht, Beruf, Arbeitsplatz und Ausbildungsstätte frei zu wählen. […]
(2) Niemand darf zu einer bestimmten Arbeit gezwungen werden […].
Artikel 14
(1) Das Eigentum und das Erbrecht werden gewährleistet. Inhalt und Schranken werden durch die Gesetze bestimmt.
(2) Eigentum verpflichtet. Sein Gebrauch soll zugleich dem Wohle der Allgemeinheit dienen.
(3) Eine Enteignung ist nur zum Wohle der Allgemeinheit zulässig. […]
Artikel 15
Grund und Boden, Naturschätze und Produktionsmittel können zum Zwecke der Vergesellschaftung durch ein Gesetz, das Art und Ausmaß der Entschädigung regelt, in Gemeineigentum oder in andere Formen der Gemeinwirtschaft überführt werden. […]
Artikel 20
(1) Die Bundesrepublik Deutschland ist ein demokratischer und sozialer Bundesstaat. […]

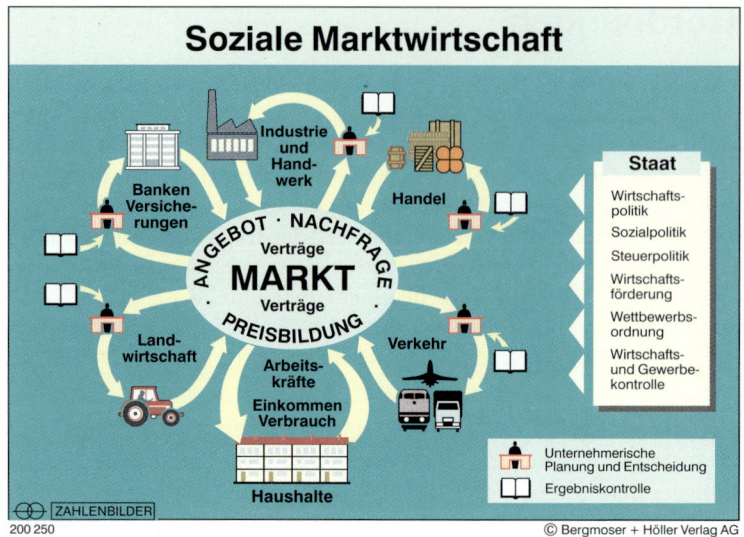

Gefahren für die soziale Marktwirtschaft

Die soziale Marktwirtschaft ist einem ständigen Wandel unterworfen. Sie muss sich permanent den wirtschaftlichen und gesellschaftlichen Herausforderungen stellen. Ein Ziel ist nach wie vor die Anpassung des Lebensstandards der neuen Bundesländer an den der alten Bundesländer. Gleichzeitig gibt es weltweite Herausforderungen, die eine Gefährdung der sozialen Marktwirtschaft darstellen: Zunahme an Unternehmensinsolvenzen, Massenentlassungen, Verarmung in der Bevölkerung, extreme Staatsverschuldung usw. Die Finanzkrise, die 2008 begann und die gesamte Weltwirtschaft erfasste, zwang die Bundesrepublik Deutschland zu raschem Eingreifen. Um den Rückgang der Wirtschaftstätigkeit aufzufangen, wurden konjunkturstützende Maßnahmen beschlossen. Ein weiterer Schwerpunkt lag auf der Rettung angeschlagener Banken. So wurde im Herbst 2008 der Sonderfonds Finanzmarktstabilisierung als Sondervermögen des Bundes geschaffen. Dieser sollte systemwichtige Finanzinstitute durch Kapitalzuführung und Übernahme von Risiken am Leben erhalten. Die Möglichkeit, risikobehaftete Kredite und Wertpapiere in eine staatlich abgesicherte Abwicklungsbank, eine sogenannte Bad Bank, zu überführen, um die Bilanz des abgebenden Instituts zu entlasten, wurde im Juni 2009 geschaffen.

Arbeitsvorschläge

1   *Nennen Sie Gründe, warum jeder Staat eine Wirtschaftsordnung braucht.*

2   *Was sind die Kennzeichen der zentralen Planwirtschaft?*

3   *Worin unterscheidet sich die soziale Marktwirtschaft von der freien Marktwirtschaft?*

4   *Erläutern Sie mit Beispielen die sozialen Grundelemente unserer Marktwirtschaft.*

5   *Welche Artikel des Grundgesetzes bedingen eine soziale, welche eine freie Marktwirtschaft (siehe Kompetenzbaustein K1)?*

6   *Nennen Sie drei Beispiele, wie der Staat in einer sozialen Marktwirtschaft in das Wirtschaftsgeschehen eingreifen kann.*

7   *Führen Sie eine Pro-und-Kontra-Debatte zur Ausweitung bzw. Einschränkung der sozialen Grundelemente unserer Marktwirtschaft (siehe Kompetenzbaustein K18).*

2.1.2 Wirtschaftspolitische Instrumente des Staates

Um den Anspruch eines demokratischen und sozialen Bundesstaates (Art. 20 GG) gerecht zu werden, bedient sich der Staat vor allem der folgenden Instrumente: Wettbewerbs-, Finanz-, Konjunktur-, Struktur-, Sozial- und Umweltpolitik.

Wettbewerbspolitik

Der funktionsfähige Wettbewerb ist ein zentrales Element der sozialen Marktwirtschaft. Zuständig für den Wettbewerbsschutz ist das Bundeskartellamt. Grundlage seiner Tätigkeit ist das **Gesetz gegen Wettbewerbsbeschränkungen (GWB)**. Es beinhaltet die Instrumente Kartellaufsicht, Fusionskontrolle und Missbrauchsaufsicht.

Kartellaufsicht

Das deutsche Kartellrecht wurde mit der Novellierung des Gesetzes gegen Wettbewerbsbeschränkungen (GWB) zum 01.07.2005 an die geltenden europäischen Vorschriften angepasst. Dies war ein wichtiger Beitrag zur Vereinheitlichung (Harmonisierung) des Wettbewerbsrechts im europäischen Binnenmarkt. Formuliert wird ein grundsätzliches **Verbot wettbewerbsbeschränkender Vereinbarungen**. Das Verbot bezieht sich nicht nur auf Kartellverträge zwischen großen Unternehmen, sondern auch auf weitere Formen des Markverhaltens: So ist ein abgestimmtes Vorgehen verschiedener Anbieter ebenso verboten wie Kartellbeschlüsse von Unternehmensvereinigungen, die von den einzelnen Unternehmen nur scheinbar unabhängig voneinander umgesetzt werden.

Auch Absprachen zwischen konkurrierenden Marktteilnehmern (horizontale Absprachen) sind ebenso untersagt wie Vereinbarungen zwischen Kunden und Lieferanten (vertikale Absprachen).

Allerdings sind Ausnahmen vom Kartellverbot zulässig. Dies kann der Fall sein, wenn die Vorteile einer Wettbewerbsabsprache überwiegen: z. B. höhere Produktqualität, zügige Einführung technischer Neuerungen, logistische Vorteile, Vorteile für den Verbraucher. Erfüllen Vereinbarungen diese Voraussetzungen, so gilt die Freistellung vom Kartellverbot automatisch (**Prinzip der Legalausnahme**). Dafür wurde das in der Bundesrepublik Deutschland jahrelang praktizierte System, dass Ausnahmekartelle beim Kartellamt angemeldet bzw. von ihm genehmigt werden mussten, aufgegeben. Die Folge ist, dass Unternehmen jetzt selbst beurteilen müssen, ob die von ihnen geplanten Absprachen rechtmäßig sind. Dies bedeutet für sie ein hohes Risiko, da falsche Einschätzungen in diesem Zusammenhang tief greifende rechtliche und wirtschaftliche Konsequenzen haben können.

„Einer vom Kartellamt – will untersuchen, ob wir die Benzinpreise überhöht haben."

Die **Gruppenfreistellungsverordnungen** der EU-Kommission sorgen für eine gewisse Rechtssicherheit, da durch sie bestimmte wettbewerbsbeschränkende Vereinbarungen vom Kartellverbot ausgenommen werden. Als Beispiele können hier Forschungskooperationen, Regelungen für den Kfz-Vertrieb oder die Versicherungsbranche genannt werden. Sogenannte **Mittelstandskartelle** sind nach deutschem Recht nach wie vor erlaubt.

Verstöße gegen das Kartellrecht werden von den Kartellbehörden mit hohen Geldbußen bestraft. Konkurrenten oder Abnehmer, die durch Kartellabsprachen geschädigt wurden, erleichtert das novellierte GWB nun die Durchsetzung zivilrechtlicher Schadensersatzklagen.

Fusionskontrolle

Der freie Wettbewerb ist das zentrale Organisationsprinzip der Marktwirtschaft. Ihn zu garantieren und zu gewährleisten, ist Aufgabe des Staates. Ein wichtiges Instrument hierzu ist die Fusionskontrolle, die Kontrolle von Unternehmenszusammenschlüssen, die 1973 in das Gesetz gegen Wettbewerbsbeschränkungen (GWB) aufgenommen wurde.

Jeder Zusammenschluss muss von den beteiligten Unternehmen beim **Bundeskartellamt** gemeldet werden, und zwar noch ehe er vollzogen ist. Betroffen sind in Deutschland Unternehmen ab einer bestimmten Umsatzgröße. Aufgabe des Kartellamtes ist es zu prüfen, ob durch den Unternehmenszusammenschluss eine marktbeherrschende Stellung (**Monopol**) entsteht oder intensiviert wird. Dies ist der Fall, wenn ein Unternehmen in seiner Rolle als Anbieter oder Nachfrager keinem wesentlichen Wettbewerb ausgesetzt ist. Aber auch mehrere Unternehmen zusammen können marktbeherrschend auftreten, wenn zwischen ihnen kein nennenswerter Wettbewerb mehr stattfindet (**Oligopol**).

Das Kartellamt untersagt eine Fusion, wenn eine marktbeherrschende Stellung zu erwarten ist. Sind durch den Zusammenschluss auch Verbesserungen zu erwarten, die den Nachteil der Marktbeherrschung überwiegen, so können vom Kartellamt untersagte Zusammenschlüsse in Ausnahmefällen durch den Bundeswirtschaftsminister genehmigt werden (sogenannte Ministererlaubnis).

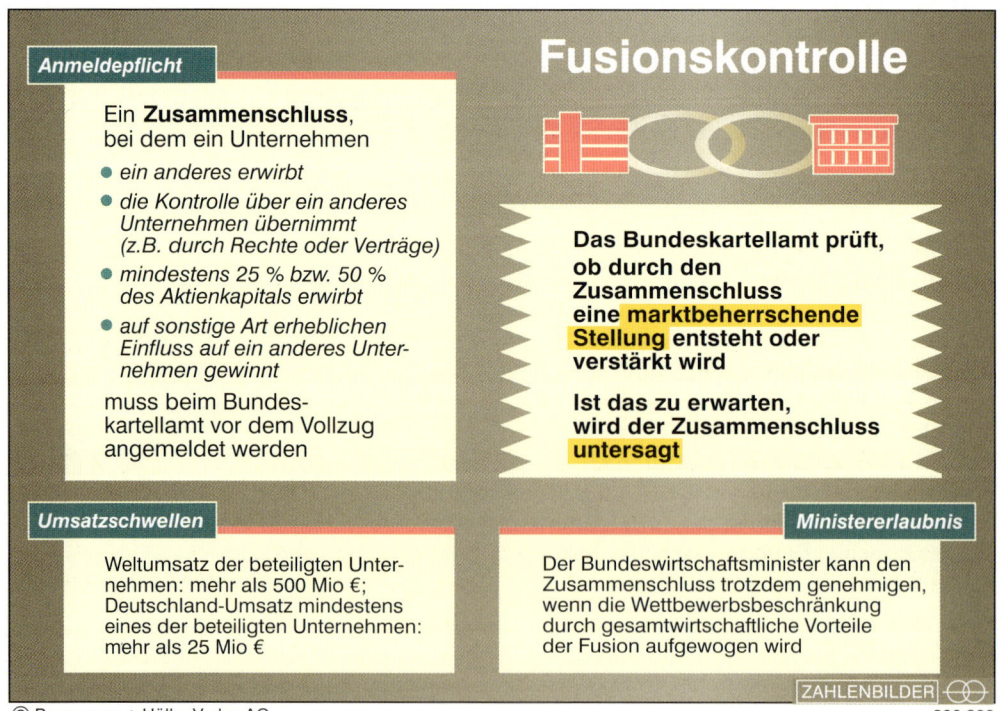

Fusionskontrolle

Anmeldepflicht

Ein **Zusammenschluss**, bei dem ein Unternehmen

- *ein anderes erwirbt*
- *die Kontrolle über ein anderes Unternehmen übernimmt (z.B. durch Rechte oder Verträge)*
- *mindestens 25 % bzw. 50 % des Aktienkapitals erwirbt*
- *auf sonstige Art erheblichen Einfluss auf ein anderes Unternehmen gewinnt*

muss beim Bundeskartellamt vor dem Vollzug angemeldet werden

Das Bundeskartellamt prüft, ob durch den Zusammenschluss eine marktbeherrschende Stellung entsteht oder verstärkt wird

Ist das zu erwarten, wird der Zusammenschluss untersagt

Umsatzschwellen

Weltumsatz der beteiligten Unternehmen: mehr als 500 Mio €; Deutschland-Umsatz mindestens eines der beteiligten Unternehmen: mehr als 25 Mio €

Ministererlaubnis

Der Bundeswirtschaftsminister kann den Zusammenschluss trotzdem genehmigen, wenn die Wettbewerbsbeschränkung durch gesamtwirtschaftliche Vorteile der Fusion aufgewogen wird

ZAHLENBILDER

200 300

Missbrauchsaufsicht

Wettbewerbsbeschränkungen können sich daraus ergeben, dass ein Unternehmen oder eine Gruppe von Unternehmen den Markt beherrscht, völlig unabhängig davon, wie es zu dieser Marktbeherrschung gekommen ist (durch Zusammenschluss, durch internes Unternehmenswachstum, durch Ausscheiden von Konkurrenten). Nimmt das GWB die Existenz solcher Unternehmen hin, so ist doch wenigstens eine missbräuchliche Ausübung ihrer Marktmacht untersagt.

Entscheidend für die Eingriffsmöglichkeit des Kartellamtes sind die Tatbestandmerkmale

- Marktbeherrschung und
- Missbrauch der Marktmacht.

Sanktionsmöglichkeiten des GWB

In der Bundesrepublik gelten die Verstöße gegen die Verbote des GWB grundsätzlich nicht als Straftaten und damit nicht als kriminelles Unrecht, sondern nur als Ordnungswidrigkeiten. Diese Ordnungswidrigkeiten werden mit Geldbußen bestraft. Der Bußgeldrahmen beläuft sich auf 1 Million Euro und darüber hinaus auf die Abschöpfung des durch die Zuwiderhandlung erzielten Mehrerlöses.

Daneben besteht eine Schadenersatzpflicht bei schuldhaften Verstößen gegen Schutzgesetze.

Kartellamt kapituliert – Wettbewerbshüter weisen Stromerzeugern keinen Missbrauch der Marktmacht nach

Die Behörde überprüfte mehr als 300 Millionen Daten von 80 Unternehmen und 340 Kraftwerken. Das Bundeskartellamt hat bei seiner Untersuchung des Stromgroßhandels keine Beweise für Preismanipulationen durch die großen deutschen Energiekonzerne gefunden. Eine „systematische und gravierende Zurückhaltung von Erzeugungskapazitäten" mit dem Ziel einer Verteuerung der Stromlieferungen habe sich nicht nachweisen lassen, berichtete der Präsident der Aufsichtsbehörde. Die Kontrollen ergaben, dass durchschnittlich rund 25 % der Erzeugungskapazitäten wegen technischer Restriktionen nicht verfügbar waren. Dies sei ein sehr hoher Anteil, sagte der Behördenchef. Es sei nicht auszuschließen, dass hier im Einzelfall technische Schwierigkeiten vorgeschoben worden seien. Doch lasse sich dies mit den der Behörde zur Verfügung stehenden Mitteln nicht überprüfen. Auch bei der Kostenkalkulation der Kraftwerksbetreiber sehen die Wettbewerbshüter noch Klärungsbedarf. Die gelte etwa für die Frage, inwieweit die Unternehmen Risikoprämien einpreisen könnten. Nach den Angaben der Behörde liegt der Anteil der Großhandelspreise am Haushaltskundenpreis bei 20 bis 30 %. Noch stärker fallen Steuern und Abgaben ins Gewicht. In der Wirtschaftskrise waren die Preise an der Strombörse gefallen. Zum Jahresbeginn hatte mehr als die Hälfte der 1 100 deutschen Stromanbieter die Preise erhöht. Viele verwiesen dabei auf die gestiegenen Kosten für die Umlage zur Förderung des Ökostroms.

Ein Freibrief für die Stromkonzerne ist das Ergebnis der Sektoruntersuchung des Bundeskartellamts nach seinen Worten aber nicht. Denn die Stromkonzerne hätten durchaus „den Anreiz und die Möglichkeit", den Strompreis in ihrem Sinne zu beeinflussen. Schließlich würden 80 % des deutschen Stroms nur von vier Unternehmen erzeugt: RWE, E.ON, Vattenfall und EnBW.

Wetzel, Daniel: Kartellamt kapituliert – Wettbewerbshüter weisen Stromerzeugern keinen Missbrauch der Marktmacht nach, in: Die Welt vom 14.01.2011, abgerufen unter: www.welt.de/print/die_welt/wirtschaft/ article12149446/Kartellamt-kapituliert.html [02.06.2011] (gekürzt und geändert)

Finanzpolitik

Fast alle Bereiche unseres Staates werden von der **Finanzpolitik** beeinflusst. Das betrifft z. B. die Art und Höhe der zu zahlenden Steuern, die Höhe der Renten und Beamtengehälter, die Ausgaben für Straßen, Schulen und Kindergärten und die finanzielle Unterstützung der vielen Millionen Arbeitslosen.

Hauptfinanzierungsquelle der staatlichen Ausgaben sind die Steuern.

Steuereinnahmen
Laut Prognosen des Arbeitskreises „Steuerschätzungen" steigen in den nächsten Jahren die Steuereinnahmen. Die zusätzlichen Einnahmen sollen zur Zurückführung der Neuverschuldung dienen. Schätzungsweise nimmt der Staat bis 2016 rund 29,4 Milliarden Euro zusätzlich ein. Die Umsatz- bzw. Mehrwertsteuer war 2011 mit 190 033 Mio. Euro die größte Steuereinnahmequelle. Die 2011 neu eingeführte Kernbrennstoffsteuer und die Luftverkehrssteuer brachten insgesamt 1,827 Milliarden Euro ein.

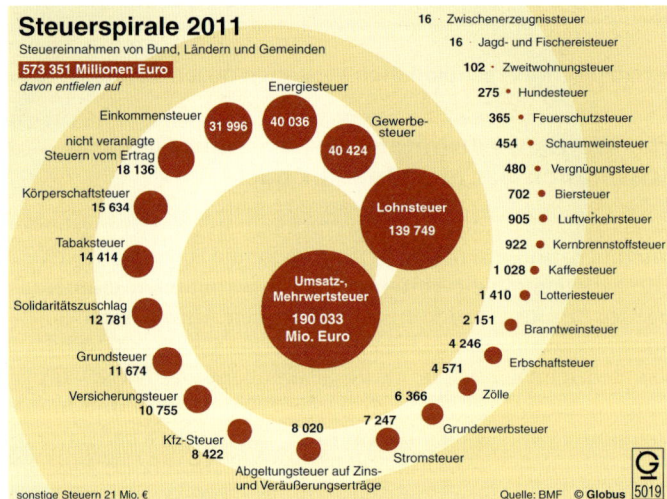

Ausgaben
Im Regierungsentwurf für das Jahr 2013 sind folgende Ausgaben geplant:

Ausgabengruppe	Ausgaben in Mio. EUR
Allgemeine Dienste	72 949
Bildungswesen, Wissenschaft, Forschung, kulturelle Angelegenheiten	18 952
Soziale Sicherung, Familie und Jugend, Arbeitsmarktpolitik	145 124
Gesundheit, Umwelt, Sport, Erholung	1 740
Wohnungswesen, Städtebau, Raumordnung und kommunale Gemeinschaftsdienste	1 496
Ernährung, Landwirtschaft und Forsten	3

Bundesministerium der Finanzen (Hg.), abgerufen unter: www.bundesfinanzministerium.de/Web/DE/Themen/ Oeffentliche_Finanzen/Bundeshaushalt/Bundeshaushalt_2013/bundeshaushalt_2013.html [12.09.2013]

Konjunkturpolitik

Die wirtschaftliche Situation eines Landes verändert sich ständig. Es gibt Zeiten, in denen Produktion, Dienstleistungen, Nachfrage und Beschäftigung ansteigen, und Zeiten, in denen sie zurückgehen. Diese wechselhaften Veränderungen nennt man Konjunktur. Da der Wirtschaftsverlauf in verschiedene Abschnitte einzuteilen ist, die sich scheinbar immer wiederholen, ergeben sich folgende Konjunkturphasen:

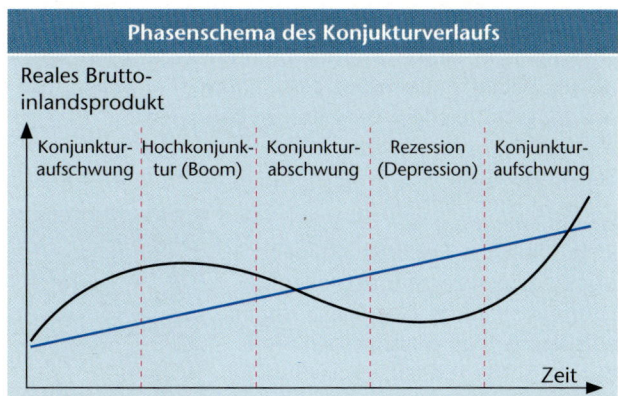

- Aufschwung (Expansion)
- Hochkonjunktur (Boom)
- Abschwung (Rezession)
- Tiefstand (Depression)

Ziel der **Konjunkturpolitik** ist es, Konjunkturschwankungen nicht zu weit ausschlagen zu lassen, denn in der Hochkonjunktur steigen die Preise, in der Rezession gibt es weniger Arbeitsplätze. Wirtschaftliche Maßnahmen, die dieses Auf und Ab und die damit verbundenen volkswirtschaftlichen nachteiligen Folgen mindern sollen, nennt man antizyklisch, im Gegensatz zu prozyklischen Maßnahmen, die die Auf- und Abwärtsbewegungen noch verstärken sollen.

Die staatliche Konjunkturpolitik soll antizyklisch sein. Beispielsweise soll der Staat während einer Depression konjunkturfördernde Maßnahmen ergreifen. In Zeiten der Hochkonjunktur soll er dagegen konjunkturdämpfend wirken.

Beispiele für konjunkturpolitische Maßnahmen	
konjunkturfördernd	**konjunkturdämpfend**
– Investitionszulagen erhöhen	– Investitionszulagen abbauen
– Staatliche Aufträge vergeben	– Staatliche Aufträge vermindern
– Steuern senken	– Steuern erhöhen
– Abschreibungsmöglichkeiten erhöhen	– Abschreibungsmöglichkeiten senken

Konjunkturpakete

Um die größte Krise der Weltwirtschaft in der Nachkriegszeit abzufangen, greifen die großen Industrie- und Schwellenländer zu Gegenmaßnahmen. Die sogenannten Konjunkturpakete sehen staatliche Finanzierungshilfen, zusätzliche Investitionen oder Steuererleichterungen vor.

Sozialpolitik

Wer in unserer sozialen Marktwirtschaft in Not gerät, kann weitestgehend auf die Hilfe der Gemeinschaft (Solidargemeinschaft) zählen.

Das System der **gesetzlichen Sozialversicherung** (Renten-, Kranken-, Arbeitslosen-, Pflege- und Unfallversicherung) sichert alte, kranke und arbeitslose Menschen auch weiterhin finanziell ab. Reichen die Leistungen der Sozialversicherung nicht aus, unterstützt der Staat die wirtschaftlich Schwachen zusätzlich durch **soziale Hilfen**, wie Sozialhilfe und Wohngeld.

Umweltpolitik

Die Umwelt ist ein öffentliches Gut, das von allen Menschen genutzt werden muss oder kann und das sich gleichzeitig auf jeden Einzelnen auswirkt. Mensch und Umwelt stehen in einem Wechselverhältnis und beeinflussen sich gegenseitig.

Deshalb ist im Artikel 20a des Grundgesetzes auch der Umweltschutz verankert. Die Umweltpolitik soll alle notwendigen Maßnahmen ergreifen, um Unternehmen und Konsumenten zu umweltverträglichem Verhalten zu bewegen.

Strukturpolitik

Häufig entwickelt sich die Wirtschaft in bestimmten Sektoren (Branchen) und Regionen recht unterschiedlich. Deshalb versucht der Staat, durch entsprechende Maßnahmen (z.B. durch Subventionen, Forschungs- und Gründungsförderung oder durch die Verbesserung der Infrastruktur) den betroffenen Sektoren (Kohlebergbau, Landwirtschaft, Werftindustrie) oder Regionen (z.B. alle neuen Bundesländer, Ruhrgebiet) den Anschluss an die allgemeine Wirtschaftsentwicklung zu erleichtern.

Einkaufszentrum in ehemaligen Schiffbauhallen

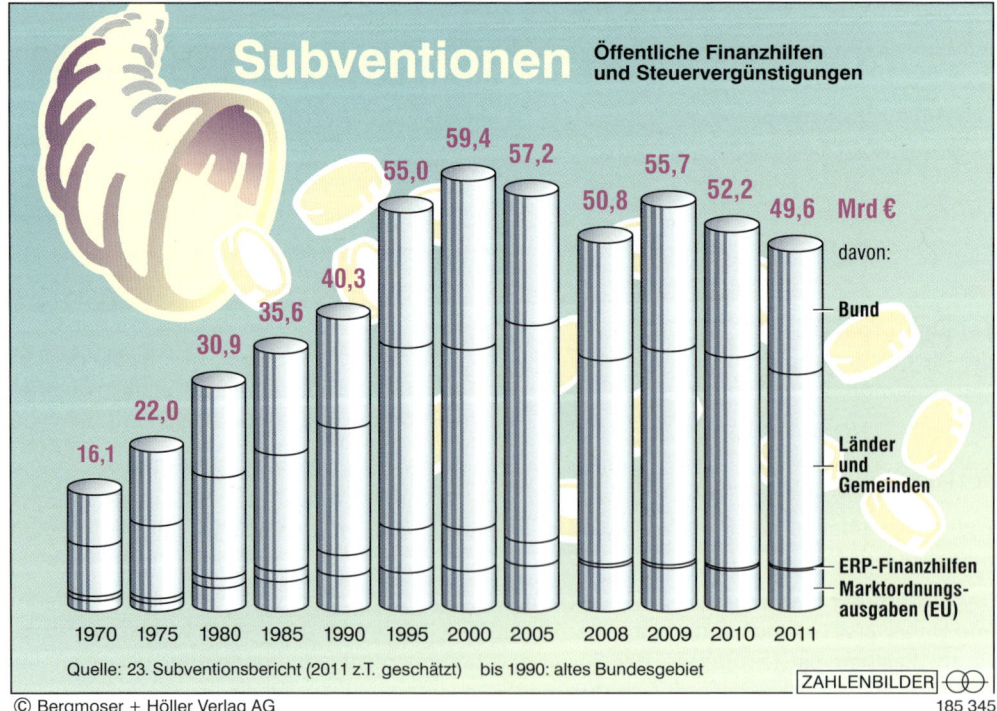

Quelle: 23. Subventionsbericht (2011 z.T. geschätzt)   bis 1990: altes Bundesgebiet

ZAHLENBILDER

185 345

2.1.3 Das magische Sechseck

Zielkonflikte

Die angestrebten wirtschafts- und finanzpolitischen Ziele können sich gegenseitig ergänzen oder behindern. So gefähren beispielsweise Maßnahmen, die dem Wirtschaftswachstum und der Vollbeschäftigung dienen, häufig die Preisstabilität und den Umweltschutz. Da alle Hauptziele der staatlichen Wirtschaftspolitik nicht gleichzeitig zu erreichen sind, spricht man von einem magischen Sechseck. Deshalb versucht man, erst die Ziele zu erreichen, die aktuell am dringendsten sind.

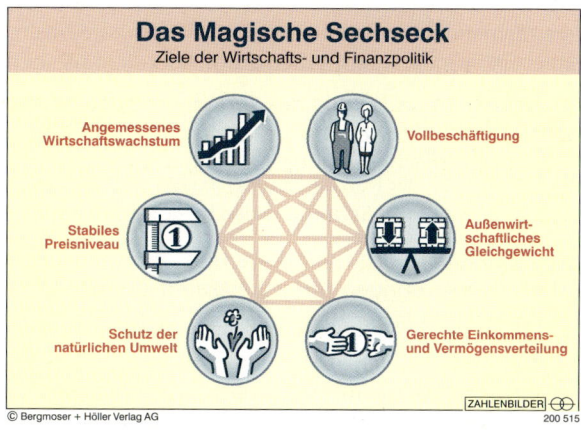

Stetiges und angemessenes Wirtschaftswachstum

Wirtschaftswachstum fördert ohne jeden Zweifel das Wohlstandsziel. Nicht automatisch positiv müssen die Wirkungen im Hinblick auf die Ziele soziale Sicherheit, sozialer Friede und Gerechtigkeit sein. Hier hängt es davon ab, wie der Zuwachs an materiellem Wohlstand verteilt wird.

Hoher Beschäftigungsstand (oder auch Vollbeschäftigung)

Dieses Modalziel wirkt positiv auf das Wohlstandsziel, aber auch auf zumindest den materiellen Aspekt des Freiheitsziels. Auch soziale Sicherheit, sozialer Friede und Gerechtigkeit lassen sich durch die Verfolgung des Beschäftigungsziels fördern.

Preisniveaustabilität

Eine Verfolgung dieses Ziels fördert den Wohlstand, da eine stabile Währung das Funktionieren der Märkte erleichtert. Auch sozialer Friede und Gerechtigkeit stehen in einem positiven Verhältnis zum Ziel der Geldwertstabilität.

Außenwirtschaftliches Gleichgewicht

Die mit der internationalen Arbeitsteilung und Spezialisierung einhergehenden Wohlstandsgewinne fördern materielle Freiheit. Das Gerechtigkeitsziel kann insbesondere dadurch tangiert werden, dass außenwirtschaftliche Entwicklungen einige gesellschaftliche Gruppen negativ betreffen, während andere von ihnen profitieren.

Verteilungsgerechtigkeit

Die Konkretisierung des Gerechtigkeitsanspruchs im wirtschaftlichen Bereich führt zur Forderung nach einer als gerecht empfundenen Aufteilung von wirtschaftlichen Entscheidungskompetenzen, Gütern und Dienstleistungen, Einkommen und Vermögen. Wie weit die Gesellschaft Ungleichheit akzeptiert, wird letztlich in politischen Abstimmungsprozessen ermittelt.

Umweltschutz

Umweltpolitische Ziele werden erstmals 1971 von der Bundesregierung als staatliches Handeln beschrieben. Im Wesentlichen geht es um Maßnahmen, die den Menschen eine Umwelt sichern für ein menschenwürdiges Dasein, auch für nachkommende Generationen.

Wirtschaftsausblick

Der deutschen Wirtschaft ist es nach dem durch die **Finanzkrise** verursachten Konjunkturrückgang überraschend schnell gelungen, sich wieder zu erholen. So folgten auf das Krisenjahr 2009 zwei Jahre mit ausgeprägtem **Wachstum**. Aber die Krise geht weiter: Die hohe Verschuldung einiger Euro-Länder führt dazu, dass der Euro-Währungsraum mittlerweile selbst auf dem Prüfstand steht. Die Zahlungsunfähigkeit der am stärksten gefährdeten Staaten konnte zwar vorerst abgewendet werden, aber ihre marode wirtschaftliche Situation, die durch die Sparzwänge noch verschärft wird, die Politik der Konsolidierung in den übrigen EU-Ländern und vor allem die Frage nach dem weiteren Verlauf der **Schuldenkrise** beeinträchtigen eine positive wirtschaftliche Entwicklung.

Die Bewältigung der Finanzkrise und der Atomkatastrophe 2011 im japanischen Fukushima waren für die übrigen Industriestaaten dringende Aufgaben, deren Bewältigung zu einem Rückgang des Wirtschaftswachstums führte. Dies gilt auch für die großen Schwellenländer.

So prognostizieren die führenden Wirtschaftsinstitute auch für 2014 ein eher verhaltenes **Wirtschaftswachstum**. Als Gründe hierfür können die schwächer werdende Nachfrage im Außenhandel und die gedämpften Erwartungen der Unternehmen genannt werden. Eine weitere Belastung für die bundesdeutsche Konjunktur sind die hohen Rohstoffpreise, insbesondere für Mineralöl.

Die **private Nachfrage** ist derzeitig eine bedeutende Stütze der deutschen Wirtschaft, wobei der hohe Beschäftigungsstand in diesem Zusammenhang positiv ins Gewicht fällt. Weniger gut voran kommt der Ausbau der Beschäftigung. Aber auch das Anwachsen des Angebots von Arbeitskräften aus dem EU-Ausland trägt dazu bei, dass die **Arbeitslosigkeit** im Jahresdurchschnitt konstant bleiben wird.

Ergiebige **Steuereinnahmen** von Bund und Ländern stärken 2013 ebenso wie 2014 die öffentlichen Finanzen.

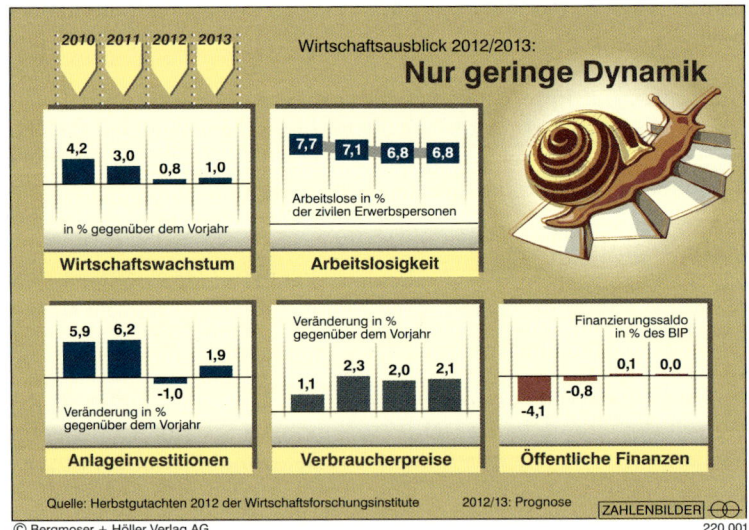

Arbeitsvorschläge

1 *Interpretieren Sie die Karikatur auf S. 45 (siehe Kompetenzbaustein K10).*

2 *Formulieren Sie passende Aussagen zur obigen Statistik. Eine Aussage könnte lauten: Das Wirtschaftswachstum ist im Jahr 2013 um 1 % gestiegen.*

2.2   Beschäftigung

2.2.1 Berufswunsch

Junge Menschen haben heute viel größere Chancen, ihren Wunscharbeitsplatz zu finden, als noch vor Jahren. Ein wesentlicher Grund liegt in der Bevölkerungsentwicklung: Es gibt deutlich weniger Nachwuchs – und damit deutlich weniger Bewerber um die angebotenen Ausbildungsplätze. So waren zu Beginn des Ausbildungsjahres 2012/2013 nach Angaben der Bundesagentur für Arbeit ca. 100 000 Lehrstellen der insgesamt gemeldeten 497 000 Ausbildungsstellen noch nicht besetzt.

Dem standen ca. 90 000 unversorgte Bewerber von insgesamt 542 000 Bewerbern gegenüber.

Mittlerweile haben immer mehr Ausbildungsbetriebe Probleme, geeignete Bewerber/-innen zu finden. Allerdings warnt der Deutsche Gewerkschaftsbund, dass trotz leichter Entspannung auf dem Arbeitsmarkt kein Grund zur Euphorie bestehe. Denn noch immer befänden sich zahlreiche junge Menschen in den Warteschleifen des Übergangssystems, ohne Aussicht auf eine abgeschlossene Ausbildung. Vor allem Hauptschüler haben nach wie vor schlechte Chancen, einen Ausbildungsplatz zu finden.

Männer- und Frauenberufe

Rund 550 000 neue Ausbildungsverträge wurden 2012 abgeschlossen. Die beliebtesten Ausbildungsberufe nach Zahl der Verträge:

Männer

1	Kfz-Mechatroniker	19 320
2	Industriemechaniker	13 488
3	Einzelhandelskaufmann	12 363
4	Elektroniker	11 418
5	Anlagenmechaniker für Sanitär, Heizung, Klima	10 281
6	Verkäufer	10 272
7	Fachinformatiker	9 756
8	Kaufmann im Groß- und Außenhandel	9 237
9	Fachkraft für Lagerlogistik	9 195
10	Koch	8 682

Frauen

1	Verkäuferin	16 209
2	Einzelhandelskauffrau	14 925
3	Bürokauffrau	14 604
4	Medizinische Fachangestellte	14 163
5	Zahnmedizinische Fachangestellte	12 309
6	Industriekauffrau	12 090
7	Friseurin	10 443
8	Kauffrau für Bürokommunikation	9 390
9	Fachverkäuferin im Lebensmittelhandwerk	8 448
10	Hotelfachfrau	7 521

dpa•18973   Quelle: BIBB

Die meisten freien Stellen gibt es in Berufen, die bei Jugendlichen eher unbeliebt sind.

Beispiel

Vor allem das Gastgewerbe, wo regelmäßig Arbeit am Abend und am Wochenende bei meist unterdurchschnittlichem Lohn anfällt, wird von vielen Bewerbern gemieden. Bei den Restaurantfachkräften blieb nämlich ungefähr ein Viertel aller gemeldeten Stellen unbesetzt, ähnlich ist es bei den Fachkräften der Systemgastronomie und im Gastgewerbe. Mit vergleichbaren Problemen hatte auch das Lebensmittelhandwerk (Fleischer, Köche, Bäcker) zu kämpfen.

Auch zwischen den Bundesländern gab es erheblich Unterschiede.

Beispiel

In Nordrhein-Westfalen, Niedersachsen und Hessen überstieg die Zahl der unversorgten Bewerber die der noch freien Stellen. Auf einen unversorgten Bewerber kamen in Bayern 2,3 offene Stellen, in Thüringen 1,7.

Eine **gute Ausbildung** gilt als der beste Schutz vor Arbeitslosigkeit. Dies belegen alle Untersuchungen von Arbeits- und Berufsforschungsinstitutionen. Je besser die Ausbildung und je höher die formale Qualifikation, desto niedriger ist das Risiko arbeitslos zu werden bzw. zu bleiben. So haben im Osten der Bundesrepublik 34 % der Arbeitslosen keinen Berufsabschluss, im Westen 20 %, aber mit einer Berufsausbildung sind nur 11 % (Osten) und 5 % (Westen) von Arbeitslosigkeit betroffen. Die durchschnittliche Arbeitslosigkeit von Akademikern beträgt sogar nur 2,5 %.

Die Ansprüche – sowohl der Arbeitgeber als auch der Arbeitnehmer – an Ausbildung und Beruf verändern sich mit fortschreitenden gesellschaftlichen Bedingungen. Laut einer DIHK-Umfrage bemängeln Ausbildungsbetriebe vor allem das mündliche und schriftliche Ausdrucksvermögen sowie elementare Rechenfertigkeiten von Jugendlichen, aber auch deren allgemeine Leistungsbereitschaft und Disziplin. Angesichts des demografischen Wandels können sich allerdings zunehmend mehr Betriebe vorstellen, auch lernschwächeren Jugendlichen eine Chance zu geben und diese nachzuschulen.

Weitere Untersuchungen zeigen, dass es für junge Menschen heute wichtig ist, in Betrieben mit einer guten Atmosphäre und im Team zu arbeiten. Sie wünschen sich, dass ihre Arbeit sinnvoll und für sie erfüllend ist. Auch die Sicherheit des Arbeitsplatzes ist ihnen wichtig – erst dann kommen die Wünsche nach einem guten Gehalt oder einer Karriere.

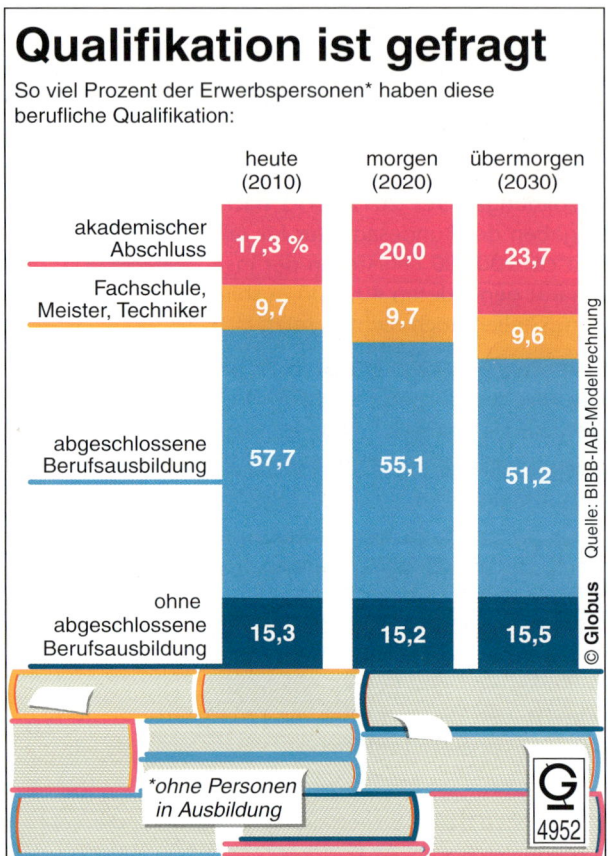

Qualifikation ist gefragt

So viel Prozent der Erwerbspersonen* haben diese berufliche Qualifikation:

	heute (2010)	morgen (2020)	übermorgen (2030)
akademischer Abschluss	17,3 %	20,0	23,7
Fachschule, Meister, Techniker	9,7	9,7	9,6
abgeschlossene Berufsausbildung	57,7	55,1	51,2
ohne abgeschlossene Berufsausbildung	15,3	15,2	15,5

Quelle: BIBB-IAB-Modellrechnung

© Globus

*ohne Personen in Ausbildung

4952

Arbeitsvorschläge

1 *Welche Möglichkeiten sehen Sie, die jährlich in der Bundesrepublik Deutschland auftretende Ausbildungslücke zu schließen?*

2 *Beurteilen Sie, ob und ggf. wie die Schule die Anforderungen der Unternehmen an die Schulabgänger vermittelt.*

3 *Welche Erwartungen haben Sie hinsichtlich Ihrer Berufswahl? Führen Sie hierzu eine Befragung in Ihrer Klasse durch und stellen die Ergebnisse in einem Balkendiagramm dar (siehe Kompetenzbausteine K2 und K4).*

2.2.2 Arbeitswelt

Die deutsche Wirtschaft musste sich in den letzten zwei Jahrzehnten besonderen Herausforderungen stellen. Vor allem der **Osten Deutschlands** wurde nach der Wende 1989 mit einschneidenden Veränderungen konfrontiert. An die Stelle staatlicher Planvorgaben traten die Gesetze des Wettbewerbs und des Marktes. Unternehmen und ganze Wirtschaftszweige mussten unter hohen Arbeitsplatzverlusten saniert oder ganz aufgegeben werden.

Auch die **westdeutsche Wirtschaft** sieht sich wachsenden Herausforderungen gegenüber. Um international konkurrenzfähig zu bleiben, verstärken viele Unternehmen ihre Rationalisierungsmaßnahmen und verlagern Teile ihrer Produktion in Länder mit niedrigeren Lohnkosten. Parallel dazu treibt der Staat die Privatisierung und Liberalisierung vorher öffentlicher Dienstleistungen voran.

Im Ganzen hat sich die sektorale Verteilung der **Erwerbstätigen** (Arbeitnehmer und Selbstständige) in Deutschland seit Beginn der 1990er-Jahre gravierend verändert.

Wie die unten stehende Grafik zeigt, ging der Beschäftigungsanteil des verarbeitenden Gewerbes (einschließlich Energie- und Wasserversorgung und Bergbau) um ein Drittel zurück. Auch die Zahl der Erwerbstätigen in Landwirtschaft und Bergbau ist geschrumpft. Bei den Dienstleistungen – vor allem im Bereich Information, Finanzierung, Vermietung, Unternehmensdienstleister – erfolgte dagegen ein deutlicher Zuwachs. Insgesamt gingen 2011 fast 74 % der Erwerbstätigen einer Beschäftigung im **Dienstleistungssektor** nach.

Mit 41,5 Mio. Erwerbstätigen hat die Beschäftigung in Deutschland im Jahr 2012 einen Höchststand erreicht. Gegenüber dem Jahr 1991 sind rund 2,7 Mio. Menschen mehr beschäftigt, was einem Anstieg von knapp 7 % bedeutet.

Allerdings fällt die Bilanz nach mehr als 20 Jahren deutscher Einheit höchst unterschiedlich aus. Seit Anfang der 1990er-Jahre haben die neuen Bundesländer massiv Ar-

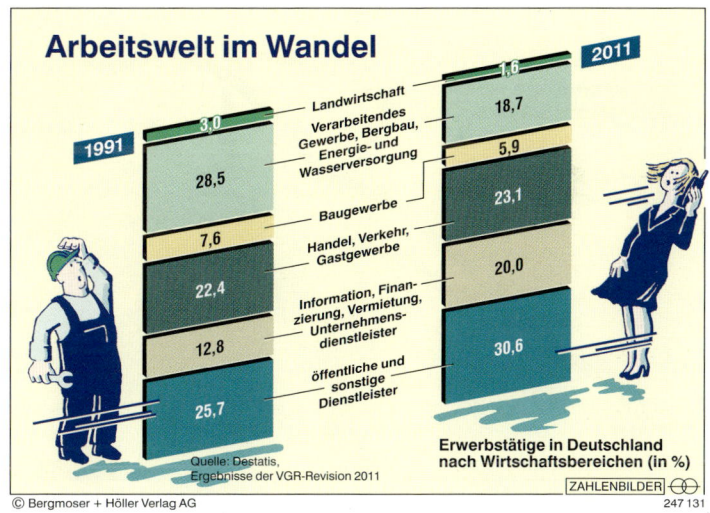

Arbeitswelt im Wandel

2011

1991

3,0 — Landwirtschaft — 1,6
28,5 — Verarbeitendes Gewerbe, Bergbau, Energie- und Wasserversorgung — 18,7
— 5,9
7,6 — Baugewerbe — 23,1
22,4 — Handel, Verkehr, Gastgewerbe — 20,0
12,8 — Information, Finanzierung, Vermietung, Unternehmensdienstleister — 30,6
25,7 — öffentliche und sonstige Dienstleister

Erwerbstätige in Deutschland nach Wirtschaftsbereichen (in %)

Quelle: Destatis,
Ergebnisse der VGR-Revision 2011

ZAHLENBILDER

© Bergmoser + Höller Verlag AG   247 131

beitsplätze verloren. So verschwand z. B. in Sachsen-Anhalt mehr als jeder fünfte Arbeitsplatz. In allen alten Bundesländern gab es positive Zuwachsraten, insbesondere in Niedersachsen und Rheinland-Pfalz.

Die rund 41 Mio. Erwerbstätigen erstellten im Jahr 2011 in Deutschland Güter und Dienstleistungen im Wert von 2,3 Billionen Euro. Das produzierende Gewerbe leistete mit knapp 590 Mrd. Euro den größten Einzelbeitrag zur Wertschöpfung, die öffentlichen Dienstleister ca. 410 Milliarden Mrd. Euro.

Die gesamtwirtschaftliche Arbeitsproduktivität wird als Quotient aus preisbereinigtem Bruttoinlandsprodukt und Erwerbstätigen (Arbeitnehmer und Selbstständige) bzw. Erwerbstätigenstunde berechnet.

Auch die **Arbeitsproduktivität** ist in der Bundesrepublik Deutschland angestiegen. Ursache dafür ist, dass sich in den letzten 20 Jahren die in Deutschland je Erwerbstätigen durchschnittlich geleisteten Arbeitsstunden um 9 % verringert haben. Um auf dem Markt bestehen zu können, wird die Arbeitsproduktivität von Mitarbeitern immer mehr zum entscheidenden Faktor im Wettbewerb. In einer internationalen Umfrage waren drei Viertel aller Manager der Auffassung, dass ein hohes Niveau an Arbeitsproduktivität für den Produktionserfolg ausschlaggebend sei, und zwar noch vor Faktoren wie moderne Infrastruktur und ausländische Direktinvestitionen. Als effektive Maßnahmen zur Steigerung der Produktivität der Mitarbeiter nannte ein Großteil der Befragten Ausbildung und kontinuierliche Weiterbildung der bestehenden Belegschaft, gefolgt von Investitionen in Technologie.

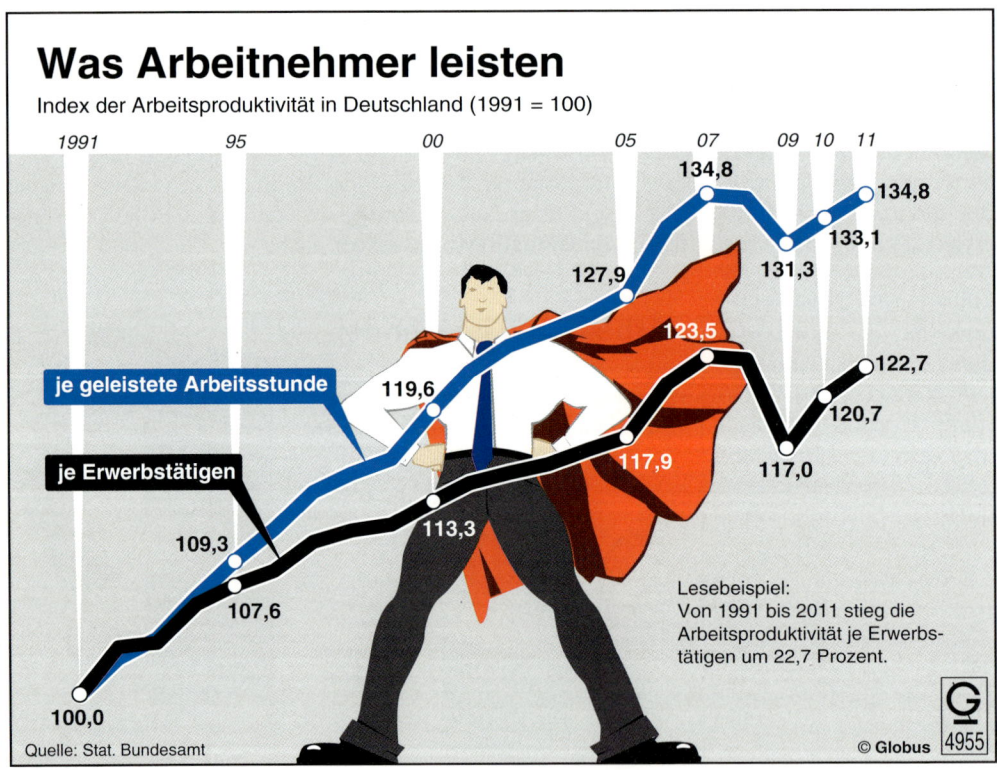

Was Arbeitnehmer leisten

Index der Arbeitsproduktivität in Deutschland (1991 = 100)

1991 · 95 · 00 · 05 · 07 · 09 10 11

134,8 · 134,8

133,1

131,3

127,9

123,5

122,7

je geleistete Arbeitsstunde · 119,6 · 120,7

je Erwerbstätigen · 117,9 · 117,0

113,3

109,3

107,6

100,0

Lesebeispiel:
Von 1991 bis 2011 stieg die Arbeitsproduktivität je Erwerbstätigen um 22,7 Prozent.

Quelle: Stat. Bundesamt

© Globus 4955

Anders als noch vor 20 Jahren haben immer mehr Menschen in Deutschland einen **Teilzeitjob**. Wie bereits in Kapitel 1.3.1 dargestellt, reduzieren vor allem Frauen mit Kindern ihre Arbeitszeit, wofür sie finanzielle Einbußen, einen möglichen Karriereknick und eine geringere Altersrente in Kauf nehmen.

Vielen Teilzeitbeschäftigten beschert dieses Arbeitsmodell allerdings auch einen generellen Gewinn, nämlich mehr private Zeit. Und auch für den Arbeitgeber kann ein sogenanntes **Jobsharing-Modell** Vorteile haben: Zwei Arbeitnehmer teilen sich eine Stelle. Wer mehr Freizeit hat, ist in der Regel ausgeruhter und motivierter, was sich auch positiv auf die Arbeitsergebnisse niederschlägt.

Viele Menschen haben hierzulande eine geringfügig entlohnte Dauerbeschäftigung, sogenannte **Minijobs**. Von den ca. 29 Mio. sozialversicherten Beschäftigten sind 7,3 Mio. geringfügig entlohnte Beschäftigte (Stand Januar 2013), mit einer Verdienstobergrenze von 450,00
Euro im Monat. Die meisten Minijobber sind Frauen.

Für den Arbeitnehmer ist eine Beschäftigung unterhalb dieser Grenze sozialversicherungsfrei,
er entrichtet also keine Beiträge in die Kranken-, Pflege- und Arbeitslosenversicherung. Allerdings erwirbt er auch keinen eigenen Versicherungsschutz. Ab Januar 2013 sind geringfügig
Beschäftigte jedoch automatisch voll rentenversicherungspflichtig, wenn sie sich nicht ausdrücklich befreien lassen. Der Arbeitgeber zahlt einen Pauschbetrag von 15 % des Gehalts in
die Rentenkasse ein; der Minijobber muss zusätzlich aber 3,9 % seines Lohns als Eigenanteil
abführen. Problematisch ist, dass Menschen, die ausschließlich einem Minijob nachgehen, nur
äußerst geringe Rentenansprüche aufbauen: Nach 45 Versicherungsjahren kommt so eine
Monatsrente von lediglich 180,00 Euro zusammen.

Mit Nebenjob

Sozialversicherungspflichtig Beschäftigte, die zusätzlich einen Nebenjob (geringfügig entlohnt)
haben, in Millionen

Quelle: Bundesagentur für Arbeit

© Globus 5326

Zunehmend mehr Arbeitnehmer haben einen **Nebenjob** – ihre Zahl hat sich in den letzten
zehn Jahren mehr als verdoppelt. Über die Ursachen für dieses Phänomen sind sich die Experten nicht einig: Einige gehen davon aus, dass keineswegs finanzielle Not Bürger in einen Nebenjob dränge, sondern vielmehr der persönliche Wunsch. Andere sehen dagegen in der Belastung durch eine zweite Arbeitsstelle sehr wohl einen Hinweis darauf, dass das Einkommen
aus dem ersten Job nicht zum Leben reiche.

Eine wachsende Zahl von Unternehmen bieten ihren Mitarbeitern **Arbeitszeitmodelle** an, mit
denen sie Familie und Beruf besser in Einklang bringen können. Manche Unternehmen gestatten ihren Beschäftigten etwa, regelmäßig einige Tage pro Woche zu Hause zu arbeiten, andere sorgen dafür, dass den Angestellten Kita-Plätze für den Nachwuchs zur Verfügung stehen.
Eine weitere Variante besteht darin, längere Auszeiten mit Rückkehrrecht zu vereinbaren, wenn
Mitarbeiter Zeit für Erholung, Fortbildung oder Pflege ihrer Eltern brauchen. Wie Untersuchun-

gen zeigen, rechnet es sich für Unternehmen, wenn erfahrene Mitarbeiter/-innen dank innovativer Arbeitszeitmodelle in der Firma bleiben.

Neuere Untersuchungen zeigen, dass sich an vielen Arbeitsplätzen eine Kultur des ständigen Misstrauens etabliert hat: ein System von „Zuckerbrot und Peitsche", in dem alle Mitarbeiter unter dem Verdacht der Leistungsverweigerung stehen. Dahinter steckt das Manager-Denken „Ihr könnt alle mehr leisten, wenn ihr wollt". Fast zwei Drittel der Topmanager in deutschen Firmen meinen, dass sich Mitarbeiter das Vertrauen ihrer Vorgesetzten erst verdienen müssen. Für das Glück bei der Arbeit machen Wissenschaftler aber vor allem das **Arbeitsklima** verantwortlich. Den größten Einfluss auf die Zufriedenheit am Arbeitsplatz hat dabei die Beziehung zum direkten Vorgesetzten. Ist diese dauerhaft nicht intakt, ist dies ein sicherer Weg in die innere Kündigung, zu einem Arbeitsplatzwechsel, einer Verminderung der Arbeitsqualität bzw. Fehlzeiten durch Krankheiten.

Auf Dauer spielt auch die **Leistungs- und Lohngerechtigkeit** eine große Rolle. Es stimmt bedenklich, dass nur ein Drittel der Bevölkerung der Meinung ist, dass z. B. alle Menschen die gleichen Aufstiegschancen hätten und für ihre Leistungen gerecht entlohnt würden. Wer merkt, dass ein anderer für die gleiche Arbeit mehr Geld bekommt, ist unzufrieden. Auch eskalierende Verdienste in den Chefetagen, ohne dass transparent ist, welche Leistung dahintersteckt, kann das Gefühl vermitteln, unfair behandelt zu werden.

Viele Unternehmen sehen allerdings inzwischen auch, dass eine **Vertrauenskultur** das Unternehmen weiterbringt als die oben beschriebene Kultur des Misstrauens. Immer mehr Experten betonen, dass es auch ökonomisch vollkommen unsinnig sei, einen Großteil der Mitarbeiter mit der Peitsche zu bedrohen und ihnen damit die Motivation zu rauben, um letztendlich die wenigen schwarzen Schafe im Unternehmen zu treffen.

Arbeitsvorschläge

1   *Welche Ursachen sehen Sie für die gravierenden Veränderungen in der sektoralen Verteilung der Erwerbstätigen in Deutschland seit 1991?*

2   *Erläutern Sie, warum in den neuen Bundesländern seit Anfang der 1990er-Jahre viele Arbeitsplätze verloren gegangen sind.*

3   *Welche Faktoren haben dazu beigetragen, dass heutzutage die Produktivität je geleisteter Arbeitsstunde um mehr als ein Drittel höher ist als 1991?*

4   *Bereits jeder vierte der 6,6 Mio. Arbeitnehmer in Nordrhein-Westfalen arbeitet befristet, in Teilzeit oder ist nur geringfügig beschäftigt. Beurteilen Sie den Sachverhalt aus Sicht der Arbeitgeber und Arbeitnehmer.*

5   *Müssen sich Mitarbeiter erst das Vertrauen der Vorgesetzten verdienen, wie zwei Drittel der Manager meinen? Führen Sie eine Pro-und-Kontra-Debatte (siehe Kompetenzbaustein K18).*

Anforderungssituation 3

Sicherung und Weiterentwicklung der Demokratie
durch Partizipation – Die Bürgerin/der Bürger in der
Wirtschaftsdemokratie

3

Kompetenzen

In diesem Kapitel geht es um Ihre Möglichkeiten zur Teilhabe:
Sie setzen sich mit den Grundzügen der modernen Demokratie und dem Begriff der Wirtschaftsdemokratie auseinander
und lernen die Möglichkeiten der Arbeitnehmer zur Mitbestimmung in wirtschaftlichen Prozessen kennen. Ihnen wird
deutlich, wie Ihre persönliche Rolle in diesem Zusammenhang
aussehen könnte und welche Möglichkeiten zur Partizipation
für Sie bestehen. Gemeinsam klären Sie die Aufgaben, die
verschiedene Interessenorganisationen im demokratischen
System haben.

Der Weg zur Volksabstimmung zu S21

Der von der Landesregierung eingebrachte Gesetzentwurf zur Kündigung der S21-Finanzierungsverträge wurde im Landtag abgelehnt. Nach der Abstimmung haben mehr als ein Drittel der Abgeordneten das Referendum beantragt. Damit ist der Volksentscheid formell auf den Weg gebracht worden. Die zweite landesweite Volksabstimmung in der Geschichte Baden-Württembergs wurde am 27. November 2011 durchgeführt. Ziel der Volksabstimmung war ein abschließendes und befriedendes Votum zu S21, um die Spaltung im Land zu überwinden.

Abgestimmt wurde allerdings über den Landesanteil an der Projektfinanzierung von S21 in Höhe von bis zu 930 Mio. Euro – also nicht direkt über den Tiefbahnhof. [...] Nach Schlichtung und Stresstest ist die zweite Volksabstimmung in der Geschichte des Landes der letzte politische Befriedungsversuch des umstrittenen Bauprojekts. Die Massenproteste gegen Stuttgart 21 im Sommer und Herbst 2010 hatten zunehmend Wirkung gezeigt: Zum ersten Mal entscheiden die Bürgerinnen und Bürger direkt über eine Gesetzesvorlage der Regierung.

Landeszentrale für politische Bildung, Baden-Württemberg, abgerufen unter: www.lpb-bw.de/weg_zur_volksabstimmung.html [10.07.2013] (gekürzt)

Mehrheit der Baden-Württemberger lehnt Gesetzesvorlage ab

Baden-Württemberg hat abgestimmt und sich deutlich für den Tiefbahnhof Stuttgart 21 entschieden. Rund 7,6 Mio. Stimmberechtigte waren aufgerufen, über das S21-Kündigungsgesetz abzustimmen. Bei der Volksabstimmung am 27. November haben sich 58,9 % der Abstimmenden gegen den Ausstieg des Landes aus der Projektfinanzierung von S21 ausgesprochen, 41,1 % stimmten für den Ausstieg. Die Projektgegner verfehlten zudem das Quorum von einem Drittel der Stimmberechtigten um eine Million Stimmen. Damit ist das S21-Kündigungsgesetz der Landesregierung gescheitert. [...] Die Abstimmungsbeteiligung war überraschend hoch und lag mit 3,68 Mio. abgegebener Stimmen bei 48,3 %.

Landeszentrale für politische Bildung, Baden-Württemberg, abgerufen unter: www.lpb-bw.de/volksabstimmung_stuttgart21.html [10.07.2013] (gekürzt)

Arbeitsvorschläge

1 *Beurteilen Sie die Möglichkeit der Volksabstimmung am Beispiel des Bauprojekts Stuttgart 21 und schreiben Sie einen Leserbrief (siehe Kompetenzbaustein K14).*

2 *Im Streit um Stuttgart 21 gab es ein Schlichtungsverfahren. Erarbeiten Sie für Stuttgart 21 ein Streitschlichtungskonzept (siehe Kompetenzbaustein K21).*

3.1 Demokratie

3.1.1 Grundelemente der Demokratie

Die Bundesrepublik Deutschland versteht sich als ein Staat, der auf einer freiheitlichen demokratischen Grundordnung aufbaut. Was darunter zu verstehen ist, hat das Bundesverfassungsgericht in einem Urteil aus dem Jahr 1952 deutlich gemacht:

> So lässt sich die freiheitliche demokratische Grundordnung als eine Ordnung bestimmen, die unter Ausschluss jeglicher Gewalt- und Willkürherrschaft eine rechtsstaatliche Herrschaftsordnung auf der Grundlage der Selbstbestimmung des Volkes nach dem Willen der jeweiligen Mehrheit und der Freiheit und Gleichheit darstellt. Zu den grundlegenden Prinzipien (Grundsätze/Regel) dieser Ordnung sind mindestens zu rechnen: die Achtung vor den im Grundgesetz konkretisierten (genau festgelegten) Menschenrechten, vor allem vor dem Recht der Persönlichkeit auf Leben und freie Entfaltung, die Volkssouveränität, die Gewaltenteilung, die Verantwortlichkeit der Regierung, die Gesetzmäßigkeit der Verwaltung, die Unabhängigkeit der Gerichte, das Mehrparteienprinzip und die Chancengleichheit für alle politischen Parteien mit dem Recht auf verfassungsmäßige Bildung und Ausübung einer Opposition.

Urteil des Bundesverfassungsgerichts vom 23.10.1952, in BVerfGE2, S. 12 f.

Gegenüberstellung der Wesensmerkmale von Demokratie und Diktatur

Demokratie	Diktatur

1. Rechtsstaatlichkeit
   a) Unabhängigkeit der Justiz
   b) Verfassungs- und Gesetzmäßigkeit der Verwaltung
   c) Bindung der Gesetzgebung an die Menschenrechte
   d) Gerichtliche Kontrolle aller staatlichen Maßnahmen
	1. Unrechtsstaat
	   a) Justiz im Dienste der Machthaber
	   b) Keine Bindung staatlicher Maßnahmen an Recht und Gesetz
	   c) Keine Bindung der Gesetze an Grundrechte
	   d) Kein Rechtsweg gegen Maßnahmen des Staates

2. Beteiligung aller Bürger an der politischen Willensbildung
   a) freie Information und Meinungsäußerung
   b) Mehrparteiensystem
   c) Pluralismus
   d) allgemeine, freie und geheime Wahlen
	2. Einseitige politische Willensbildung in autoritären Diktaturen
	   a) keine freie Information und Meinungsäußerung (in totalitären Diktaturen zudem noch Zwangsideologisierung)
	   b) Einparteiensystem mit Scheinparlament
	   c) Sicherheitsapparat (Geheimpolizei)
	   d) Scheinwahlen

3. Kontrolle der Staatsgewalt	3. Keine Kontrolle der Staatsgewalt

Arbeitsvorschläge

1 Wählen Sie fünf Wesensmerkmale der freiheitlich-demokratischen Grundordnung aus und erläutern Sie diese.

2 Recherchieren Sie im Artikel 5 Abs. 2 des Grundgesetzes, unter welchen Umständen das Grundrecht auf freie Meinungsäußerung in der Bundesrepublik Deutschland verboten ist (siehe Kompetenzbaustein K1).

Direkte Demokratie

Als ursprüngliche Form der Demokratie gilt die **direkte Demokratie**, die zuerst im 5. Jh. v. Chr. im antiken griechischen Stadtstaat Athen praktiziert wurde. Dazu versammelten sich die Bürger auf öffentlichen Plätzen und berieten sich. Die Entscheidungen wurden per Handzeichen gefällt.

In reiner Form besteht eine direkte Demokratie heute nur noch in zwei Schweizer Kantonen. In den meisten demokratischen Staaten gibt es einzelne Entscheidungsverfahren der direkten Demokratie als Ergänzung der repräsentativen Organe. In der tatsächlichen politischen Bedeutung direkter demokratischer Verfahren für den Staat bestehen allerdings sehr große Unterschiede.

Voraussetzung einer funktionierenden direkten Demokratie ist eine umfassende politische Bildung des Volkes und eine Gleichheit der Kultur und der Besitzverhältnisse im Volk. In vielen Flächenstaaten, wie z. B. in den USA, waren diese Bedingungen nicht gegeben. So entstanden die ersten Repräsentativsysteme. Bei der **repräsentativen Demokratie** übt das Volk die Staatsgewalt nicht direkt aus, sondern regiert durch eine zwischengeschaltete Instanz. Dabei handelt es sich in der Regel um Abgeordnete in Parlamenten, die zuvor vom Volk gewählt werden.

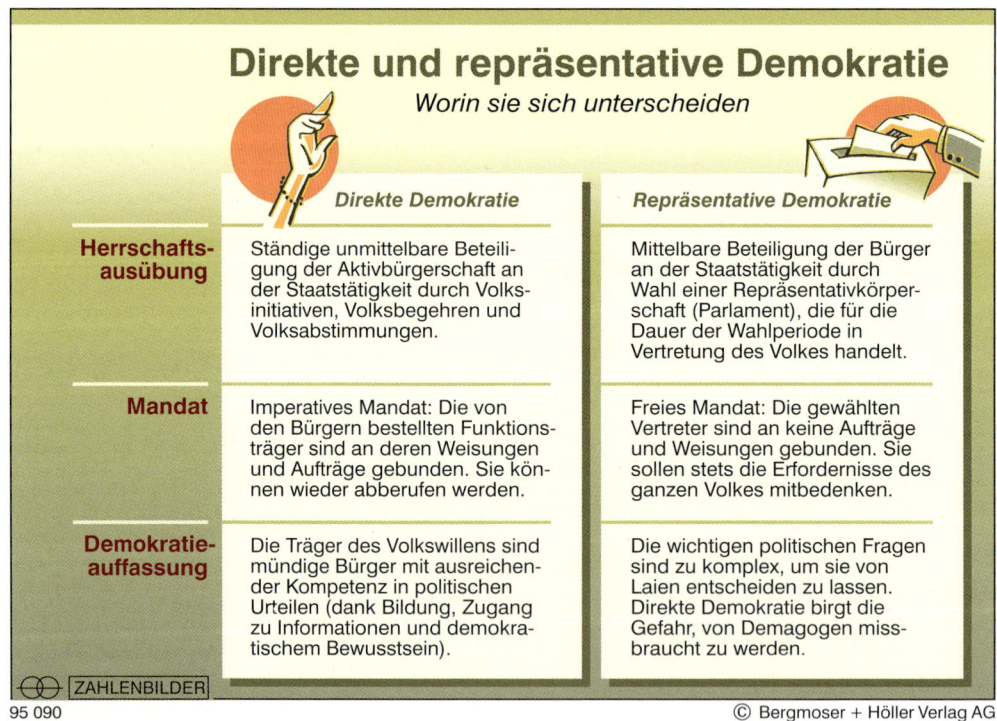

Direkte und repräsentative Demokratie
Worin sie sich unterscheiden

	Direkte Demokratie	Repräsentative Demokratie
Herrschafts-ausübung	Ständige unmittelbare Beteiligung der Aktivbürgerschaft an der Staatstätigkeit durch Volksinitiativen, Volksbegehren und Volksabstimmungen.	Mittelbare Beteiligung der Bürger an der Staatstätigkeit durch Wahl einer Repräsentativkörperschaft (Parlament), die für die Dauer der Wahlperiode in Vertretung des Volkes handelt.
Mandat	Imperatives Mandat: Die von den Bürgern bestellten Funktionsträger sind an deren Weisungen und Aufträge gebunden. Sie können wieder abberufen werden.	Freies Mandat: Die gewählten Vertreter sind an keine Aufträge und Weisungen gebunden. Sie sollen stets die Erfordernisse des ganzen Volkes mitbedenken.
Demokratie-auffassung	Die Träger des Volkswillens sind mündige Bürger mit ausreichender Kompetenz in politischen Urteilen (dank Bildung, Zugang zu Informationen und demokratischem Bewusstsein).	Die wichtigen politischen Fragen sind zu komplex, um sie von Laien entscheiden zu lassen. Direkte Demokratie birgt die Gefahr, von Demagogen missbraucht zu werden.

ZAHLENBILDER
95 090   © Bergmoser + Höller Verlag AG

Arbeitsvorschlag

1   *Sollte in der Bundesrepublik Deutschland eine direkte Demokratie eingeführt werden? Führen Sie in Ihrer Klasse eine Pro-und-Kontra-Debatte über diese Frage (siehe Kompetenzbaustein K18).*

3.1.2 Grund- und Menschenrechte

Geschichte der Grund- und Menschenrechte

Die Menschenrechte haben ihre Wurzeln bereits im antiken Rechtsverständnis: So wurde im antiken Athen 624 v. Chr. die willkürliche Rechtsprechung eingeschränkt. Nach Besitz abgestuft gab es ab dem 6. Jahrhundert v. Chr. für die attischen Bürger die Möglichkeit zur politischen Mitsprache, die allerdings nicht für alle Menschen galt: Sklaven und Frauen waren von diesem Recht ausgenommen. Von gleichen Rechten für alle Menschen wird erst seit dem Zeitalter der **Aufklärung** gesprochen. Auch die **Petition of Rights** von 1628, in der das englische Parlament sein Gewicht gegen den König zu stärken suchte, und die **Bill of Rights** von 1689 bezogen sich auf die Freiheiten des einzelnen Untertanen gegenüber seinem Herrscher. In der amerikanischen **Unabhängigkeitserklärung von 1776** heißt es:

[…] Alle Menschen sind von Natur aus in gleicher Weise frei und unabhängig und besitzen bestimmte angeborene Rechte, […] und zwar den Genuß des Lebens und der Freiheit, die Mittel zum Erwerb und Besitz von Eigentum und das Erstreben und Erlangen von Glück und Sicherheit.

zitiert nach: Die Grundrechte von Virginia vom 12. Juni 1776, in: Günther Franz: Staatsverfassungen: Eine Sammlung wichtiger Verfassungen der Vergangenheit und Gegenwart in Urtext und Übersetzung, 2. Auflage, München: Oldenbourg 1964

Die **Französische Revolution** führte zur Abschaffung der absolutistischen Monarchie. 1789, nur sechs Wochen nach dem Sturm auf die Bastille, wurden von der Gesetzgebenden Nationalversammlung die Menschen- und Bürgerrechte verkündet. Im Einzelnen sind dies die Rechte auf Freiheit, Eigentum, Sicherheit und das Widerstandsrecht. Letzteres bezieht sich auf die Mitwirkung eines einzelnen Menschen bei der Ausübung der Staatsgewalt.

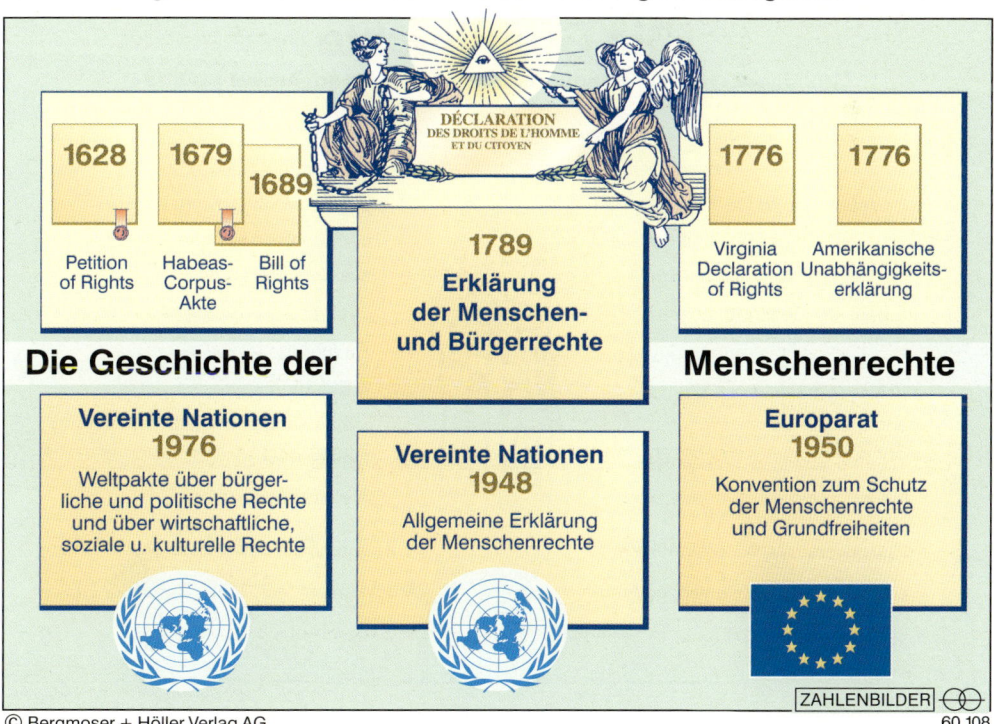

Um Menschenrechte auch international zu gewährleisten, wurde am 10. Dezember 1948 eine **Allgemeine Erklärung der Menschenrechte** von der Vollversammlung der Vereinten Nationen verkündet – ein wesentlicher Schritt für Menschenrechtsstandards aller Völker. Erweitert wurde diese Erklärung durch den UN-Zivilpakt und den UN-Sozialpakt von 1976. Der **UN-Zivilpakt** beinhaltet die bürgerlichen und politischen Rechte (z. B. Gleichberechtigung von Mann und Frau, Religionsfreiheit, Diskriminierungsverbote von ethnischen Minderheiten), während der **UN-Sozialpakt** wirtschaftliche, soziale und kulturelle Rechte festschreibt. In der heutigen Zeit sind diese Rechte eine wesentliche Komponente in den Verfassungsordnungen aller demokratischen Staaten.

Die Grundrechte und Grundpflichten der Deutschen wurden 1919 in der **Weimarer Verfassung** niedergeschrieben. Formell galt die Weimarer Verfassung auch nach der Machtübernahme der NSDAP 1933 weiter fort, wurde allerdings durch das Ermächtigungsgesetz weitgehend außer Kraft gesetzt.

1948 erteilten die drei westlichen Besatzungsmächte den Ministerpräsidenten der Länder den Auftrag zur Erarbeitung eines **Grundgesetzes** für Deutschland. Dieses wurde vom Parlamentarischen Rat und den Landtagen angenommen. Über das Grundgesetz gab es keine Volksabstimmung. Am 23. Mai 1949 trat das Grundgesetz der Bundesrepublik Deutschland in Kraft. Im Grundgesetz wurden die Grundrechte in den Artikeln 1 bis 19 und an weiteren Stellen verankert. Sie sind unmittelbar geltendes Recht und bilden die Grundlage für die Gesetzgebung, Verwaltung und Rechtsprechung. Die im Grundgesetz verankerten Grundrechte unterteilen sich hauptsächlich in Freiheitsrechte sowie in Gleichheits- und Unverletzlichkeitsrechte. Soziale Rechte werden in den Artikeln nur indirekt angesprochen.

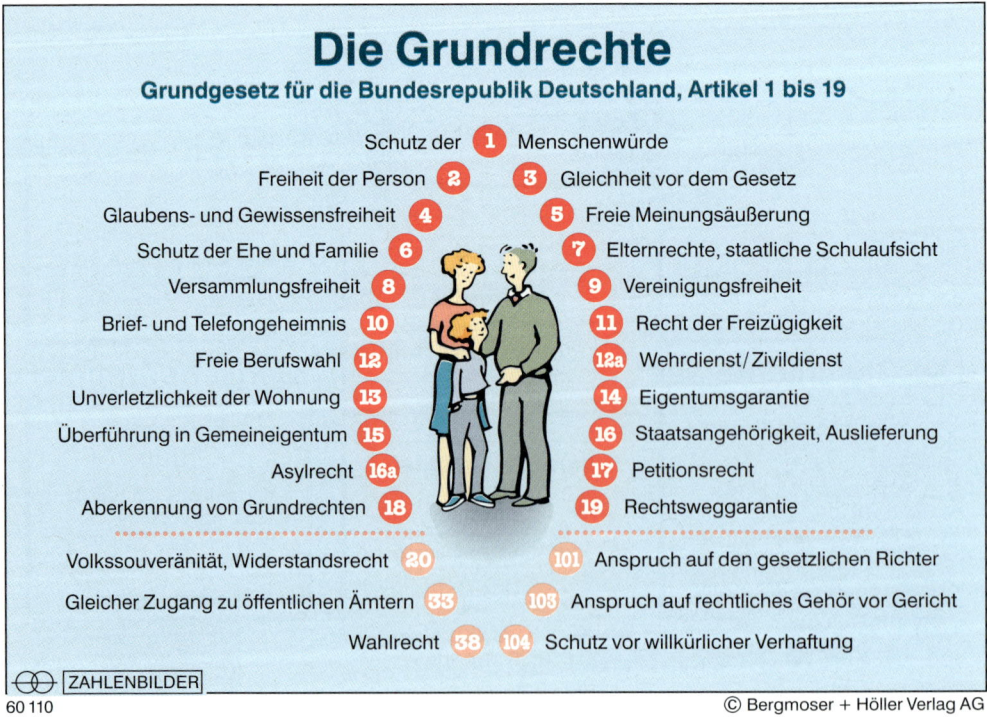

Die Grundrechte

Grundgesetz für die Bundesrepublik Deutschland, Artikel 1 bis 19

Schutz der **1** Menschenwürde	
Freiheit der Person **2**	**3** Gleichheit vor dem Gesetz
Glaubens- und Gewissensfreiheit **4**	**5** Freie Meinungsäußerung
Schutz der Ehe und Familie **6**	**7** Elternrechte, staatliche Schulaufsicht
Versammlungsfreiheit **8**	**9** Vereinigungsfreiheit
Brief- und Telefongeheimnis **10**	**11** Recht der Freizügigkeit
Freie Berufswahl **12**	**12a** Wehrdienst / Zivildienst
Unverletzlichkeit der Wohnung **13**	**14** Eigentumsgarantie
Überführung in Gemeineigentum **15**	**16** Staatsangehörigkeit, Auslieferung
Asylrecht **16a**	**17** Petitionsrecht
Aberkennung von Grundrechten **18**	**19** Rechtsweggarantie
Volkssouveränität, Widerstandsrecht **20**	**101** Anspruch auf den gesetzlichen Richter
Gleicher Zugang zu öffentlichen Ämtern **33**	**103** Anspruch auf rechtliches Gehör vor Gericht
Wahlrecht **38**	**104** Schutz vor willkürlicher Verhaftung

ZAHLENBILDER

60 110

© Bergmoser + Höller Verlag AG

Das Bundesverfassungsgericht

Als unabhängiges Verfassungsorgan wacht das **Bundesverfassungsgericht** über die Wahrung der Grundrechte und die Funktion des politischen und staatsorganisatorischen Systems. Außerdem ist das Bundesverfassungsgericht für die Weiterentwicklung des Grundgesetzes verantwortlich. Nach Artikel 79 des Grundgesetzes ist eine Änderung der Artikel 1 und 20 nicht zulässig. Die Verfassung kann nur durch Beschluss durch eine neue Verfassung abgelöst werden. Nach der deutschen Wiedervereinigung am 3. Oktober 1990 ist das Grundgesetz zur Verfassung des gesamten deutschen Volkes geworden – und das, obwohl es zuvor nur als Provisorium galt.

Am 27.02.2008 hat das Bundesverfassungsgericht mit dem Urteil zu Onlinedurchsuchungen ein neues Grundrecht formuliert: das Grundrecht auf Vertraulichkeit und Integrität von Informationssystemen. Die Computernutzung wird somit als Teil der verfassungsrechtlich geschützten Persönlichkeitssphäre anerkannt.

Freiheitliche, staatsbürgerliche und soziale Grundrechte

Ursprünglich verstand man unter Menschen- oder Grundrechten nur **freiheitliche Grundrechte**, d.h. den Schutz des einzelnen Bürgers vor Übergriffen des Staates. Als aber im 19. Jahrhundert die Industrialisierung begann, als die Arbeitermassen im Elend versanken, stellte sich die Frage nach der Würde des Menschen auf neue Weise. Man erkannte, dass Freiheit und Gleichheit für einen Arbeitslosen, dessen Familie hungert, nur leere Schlagworte bleiben müssen. Nur dort, wo es keine wirtschaftliche Unterdrückung gibt, nur dort, wo jeder Arbeit, Brot und Wohnung findet, ergeben sie einen Sinn.

Heute bestreitet niemand mehr, dass jeder Staat eine Sozialpolitik betreiben sollte, die dem Anspruch des Bürgers auf soziale Gerechtigkeit genügt. Denn jeder Einzelne hat nicht nur freiheitliche, sondern auch **soziale Grundrechte**. Zu ihnen gehörten beispielsweise das Recht auf Bildung und das Recht auf soziale Sicherheit.

Soziale Grundrechte stehen häufig im Gegensatz zu freiheitlichen Grundrechten. So genießt zum Beispiel die Frau als werdende Mutter besonderen Kündigungsschutz. Eben dieser Kündigungsschutz ist es aber, der den Unternehmer in der Freiheit seiner Personalpolitik beeinträchtigt.

Soziale Grundrechte fordern den Staat zum aktiven Handeln heraus. Die freiheitlichen Grundrechte legen ihm dagegen Schranken auf (Verbot der Folter, Verbot der Verfolgung aus Gründen des Glaubens, der Meinung, der Herkunft u.a.). Durch die **staatsbürgerlichen Grundrechte**, wie zum Beispiel das aktive Wahlrecht, kann der Einzelne staatliche Macht kontrollieren.

„Die Würde des Menschen ist unantastbar.“

Menschenwürde

Anspruch auf

Freiheit		Gleichheit

freiheitliche Grundrechte
z. B. Freiheit der Person,
freie Meinungsäußerung,
freie Berufswahl,
Versammlungsfreiheit,
Glaubens- und
Gewissensfreiheit

staatsbürgerliche Grundrechte
z. B. aktives und passives Wahlrecht,
Staatsangehörigkeit,
Petitionsrecht

soziale Grundrechte
z. B. Recht auf Bildung,
Mutterschutz,
soziale Sicherheit,
Schutz der Familie

**beteiligen den
Einzelnen an**

begrenzen   **staatliche Macht**   stellen
Ansprüche an

Arbeitsvorschläge

1   Nach der Überzeugung, dass alle Menschen von Natur aus gleich sind, stehen ihnen unveräußerliche Rechte zu.

    a   Welche natürlichen Rechte ergeben sich aus der Würde des Menschen?

    b   Untersuchen Sie die Grundrechtsartikel 1–19 GG daraufhin, welche Grundrechte durch allgemeine Gesetze eingeschränkt werden können.

    c   Nennen und erläutern Sie Beispiele, in denen Grundrechte in einem Spannungsverhältnis zueinander stehen.

    d   Verdeutlichen Sie Konflikte zwischen dem Recht des Einzelnen und seiner Verpflichtung für das Gemeinwohl.

2   Auch heute noch werden zahlreiche Grundrechte verletzt. Suchen Sie in Büchern, im Internet oder vor Ort bei Amnesty International nach Darstellungen über Verletzungen der Menschenrechte und erstellen Sie zu diesem Thema eine Wandzeitung (siehe Kompetenzbaustein K26).

3   Erläutern Sie die Aussagen des Artikels 3 GG.

3.1.3 Verfassungsschutz

Am 7. November 1950 wurde das **Bundesamt für Verfassungsschutz (BfV)** gegründet. Es untersteht dem Bundesministerium des Innern und wird von einem Präsidenten geleitet.

Es hat die Aufgabe, Schaden vom Staat, von der freiheitlichen demokratischen Grundordnung und von der Bevölkerung abzuwehren. Hierzu sammelt und analysiert das BfV Informationen über extremistische, terroristische oder sonstige sicherheitsgefährdende Bestrebungen sowie über die Tätigkeiten fremder Geheimdienste gegen das Land. Die Zusammenführung all dieser Informationen dient zur Unterrichtung der Bundesregierung über die Sicherheitslage. Die Aufgabenbereiche der Verfassungsschutzämter und die Zuständigkeiten der Verfassungsschutzbehörden zueinander sind im Bundesverfassungsschutzgesetz festgelegt. Die Aufgabenbereiche des Verfassungsschutzes umfassen: Rechtsextremismus, Linksextremismus, Ausländerextremismus (ohne Islamismus), Islamismus und islamistischen Terrorismus, Spionageabwehr, Proliferationsabwehr (Proliferation: Weitergabe/Weiterverbreitung von Waffen), Geheim- und Sabotageschutz, Wirtschaftsschutz und die Auswertung elektronischer Angriffe.[1]

Zu den Aufgaben zählt auch die jährliche Berichtspflicht gegenüber dem Innenministerium und der Öffentlichkeit in Form des **Verfassungsschutzberichtes**. Der Verfassungsschutzbericht fasst die Arbeitsergebnisse des Bundesamtes für Verfassungsschutz zusammen. Zusätzlich regelt das Bundesverfassungsschutzgesetz die behördlichen Befugnisse. Dazu zählt u. a. die Erlaubnis von nachrichtendienstlichen Mitteln. Zusammen mit dem Bundesnachrichtendienst (BND) und dem Amt für den Militärischen Abschirmdienst (MAD) gehört das Bundesamt für Verfassungsschutz zu den drei Nachrichtendiensten des Bundes.

Verfassungsschutz zahlte V-Mann 180 000 Euro

Lange weigerte sich der Verfassungsschutz Auskünfte über seinen V-Mann Thomas R. alias „Corelli" zu geben. Er spionierte jahrelang in der Neonazi-Szene für die Behörde. Seinen Einsatz ließ sich der Mann gut bezahlen: Er kassierte 180 000 Euro. Das berichtet die „Bild am Sonntag". Die Zeitung beruft sich auf Verfassungsschutz-Akten, die dem NSU-Untersuchungsausschuss des Bundestages zugingen. Der V-Mann spionierte dem Blatt zufolge 18 Jahre lang für den Verfassungsschutz in der rechtsextremistischen Musikszene, berichtete aber auch über den deutschen Ableger des Ku-Klux-Klan. Er sei auch zum einem Treffen des rassistischen Geheimbunds in die USA eingeladen worden. Die Reisekosten habe der Verfassungsschutz gezahlt. Um die Jahrtausendwende war Thomas R. einer der führenden Köpfe in der rechten Szene Sachsen-Anhalts. Er war Herausgeber der Zeitung „Nationaler Beobachter" und betrieb zahlreiche Internetseiten mit rechtsextremer Hetze.

Christina Hebel/dpa: Verfassungsschutz zahlte V-Mann 180 000 Euro, 24.02.2013, abgerufen unter: www. spiegel.de/politik/deutschland/verfassungsschutz-soll-180-000-euro-an-v-mann-bezahlt-haben-a-885258. html [10.07.2013]

Arbeitsvorschläge

1   *Diskutieren Sie in der Klasse den bezahlten Einsatz von V-Männern durch den Verfassungsschutz (siehe Kompetenzbaustein K18).*

2   *Recherchieren Sie im Bundesverfassungsschutzgesetz nach den*
   a   Befugnissen des Bundesamtes für Verfassungsschutz,
   b   Möglichkeiten der Speicherung personenbezogener Daten durch diese Behörde.

---

[1] *Vgl. Informationen des Bundesamtes für Verfassungsschutz, abgerufen unter http://www.verfassungsschutz. de/[10.07.2013]*

3.2   Extremismus

3.2.1 Gefährdung der Demokratie durch Extremismus

Die Formen des Extremismus sind vielfältig. Er kann nach der Art der eingesetzten Mittel ebenso unterschieden werden wie nach den jeweiligen politischen Zielen. Der politische Extremismus lehnt den demokratischen Verfassungsstaat ab und will ihn beseitigen. Er ist gegen das damit verbundene Mehrparteiensystem und das Recht auf Opposition. Kennzeichnend für den Extremismus sind **Freund-Feind-Stereotype**, die andere Menschen, andere Völker und andere Ideologien ablehnen und bekämpfen. Weiterhin zeichnet sich der Extremismus durch ein hohes Maß an starrem und unkritischem Festhalten an Anschauungen aus (Dogmatismus). Oft sind auch Verschwörungstheorien für extremistische Bestrebungen charakteristisch. Dabei gilt das Wirken finsterer Mächte als Ursache für den eigenen Misserfolg.

Bei der politischen Zielsetzung wird oftmals zwischen dem **Rechts**- und dem **Linksextremismus** unterschieden. Rechts- und linksextremistische Bestrebungen spalten sich jeweils wieder in unterschiedliche Richtungen auf. Sie bekämpfen einander, benötigen sich jedoch gegenseitig. Der religiös ausgerichtete Fundamentalismus, etwa in Form des **Islamismus**, gilt als eine eigenständige Art des Extremismus.

2012 wurden laut Verfassungsschutz ungefähr 118 690 Menschen als potenziell extremistisch eingestuft. Die potenziellen Rechtsextremisten bildeten dabei mit 22 150 Menschen die kleinste und die potenziellen Islamisten mit 38 080 Menschen die größte Gruppe. Als potenziell linksextremistisch wurden 31 800 Personen eingeschätzt. Die Anzahl potenzieller extremistischer Ausländer (ohne Islamisten) belief sich auf 26 410 Menschen. Im Jahr 2011 gab es insgesamt 21 374 Straftaten mit extremistischem Hintergrund. Diskutiert wird zurzeit, wie weit die Aktivitäten des Staates zur Terrorbekämpfung gehen sollen. So hat der amerikanische Geheimdienst NSA mit dem System „Prism" eine groß angelegte Überwachung elektronischer Medien und Daten auch in der Bundesrepublik Deutschland durchgeführt.

Extremismus in Deutschland

Straftaten mit extremistischem Hintergrund

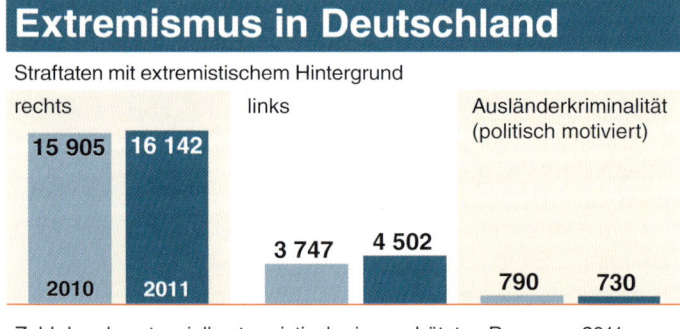

rechts

15 905	16 142
2010	2011

links

3 747   4 502

Ausländerkriminalität (politisch motiviert)

790   730

Zahl der als potenziell extremistisch eingeschätzten Personen 2011

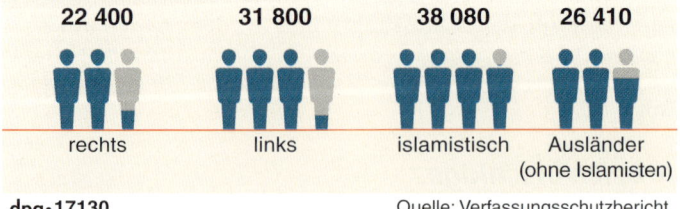

22 400	31 800	38 080	26 410
rechts	links	islamistisch	Ausländer (ohne Islamisten)

dpa•17130   Quelle: Verfassungsschutzbericht

Arbeitsvorschläge

1   Untersuchen Sie die Grafik „Extremismus in Deutschland" (siehe Kompetenzbaustein K4). Formulieren Sie eine zusammenfassende Aussage.

2   Recherchieren Sie im Internet, wie sich der Extremismus in der Bundesrepublik Deutschland weiterentwickelt hat. Nutzen Sie als Grundlage den aktuellen Verfassungsschutzbericht.

3.2.2 Links- und Rechtsextremismus

Linksextremismus

Linksextremisten streben anstelle der bestehenden Staats- und Gesellschaftsordnung ein sozialistisches bzw. kommunistisches System an. Dabei richten sie ihr politisches Handeln an anarchistischen oder revolutionär-marxistischen Vorstellungen aus. Die Aktionen von Linksextremisten reichen von offener Propaganda bis hin zu verdeckt begangenen Gewalttaten. Dabei nehmen einzelne Gruppierungen auch die Verletzung von Menschen in Kauf. Zudem ist im gewaltbereiten Bereich des Linksextremismus seit einiger Zeit eine Verschärfung der Verhaltensweise feststellbar. Sie geht einher mit einer qualitativen Veränderung der Gewalt. So weisen die Anschläge linksextremistischer Täter eine erhöhte Aggressivität und Risikobereitschaft auf. Vor allem der **autonomen Szene** sind linksextremistische Gewalttaten zuzurechnen. Diese hält die Anwendung von Gewalt, auch gegen Personen, zur Durchsetzung ihrer politischen Ziele für vertretbar. Sie verteidigt Gewalt als unverzichtbares Mittel gegen die Gewalt eines Systems von Zwang und Unterdrückung. Bei öffentlichen Kundgebungen bilden Autonome vielfach einen sogenannten schwarzen Block, von dem fast immer Gewalt ausgeht. Oft richtet sich diese Gewalt gegen die eingesetzten Polizeikräfte.

Aktionsfelder von Linksextremisten

- **Antirepression**
  Der Kampf gegen staatliche Unterdrückung, insbesondere seit dem G-8-Gipfel 2007 in Heiligendamm, ist für Linksextremisten ein wichtiger Bestandteil ihrer politischen Aktivität. Bei den Protesten gegen den NATO-Gipfel im April 2009 ist das Aggressions- und Konfrontationsniveau zwischen Demonstranten und Sicherheitskräften deutlich angestiegen. Auch die Solidaritätsarbeit für inhaftierte Genossinnen und Genossen bleibt ein fester Bestandteil dieses Aktionsfeldes.

- **Antimilitarismus**
  Schwerpunkt antimilitärischer Kritik von Linksextremisten sind die Auslandseinsätze der Bundeswehr, insbesondere in Afghanistan, sowie die NATO und ihre Einsätze in Krisengebieten.

- **Antifaschismus**
  Die Antifaschismusarbeit richtet sich überwiegend auf die Bekämpfung rechtsextremistischer Bestrebungen. Ziel ist es, die freiheitliche demokratische Grundordnung zu überwinden, um die dem kapitalistischen System zugrunde liegenden Wurzeln des Faschismus zu beseitigen. Das gewalttätige Handeln von Linksextremisten im Zusammenhang mit Demonstrationen richtet sich dementsprechend nicht nur gegen tatsächliche Rechtsextremisten, sondern auch gegen die eingesetzten Polizeikräfte. Antifaschismusarbeit gehört zu den Kernaktivitäten von Linksextremisten.

- **Antirassismus**
  Antirassismus bezeichnet alle Möglichkeiten, die zur Bekämpfung von Rassismus beitragen. Ziele sind die Freiheit und Gleichberechtigung aller Menschen und das Verhindern von Diskriminierung und Apartheid.

Rechtsextremismus

Trotz Unterschieden im Einzelnen kann man als **rechtsextrem** Personen, Gruppen und Organisationen bezeichnen, die u. a. autoritäres, antiparlamentarisches und nationalistisches Gedankengut vertreten und bei denen ein einfaches Entweder-oder-Gedankenschema hinzutritt.

Die Wurzeln rechtsextremistischer Weltanschauung sind der Nationalismus und der Rassismus. Des Weiteren gilt: Verschweigen, Verharmlosung oder Leugnung der Verbrechen, die von Deutschen unter nationalsozialistischer Herrschaft verübt worden sind und die Betonung angeblich positiver Leistungen des „Dritten Reiches".

Grundelemente des Rechtsextremismus

Ideologie der Ungleichheit

– Eigene Nation als Elite
– Genetische und kulturelle Überlegenheit
– „Natürliche Hierarchien"
– Recht des Stärkeren

Gewaltakzeptanz und Gewaltanwendung

– Aufbau von Feindbildern
– Gewaltsame Konfliktlösungen
– Gewalt gegen Personen erlaubt

Hintergründe und Ursachen

■ Wenn der Einzelne keine soziale Anerkennung erfährt, wird er auch andere Menschen und soziale Normen nicht mehr anerkennen. Sind dann Gruppen vorhanden, die über Stärkedemonstration noch Anerkennung versprechen, ist der Schritt in diese Gruppe leicht getan.

■ Menschen mit einer Ich-Schwäche, mit Angst vor inneren Nöten und Konflikten idealisieren Handlungen und Taten, die mit Kraft und Stärke gleichgesetzt werden. Entsprechend groß ist die Verachtung des „Geredes" der Politiker in den Parlamenten, die als handlungsunfähig erscheinen. Gefordert werden mächtige Führungsfiguren.

■ Gewalttaten und Übergriffe rechtsextremer Jugendlicher entstehen häufig aus einem Gefühl der Benachteiligung und Ungerechtigkeit, denen man sich ausgesetzt glaubt. Das starre Wertesystem der Rechtsextremisten dient dann als Bollwerk gegen jene Gleichgültigkeit, Ellbogenmentalität und Perspektivlosigkeit, unter der man aufgewachsen ist.

■ Mehr als 20 Jahre nach der deutschen Einheit neigen mehr ost- als westdeutsche Jugendliche zu Fremdenfeindlichkeit und rechtsextremem Handeln als Folge vieler ungelöster Probleme der Wiedervereinigung und weil sie sich als Verlierer der Wende sehen. Einerseits sind die Jugendlichen offen und haben Lust auf Neues. Dann enttäuscht und unzufrieden, z. B. über mangelnde Ausbildungs- und Arbeitsplätze, und nach Schuldigen suchend sind manche nicht weit entfernt von einer Intoleranz, die sich gegen Andersdenkende und Andersartige richtet.

■ Solange sich Jugendliche in dem Glauben befinden können, dass sie nur der verlängerte Arm eines weit verbreiteten „Volkszorns" sind, kann der rechtsradikale Trend nicht gestoppt werden. Fremdenhasser zu umschmeicheln, augenzwinkernd zu entschuldigen führt dazu, dass sich eine solche Gesinnung in der Mitte der Gesellschaft heimisch fühlen kann.

Die gute Frage

Staatliche Maßnahmen

Harte Polizeieinsätze sind nötig, um rechtsextremen Randalierern und Gewalttätern Grenzen zu demonstrieren. Doch damit lassen sich Ausländerhass und rechte Gewalt bestenfalls in die Schranken weisen, aber nicht kurieren. Sinnvoll ist es, Verfahren gegen Gewalttäter zu beschleunigen und unnachsichtig zu bestrafen. Mitentscheidend für den Erfolg in der Bekämpfung des Rechtsextremismus ist es, wie die Gesellschaft und ihre Institutionen mit ihm umgehen. Staatliche Maßnahmen gegen rechts haben Ordnungs- und Abschreckungsfunktion, sie sanktionieren Gewalt und verdeutlichen rechtsstaatliche Grenzen. Im Grundgesetz findet sich eine Reihe von Artikeln, die zum Schutz der Verfassung Grundfreiheiten einschränken.

Grundgesetzbestimmungen			
Treue zur Verfassung für Lehrkräfte Art. 5 Abs. 3	Verbot verfassungsfeindlicher Vereine durch die Innenminister Art. 9 Abs. 2	Verwirkung von Grundrechten, wenn zum Kampf gegen die Verfassungsordnung missbraucht Art. 18	Verbot von verfassungswidrigen Parteien durch das Bundesverfassungsgericht Art. 21 Abs. 2

Was können Unernehmen tun?

Im Juli 1999 bestätigte das Bundesarbeitsgericht (BAG) die fristlose Kündigung eines 16-jährigen Azubis: Er hatte ein Schild „Arbeit macht frei – Türkei schönes Land" an die Werkbank eines türkischen Kollegen geschraubt.

Gesinnung ist kein Kündigungsgrund, aber: Jedes Unternehmen kann rechtsextremistischen Mitarbeitern durch eine verhaltensbedingte Kündigung den Stuhl vor die Tür setzen, wenn bestimmte Voraussetzungen erfüllt sind:
– Wenn im Betrieb Straftaten verübt werden – und dazu gehören der Hitlergruß oder die öffentliche Leugnung des Holocaust (Auschwitz-Lüge).

– Wenn sich die Gesinnung auf das Arbeitsverhältnis auswirkt – der Arbeitgeber darf es zum Beispiel nicht hinnehmen, wenn ausländische Kollegen mit rassistischen Äußerungen traktiert werden.

> # Der „Hitlergruß" rechtfertigt den Rausschmiss

Betrifft Rechtsextreme, hrsg. von der Bundeszentrale für politische Bildung, 09/2001, S. 53.

Arbeitsvorschläge

1 *Welche Grundelemente kennzeichnen linksextremistisches Denken und Handeln?*

2 *Welche Grundelemente kennzeichnen rechtsextremistisches Denken und Handeln?*

3 *Wo liegen die Ursachen und Hintergründe für rechtsextremistische Aktivitäten Jugendlicher?*

   a Listen Sie die im Lehrbuch genannten Gründe mit eigenen Worten stichpunktartig auf.

   b Äußern Sie Ihre Meinung zu den Ursachen bzw. Hintergründen für rechtsextreme Gewalttaten Jugendlicher.

4 *Interpretieren Sie die Karikatur „Die gute Frage". Führen Sie eine Karikaturanalyse durch (siehe Kompetenzbaustein K10).*

3.2.3 Ausländerextremismus

Ungefähr 8,8% der deutschen Gesamtbevölkerung sind Ausländer. Das sind ca. 7,15 Mio. Menschen, von denen die meisten die deutsche Rechtsordnung akzeptieren und sich gesetzestreu verhalten.

Nur eine Minderheit hat sich ausländischen extremistischen Organisationen angeschlossen. Aktuelle Entwicklungen und Ereignisse in den jeweiligen Herkunftsländern bestimmen die Aktivitäten dieser in Deutschland agierenden, extremistischen Gruppierungen. Von den meisten dieser Organisationen wird Deutschland als sicherer Rückzugsraum betrachtet, denn von hier aus unterstützen sie durch Propaganda und Material ihre Mutterorganisationen im Heimatland.

Beispiele für in der Bundesrepublik Deutschland verbotene ausländerextremistische Organisationen

- **PKK, ERNK und Teilorganisationen, FEYK-Kurdistan, Kurdistan-Komitee e. V.**
  Die Verbotsverfügung stammt vom 22.11.1993. Verbotsgründe: Strafgesetzwidrigkeit, Gefährdung der inneren Sicherheit und der öffentlichen Ordnung sowie außenpolitischer Belange Deutschlands. Der Status der Verbotsverfügung ist unanfechtbar.

- **Kurdistan Informationsbüro**
  Die Verbotsverfügung trat am 20.02.1995 in Kraft. Verbotsgrund: Das Kurdistan Informationsbüro gilt als Ersatzorganisation des rechtskräftig verbotenen Kurdistan Komitee e. V. Der Status der Verbotsverfügung ist unanfechtbar.

- **Revolutionäre Volksbefreiungspartei-Front**
  Die Verbotsverfügung stammt vom 06.08.1998. Verbotsgründe: Strafgesetzwidrigkeit und Gefährdung der inneren Sicherheit. Die Revolutionäre Volksbefreiungspartei-Front gilt außerdem als Ersatzorganisation der am 09.02.1983 rechtskräftig verbotenen „Revolutionären Linken". Der Status der Verbotsverfügung ist unanfechtbar.

- **Türkische Volksbefreiungspartei/-Front**
  Die Verbotsverfügung ist vom 06.08.1998. Verbotsgründe: Strafgesetzwidrigkeit und Gefährdung der inneren Sicherheit. Der Status der Verbotsverfügung ist unanfechtbar.

- **Mesopotamia Broadcast A/S, Roj TV A/S**
  Die Verbotsverfügung stammt vom 13.06.2008. Verbotsgründe: Strafgesetzwidrigkeit und Verstoß gegen den Gedanken der Völkerverständigung. Die Verbotsverfügung ist beim BVerwG anhängig.

- **VIKO Fernseh Produktion GmbH**
  Die Verbotsverfügung stammt vom 13.06.2008. Verbotsgrund: Die VIKO Fernseh Produktion GmbH gilt als Teilorganisation von Roj TV A/S. Der Status der Verbotsverfügung ist unanfechtbar.

Arbeitsvorschlag

1　Informieren Sie sich im Internet über weitere verbotene ausländerextremistische Organisationen in Deutschland und erstellen Sie zu diesem Thema eine Wandzeitung (siehe Kompetenzbaustein K26).

3.2.4 Islamismus

Die innere Sicherheit der Bundesrepublik Deutschland wird durch die Aktivitäten islamistischer Gruppierungen gefährdet. Deren ideologische Motivation, Strategien und die von ihnen eingesetzten Mittel unterscheiden sich stark voneinander.

Die Organisationen des islamistisch-terroristischen Spektrums reichen von Gruppierungen, die enge Beziehungen zu islamistischen Organisationen im Ausland haben, bis hin zu unabhängigen Kleingruppen oder selbst motivierten Einzeltätern. In wenigen Fällen ist eine organisatorische Anbindung an das weltweit operierende Terrornetzwerk El Kaida gegeben.

Eine weitere Gefahr für die innere Sicherheit geht von islamistischen Organisationen aus, die in Deutschland nicht terroristisch agieren, sondern vielmehr das Ziel verfolgen, die in ihren Herkunftsländern bestehenden Staats- und Gesellschaftsordnungen durch ein strikt an der islamischen Rechtsordnung (Scharia) ausgerichtetes Staatswesen zu ersetzen. Hierzu zählen z. B. Hamas und Hisbollah.

Weitere islamistische Gruppierungen verfolgen zur Erreichung ihrer Ziele eine breiter angelegte Strategie. Zunächst wollen auch sie die Herrschaftsverhältnisse in ihren Herkunftsländern zugunsten eines islamischen Staatswesens ändern. Außerdem möchten sie ihren Anhängern in Deutschland Freiräume für ein Scharia-konformes Leben schaffen. Ihr Vorgehen verschärft die latente Gefahr der Entstehung von Parallelgesellschaften, die sich zunehmend radikalisieren. In die hier beschriebene Kategorie islamistischer Gruppierungen fallen die „Islamische Gemeinschaft Millî Görüs e. V." (IGMG) und die ideologisch der Muslimbruderschaft (MB) nahestehende „Islamische Gemeinschaft in Deutschland e. V." (IGD) sowie die mit ihr verbundenen „Islamischen Zentren".

Ende 2011 gab es laut Verfassungsschutzbericht in Deutschland 30 aktive islamistische Organisationen. Dazu zählen auch die mit Verbot belegten Gruppen. Das islamistische Personenpotenzial ist in Deutschland leicht angestiegen. Die Anhänger türkischer Gruppierungen bildeten die größte Personengruppe.

El Kaida

El Kaida (auch Al Qaida) heißt übersetzt „die Basis" und wurde von Osama bin Laden gegründet. Dieser wurde 2011 von einer amerikanischen Einheit in seinem Versteck in Pakistan aufgespürt und getötet.

Organisationsform und Struktur von El Kaida haben sich in den letzten Jahren permanent verändert. Einerseits tritt El Kaida als virtuelle Organisation auf, die durch Propaganda Impulse für die jeweils Agierenden setzt; andererseits ist sie verstärkt darum bemüht, ihre Handlungsfähigkeit wiederherzustellen. Ihr Ziel ist der gewaltsame Kampf gegen den westlichen Einfluss auf muslimische Länder. Ein Mittel zur Verfolgung dieser Ziele sind Terroranschläge, z. B. vom 11. September 2001 in den USA, die ca. 3 000 Todesopfer forderten. Auf diese Anschläge folgten zahlreiche weitere Terroranschläge in verschiedenen Ländern.

Arbeitsvorschlag

1   Informieren Sie sich im Internet über islamistische Gruppierungen in Deutschland und erstellen Sie zu diesem Thema eine Wandzeitung (siehe Kompetenzbaustein K26).

3.3   Partizipation der Bürger

In der pluralistischen Gesellschaft[1] von heute haben große Institutionen wie die Kirchen und die Gewerkschaften einen schweren Stand. Sie mussten in den letzten Jahren zum Teil sehr hohe Mitgliederverluste hinnehmen. Wie die folgende Grafik zeigt, haben die großen Parteien ebenfalls Mitglieder verloren.

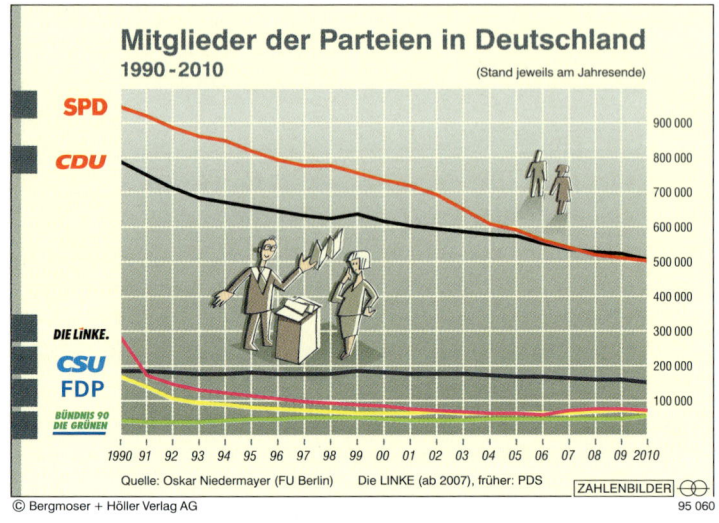

© Bergmoser + Höller Verlag AG

3.3.1 Nichtwähler und Parteien

Nichtwähler sind wahlberechtigte Bürger, die sich nicht aktiv an politischen Wahlen beteiligen. Die Zahl der Nichtwähler ist in den letzten Jahren stark angestiegen, dies jedoch unterschiedlich stark in den einzelnen Ebenen des politischen Systems. Bei den Wahlen zum Europäischen Parlament im Jahre 2009 stieg die Anzahl der Nichtwähler z. B. auf 56,7 %.

Nichtwähler können in unterschiedliche Typen eingeteilt werden. Der Politologe Oskar Niedermayer unterteilt sie in die unechten Nichtwähler, die protestierenden Nichtwähler, die abwägenden Nichtwähler und die politikfernen Nichtwähler. Weitere Gründe für die steigende Zahl der Nichtwähler sind Partei- und Politikverdrossenheit, wirtschaftliche und soziale Unzufriedenheit oder die Frustration über das politische System.

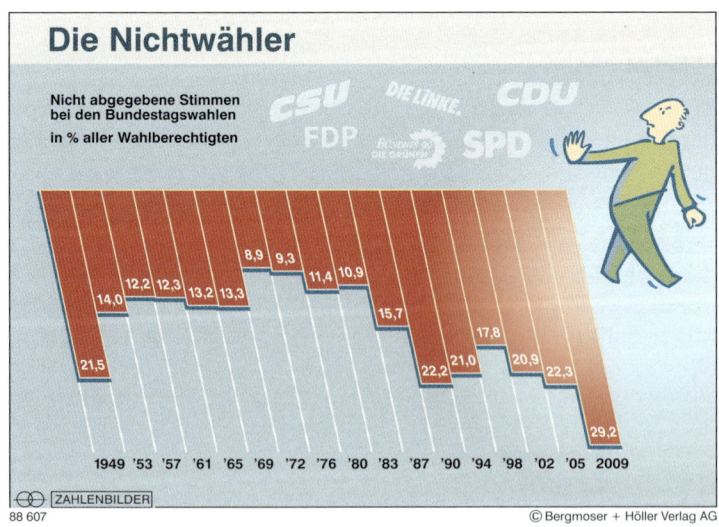

© Bergmoser + Höller Verlag AG

---

[1] Pluralismus: Verschiedene Wertnormen und Lebensstile existieren nebeneinander.

Parteien

Politische Parteien sind privatrechtliche Zusammenschlüsse von Bürgerinnen und Bürgern, die laut Verfassung zu einer öffentlichen Aufgabe ermächtigt sind. Der Artikel 21 des Grundgesetzes besagt, dass Parteien bei der politischen Willensbildung des Volkes mitwirken. Parteien sind das Zwischenglied zwischen Staat und Bürgern.

Parteiengesetz

§ 1 Verfassungsrechtliche Stellung und Aufgaben der Parteien
(1) Die Parteien sind ein verfassungsrechtlich notwendiger Bestandteil der freiheitlichen demokratischen Grundordnung. Sie erfüllen mit ihrer freien, dauernden Mitwirkung an der politischen Willensbildung des Volkes eine ihnen nach dem Grundgesetz obliegende und von ihm verbürgte öffentliche Aufgabe.

Politische Parteien	
Rechtliche Stellung GG Art. 21: Parteien wirken bei der politischen Willensbildung mit. **Merkmale** (§ 2 Parteiengesetz) u. a. – Streben nach Teilhabe an politischer Macht – Teilnahme an Wahlen – Organisation von Dauer	**Aufgaben** (§ 1 Parteiengesetz) u. a. – Aktive Teilnahme der Bürger/-innen am politischen Leben fördern – Kandidatenaufstellung für Wahlen – Bürger für öffentliche Ämter befähigen – Einfluss auf Parlament und Regierung nehmen – Verbindung zwischen Volk und Staatsorganen

Unterschiede von Parteien und Verbänden		
	Parteien	**Verbände**
Wahlteilnahme in Gemeinde, Land und Bund sowie EU	X	–
Einflussnahme	alle Bereiche des öffentlichen Lebens	Teilbereiche nach Interessenlage
Innere demokratische Ordnung	X	keine Vorschriften
Mitgliedschaft	nur in einer Partei	in mehreren Vereinen/ Verbänden möglich
Verbot als verfassungsfeindliche Organisation	durch das Bundesverfassungsgericht	durch Innenminister

Aufbau der Parteien

Eine innere demokratische Ordnung der Parteien ist die Voraussetzung für Funktion und Entwicklung der Demokratie eines Staates. Aus dieser Einsicht fordert das Grundgesetz in Artikel 21 u. a., dass die innere Ordnung der politischen Parteien demokratischen Grundsätzen entsprechen muss. Die Vorschriften des Parteiengesetzes stellen darüber hinaus bestimmte Mindestforderungen auf (§§ 6 bis 16, etwa Gliederung in Gebietsverbände, direkte Mitwirkung an der Basis, Befugnisse der Organe, Rechte der Mitglieder, Wahlen und Willensbildung in den Organen), um innerhalb der Partei eine **demokratische Willensbildung „von unten nach oben"** zu erreichen.

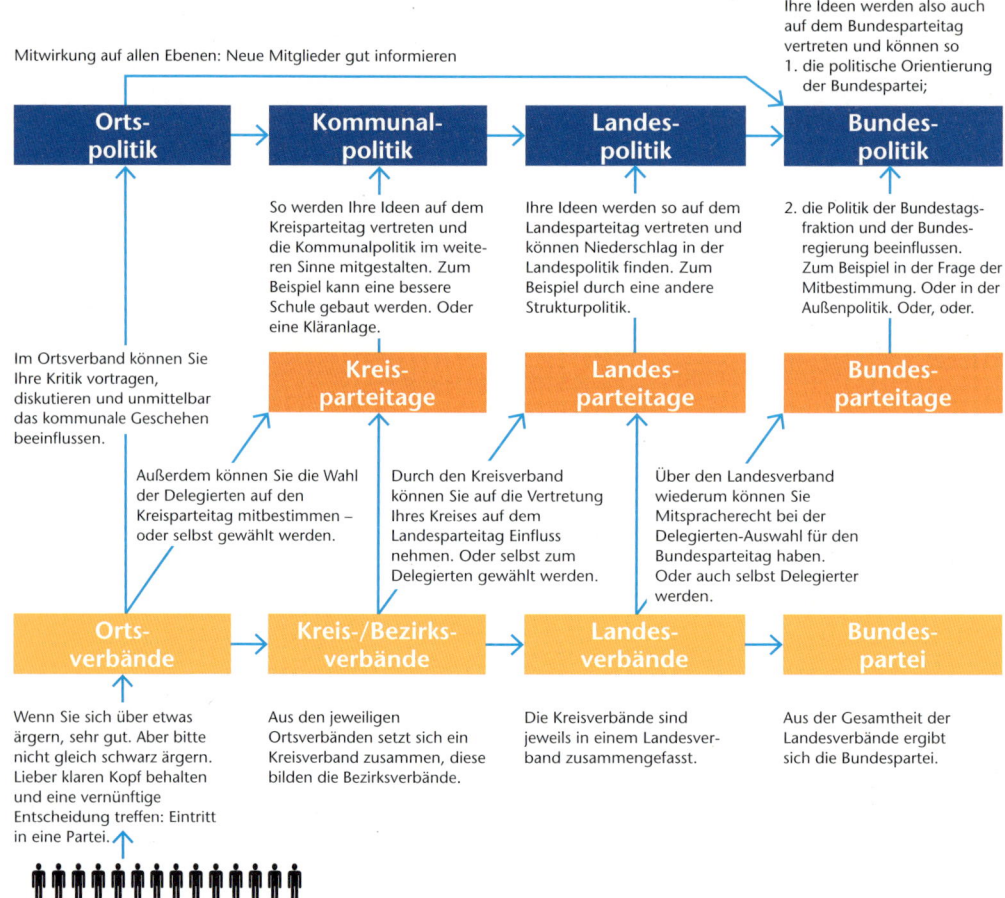

Bundesgeschäftsstelle FDP (Hrsg.): Service für Neumitglieder und Sympathisanten, Liberal Verlag

Die Parteien bauen sich von unten nach oben auf, vom Ortsverein über Kreis, Bezirk und Land bis zu den höchsten Parteigremien auf Bundesebene. Auch Gruppierungen innerhalb der Partei (Frauen, Jugend, Arbeitnehmer, Mittelstand usw.) sind so organisiert. Von entscheidender Bedeutung für den demokratischen Aufbau der Parteien ist, dass die Männer und Frauen, die an den Schalthebeln sitzen, von den Parteimitgliedern frei gewählt wurden. Das geschieht auf Ortsebene noch direkt, auf den höheren Ebenen durch die gewählten Vertreter, die **Delegierten**.

Mitglied einer Partei kann jeder werden, der das 16. Lebensjahr vollendet hat und der bereit ist, die Ziele der Partei zu fördern. Die Mitgliedschaft berechtigt ihn zur Teilnahme an Veranstaltungen, Wahlen und Abstimmungen der Partei. In die Organe und Gremien einer Partei können nur Mitglieder gewählt werden.

Einfluss des Parteimitglieds

Im bürgernahen Bereich ergeben sich schnell Möglichkeiten für politische Aktivitäten, beispielsweise bei der Lösung von Verkehrs-, Schul- und Kindergartenproblemen, indem auf Ratsmitglieder und Parteifreunde in Behörden Einfluss genommen wird. Mandatsvertreter aus den örtlichen Gliederungen wollen für die nächste Wahl wieder aufgestellt werden, sodass sie sich den vorgebrachten Argumenten einer größeren Mitgliederzahl nicht verschließen können. Im kommunalen Bereich ist unter der Voraussetzung des persönlichen Einsatzes der Einfluss des einzelnen Parteimitglieds unbestritten. Anders ist dies jedoch, wenn es um die Zusammensetzung der innerparteilichen Führung auf höherer Ebene geht. Zwar ist den Mitgliedern überall das Recht eingeräumt, Vorstände zu wählen und Delegierte zu entsenden. Die Mitglieder haben aber nicht die Möglichkeit, unmittelbar zu wählen oder unmittelbar Delegierte zum Bundesparteitag zu entsenden.

Im Verlauf der stufenweisen Wahl der eigentlichen Führungsspitze sind den Mitgliedern der Parteiführungsgruppe so viele Möglichkeiten eingeräumt, den von unten kommenden politischen Willen zu verändern, dass dieser Wille keinen Einfluss mehr ausüben kann auf die Besetzung der obersten Führungspositionen. Erstmals bei der Wahl zum Parteivorsitz der SPD wurden 1993 die Mitglieder direkt beteiligt. In einer Direktwahl entschieden auch die Mitglieder der CDU Baden-Württemberg 2004 über den Parteivorsitz.

Arbeitsvorschläge

1   *Interpretieren Sie die Karikatur „Die Parteien" auf S. 75 (siehe Kompetenzbaustein K10). Wie werden die Parteien aus der Sicht eines Bürgers dargestellt?*

2   *Welche Aufgaben haben die politischen Parteien in der Bundesrepublik Deutschland?*

3   *Wodurch unterscheiden sich die Parteien von Verbänden?*

4   *Welchen Einfluss hat das einzelne Parteimitglied auf Personalentscheidungen und Sachaussagen der Partei?*
   a   Beschreiben Sie den organisatorischen Aufbau einer Partei am Buchbeispiel der FDP. Besorgen Sie sich zusätzlich die entsprechenden Unterlagen beim örtlichen Parteibüro einer Partei Ihrer Wahl.
   b   Wie sind die verschiedenen Gliederungsebenen an Personal- und Sachentscheidungen beteiligt?
   c   Welche Rechte hat das einzelne Parteimitglied?
   d   Wie beurteilen Sie den Einfluss des Einzelnen innerhalb der Partei?

5   *Informieren Sie sich bei den örtlichen Jugendorganisationen der Parteien über deren Arbeit und Ziele sowie darüber, in welchen Punkten deren Vorstellungen von denen der Parteiführung abweichen.*

Parteienverbot

Nach Artikel 21 Abs. 2 des Grundgesetzes (GG) kann das Bundesverfassungsgericht verfassungswidrige Parteien verbieten:

Parteien, die nach ihren Zielen oder nach dem Verhalten ihrer Anhänger darauf ausgehen, die freiheitliche demokratische Grundordnung zu beeinträchtigen oder zu beseitigen oder den Bestand der Bundesrepublik Deutschland zu gefährden, [sind] verfassungswidrig und können durch das Bundesverfassungsgericht verboten werden.

Bundesministerium des Inneren: Gesellschaft und Verfassung: Parteiverbot, abgerufen unter: www.bmi.bund. de/DE/Themen/Gesellschaft-Verfassung/Staatliche-Ordnung/Parteienrecht/Parteienverbot/parteienverbot_ node.html [10.07.2013] (gekürzt)

Versucht eine Partei, ihre verfassungsfeindliche Haltung durch aktiven Kampf umzusetzen, so kann sie verboten werden. Für ein **Parteiverbot** reicht es demnach nicht aus, wenn Verfassungswerte nicht anerkannt, abgelehnt, in der politischen Meinungsäußerung in Zweifel gezogen oder durch abweichende ersetzt werden. Antragsberechtigt für ein Parteienverbot sind die Verfassungsorgane Bundestag, Bundesrat oder Bundesregierung. Beschränkt sich die Organisation einer Partei auf das Gebiet eines Bundeslandes, ist laut § 43 des Bundesverfassungsgerichtsgesetzes auch die Landesregierung des betreffenden Bundeslandes antragsbefugt.

Parteiverbotsverfahren in der Vergangenheit

In der Geschichte der Bundesrepublik Deutschland hat das Bundesverfassungsgericht in zwei Fällen ein Parteiverbot ausgesprochen: 1952 gegenüber der nationalsozialistisch orientierten Sozialistischen Reichspartei (SRP) und 1956 gegenüber der stalinistischen Kommunistischen Partei Deutschlands (KPD).

Ein von der Bundesregierung, dem Bundestag und dem Bundesrat beantragtes Verbotsverfahren gegen die Nationaldemokratische Partei Deutschlands (NPD) hat das Bundesverfassungsgericht mit Entscheidung vom 18. März 2003 wegen Verfahrenshindernissen eingestellt. Eine materiell-rechtliche Prüfung fand nicht statt.

Maßgeblicher Grund für die Einstellung des Verfahrens war die auch im Verbotsverfahren fortwährende Beobachtung der NPD durch V-Leute bis in die Führungsgremien der Partei. Das Bundesverfassungsgericht hat in diesem Umstand einen mit den Anforderungen an ein rechtsstaatliches Verfahren nicht zu vereinbarenden Verstoß gesehen.

3.3.2 Bürgerbegehren und Bürgerentscheid

Schon 4000 Unterschriften gegen die „Windriesen"

Windkraftanlagen mit zulässigen Höhen von bis zu 180 Metern befürchten die Gegner des Windenergie-Ausbaus. Gut 4000 Unterschriften haben sie bereits jetzt für ihr Bürgerbegehren gesammelt. Notwendig sind 2739. Der Weg für den nächsten Schritt – ein Bürgerentscheid – scheint damit geebnet. „Sind Sie für eine Beschränkung auf die jetzigen Höhen von Windkraftanlagen bis zu 100 Metern mit dem bisherigen Abstand zu den Wohnanlagen und lehnen Sie daher eine Änderung des Flächennutzungsplans mit der Bebauung von Windkraftanlagen mit zulässigen Höhen bis zu 180 Metern ab?", lautet die Fragestellung. Eindeutig ist jedoch: Ein Bürgerentscheid hätte wie ein Beschluss der Bezirksversammlung in diesem Fall keine bindende Wirkung. Beides hätte nur einen empfehlenden Charakter. Über die Änderung des Flächennutzungsplans entscheidet letztlich die Bürgerschaft. Allein die politische Signalwirkung ist den Initiatoren allerdings den Aufwand wert. „In Bergedorf gab es einen Bürgerentscheid gegen die Bebauung des Bahnhofvorplatzes. Der war erfolgreich. Auch damals hätte Hamburg anders entscheiden können. Doch man hat es angesichts des starken Widerstandes nicht getan", erklärt einer der Bürgerbegehren-Initiatoren. Die Art und Weise, wie um Zustimmung zum Widerstand geworben wird, ist den Investoren ein Dorn im Auge. So kritisieren sie zum Teil falsche und polemische Informationen. Dazu gehöre das Plakat, das 51 rote Lichterpaare auf schwarzem Grund zeige samt den Worten „Gute Nacht Bergedorf". Dazu gehöre eine Visualisierung, die den Windpark in Größe und Anordnung der Anlagen falsch darstelle. Es stelle sich die Frage, ob die so erhaltenen Unterschriften überhaupt zulässig sind und die Art der Darstellung auf öffentlichen Plätzen geduldet werden muss. Tatsächlich gibt es vonseiten des Bezirks keine Kontrollmechanismen oder sanktionierende Maßnahmen: „Bürgerbegehren oder Bürgerentscheid wenden sich an den politisch mündigen Bürger, der selbst entscheiden muss, was er auf Grundlage welcher Informationen unterschreiben will."

Schwirten, Wiebke: Schon 4000 Unterschriften gegen die „Windriesen", in: Bergedorfer Zeitung, abgerufen unter: www.bergedorfer-zeitung.de/vier-und-marschlande/article181904/Schon_4000_Unterschriften_gegen_die_Windriesen.html [10.07.2013] (gekürzt und geändert)

Bürgerbegehren und Bürgerentscheid

Außer der Teilnahme an Wahlen stellt die Gemeindeordnung NRW (GO) andererseits insbesondere mit der Einführung des Bürgerbegehrens und des Bürgerentscheids (§ 26 GO) wichtige Elemente direkter Demokratie zur Verfügung.

Seit der Einführung von Bürgerbegehren und Bürgerentscheid im Jahr 1994 sind diese insbesondere zu folgenden Sachgebieten (häufig erfolgreich) durchgeführt worden:

- Erholungs-, Freizeit- und Sportangelegenheiten
- Schulangelegenheiten
- Verkehrsangelegenheiten

Mithilfe von Bürgerbegehren und Bürgerentscheid können Bürgerinitiativen nicht nur Aufmerksamkeit auf sich lenken und ihren Forderungen Nachdruck verleihen, sie können vielmehr eine Entscheidung erzwingen oder einen Gemeinderatsbeschluss kippen. Für einen Gemeinderat wird es damit schwieriger, einen strittigen Beschluss einfach auszusitzen.

Gemeindeordnung NRW

§ 26 – Bürgerbegehren und Bürgerentscheid

(1) Die Bürger können beantragen (Bürgerbegehren), dass sie an Stelle des Rates über eine Angelegenheit der Gemeinde selbst entscheiden (Bürgerentscheid). Der Rat kann mit einer Mehrheit von zwei Dritteln der gesetzlichen Zahl der Mitglieder beschließen, dass über eine Angelegenheit der Gemeinde ein Bürgerentscheid stattfindet (Ratsbürgerentscheid). [...]

(2) Das Bürgerbegehren muss schriftlich eingereicht werden und die zur Entscheidung zu bringende Frage, eine Begründung sowie einen nach den gesetzlichen Bestimmungen durchführbaren Vorschlag für die Deckung der Kosten der verlangten Maßnahme enthalten. Es muss bis zu drei Personen benennen, die berechtigt sind, die Unterzeichnenden zu vertreten. Die Verwaltung ist in den Grenzen ihrer Verwaltungskraft ihren Bürgern bei der Einleitung eines Bürgerbegehrens behilflich. [...]

(3) Richtet sich ein Bürgerbegehren gegen einen Beschluss des Rates, muss es innerhalb von sechs Wochen nach der Bekanntmachung des Beschlusses eingereicht sein. Gegen einen Beschluss, der nicht der Bekanntmachung bedarf, beträgt die Frist drei Monate nach Sitzungstag. [...]

(4) Ein Bürgerbegehren muss in Gemeinden
   – bis 10 000 Einwohner von 10 %　　　– bis 100 000 Einwohner von 6 %
   – bis 20 000 Einwohner von 9 %　　　– bis 200 000 Einwohner von 5 %
   – bis 30 000 Einwohner von 8 %　　　– bis 500 000 Einwohner von 4 %
   – bis 50 000 Einwohner von 7 %　　　– über 500 000 Einwohner von 3 %
   unterzeichnet sein. [...]

(6) Der Rat stellt unverzüglich fest, ob das Bürgerbegehren zulässig ist. Gegen die ablehnende Entscheidung des Rates können nur die Vertreter des Bürgerbegehrens nach Absatz 2 Satz 2 Widerspruch einlegen. Entspricht der Rat dem zulässigen Bürgerbegehren nicht, so ist innerhalb von drei Monaten ein Bürgerentscheid durchzuführen. Entspricht der Rat dem Bürgerbegehren, so unterbleibt der Bürgerentscheid. Den Vertretern des Bürgerbegehrens soll Gelegenheit gegeben werden, den Antrag in der Sitzung des Rates zu erläutern. [...]

(7) Bei einem Bürgerentscheid kann über die gestellte Frage nur mit Ja oder Nein abgestimmt werden. Die Frage ist in dem Sinne entschieden, in dem sie von der Mehrheit der gültigen Stimmen beantwortet wurde, sofern diese Mehrheit mindestens [**20 vom Hundert**] der Bürger beträgt. Bei Stimmengleichheit gilt die Frage als mit Nein beantwortet. [...]

(8) Der Bürgerentscheid hat die Wirkung eines Ratsbeschlusses. Vor Ablauf von zwei Jahren kann er nur auf Initiative des Rates durch einen neuen Bürgerentscheid abgeändert werden.

Arbeitsvorschläge

1　a　*Was müssen Bürger/-innen bei der Einreichung eines Bürgerbegehrens beachten?*
　　b　*Nennen Sie mögliche Themen von Bürgerbegehren.*

2　*Der § 26 der Gemeindeordnung enthält konkrete Aussagen darüber, wann es zum Bürgerentscheid kommt und wann dieser erfolgreich ist (siehe Kompetenzbaustein K1).*
　　a　*Wann kommt es zum Bürgerentscheid?*
　　b　*Wann ist der Bürgerentscheid erfolgreich?*
　　c　*Welche Wirkung hat ein erfolgreicher Bürgerentscheid?*

3.3.3 Gewerkschaften und Arbeitgeberorganisationen

Im Zusammenhang mit der Bundesrepublik Deutschland spricht man häufig auch von einer **Wirtschaftsdemokratie**. Deren Elemente sind Mitbestimmung und Mitbeteiligung der Arbeitnehmer an wirtschaftlichen Prozessen und eine demokratische legitimierte Steuerung der Marktwirtschaft. Dazu passt, dass in Deutschland Gewerkschaften und Arbeitgeberverbände über Löhne und Arbeitszeit, Urlaub und Urlaubsgeld sowie bessere Arbeitsbedingungen verhandeln. Staatliche Stellen haben in einer Marktwirtschaft nicht das Recht, sich in die Tarifverhandlungen einzuschalten oder gar die Löhne für beide Seiten verbindlich festzulegen. Die gesetzliche Grundlage liefert hierzu das Tarifvertragsgesetz von 1949, das inzwischen in verschiedenen Neufassungen vorliegt.

Das Wort Tarif *stammt aus dem Arabischen („Verzeichnis") und war früher der allgemein übliche Begriff für Vergütungssätze (heute noch: „Straßenbahntarif"). Heute verstehen wir nicht nur Löhne und Gehälter darunter, sondern alle Arbeitsbedingungen, wie z. B. Arbeitszeit und Urlaub.*

Tarifautonomie bedeutet, dass die Tarifvertragsparteien die Lohn-, Gehalts- und Arbeitszeitregelungen vom Staat in Selbstverwaltung und Selbstverantwortung übertragen bekommen haben. Damit üben Gewerkschaften und Arbeitgeberverbände ein Stück öffentlicher Rechtsgewalt zur Schaffung einer rechtsverbindlichen Ordnung für große Bereiche des Arbeitslebens aus. Diese Selbstverwaltung des Arbeitslebens geht dabei von zwei gleichgewichtigen Partnern aus. Auseinandersetzung und Kampf sind zugelassene Mittel. Die Tarifautonomie setzt handlungs- und kompromissfähige Tarifparteien voraus, d. h. Organisationen, die sich trotz ständiger Auseinandersetzungen gegenseitig respektieren und dazu in der Lage sind, ihre Mitglieder auf die ausgehandelten Tarifabschlüsse zu verpflichten. Der Tarifautonomie liegt das Ordnungsprinzip zugrunde, Macht durch Gegenmacht zu begrenzen, um Machtmissbrauch zu verhindern.

Ablauf von Tarifverhandlungen

In der Regel werden Tarifverhandlungen auf Landes- bzw. Bezirksebene geführt. Nach erfolgreichen Verhandlungen werden sie dann meist bundesweit übernommen. Tarifverhandlungen laufen in der Regel nach folgendem Muster ab:

- Der alte Tarifvertrag läuft aus oder die Gewerkschaft kündigt den laufenden Tarifvertrag und fordert deutlich höhere Tariflöhne, die sich u. a. an den Preissteigerungen und dem Produktionszuwachs orientieren.

- Der Arbeitgeberverband lehnt diese Forderung als total überzogen ab und unterbreitet seinerseits ein Minimalangebot mit Hinweis auf die Gewinn- und Wettbewerbssituation der Betriebe.

- Die Gewerkschaft lehnt das Angebot als Kampfansage an die Arbeitnehmer ab.

- Es findet ein über die Medien geführter Streit über die Konsequenzen bei Annahme der jeweiligen Forderungen statt. Die Verhandlungen werden mehrfach ergebnislos vertagt.

- Das Scheitern der Verhandlungen wird angedroht; häufig begleitet von Warnstreiks.

- Am Ende steht – teilweise nach Arbeitskampf – ein neuer Tarifvertrag, der dann von beiden Seiten als „Kompromiss, mit dem man leben kann" bezeichnet wird.

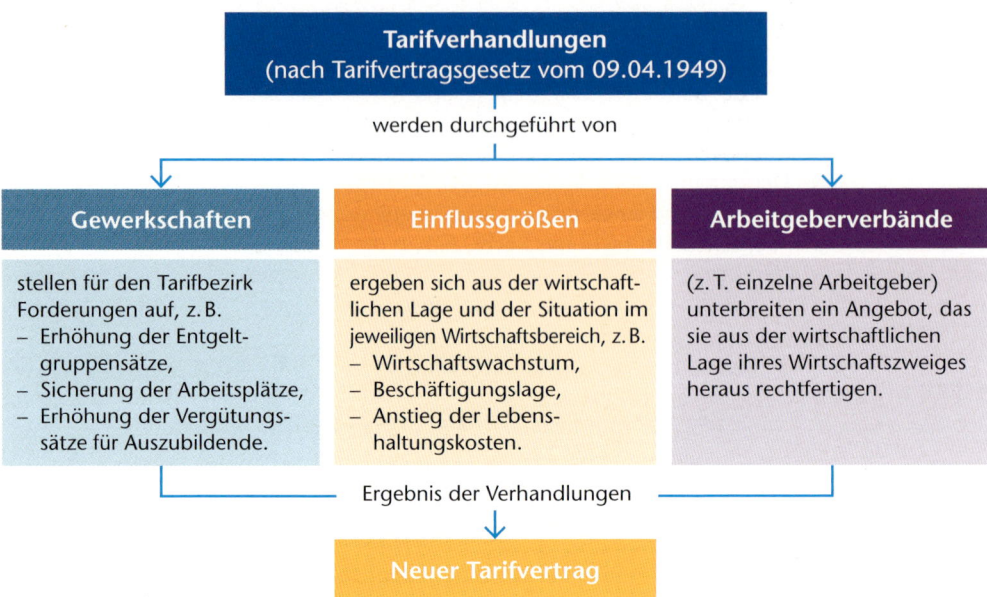

Tarifverhandlungen
(nach Tarifvertragsgesetz vom 09.04.1949)

werden durchgeführt von

Gewerkschaften	**Einflussgrößen**	**Arbeitgeberverbände**
stellen für den Tarifbezirk Forderungen auf, z. B. – Erhöhung der Entgelt-gruppensätze, – Sicherung der Arbeitsplätze, – Erhöhung der Vergütungs-sätze für Auszubildende.	ergeben sich aus der wirtschaft-lichen Lage und der Situation im jeweiligen Wirtschaftsbereich, z. B. – Wirtschaftswachstum, – Beschäftigungslage, – Anstieg der Lebens-haltungskosten.	(z. T. einzelne Arbeitgeber) unterbreiten ein Angebot, das sie aus der wirtschaftlichen Lage ihres Wirtschaftszweiges heraus rechtfertigen.

Ergebnis der Verhandlungen

Neuer Tarifvertrag

Arbeitskampf

Nicht immer können sich Arbeitgeberverbände und Gewerkschaften über einen neuen Tarif-vertrag friedlich einigen. Wenn keine Einigung möglich ist, können die Gewerkschaften zu ihrer Hauptwaffe, dem **Streik**, greifen, der heute als rechtlich anerkanntes Mittel gilt.

Abhängig vom Verfasser der Statistik variieren die Angaben über Streiks enorm. Die Bundesagen-tur für Arbeit, deren Angaben auf Informationen von Arbeitgebern beruhen, zählte im Jahr 2012 ca. 35 702 Streikende (2011: 14 259). Berechnungen des gewerkschaftsnahen Wirtschafts- und

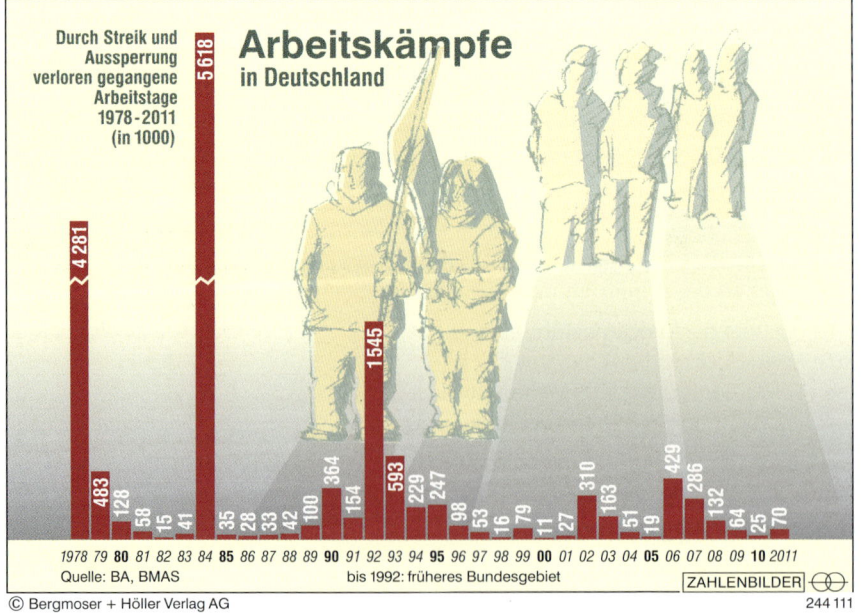

Arbeitskämpfe in Deutschland

Durch Streik und Aussperrung verloren gegangene Arbeitstage 1978–2011 (in 1000)

Quelle: BA, BMAS — bis 1992: früheres Bundesgebiet

ZAHLENBILDER

© Bergmoser + Höller Verlag AG   244 111

Sozialwissenschaftlichen Instituts (WSI) kamen dagegen zu dem Ergebnis, dass im Jahr 2012 rund 1,2 Mio. Beschäftigte (2011: 18 000) an Streiks teilgenommen haben. Grund für diesen Anstieg: An den Warnstreiks in der Metallindustrie und im öffentlichen Dienst beteiligten sich zahlreiche Arbeitnehmer. Doch auch die Zersplitterung der Tariflandschaft im Dienstleistungssektor, insbesondere in den Gesundheitsberufen, führte zu zahlreichen Arbeitsniederlegungen.

Streik *ist die gemeinsame und planmäßig durchgeführte Einstellung der Arbeit durch mehrere Arbeitnehmer, die in der Absicht erfolgt, nach erfolgreicher Durchsetzung der gestellten Forderungen in Form eines Tarifvertragsabschlusses die Arbeit wieder aufzunehmen.*

Aussperrung *ist die von einem oder mehreren Arbeitgebern planmäßig vorgenommene Nichtzulassung von Arbeitnehmern zur Arbeit unter Verweigerung der Lohnzahlung mit dem Willen der Wiedereinstellung nach Erreichen der Kampfziele. Eine Aussperrung nur gegen Mitglieder einer streikenden Gewerkschaft ist rechtswidrig.*

Spielregeln für den Arbeitskampf

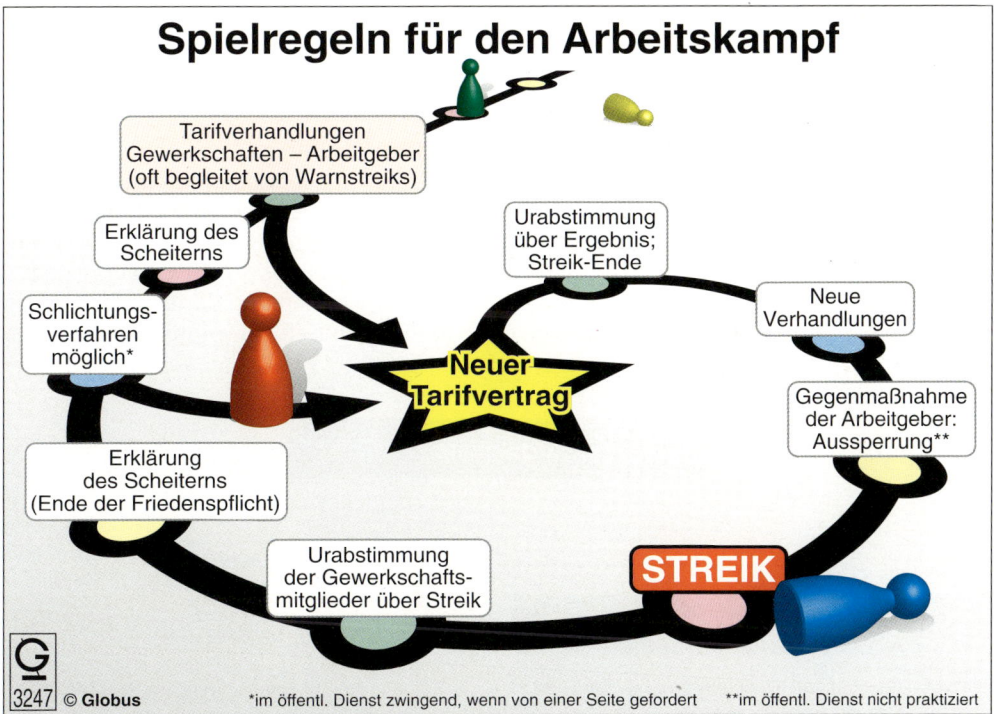

Rechtliche Grundlage des Arbeitskampfes ist die Koalitionsfreiheit nach Art. 9 des Grundgesetzes („das Recht, zur Wahrung und Förderung der Arbeits- und Wirtschaftsbedingungen Vereinigungen zu bilden"). Nach den vom Bundesarbeitsgericht entwickelten Grundsätzen ist ein Streik aber nur dann rechtmäßig, wenn er „unter dem obersten Gebot der Verhältnismäßigkeit steht": Der Arbeitskampf muss die letzte Waffe im Kampf um bessere Arbeitsbedingungen sein und mit relativ schonenden Mitteln geführt werden. Hat die Gewerkschaft einen legalen Streik beschlossen, stehen ihr zahlreiche Möglichkeiten offen: angefangen vom Dienst nach Vorschrift über Sitzstreik, Teil- oder Schwerpunktstreik bis hin zum Voll- oder Flächenstreik.

Streikende haben keinen Lohnanspruch. Denn während eines Streiks ruht das Arbeitsverhältnis. Gewerkschaftsmitglieder erhalten Streikgeld. Aber auch die Arbeitswilligen können ihren Lohnanspruch verlieren, wenn z. B. durch einen Schwerpunktstreik Weiterbeschäftigung der Arbeitswilligen unmöglich oder für den Arbeitgeber unzumutbar erschwert wird.

Im Gegensatz zur legalen Arbeitsniederlegung sind spontane und wilde Streiks unzulässig. Wer wild streikt, kann (wegen Arbeitsverweigerung) fristlos entlassen werden und muss den entstandenen Schaden ersetzen.

Nach einem Urteil des Bundesarbeitsgerichts können Warnstreiks während laufender Tarifverhandlungen zulässig sein. Eine Arbeitsunterbrechung von relativ kurzer Dauer, ein Warnstreik, gehört nicht zu den Arbeitskampfmaßnahmen, die nur nach Ausschöpfung aller Verständigungsmöglichkeiten ergriffen werden dürfen.

Aussperrung

Die Aussperrung muss von der Mitgliederversammlung des betroffenen Arbeitgeberverbandes beschlossen werden. Durch die Aussperrung wird es allen Arbeitnehmern eines Tarifbezirks, also auch den Arbeitswilligen sowie den Belegschaften in nicht bestreikten Betrieben, verboten, ihren Betrieb zu betreten. Die Aussperrung hat nur suspendierende Wirkung: Der Arbeitnehmer behält seinen Anspruch auf Weiterbeschäftigung nach Beendigung des Arbeitskampfes, sofern sein Arbeitsplatz nicht schon besetzt ist und keine andere Möglichkeit besteht, ihn weiter zu beschäftigen.

Die Kampfparität zwischen Arbeitgeberverbänden und Gewerkschaften, das heißt die Gleichstellung in den Kampfmitteln, ist eine staatspolitische Notwendigkeit. Arbeitskämpfe dürfen – im Interesse des Gemeinwohls – keiner Seite erleichtert werden. Wer sich zum Kampf entschließt, muss auch das Risiko des Kampfes tragen. Zwischen Gewerkschaften und Arbeitgeberverbänden besteht aber keine einheitliche Auffassung darüber, ob mit den Kampfmitteln Streik und Aussperrung eine Gleichstellung in den Kampfmöglichkeiten gegeben ist.

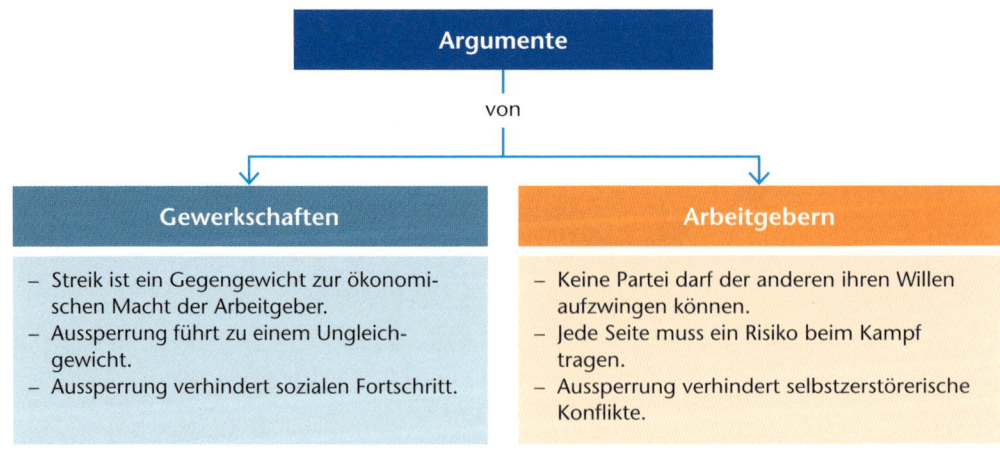

Arbeitnehmerorganisationen

Arbeitnehmerorganisationen vertreten die wirtschaftlichen und sozialen Interessen der Arbeit-nehmerinnen und Arbeitnehmer gegenüber dem Staat und in der direkten Auseinandersetzung mit den Arbeitgeberverbänden. Zu ihnen zählen die berufsständischen Verbände und die Gewerkschaften, die Mitte des 19. Jahrhunderts entstanden. **Ziele** der Arbeitnehmerorganisa-tionen sind

- die Sicherung der Arbeitsplätze,
- die Verbesserung des Arbeitsschutzes,
- bessere Lohn- und Arbeitsbedingungen und
- die Wahrung der Mitbestimmungsrechte.

Der **Deutsche Gewerkschaftsbund (DGB)** wurde am 12. Oktober 1949 in München gegrün-det und ist die größte Dachorganisation von Einzelgewerkschaften in Deutschland. Der DGB ist nicht tariffähig, d. h., die jeweiligen Einzelgewerkschaften sind für die Abschlüsse von Tarif-verträgen zuständig.

Ende 2012 gehörten den acht DGB-Gewerkschaften allerdings nur noch ca. 6,2 Mio. Mitglieder an. In Spitzenzeiten – nach der deutschen Einigung – hatte der DGB 11,8 Mio. Mitglieder. Ursächlich für **Mitgliederverluste** sind u. a. enorme Verschiebungen in der Beschäftigungsstruk-tur. So nimmt die Anzahl der Beschäftigten im kommerziellen Dienstleistungsbereich, der eher gewerkschaftsfern ist, zu. Darüber hinaus nimmt die Beschäftigung in Bereichen mit traditionell starker Gewerkschaftsbindung wie Industrie und öffentlicher Dienst ab. Weitere Gründe für den Mitgliederverlust sind das **Aufweichen der Tarifbindung** sowie ein allgemeiner Vertrauensrück-gang gegenüber den Gewerkschaften. Verrentung und Arbeitslosigkeit haben zusätzlich zur Schwächung der Gewerkschaften geführt. Allerdings scheint zurzeit der negative Trend bei den Mitgliedszahlen der DGB-Gewerkschaften vorerst (Stand 2013) zum Stillstand gekommen zu sein.

Als weitere Arbeitnehmerorganisationen neben dem DGB gibt es den Deutschen Beamtenbund (DBB), den Christlichen Gewerkschaftsbund (CGB), den Deutschen Bundeswehr-Verband (DBwV) sowie kleinere Berufsverbände und Einzelgewerkschaften.

Arbeitgeberverbände

Arbeitgeberverbände vertreten die sozialen und politischen Interessen ihrer Mitgliedsunter-nehmen gegenüber den Gewerkschaften, mit denen sie in Tarifverträgen die Lohn- und Ar-beitsbedingungen in den jeweiligen Bereichen regeln. Es gibt allerdings auch Arbeitgeberver-bände ohne tarifliche Funktionen.

Die **Bundesvereinigung der Deutschen Arbeitgeberverbände (BDA)** entstand 1950. Der Sitz der BDA ist in Berlin. Die BDA ist nicht selbst an Tarifverhandlungen beteiligt. Zu den Aufgaben der BDA zählen Fragen des Arbeitsmarktes, der Lohn- und Tarifpolitik, des Arbeits-rechts und der Sozialversicherungen. Die BDA informiert ihre Mitglieder frühzeitig über ge-setzliche Entwicklungen, politische Entscheidungen sowie arbeitsrechtliche Urteile.

Einschließlich der Handwerksinnungen gehören 6 500 Arbeitgeberverbände zur BDA. Weiter untergliedert ist die BDA in 55 Bundesfachverbände und 14 Landesvereinigungen. Selbst ist die BDA Mitglied in der Vereinigung der Wirtschafts- und Arbeitgeberverbände Europas.

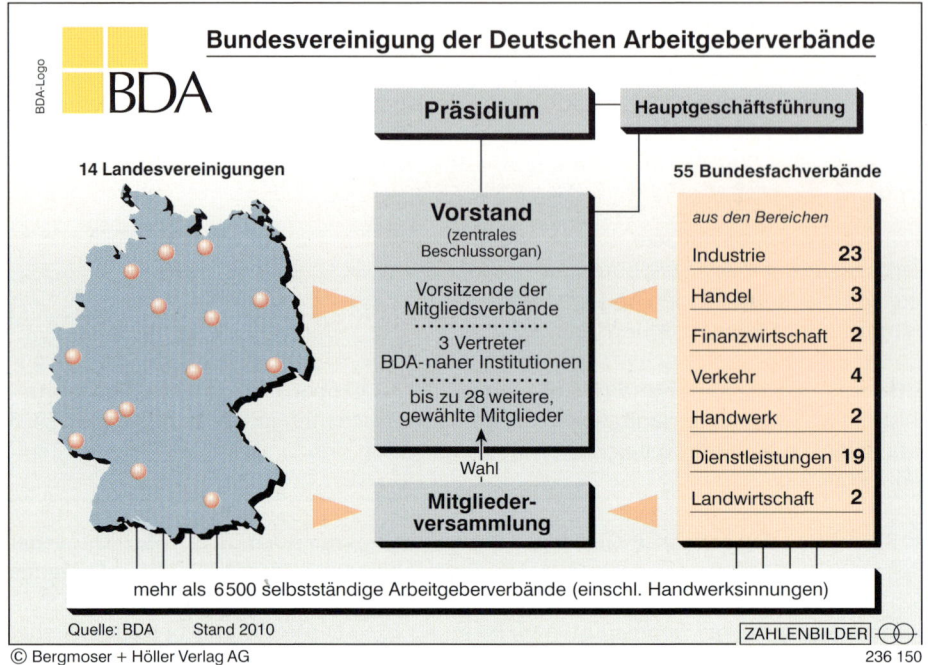

Bundesvereinigung der Deutschen Arbeitgeberverbände

BDA-Logo
BDA

14 Landesvereinigungen

55 Bundesfachverbände

Präsidium — **Hauptgeschäftsführung**

Vorstand
(zentrales Beschlussorgan)

Vorsitzende der Mitgliedsverbände
....
3 Vertreter BDA-naher Institutionen
....
bis zu 28 weitere, gewählte Mitglieder

Wahl

Mitglieder-versammlung

aus den Bereichen

Industrie	23
Handel	3
Finanzwirtschaft	2
Verkehr	4
Handwerk	2
Dienstleistungen	19
Landwirtschaft	2

mehr als 6500 selbstständige Arbeitgeberverbände (einschl. Handwerksinnungen)

Quelle: BDA   Stand 2010

ZAHLENBILDER

© Bergmoser + Höller Verlag AG   236 150

Arbeitsvorschläge

1 a Was versteht man unter Tarifautonomie und worauf gründet sie?
   b Wer sind die Tarifparteien?

2 Der Tarifvertrag verfolgt im Wesentlichen drei Funktionen: Schutz-, Ordnungs- und Friedens-funktion.
   Was ist unter diesen Funktionen zu verstehen?

3 Interpretieren Sie die Karikatur auf S. 81.

4 Informieren Sie sich über Forderungen und Ausgang der letzten Tarifauseinandersetzung. Mit welchen Argumenten haben die Tarifparteien ihre Forderungen vertreten?

5 „Arbeitskampf mit gleichen Waffen"? Informieren Sie sich über Streik und Aussperrung und formulieren Sie eine Antwort auf die Eingangsfrage.

6 Führen Sie eine Pro-und-Kontra-Debatte zur Frage „Tarifautonomie oder staatliche Lohnfestset-zung?" durch (siehe Kompetenzbaustein K18).

Anforderungssituation 4

Soziale Gerechtigkeit und gesellschaftliche Ungleichheit –
Bildung, Arbeit, Einkommen und Vermögen als Dimension
sozialer Ungleichheit

4

Kompetenzen

In diesem Kapitel setzen Sie sich mit der Wechselbeziehung
von sozialem Wandel und sozialen Konflikten auseinander, die
Sie auf der Basis gesellschaftlicher Gegebenheiten erklären. Sie
entwickeln Maßstäbe und Vorstellungen zur Gestaltung sozialer Gerechtigkeit und untersuchen Herausforderungen an
den Sozialstaat im Kontext politischer Ökonomie. Sie beurteilen die Systeme der sozialen Sicherheit hinsichtlich ihrer Zu-
kunftsfähigkeit.

Auf die Frage einer westdeutschen Tageszeitung „Wird Armut totgeschwiegen?" schrieben Leser u. a. folgende Leserbriefe:

Unglaublich! Die Bundesregierung streicht und schönt in aller Öffentlichkeit kritische Passagen im neuen Armutsbericht. Wer wissen will, wie arm Deutschland wirklich ist, sollte sich die immer länger werdenden Schlangen vor den Tafeln anschauen und sehen, wie immer mehr Menschen Müllboxen und Papierkörbe nach Pfandflaschen durchstöbern.
Jürgen Neumann, Bochum

Wie ich jetzt gelesen habe, bin ich nicht „altersarm", ich tu nur so. Ich habe kurzerhand alle Spenden eingestellt und bin auch aus der Kirche ausgetreten. Das hat sich richtig gelohnt. Urlaub ist gestrichen, das Auto abgemeldet. Nun kann ich weiter Gas und Strom bezahlen.
Klaus Schmidtmeier, Herne

Ich habe sechs Kinder zur Welt gebracht, blieb zu Hause, habe meine Kinder erzogen. Das war für viele Jahre mein Leben! Erst als mein Mann starb, ist mir aufgegangen, dass ich mich selbst in eine Armutsfalle manövriert hatte! Von der kleinen Rente bleiben für mich nur noch 60 %. So wie mir geht es wohl den meisten Frauen meiner Generation. Kein Mensch regt sich darüber auf, wenn eine Rentenerhöhung gerade mal für eine Tasse Kaffee reicht! Kaum eine Frau spricht darüber, weil sie sich auch noch schämt. Da kann man mit Recht behaupten, dass Armut totgeschwiegen wird!
Heidi Lemke, E-Mail

Eine Frechheit, die realen sozialen Verhältnisse zu leugnen. Es wird jetzt Zeit, Gesetze zu verabschieden, um die Kluft zwischen Arm und Reich zumindest zu verkleinern. Dies durch Maßnahmen wie einen flächendeckenden Mindestlohn, eine Mindestrente für alle, damit man Hartz IV endgültig einstampfen könnte. Bei den Bundestagswahlen können wir mitbestimmen, wohin die sozialpolitische Reise gehen soll. In unserem Land sollte es Armutszustände eigentlich nicht geben.
Heinz Gibas, E-Mail

Westdeutsche Allgemeine Zeitung vom 14.03.2013, Leserbriefe zum Thema „Der Bürger wird wissentlich belogen"

Zur gleichen Thematik schrieb der Sozialverband Deutschlands, der die Interessen von Rentnern, Patienten und gesetzlich Krankenversicherten, Pflegebedürftigen und Menschen mit Behinderung vertritt, in einer Presseerklärung:

Die Beschäftigung steigt, doch über eine Million arbeiten in Leiharbeit, sieben Millionen in Minijobs – 15 % aller Erwerbstätigen sind nur unbefristet beschäftigt. [...] Die Einkommen der Arbeitnehmerinnen und Arbeitnehmer stagnieren seit Jahren. Angesichts steigender Steuern, Abgaben und Preise bleibt ihnen immer weniger. [...] Auf der anderen Seite erhalten die Vorstandsvorsitzenden der Dax-Konzerne Bezüge und Bonus-Zahlungen in zweistelliger Millionenhöhe.

Sozialverband Deutschland, in: SoVD-Zeitung Nr. 9, 2012, S. 2 (Auszug)

Arbeitsvorschläge

1 Sind Sie der Auffassung, dass es in Deutschland eine soziale Armut gibt? Begründen Sie Ihre Auffassung.

2 Wo sehen Sie Defizite in der sozialen Sicherheit, die Ihrer Meinung nach behoben werden müssten?

4.1 System sozialer Sicherheit

4.1.1 Sozialstaat

In der ersten Hälfte des 19. Jahrhunderts begann in Deutschland der Übergang von der Agrar- zur Industriegesellschaft. Nachdem die Leibeigenschaft abgeschafft worden war, zogen die Menschen massenweise in die Städte, um Arbeit in den neu entstandenen Fabriken zu finden. Dort waren Frauen- und Kinderarbeit üblich. Sicherheit und Gesundheit waren in den Fabriken zweitrangig, die Löhne niedrig. Doch das alte soziale Netz, die bäuerliche Großfamilie, fehlte in der Stadt.

1881 wurde mit einer Botschaft des Kaisers Wilhelm I. auf Betreiben des Reichskanzlers Bismarck der Grundstein für den Aufbau der **Sozialversicherungen** gelegt. Die Gesetze zur Krankenversicherung (1883), zur Unfallversicherung (1884) sowie zur Invaliditäts- und Alterssicherung (1889) waren die Anfänge staatlicher Sozialpolitik.

Mit diesen Gesetzen sollte die industrielle Arbeiterschaft an das Deutsche Reich gebunden und für die Monarchie gewonnen werden. Gleichzeitig zielten die Gesetze darauf ab, politisch bedrohlich erscheinende Gruppen wie SPD und Gewerkschaften zu schwächen, die, geprägt von den Ideen Marx' und Engels', zu einer großen Opposition gegen die bestehenden Verhältnisse zu werden drohten.

Das soziale Sicherungssystem wurde 1927 um den wichtigen Bereich der Arbeitslosenversicherung und 1995 durch die Pflegeversicherung als fünfte Säule erweitert.

Während zum Ende des 19. Jahrhunderts nur ein Fünftel aller Erwerbstätigen und ein Zehntel der Bevölkerung von der Sozialgesetzgebung erfasst wurden, sind heute nahezu 90 % der Bevölkerung in den Schutz der sozialen Sicherung einbezogen.

Insbesondere nach Gründung der Bundesrepublik wurde die soziale Sicherung der Bürger im Rahmen des Sozialstaats ständig erweitert. Wenn man heute von **sozialer Sicherheit** spricht, dann ist damit die Gesamtheit aller Maßnahmen gemeint, die dem Schutz des Menschen vor den individuellen Lebensrisiken und dem Ausgleich ihrer wirtschaftlichen Folgen dienen. Zu diesen Maßnahmen zählen nicht nur die vom Staat geschaffenen Einrichtungen wie die Sozialversicherungszweige, sondern auch die betriebliche Altersversorgung und die private Versicherungswirtschaft.

Stationen des sozialen Staats

Wichtige Wegmarken der gesetzlichen Sozialversicherung in Deutschland

- 1881 „Kaiserliche Botschaft"
  Beginn der Arbeit an Sozialgesetzen
- 1883 Krankenversicherung für Arbeiter
- 1884 Unfallversicherung
- 1889 Alters- und Invalidenversicherung für Arbeiter
- 1911 Rentenversicherung für Angestellte
- 1927 Arbeitslosenversicherung
- 1933 Abschaffung der Selbstverwaltung

- 1951 Wiedereinführung der Selbstverwaltung
- 1957 Rentenreform „Dynamische Rente"
- 1970 Lohnfortzahlung bei Krankheit auch für Arbeiter
- 1986 Anrechnung von Kindererziehungszeiten bei der Rente
- 1990 Deutsche Einheit: Aufnahme der Ostdeutschen in das westdt. Sozialsystem
- 1995 Pflegeversicherung
- 2003-05 „Hartz-Gesetze": Reformen am Arbeitsmarkt
- 2009 „Gesundheitsfonds" in der Krankenversicherung
- 2012 Schrittweise Einführung der „Rente mit 67"

4488 © Globus

Die Ausgaben für Arbeit und Soziales sind in der Geschichte der Bundesrepublik Deutschland stark gewachsen: von 36 Mrd. Euro im Jahr 1961 auf fast 800 Mrd. im Jahr 2011. Allerdings relativiert sich der enorme Anstieg, wenn man die Ausgaben ins Verhältnis zur Wirtschaftsleistung setzt. Danach stiegen die Ausgaben von 21,1 % des Bruttoinlandsprodukts (1961) auf nur 31 % (2011), in den letzten 10 Jahren gingen sie sogar leicht um insgesamt 0,6 % zurück.

Da die Sozialversicherung seit ihren Anfängen ständig weiter ausgebaut wurde, spricht man heute von einem dicht geknüpften Netz sozialer Sicherungen, das weltweit große Anerkennung findet. Alle bisherigen Bundesregierungen sahen den **Sozialstaat** in Deutschland als Garant für individuelle Freiheit, soziale Gerechtigkeit und für ein solidarisches Miteinander.

Wenn Art. 20 Abs. 1 GG ausspricht, dass die Bundesrepublik ein sozialer Bundesstaat ist, so folgt daraus nur, dass der Staat die Pflicht hat, für einen Ausgleich der sozialen Gegensätze und damit für eine gerechte Sozialordnung zu sorgen; dieses Ziel wird er in erster Linie im Wege der Gesetzgebung zu erreichen suchen. [...] Art. 20 Abs. 1 GG bestimmt nur das „Was", das Ziel, die gerechte Sozialordnung; er lässt aber das „Wie", das heißt für die Erreichung des Ziels, alle Wege offen.

Entscheidungen des Bundesverfassungsgerichts, Bd. 22, Tübingen: Mohr Siebeck Verlag 2008, S. 204

Doch dieses dicht geknüpfte soziale Netz der Bundesrepublik droht zu zerreißen.

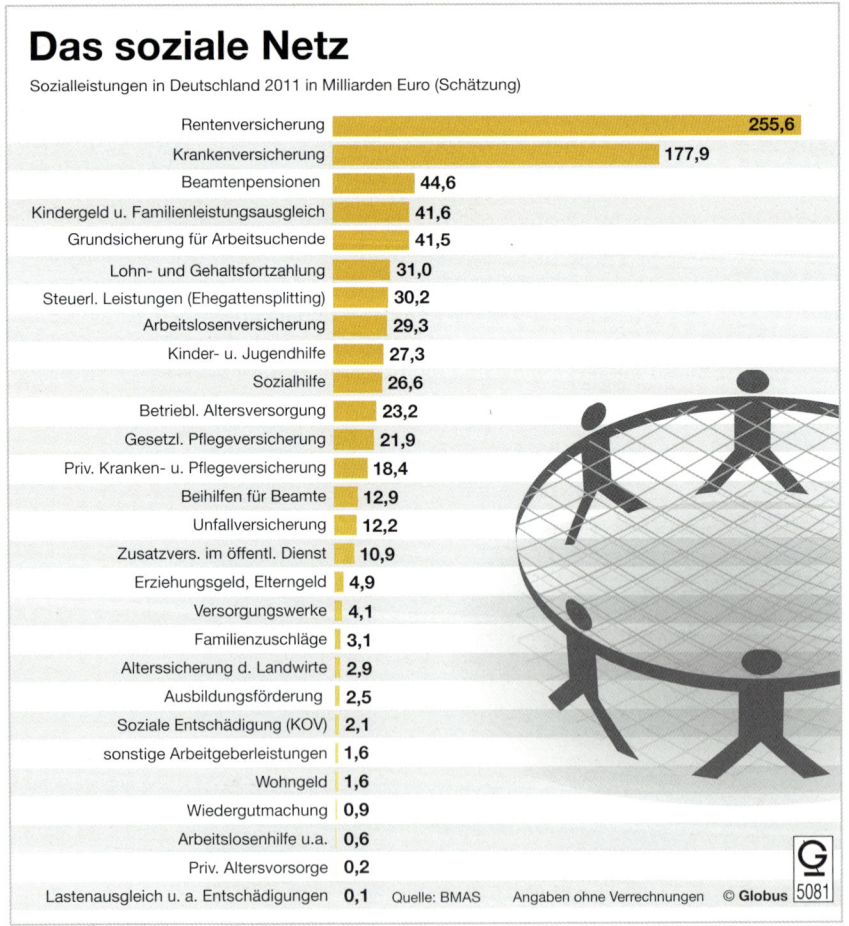

Das soziale Netz

Sozialleistungen in Deutschland 2011 in Milliarden Euro (Schätzung)

Rentenversicherung	255,6
Krankenversicherung	177,9
Beamtenpensionen	44,6
Kindergeld u. Familienleistungsausgleich	41,6
Grundsicherung für Arbeitsuchende	41,5
Lohn- und Gehaltsfortzahlung	31,0
Steuerl. Leistungen (Ehegattensplitting)	30,2
Arbeitslosenversicherung	29,3
Kinder- u. Jugendhilfe	27,3
Sozialhilfe	26,6
Betriebl. Altersversorgung	23,2
Gesetzl. Pflegeversicherung	21,9
Priv. Kranken- u. Pflegeversicherung	18,4
Beihilfen für Beamte	12,9
Unfallversicherung	12,2
Zusatzvers. im öffentl. Dienst	10,9
Erziehungsgeld, Elterngeld	4,9
Versorgungswerke	4,1
Familienzuschläge	3,1
Alterssicherung d. Landwirte	2,9
Ausbildungsförderung	2,5
Soziale Entschädigung (KOV)	2,1
sonstige Arbeitgeberleistungen	1,6
Wohngeld	1,6
Wiedergutmachung	0,9
Arbeitslosenhilfe u.a.	0,6
Priv. Altersvorsorge	0,2
Lastenausgleich u. a. Entschädigungen	0,1

Quelle: BMAS   Angaben ohne Verrechnungen   © Globus   5081

Schon 1996 warnten u.a. der Deutsche Gewerkschaftsbund und Wohlfahrtsverbände in der Sozialstaats-Charta:

Heute muss festgestellt werden, dass der Sozialstaat in diesem Land gefährdet ist. Das ist einerseits auf einen tiefgreifenden wirtschaftlichen und gesellschaftlichen Umbruchprozess zurückzuführen, in dem Deutschland wie alle Industriestaaten steht. Die Krise des Sozialstaats ist zum anderen aber auch Folge falscher politischen Weichenstellungen, die Arbeitslosigkeit erhöhen, Armut vergrößern, Branchenkrisen und regionale Ungleichgewichte verschärfen und somit Finanzierungsprobleme des Staates zugespitzt haben. Die Herausforderungen dürfen kein Anlass sein, den Sozialstaat in Frage zu stellen. Vielmehr sind alle gesellschaftlichen Gruppen und Kräfte aufgerufen, den Sozialstaat zukunftssicher zu machen. [...]

Bürgerinnen und Bürgern bei Krankheit, Behinderung Arbeitslosigkeit und im Alter ein menschenwürdiges Leben zu sichern, ist Kern unseres Sozialstaats. Armut und Sozialstaatsangebot lassen sich nicht vereinbaren.

DGB: Sozialstaatscharta, abgerufen unter: www.dgb.de/themen/++co++article-mediapool-7176a8da-159303159be469e0dc329cb5 [13.07.2013] (Auszug)

Die **Krise des Sozialstaats** hat sich bis heute nicht entschärft, sondern noch weiter zugespitzt:

Die **deutsche Einheit** wurde viel teurer als ursprünglich angenommen. Die Kosten im Gesundheitswesen explodierten und die Zahl der Rentenempfänger steigt stetig. Die **Sozialleistungen** der Bundesrepublik machen inzwischen ein Drittel der gesamten Wirtschaftsleistung aus.

Die **Staatsausgaben** übersteigen seit Jahrzehnten die Staatseinnahmen. Durch die jährliche Neuverschuldung des Staates stieg die Gesamtverschuldung auf inzwischen 2 078 280 895 224 Euro; der Schuldenzuwachs beträgt pro Sekunde 870,00 Euro; die Verschuldung pro Bundesbürger liegt bei 25 615,00 Euro (Stand 08.10.2013).

Die seit Jahren währende **Finanzkrise** birgt weitere große Risiken für den Sozialstaat. Insbesondere die hohen finanziellen Garantien und Unterstützungsmaßnahmen für stark verschuldete Euro-Staaten werden das Sozialsystem belasten.

Auch der grenzüberschreitende Personen-, Waren- und Dienstleistungsverkehr – insbesondere innerhalb der EU – bringt neue Herausforderungen für die Sozialpolitik.

Arbeitsvorschläge

1 *Nach Artikel 20 GG ist es Aufgabe des Staates, für soziale Gerechtigkeit zu sorgen. Was ist darunter zu verstehen (siehe Kompetenzbaustein K1)?*

2 *Inwiefern kann von einer Krise des Sozialstaats gesprochen werden? Listen Sie die Gründe dieser Krise stichwortartig auf.*

3 *Erläutern Sie den Unterschied zwischen Staatsschulden und Neuverschuldung.*

4 *Welche Konsequenzen ergeben sich aus der hohen Staatsverschuldung für das Netz der sozialen Leistungen?*

5 *In welcher Weise kann der einzelne Bürger zukünftig höhere Mitverantwortung für den Sozialstaat übernehmen?*

4.1.2 Sozialversicherungen

Basis der sozialen Sicherung in Deutschland sind die Sozialversicherungen, deren Ausgestaltung eine Reihe von Prinzipien zugrunde liegt.

Zu den **Grundprinzipien** der Sozialversicherungen zählen:

- **Sozialstaatsprinzip**
  Nach den Artikeln 20 und 28 GG ist es Aufgabe des Staates, für soziale Gerechtigkeit zu sorgen.

- **Subsidiaritätsprinzip**
  Subsidiarität (von lat. *subsidium* = Hilfe, Reserve) ist eine politische und gesellschaftliche Maxime (Leitspruch), die Eigenverantwortung vor staatliches Handeln stellt: Nur Lasten, die vom Individuum oder der kleineren Solidargemeinschaft (Familie) nicht selbst getragen werden können, sollen von der jeweils größeren Solidargemeinschaft (Versicherung, Staat) übernommen werden.

- **Versicherungspflicht**
  Die Versicherungspflicht beispielsweise in der Krankenkasse galt früher nur für Arbeiter und Angestellte unterhalb der Beitragsbemessungsgrenze, nach der Gesundheitsreform von 2007 gilt sie heute für alle.

- **Umlageverfahren**
  Nach dem Umlageverfahren werden in der Rentenversicherung die Beiträge, die von den Versicherten und den Arbeitgebern eingezahlt werden, sogleich als Rente an die Rentner ausgezahlt (umgelegt).

- **Generationenvertrag**
  Der Generationenvertrag ist ein – unausgesprochener und nicht schriftlich festgelegter – Vertrag zwischen den Generationen: der beitragszahlenden und der rentenempfangenden Generation. Inhalt des Vertrags ist die Verpflichtung der heutigen Generation zur Beitragszahlung in der Erwartung, dass die ihr nachfolgende Generation die gleiche Verpflichtung übernimmt.

- **Solidarprinzip**
  Eine Solidargemeinschaft bezeichnet ganz allgemein eine Gruppe von Menschen, die sich für ein gemeinsames Ziel einsetzen und dafür auch gemeinsam die Kosten und Pflichten tragen. Mit ihren Versicherungsbeiträgen tragen die Jüngeren die Älteren, die Erwerbstätigen die Arbeitslosen und die Gesunden die Kranken. Die gegenseitige Unterstützung im Krankheitsfall ist im Rahmen der Krankenversicherung keine bloße Mildtätigkeit, sondern ein Rechtsanspruch des Einzelnen gegenüber der Solidargemeinschaft.
  Dieser Anspruch ist im Sozialgesetzbuch I im Rahmen der allgemeinen Rechte festgeschrieben. Damit dieser Solidarausgleich funktionieren kann, müssen relativ viele Gesunde einzahlen, um relativ wenige Kranke abzusichern. Weitere Solidarausgleiche bestehen zwischen höheren und niedrigeren Einkommen durch einkommensabhängige Beiträge, bei denen trotzdem jedem Versicherten die gleichen Leistungen zustehen.

Die **Finanzierung** der Sozialversicherungssysteme wurde lange Zeit derart gestaltet, dass die Beitragssätze den wachsenden Ausgaben entsprechend angehoben wurden. Da die Sozialbeiträge der Arbeitnehmer von den Versicherten und ihren Arbeitgebern gemeinsam getragen werden, beschnitten die steigenden Beiträge nicht nur das verfügbare Einkommen der Haushalte, sondern trieben auch die Lohnnebenkosten der Unternehmen in die Höhe.

Auf diese Entwicklung reagierte der Staat z. T. mit einschneidenden Reformen. So wurden Leistungen gekappt oder ausgegliedert und Anspruchsvoraussetzungen verschärft. Die Versicherten mussten geringere Leistungen hinnehmen, sich gegen bestimmte Risiken selbst absichern oder einen Teil der Kosten aus eigener Tasche bezahlen. Zudem wurde die traditionelle Aufteilung der Beitragslast – 50 % Arbeitnehmer, 50 % Arbeitgeber – zunehmend aufgeweicht.

Gesetzliche Sozialversicherung im Überblick

	Zweck der Versicherung	Kreis der Versicherten	Beiträge	Leistungen
Krankenversicherung (seit 1883)	Hilfe bei: – Krankheit – Mutterschaft – Tod – Vorsorge – Rehabilitation	Angestellte bis zu einem bestimmten Monatsverdienst, Arbeiter unabhängig vom Einkommen, Rentner, Wehrdienstleistende, Auszubildende	15,5 % des Bruttolohns[1], Arbeitgeber: 7,3 %; Arbeitnehmer: 8,2 % ggf. Sonderbeitrag der Versicherten	Arzt-, Zahnarzt- und Krankenhausbehandlung, Arznei, Entbindungskosten, Krankengeld u. a.
Rentensicherung (seit 1889)	Vorsorge für: – Berufsunfähigkeit (Invalidität) – Hinterbliebene bei Tod – finanzielle Absicherung im Alter	alle Angestellten alle Arbeiter alle Auszubildenden	18,9 % des Bruttolohns[1], Arbeitgeber und Arbeitnehmer zahlen je die Hälfte	Alters-, Invaliden- und Hinterbliebenenrente (Witwen-, Witwer- und Waisenrente), Heilverfahren/Kuren u. a.
Unfallversicherung (seit 1884)	Hilfe bei: – Berufsunfällen – Berufskrankheiten	alle Arbeiter alle Angestellten alle Auszubildenden	Beitrag wird allein vom Arbeitgeber getragen; Höhe richtet sich nach Gefahrenklasse und Betriebsgröße	Renten, Heilbehandlung, Förderungsmaßnahmen für Behinderte, Unfallverhütung, Hinterbliebenenrente, Abfindungen u. a.
Arbeitslosenversicherung (seit 1927)	Hilfe bei: – Arbeitslosigkeit – Kurzarbeit	alle Arbeiter alle Angestellten alle Auszubildenden	3 % des Bruttolohns[1], Arbeitnehmer und Arbeitgeber zahlen je die Hälfte	Arbeitslosengeld, berufl. Aus- und Fortbildung, Umschulung, Berufsberatung, Arbeitsvermittlung u. a.
Pflegeversicherung (seit 1995)	Vorsorge und Hilfe bei Pflegebedürftigkeit	alle Arbeiter, alle Angestellten, Rentner, Wehrdienstleistende, Auszubildende	2,05 % des Bruttolohns[1], Arbeitnehmer und Arbeitgeber zahlen je die Hälfte, 0,25 % Zuschlag für Kinderlose	ambulante und stationäre Pflege

Stand Anfang 2013

---

[1] *bis zur Höhe der Beitragsbemessungsgrenze*

Die Sozialversicherungen in der Bundesrepublik Deutschland

Krankenversicherung

Eine Schlüsselstellung im Gesundheitssystem nimmt die gesetzliche Krankenversicherung (GKV) ein, in der etwa 90 % aller Bundesbürger versichert sind. Sie ist besonders vom Solidaritätsgedanken getragen, d. h., ihre Sachleistungen (ausgenommen bestimmte Geldleistungen wie Krankengeld) erhalten alle Versicherten im gleichen, jeweils erforderlichen Umfang, und zwar ohne Rücksicht darauf, wie hoch die Beitragslast des Einzelnen ist.

Die Ausgaben im Gesundheitswesen sind seit Jahrzehnten ständig gestiegen. Es wurden viele Anstrengungen unternommen, um die Kostenentwicklung einzudämmen. Diese Versuche werden unter dem Namen „Gesundheitsreformen" zusammengefasst und waren bisher nur mäßig erfolgreich.

Die Gesundheitsreformen sind meist mit Einschränkungen der Leistungen, Erhöhung der Zuzahlungen an die sonst der Selbstverwaltung unterliegenden Versicherungen und Änderungen in der Bezahlung der Leistungserbringer verbunden. Dabei wird der Begriff „Reformen" in diesem Zusammenhang sehr kritisch gesehen.

Die letzte Gesundheitsreform (2007) beinhaltet Reformen in vier wesentlichen Bereichen:

- Einführung des Versicherungsschutzes für alle
- Verbesserung der medizinischen Versorgung
- Modernisierung der gesetzlichen und privaten Kassen
- Reform der Finanzierungsordnung in Gestalt des Gesundheitsfonds

Das Kernstück dieser Reform ist der **Gesundheitsfonds**, durch den eine gerechtere und bessere Verteilung der finanziellen Mittel erreicht werden soll. Der Gesundheitsfonds startete zum 1. Januar 2009.

In den Fonds fließen die Kassenbeiträge von Arbeitgebern und Arbeitnehmern. Dabei ist ein einheitlicher Beitrag für alle festgelegt. Um eine Unterversicherung zu vermeiden, da Kinder und Arbeitslose ohne Beiträge mitversichert sind, zahlt auch der Bund ein. Der Steuerzuschuss in Höhe von 4 Mrd. Euro soll schrittweise bis 2016 auf maximal 14 Mrd. Euro steigen. Jede Kasse erhält pro Versicherten eine monatliche Pauschale und einen Zuschlag für alte und kranke Versicherte.

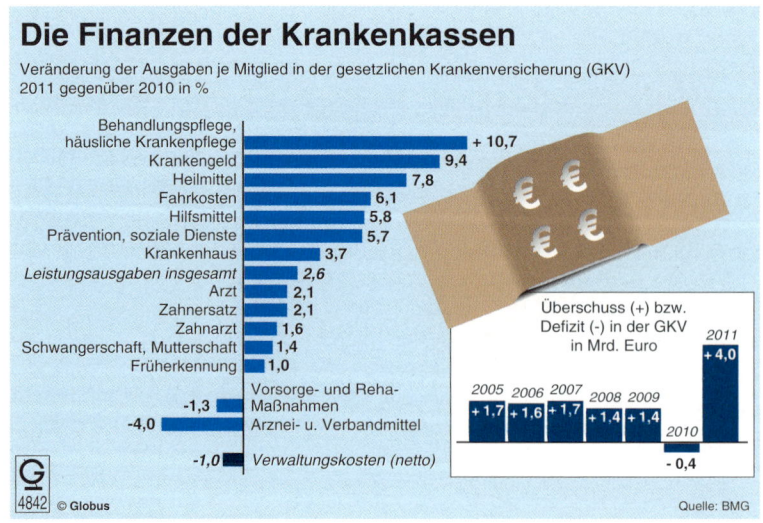

Die Finanzen der Krankenkassen

Veränderung der Ausgaben je Mitglied in der gesetzlichen Krankenversicherung (GKV) 2011 gegenüber 2010 in %

Behandlungspflege, häusliche Krankenpflege	+ 10,7
Krankengeld	9,4
Heilmittel	7,8
Fahrkosten	6,1
Hilfsmittel	5,8
Prävention, soziale Dienste	5,7
Krankenhaus	3,7
Leistungsausgaben insgesamt	*2,6*
Arzt	2,1
Zahnersatz	2,1
Zahnarzt	1,6
Schwangerschaft, Mutterschaft	1,4
Früherkennung	1,0
Vorsorge- und Reha-Maßnahmen	-1,3
Arznei- u. Verbandmittel	-4,0
Verwaltungskosten (netto)	*-1,0*

Überschuss (+) bzw. Defizit (-) in der GKV in Mrd. Euro

2005	2006	2007	2008	2009	2010	2011
+ 1,7	+ 1,6	+ 1,7	+ 1,4	+ 1,4	- 0,4	+ 4,0

4842 © Globus   Quelle: BMG

Rentenversicherung

Wie in allen Industrieländern wird auch in der Bundesrepublik Deutschland die Gesellschaft immer älter. So ist bereits heute jeder fünfte Mensch in Deutschland über 65 Jahre alt oder älter, 2040 wird es fast jeder Dritte sein. Diese Entwicklung, die auch als **demografischer Wandel** bezeichnet wird, stellt die Sozialsysteme, insbesondere die Renten-, Kranken- und Pflegeversicherung, vor große Herausforderungen. Im Jahr 2011 machten allein die Leistungen der Rentenversicherung fast ein Drittel im Sozialbudget des Staates aus.

Die Renten der gesetzlichen Sozialversicherung werden jährlich an die Entwicklung der Löhne der Beschäftigten angepasst. Allerdings werden die Lohnzuwächse nicht in vollem Umfang auf die Renten übertragen. So soll eine Überforderung der Rentenkassen (und letztlich der Beitragszahler) durch steigende Rentenlasten vermieden werden.

Zu den rentendämpfenden Maßnahmen gehört die Berücksichtigung eines Altersvorsorgeanteils und eines Nachhaltigkeitsfaktors bei der Rentenanpassung. Im ersten Fall werden die Aufwendungen der Arbeitnehmer für den Aufbau einer privaten Altersvorsorge auch bei den Renten in Anschlag gebracht; im zweiten Fall steigt die Rente langsamer, wenn die Zahl der Rentenbezieher im Verhältnis zu den Beitragszahlern wächst.

Im Jahr 2013 beläuft sich die Rente eines Durchschnittsverdieners mit 45 Versicherungsjahren auf 1 134,00 Euro (sogenannte Standardrente). Berücksichtigt man aber den Anstieg der Verbraucherpreise, konnten sich die Rentner in den meisten zurückliegenden Jahren nicht mehr, sondern weniger als vorher von der Rente leisten. Ausgehend vom Jahr 2000 büßte die Standardrente bis 2013 rund 11 % ihrer Kaufkraft ein. Ihr Realwert schrumpfte von ursprünglich

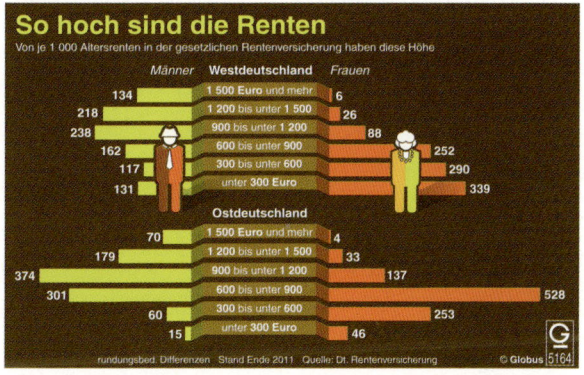

1 030,00 Euro auf nur noch 917,00 Euro. Ab dem Jahr 2030 erhalten Arbeitnehmer, die 2 500,00 Euro brutto im Monat verdienen und 35 Jahre Vollzeit gearbeitet haben, nur eine Rente in Höhe des Grundsicherungsbetrags von 688,00 Euro.

Arbeitslosenversicherung

Nach der Statistik der Arbeitsagentur waren 2012 2,9 Mio. Menschen in Deutschland arbeitslos. Das entsprach einer **Arbeitslosenquote** (Arbeitslose in % der Erwerbspersonen) von 6,8 % (2011 noch 7,1%). Nach wie vor gibt es aber große regionale Unterschiede: In Westdeutschland waren im Jahresdurchschnitt 2012 zwei Millionen Menschen arbeitslos gemeldet (Quote 5,9%), im Osten waren es 900 000 (Quote 10,7). Auf Länderebene schwankte die Arbeitslosenquote sogar zwischen 12,3 % in Berlin (Mecklenburg-Vorpommern: 12%), 8,1 % in Nordrhein-Westfalen und 3,7 % in Bayern (Baden-Württemberg: 3,9%).

> *Als **arbeitslos** gilt, wer vorübergehend unbeschäftigt ist, eine versicherungspflichtige Beschäftigung sucht, für entsprechende Vermittlungsbemühungen zur Verfügung steht und sich bei der Arbeitsagentur persönlich arbeitslos gemeldet hat.*

Nach Einschätzung von Experten neigt sich der seit fast zehn Jahren anhaltende und auch in der Finanzkrise nur vorübergehend unterbrochene Trend sinkender Arbeitslosigkeit aber seinem Ende zu. Getragen wurde diese Entwicklung von der langjährigen Lohnzurückhaltung der Arbeitnehmer und den Arbeitsmarktreformen der Jahre 2003 bis 2005. Dass diese Reformen keineswegs nur positive Seiten hatten, lässt sich an der Ausweitung der sogenannten prekären Beschäftigungsverhältnisse (z. B. Minijobs, Beschäftigungsverhältnisse ohne Mindestlohn) und der befristeten bzw. unsicheren Arbeitsverhältnisse ablesen.

Vollbeschäftigung wurde auch im Jahr 2012 nicht erreicht. Diese wäre nach Auffassung des Sachverständigenrats erst bei einer Arbeitslosenquote von rund 4 % gegeben. Nach wie vor existiert aber noch neben der registrierten Arbeitslosigkeit eine zusätzliche Unterbeschäftigung von erheblichem Umfang. Diese erstreckt sich u. a. auf zeitweise krankgeschriebene und deshalb nicht als arbeitslos gezählte Menschen sowie auf Teilnehmer an arbeitsmarktpolitischen und schulischen Maßnahmen. Lässt man die Arbeitsausfälle durch Kurzarbeit unberücksichtigt, fehlten 2012 im Durchschnitt rund 3,9 Mio. Arbeitsplätze. Und nach wie vor bleibt ein harter Kern von Langzeitarbeitslosen, der sich auch unter den vergleichsweise günstigen Bedingungen der letzten Jahre nur wenig verändert hat.

Die **Hauptaufgaben** der Arbeitslosenversicherung liegen in der Arbeitsplatzförderung (z. B. Berufsberatung, Ausbildungs- und Arbeitsvermittlung), in der Arbeitsplatzsicherung (z. B. Kurzarbeitergeld, Weiterbildungsmaßnahmen) und in der Arbeitslosenunterstützung (z. B. Arbeitslosengeld I und II).

Das **Arbeitslosengeld I (ALG I)** setzt keine Bedürftigkeit voraus, d. h., jeder Arbeitslose hat Anspruch auf Leistungen, sofern er die Voraussetzungen erfüllt.

Das **Arbeitslosengeld II (ALG II)** – im Volksmund nach dem Vorsitzenden der damaligen Regierungskommission für Arbeitsmarktreformen Peter Hartz auch **Hartz IV** genannt – ersetzt für Langzeitarbeitslose die frühere Arbeitslosenhilfe und Sozialhilfe. Oberste Grundsätze für den Anspruch auf ALG II sind **Bedürftigkeit** und **Arbeitsfähigkeit**.

Das Arbeitslosengeld

Angaben für Alleinstehende mit eigenem Haushalt pro Monat

Arbeitslosengeld I	Arbeitslosengeld II („Hartz IV")
Leistung für Personen, die in den vergangenen 2 Jahren vor der Arbeitslosmeldung und dem Beginn der Arbeitslosigkeit mindestens 12 Monate versicherungspflichtig beschäftigt waren (Regelanwartschaftszeit)	Grundsicherung für erwerbsfähige Personen im Alter von mindestens 15 Jahren, die ihren Lebensunterhalt nicht aus eigener Kraft und eigenen Mitteln decken können
Dauer des Bezugs* • Für bis 49-Jährige: 6 bis 12 Monate • Für 50- bis 54-Jährige: 6 bis 15 Monate • Für 55- bis 57-Jährige: 6 bis 18 Monate • Für ab 58-Jährige: 6 bis 24 Monate	
Höhe des Arbeitslosengeldes • In der Regel 60 % des Nettogehalts • Eigenes Nebeneinkommen wird mit berücksichtigt**, eigenes Vermögen nicht	**Höhe des Regelsatzes** • 374 Euro • Eigenes Einkommen und Vermögen werden bei der Höhe der Leistung mit berücksichtigt
Zusätzliche Leistungen • Keine; bei Bedarf kann zusätzlich ein Antrag auf Arbeitslosengeld II gestellt werden	**Zusätzliche Leistungen** • Übernahme der Kosten für Unterkunft und Heizung soweit angemessen • Eventuell Einmalleistungen als Darlehen oder Geld-/Sachleistung für Wohnungs-, Bekleidungserstausstattung und/oder Kosten für medizinische/therapeutische Geräte
*je nach Dauer der Einzahlung in die Arbeitslosenversicherung in den vergangenen 5 Jahren **165 Euro monatlich bleiben anrechnungsfrei; erlaubt ist eine Tätigkeit unter 15 Stunden wöchentlich	Quelle: BA Stand 2012 © Globus 5147

Der Regelsatz Arbeitslosengeld II (Hartz IV) beträgt 2013 382,00 Euro für Alleinstehende und Alleinerziehende. Von diesem Betrag sollen Kosten für Ernährung, Kleidung, Haushaltsenergie, Körperpflege, Hausrat sowie Kosten für Bedürfnisse des täglichen Lebens gedeckt werden.

Wer Ersparnisse hat oder über Grundbesitz verfügt, muss diese Mittel erst bis zu einem festgelegten Sockelbetrag aufbrauchen. Auch wer keinen eigenen Hausstand führt, erhält kein ALG II. Nahe Angehörige und Lebenspartner können zur Unterhaltsverpflichtung herangezogen werden.

Die Auswirkungen der Hartz-IV-Reformen auf den Arbeitsmarkt sind u. a. eine starke Zunahme von **Leiharbeitsverhältnissen** und **befristeter Beschäftigung**. Die hier bezahlten geringen Löhne werden durch Leistungen nach Hartz IV aufgestockt. In Deutschland gab es im Sommer 2012 ungefähr 1,8 Mio. Arbeitnehmer, die neben ihrem Lohn zusätzlich staatliche Leistungen zur Existenzsicherung beziehen mussten.

Pflegeversicherung

In allen Abschnitten ihres Lebens können Menschen pflegebedürftig werden. Nach dem in Deutschland geltenden Pflegegesetz sind Personen dann pflegebedürftig, wenn sie wegen einer körperlichen, geistigen oder seelischen Krankheit oder Behinderung voraussichtlich für mindestens sechs Monate in erheblichem Maße Hilfe benötigen. Neu ist, dass seit 2013 Menschen, deren Alltagskompetenz stark eingeschränkt ist, in der häuslichen Pflege Geld- und Sachleistungen erhalten können, auch wenn sie keiner Pflegestufe zugeordnet sind (Pflegestufe 0). Dies ist insbesondere für von Demenz betroffene Menschen wichtig.

Die Pflegeversicherung

Was sie leistet: ▢ für körperlich Hilfebedürftige ▢ für Bedürftige mit erheblichem allgemeinen Betreuungsbedarf (vor allem Demenzkranke)

Häusliche Pflege		Pflegestufe 0 Personen mit erheblich eingeschränkter Alltagskompetenz	Pflegestufe I (erheblich Pflegebedürftige)	Pflegestufe II (Schwerpflegebedürftige)	Pflegestufe III (Schwerstpflegebedürftige)
Sachleistungen für ambulante Pflegedienste	monatlich bis zu	225 Euro	450 Euro + 215 Euro	1 100 Euro + 150 Euro	1 550 Euro (Härtefälle 1 918 Euro)
Geldleistungen für ehrenamtlich tätige Pflegepersonen, z. B. Angehörige	monatlich	120 Euro	235 Euro + 70 Euro	440 Euro + 85 Euro	700 Euro
Vollstationäre Pflege in Heimen	monatlich		1 023 Euro	1 279 Euro	1 550 Euro (Härtefälle 1 918 Euro)

ergänzende Leistungen u. a. bei Ausfall der Pflegepersonen, Kurzzeitpflege, teilstationäre Tages- und Nachtpflege, zusätzlicher Betreuung von Demenzkranken, Pflege in ambulant betreuten Wohngruppen; Kombinationen von Sach- und Geldleistungen möglich

Was sie kostet:

- Beitragssatz (Pflicht für alle gesetzlich Krankenversicherten): **2,05 % vom Arbeitsentgelt**, davon tragen **Arbeitnehmer** und **Arbeitgeber** jeweils die Hälfte; Ausnahme Sachsen: Arbeitnehmer 1,525 % und Arbeitgeber 0,525 %
- Beitragszuschlag für Kinderlose*: **0,25 %**, trägt allein **der Arbeitnehmer**
- Beitragsbemessungsgrenze: **3 937,50 Euro**, Pflichtversicherungsgrenze: **4 350 Euro**

*vom Zuschlag ausgenommen sind vor dem 1.1.1940 Geborene, unter 23-Jährige, Arbeitslosengeld-II-Bezieher

Quelle: BMG Stand 2013

© Globus 5488

Zurzeit leben in Deutschland rund 2,5 Mio. pflegebedürftige Menschen, nach Modellberechnungen des Statistischen Bundesamtes wird die Zahl der Pflegebedürftigen bis 2030 um rund 60 % auf 3,4 Mio. steigen.

Damit Pflegebedürftigkeit nicht auch gleich Sozialbedürftigkeit bedeutet, sieht die gesetzliche Pflegeversicherung Sach- und Dienstleistungen vor. Ziel ist die Förderung der häuslichen Pflege in der Familie, die nach Möglichkeit Vorrang vor der sehr kostenintensiven Pflege in Heimen und Krankenhäusern haben soll.

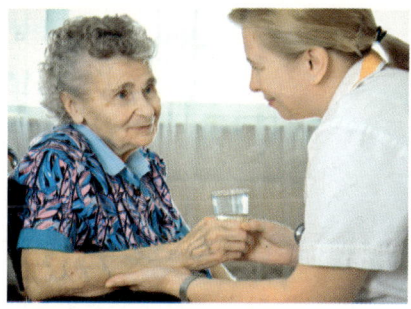

In der Pflegebranche ist der **Personalmangel** besonders ausgeprägt. Stellenangebote für Altenpflegefachkräfte bleiben im Schnitt 124 Tage unbesetzt. Das sei um 56 % länger als in allen anderen Branchen – so die Bundesagentur für Arbeit. Zudem benötigen zunehmend mehr alte Menschen Hilfe, aber die ist teuer. Und viele Pfleger/-innen arbeiten sich krank in einem Job, der so hart und anspruchsvoll ist wie kaum ein anderer. Daher wird nach Lösungsmöglichkeiten für diese Probleme gesucht.

Beispiel

Im Pilotprojekt „Altenpflegekräfte aus China" sollen deshalb (im Jahr 2013) 150 Chinesen für eine Beschäftigung in Deutschland angeworben werden. Angedacht ist ein Aufenthalt von drei bis fünf Jahren. Die Zuwanderer werden zunächst acht Monate lang sprachlich und kulturell geschult. Dieser Pilotversuch könnte die Tür öffnen für weitere Migranten aus Asien.

Unfallversicherung

Bei Arbeitsunfällen oder Berufskrankheiten sollen die Betroffenen nicht auch noch unter den materiellen Folgen leiden. Die gesetzliche Unfallversicherung übernimmt – neben den Maßnahmen zur Unfallverhütung – die medizinischen Kosten bei Berufskrankheiten und nach Unfällen und hilft auch bei der beruflichen und sozialen Wiedereingliederung. Meldepflichtig sind dabei alle Unfälle bei der Arbeit, die zur Folge haben, dass der Arbeitnehmer mindestens drei Tage fehlt.

Die Zahl der Arbeitsunfälle ist in den letzten 15 Jahren – mit einer Ausnahme – ständig zurückgegangen. Grund dafür sind verbesserte Maßnahmen zum Unfallschutz, z. B. in der Produktion.

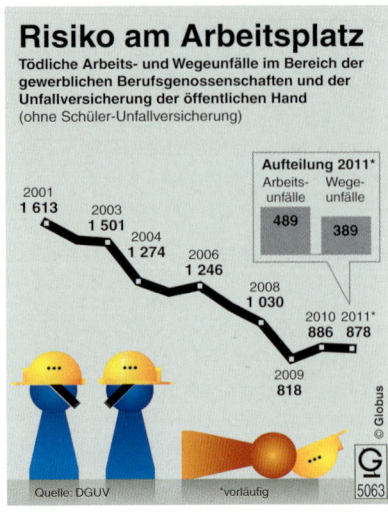

Arbeitsvorschläge

1 Beschreiben Sie den Solidarausgleich zwischen verschiedenen gesellschaftlichen Gruppen anhand konkreter Beispiele.

2 Warum sind die Ausgaben im Gesundheitswesen seit Jahrzehnten gestiegen?

3 Knapp 10 % der Bevölkerung sind nicht gesetzlich, sondern privat versichert, mit einer u. U. besseren medizinischen Versorgung.
Führen Sie eine Pro-und-Kontra-Debatte zum Thema „Gibt es (in Zukunft) eine Zweiklassenmedizin?" (siehe Kompetenzbaustein K18).

4 Erläutern Sie die Begriffe „Umlageverfahren" und „Generationenvertrag" unter dem Gesichtspunkt der sozialen Gerechtigkeit.

5 Führen Sie zu den folgenden Themen eine Expertenbefragung durch (siehe Kompetenzbaustein K6):
   a Kosten im Gesundheitswesen
   b Sicherheit und Höhe der Renten
   c Wer erhält Arbeitslosengeld I und II?

6 Welche Probleme können auf die einzelnen Sozialversicherungen durch die längere Lebenserwartung der Versicherten zukommen?

7 Erläutern Sie die Probleme der heutigen und zukünftigen Altersversorgung.

8 Welche Auswirkungen hat eine steigende Zahl von Arbeitslosen in Krisenzeiten auf die Sozialversicherungen?

9 Welche Absicht verfolgte der Gesetzgeber mit der Regelung, den Beitrag zur gesetzlichen Unfallversicherung nur durch den Arbeitgeber bezahlen zu lassen?

10 Kinderlose Arbeitnehmer zahlen 0,25 Prozentpunkte mehr vom Bruttoverdienst in die Pflegeversicherung. Beurteilen Sie diese Regelung.

11 Kann der Personalmangel in der Altenpflege durch den Einsatz ausländischer Arbeitskräfte bewältigt werden? Ist das Pilotprojekt „Altenpflegekräfte aus China" zukunftsweisend? Begründen Sie Ihre Meinung.

4.2 Soziale Ungleichheit

Deutschland ist ein reiches Land. Die Vermögen haben sich innerhalb von 20 Jahren mehr als verdoppelt. Im Durchschnitt besitzt jeder Haushalt 118 000 Euro: vor allem Wohneigentum, aber auch andere Immobilien, Geldanlagen und Betriebsrentenansprüche.

Das klingt gut, spiegelt aber nicht die gesamte soziale Realität wider. Denn leider ist Deutschland auch ein Land der wachsenden Ungleichheit. So besitzen die obersten 10 % der Haushalte vom gesamten 10-Billionen-Reichtum in Deutschland inzwischen stolze 5,3 Billionen Euro (Steigerung seit 1998 von 45 auf 53 %); die unteren 50 % der Deutschen kommen dagegen zusammen auf gerade einmal etwa 120 Milliarden Euro (Abnahme von 3 auf 1,2 %). Von Armut bedroht sind mehr als 15 % der Bundesbürger (2011). Die unteren 40 % der Vollzeitbeschäftigten mussten zwischen den Jahren 2000 und 2010 real Einkommenseinbußen hinnehmen, während die Entwicklung am oberen Ende besonders günstig war. Dies sind zentrale Befunde des Armuts- und Reichtumsberichts der Bundesregierung vom Februar 2013[1]. Der Bericht muss alle vier Jahre, in der Mitte einer Legislaturperiode, vorgelegt werden.

Weitere Fakten zur größer werdenden sozialen Ungleichheit in Deutschland:

- Wer weniger als 40 % des mittleren Einkommens verdient, also bei einem Single-Haushalt monatlich 565,00 Euro, gilt in Deutschland als **arm**.

- Wer weniger als 60 % des mittleren Einkommens verdient, also 848 Euro, gilt als **armutsgefährdet**. Das waren 2011 in Deutschland etwa 12,4 Mio. Menschen. Nach Angaben des Statistischen Bundesamtes ist der Anteil der armutsgefährdeten Menschen in fast allen Bundesländern und Großstädten in den letzten Jahren gestiegen.

Von **absoluter Armut** spricht man, wenn ein Mensch kaum genug hat, um zu existieren. Das betrifft den Zugang zu Nahrung, Wohnraum und Gesundheitsvorsorge. Die Weltbank nennt als Grenze für absolute Armut die Summe von 1,25 Dollar pro Tag. Das trifft auf 1,2 Mrd. Menschen zu, von denen die meisten wesentlich weniger als einen Dollar am Tag haben. Diese Form der Armut gibt es in Deutschland nicht. Hier und in anderen Ländern spricht man daher von **relativer Armut**. Sie bezeichnet das Einkommen und den

Von Armut bedroht

Anteil der Einwohner, die im Jahr 2011 mit weniger als 60 Prozent des mittleren Einkommens der Gesamtbevölkerung Deutschlands auskommen mussten* (Armutsgefährdungsquote)

Bremen	22,3 %
Mecklenburg-Vorp.	22,2
Berlin	21,1
Sachsen-Anhalt	20,5
Sachsen	19,6
Brandenburg	16,9
Thüringen	16,7
Nordrhein-Westfalen	16,6
Niedersachsen	15,7
Saarland	15,6
Rheinland-Pfalz	15,1
Deutschland	*15,1*
Hamburg	14,7
Schleswig-Holstein	13,8
Hessen	12,7
Bayern	11,3
Baden-Württemb.	11,2

Quelle: Statistisches Bundesamt   *bei Einpersonen-Haushalten 2011: weniger als 848 Euro monatlich   © Globus 5221

sozialen Status eines Menschen im Verhältnis zu seinem Umfeld. So könnte ein Bürger – betrachtete man ausschließlich sein Einkommen – in dem einen Land als arm eingestuft werden und in einem anderen zur Mittelschicht gehören.

5 % der Deutschen leiden unter „erheblicher materieller Entbehrung"; ihnen fehlen z. B. die

---

[1] vgl. Bundesministerium für Arbeit und Soziales: Lebenslagen in Deutschland. Der Vierte Armuts- und Reichtumsbericht der Bundesregierung vom Februar 2013, abgerufen unter: www.bmas.de/SharedDocs/Downloads/DE/PDF-Publikationen-DinA4/a334-4-armuts-reichtumsbericht-2013.pdf?__blob=publicationFile [10.07.2013]

finanziellen Mittel, ihre Wohnung zu heizen oder sich gesund zu ernähren. Europaweit am höchsten liegt dieser Wert in Bulgarien, am niedrigsten in Luxemburg.

Rund 370 000 **Kinder** im Alter unter drei Jahren wachsen in Deutschland in Armut auf. Sie sind mit ihren Familien auf Hartz-IV-Leistungen angewiesen. So beziehen 34,3 % der unter Dreijährigen im Stadtstaat Berlin Grundsicherungsleistungen. In fast allen Großstädten mit über 200 000 Einwohnern ist der Anteil der von Armut betroffenen unter Dreijährigen höher als im jeweiligen Landesdurchschnitt.

In den 15 größten Städten, die zusammen fast 14 Mio. Einwohner zählen, ist die Armut deutlich höher als im Rest der Republik. In sechs Großstädten (Leipzig, Dortmund, Duisburg, Hannover, Bremen, Berlin) leben sogar zwischen 20 und 25 % der Bevölkerung unter der Armutsgrenze. Die hohen Sozialausgaben belasten die Kassen der Kommunen, die oftmals nicht mehr in der Lage sind, ihre Schulden aus eigener Kraft zu tilgen.

Rund 4,6 Mio. erwerbsfähige Menschen in Deutschland haben im Jahr 2011 Arbeitslosengeld II bezogen. Knapp 30 % von ihnen waren **Aufstocker**, d. h., sie waren zwar berufstätig, erhielten aber aufgrund ihres geringen Einkommens zusätzlich Hartz-IV-Leistungen. Zwar waren die meisten Aufstocker geringfügig beschäftigt, aber der Anteil der vollzeitbeschäftigten Leistungsbezieher, die mit ihrem Einkommen unter der Grundsicherung lagen, ist nicht unerheblich. Befürworter von **Mindestlöhnen** halten die Anzahl von vollzeitbeschäftigten Hartz-IV-Empfängern für untragbar.

Das Armutsrisiko künftiger **Rentner** ist nach Berechnungen des Arbeitsministeriums höher als bisher angenommen. Experten befürchten, dass alle, die weniger als 2 500,00 Euro (brutto) verdient und keine private Vorsorge betrieben haben, „mit dem Tag des Renteneintritts den Gang zum Sozialamt antreten" müssen. Grund für das steigende Altersarmutsrisiko seien die beschlossenen Rentenreformen, nach denen das

Armutsrisiko steigt

Arbeitnehmer, die derzeit weniger als 2 500 Euro brutto monatlich verdienen, erhalten nach neuen Berechnungen des Bundesarbeitsministeriums nach 35 Jahren Arbeit weniger Rente als die Grundsicherung von 688 Euro.

Brutto-Monatslohn (in Euro)	1 900 Euro	2 100	2 300	2 500	2 700	2 900
Nettorente ab 2030 bei 43 % Niveau						
in 35 Jahren:	523,00	578,05	633,10	688,16	743,21	798,26
in 40 Jahren:	597,71	660,63	723,55	786,46	849,38	912,30
Nettorente derzeit bei 51 % Niveau						
in 35 Jahren:	620,30	685,60	750,89	816,19	881,48	946,77
in 40 Jahren:	708,92	783,54	858,16	932,78	1 007,41	1 082,03

dpa•17391   Quelle: Bundesarbeitsministerium

Rentenniveau bis 2030 auf 43 % des durchschnittlichen Nettolohns vor Steuern sinkt. Etwa 40 % der Geringverdiener haben keine zusätzliche Vorsorge und können sie sich auch gar nicht leisten. Schlecht sieht es auch bei der Kaufkraft der Rentner aus, die in den letzten 12 Jahren um 20 % gesunken ist. Auch die Rentenerhöhung im Juli 2012 konnte den einen weiteren inflationsbedingten Kaufkraftverlust nicht auffangen.

Berechnungen des Wirtschafts- und Sozialwissenschaftlichen Instituts (WSI) zeigen, dass von 2000 bis 2012 die Einkommen aus Vermögen und Unternehmensgewinnen um etwa 50 % gestiegen sind – trotz eines Einbruchs in der Weltwirtschaftskrise 2009. Die nominalen Löhne wuchsen dagegen nur um knapp 24 %, die durchschnittlichen Bruttolöhne sind seit der Jahrtausendwende sogar real um 1,8 % gesunken.

Fast jeder zehnte Erwachsene in der Bundesrepublik Deutschland ist überschuldet. Hauptauslöser der Zahlungsschwierigkeiten sind Arbeitslosigkeit, Trennung, Scheidung, Tod des Partners, gesundheitliche Probleme und unwirtschaftliche Haushaltsführung.

Spitzenverdiener in der Wirtschaft

Die Vorstandschefs der größten deutschen Konzerne rangierten in Europa im Jahr 2011 mit Gesamtbezügen von durchschnittlich 4,3 Mio. Euro hinter ihren Kollegen aus Großbritannien und vor den Top-Managern aus der Schweiz auf Rang zwei. Allein bezogen auf die im Deutschen Aktienindex (DAX) vertretenen 30 Konzerne lagen die Vorstandschefs mit 5,1 Mio. Euro mit den Briten sogar gleichauf. Im Schnitt kassierten die Top-Manager der 392 größten europäischen Konzerne 3,7 Mio. Euro.

80 Mio. Euro Bonus hatte die Deutsche Bank ihrem Geldmarkthändler Bittar allein für das Jahr 2008 zugesagt, einem Mann, der noch nicht einmal Mitglied des Vorstands war.

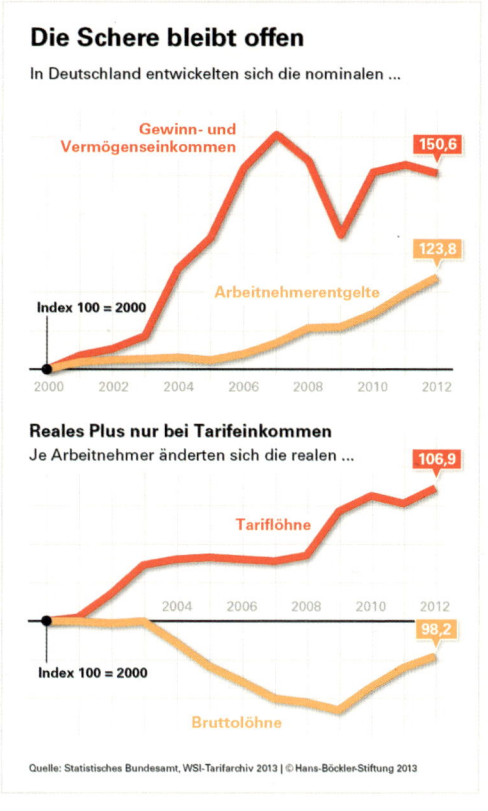

Die Schere bleibt offen

In Deutschland entwickelten sich die nominalen ...

Gewinn- und Vermögenseinkommen

150,6

123,8

Arbeitnehmerentgelte

Index 100 = 2000

2000 2002 2004 2006 2008 2010 2012

Reales Plus nur bei Tarifeinkommen
Je Arbeitnehmer änderten sich die realen ...

106,9

Tariflöhne

2004 2006 2008 2010 2012

98,2

Index 100 = 2000

Bruttolöhne

Quelle: Statistisches Bundesamt, WSI-Tarifarchiv 2013 | © Hans-Böckler-Stiftung 2013

Im Jahr 2008 musste mit dem Geld der Steuerzahler die Großbank UBS vor der Pleite gerettet werden. Im Jahr 2012 überwies die Bank dem Ex-Bundesbanker Weber bei dessen Antritt als UBS-Präsident ein „Begrüßungsgeld" von vier Mio. Franken (heute 3,27 Mio. Euro).

59 Mio. Euro wollte der Schweizer Pharmakonzern Novartis seinem Ex-Chef Vasall nach dessen Dienstende dafür zahlen, dass er in den kommenden sechs Jahren nicht zur Konkurrenz wechselt.

In Deutschland ist die Zahl der wohlhabenden Menschen stark gestiegen – und dies trotz der Euro-Krise. So stieg die Zahl der Millionäre überdurchschnittlich, wie es im aktuellen „World Wealth Report 2012" heißt. Diese Studie untersucht das finanzielle Vermögen von sogenannten High Net Worth Individuals (HNWI) weltweit. Als HNWI gelten Personen, die über ein anlagefähiges Vermögen von mehr als einer Million Dollar verfügen, ausgenommen sind selbst genutzte Immobilien sowie Sammlungen wertvoller Objekte.

Die Zahl der HNWI in Deutschland ist demnach im Jahr 2011 um rund 3 % gestiegen, und zwar von 924 000 auf 951 000 Personen. Und mit 826 000 gibt der D.A.CH-Vermögensreport 2012 die Zahl der Euro-Millionäre an. Damit liegt die Bundesrepublik hinter den USA und Japan auf dem dritten Platz der Länder mit den meisten Dollarmillionären.

In den führenden drei Nationen leben der Studie zufolge mit 53,3 % insgesamt mehr als die Hälfte aller HNWI. Zu den Superreichen dieser Welt – den Dollarmilliardären – zählen laut „Forbes" inzwischen (2013) auch 58 Deutsche (weltweit 1 200).

Anfang April 2013 wurde bekannt, dass rund 130 000 Steuerhinterzieher in aller Welt viel Geld am jeweiligen Staat vorbeigeschleust und in sogenannten Steueroasen geparkt haben. Die Deutsche Steuergewerkschaft schätzt, dass allein deutsche Steuerflüchtige 400 Mrd. Euro beiseitegeschafft hätten, weltweit sollen es im Jahr 2012 17 Billionen Euro gewesen sein. Den betroffenen Staaten entgingen dadurch jährlich Steuereinnahmen von mindestens 148 Mrd. Dollar, hat die internationale Vereinigung Tax Justice Network ausgerechnet.

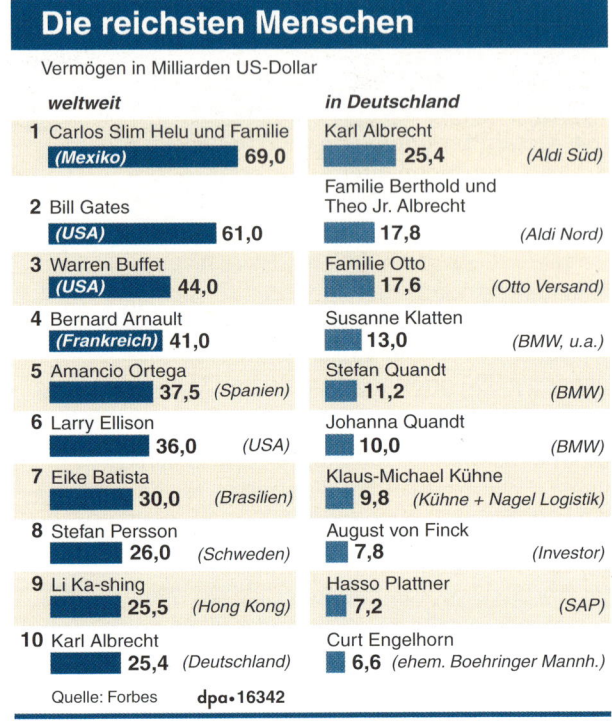

Die reichsten Menschen
Vermögen in Milliarden US-Dollar

weltweit		in Deutschland	
1 Carlos Slim Helu und Familie (Mexiko)	69,0	Karl Albrecht	25,4 (Aldi Süd)
2 Bill Gates (USA)	61,0	Familie Berthold und Theo Jr. Albrecht	17,8 (Aldi Nord)
3 Warren Buffet (USA)	44,0	Familie Otto	17,6 (Otto Versand)
4 Bernard Arnault (Frankreich)	41,0	Susanne Klatten	13,0 (BMW, u.a.)
5 Amancio Ortega (Spanien)	37,5	Stefan Quandt	11,2 (BMW)
6 Larry Ellison (USA)	36,0	Johanna Quandt	10,0 (BMW)
7 Eike Batista (Brasilien)	30,0	Klaus-Michael Kühne	9,8 (Kühne + Nagel Logistik)
8 Stefan Persson (Schweden)	26,0	August von Finck	7,8 (Investor)
9 Li Ka-shing (Hong Kong)	25,5	Hasso Plattner	7,2 (SAP)
10 Karl Albrecht (Deutschland)	25,4	Curt Engelhorn	6,6 (ehem. Boehringer Mannh.)

Quelle: Forbes   dpa•16342

Arbeitsvorschläge

1   Welche Kritik wird durch die Karikatur auf S. 101 deutlich (siehe Kompetenzbaustein K10)?

2   Sammeln Sie in den Medien und im Internet weitere aktuelle Belege dafür, dass die Einkommens- und Vermögensschere weiter auseinandergeht.

3   Halten Sie die in Deutschland und Europa gebräuchlichen Definitionen von „arm" und „armutsgefährdet" für berechtigt?

 4   Vergleichen Sie das durchschnittliche Jahresgehalt eines Vollzeitbeschäftigten in Deutschland (2011: 43 929 Euro) mit den durchschnittlichen täglichen Zinseinkünften eines Milliardärs, der 1 Mrd. Euro auf Banken mit 4 % verzinsen lässt. Halten Sie die Relation für gerecht? Begründen Sie Ihre Meinung.

5   „Wer in einem reichen Land lebt und trotzdem arm ist, ist selbst schuld." Nehmen Sie Stellung zu dieser Ansicht.

4.3 Soziale Gerechtigkeit

In der Bundesrepublik Deutschland wird **soziale Gerechtigkeit** als ideelles Ziel aus dem Sozialstaatsgedanken des Artikel 20, Absatz 1 des Grundgesetzes abgeleiteten Bestreben der Sozialpolitik angesehen. Dem Bürger soll eine existenzsichernde Teilhabe an den materiellen und geistigen Gütern der Gemeinschaft garantiert werden. Insbesondere wird auch angestrebt, eine angemessene Mindestsicherheit zur Führung eines selbstbestimmten Lebens in Würde und Selbstachtung zu gewährleisten.

In der politischen Diskussion wird der Begriff „soziale Gerechtigkeit" seit der Agenda 2010 und den Hartz-IV-Gesetzen wieder vermehrt verwendet und steht in der sozialstaatlichen Diskussion u. a. für den Wunsch nach einem höheren Maß an sozialer Gleichheit und sozialer Sicherung. Aktuell taucht der Begriff verstärkt auf in der Diskussion um die Bankenrettungspakete, die europäische Finanzkrise und die immer ungleicher werdende Einkommensverteilung.

Wissenschaftler unterscheiden mehrere **Arten** von sozialer Gerechtigkeit:

Die **Leistungsgerechtigkeit** fordert, dass Menschen so viel erhalten sollen (z. B. Lohn, Schulnoten, Lob), wie es ihrem persönlichen Beitrag und ihrem Aufwand für die jeweilige Gesellschaft entspricht.

Die **Chancengerechtigkeit** zielt darauf ab, dass alle Menschen, die im Wettbewerb um die Erlangung von Gütern und die Vermeidung von Lasten stehen, die gleichen Chancen haben sollen, Leistungsfähigkeit zu entwickeln und Leistungen hervorzubringen (s. hierzu auch Anforderungssituation 1, Kap. 1.3).

Die **Bedarfsgerechtigkeit** fordert Verteilungen, die dem objektiven Bedarf von Menschen entsprechen und insbesondere ihren Mindestbedarf berücksichtigen. Hinter diesem Konzept steht die Einsicht, dem jeweiligen Bedarf der nicht bzw. weniger Leistungsfähigen, d.h. der Kranken, Alten, Kinder, Menschen mit Behinderung, gerecht zu werden.

Empirische Untersuchungen zeigen, dass fast alle Menschen in der Bundesrepublik Deutschland den Forderungen nach Leistungsgerechtigkeit zustimmen und sich den Forderungen nach Chancen- und Bedarfsgerechtigkeit anschließen.

Denn nur eine mehrheitlich als gerecht empfundene Gesellschaft wird auf Dauer friedlich kooperieren und Konflikte ohne Gewalt regeln können. Dies gilt umso mehr in einer Gesellschaft wie der deutschen, die kulturell, ethnisch, sprachlich, religiös und im Alltagsverhalten immer heterogener (ungleichartiger) wird und deren traditionelle Bindeglieder immer schwächer werden.

Das Empfinden für **soziale Gerechtigkeit** wird auch deshalb immer wichtiger, weil der verfügbare Wohlstand der Bürger in absehbarer Zeit eher stagnieren als zunehmen wird. Gibt es weniger zu verteilen, dann werden in der Regel die Verteilungskonflikte härter. Vor diesem Hintergrund stimmen die Anzeichen eines wachsenden Gerechtigkeitsdefizits bedenklich.

Angesichts der Euro-Krise bekommen die Deutschen laut einer Umfrage des Instituts Ipsos (www.ipsos.de) ein neues Verhältnis zum Wohlstand: Ihnen ist soziale Sicherheit zunehmend wichtiger als persönlicher Überfluss. Die meisten Befragten wünschen sich ein Leben ohne finanzielle Sorgen und Zukunftsangst, mit einem sicheren Auskommen und guter medizinischer Versorgung.

Denn in der Krisenzeit definierten die Bundesbürger ihre Vorstellungen von persönlichem Wohlstand radikal um, erklärten die Forscher. 71 % der Deutschen beschrieben Wohlstand als Zustand, in dem sie materiell abgesichert seien, dass sie keine Angst vor Arbeits-, Einkommens- und Existenzrisiken haben müssten. 38 % der Befragten gaben an, ihre Lebensqualität habe im Vergleich zu früher abgenommen. Die Bürger legen laut der Umfrage großen Wert auf sozialen Zusammenhalt, intensive Familienbeziehungen und Kontakte zu guten Freunden.

Bei der sozialen Gerechtigkeit hat Deutschland im Vergleich zu anderen westlichen Industriestaaten noch einen Nachholbedarf. Das besagt auch eine Studie der Bertelsmann Stiftung. Besorgniserregend sei vor allem, dass 10,8 % aller Kinder in Deutschland unterhalb der Armutsgrenze lebten.

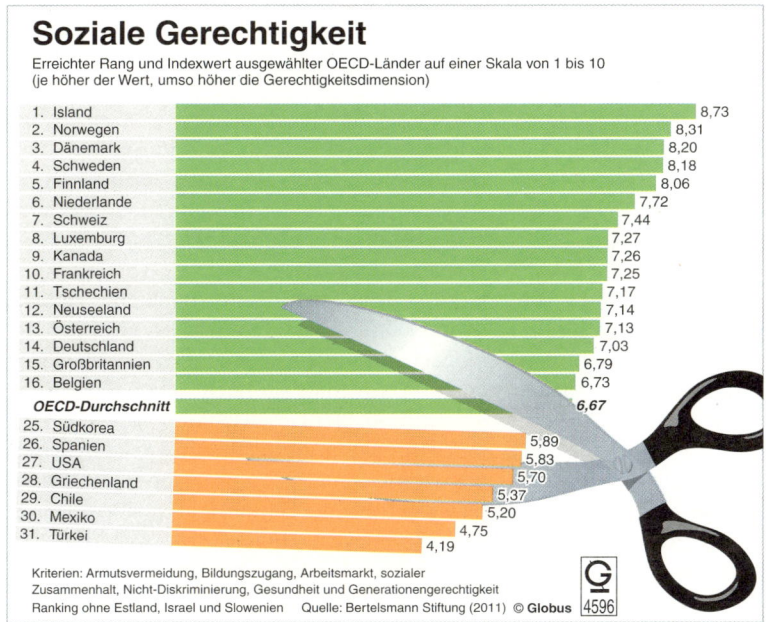

Soziale Gerechtigkeit

Erreichter Rang und Indexwert ausgewählter OECD-Länder auf einer Skala von 1 bis 10
(je höher der Wert, umso höher die Gerechtigkeitsdimension)

Rang	Land	Wert
1.	Island	8,73
2.	Norwegen	8,31
3.	Dänemark	8,20
4.	Schweden	8,18
5.	Finnland	8,06
6.	Niederlande	7,72
7.	Schweiz	7,44
8.	Luxemburg	7,27
9.	Kanada	7,26
10.	Frankreich	7,25
11.	Tschechien	7,17
12.	Neuseeland	7,14
13.	Österreich	7,13
14.	Deutschland	7,03
15.	Großbritannien	6,79
16.	Belgien	6,73
	OECD-Durchschnitt	*6,67*
25.	Südkorea	
26.	Spanien	5,89
27.	USA	5,83
28.	Griechenland	5,70
29.	Chile	5,37
30.	Mexiko	5,20
31.	Türkei	4,75
		4,19

Kriterien: Armutsvermeidung, Bildungszugang, Arbeitsmarkt, sozialer
Zusammenhalt, Nicht-Diskriminierung, Gesundheit und Generationengerechtigkeit
Ranking ohne Estland, Israel und Slowenien   Quelle: Bertelsmann Stiftung (2011) © Globus 4596

Unterschiedliche Vorstellungen von sozialer Gerechtigkeit zeigte auch der Umgang mit dem aktuellen Armuts- und Reichtumsbericht der Bundesregierung. So wurde der Bericht in der Version vom September 2012 in bestimmten Passagen auf Drängen einzelner Kabinettsmitglieder geändert und im März 2013 in der abgemilderten sprachlichen Formulierung beschlossen. Opposition und Sozialverbände sprachen daraufhin von „Schönfärberei" und „Täuschung".

Version vom 17. Sept. 2012	Version vom 6. März 2013
„Die Privatvermögen in Deutschland sind sehr ungleich verteilt."	„Hinter diesen Durchschnittswerten steht eine sehr ungleiche Verteilung der Privatvermögen."
„Allerdings arbeiteten im Jahr 2010 in Deutschland knapp über vier Mio. Menschen für einen Bruttostundenlohn von unter sieben Euro."	Textpassage gestrichen und durch ein Schaubild ersetzt
„Während die Lohnentwicklung im oberen Bereich in Deutschland positiv steigend war, sind die unteren Löhne in den vergangenen zehn Jahren preisbereinigt gesunken. Die Einkommensspreizung hat damit zugenommen."	„Die Einkommensspreizung hat seit 2006, d.h. auch im Berichtszeitraum nicht weiter zugenommen."
„Eine solche Einkommensentwicklung verletzt das Gerechtigkeitsempfinden der Bevölkerung und kann den gesellschaftlichen Zusammenhalt gefährden."	Textpassage gestrichen
„Die Bundesregierung prüft, ob und wie über die Progression in der Einkommensteuer hinaus privater Reichtum für die nachhaltige Finanzierung öffentlicher Aufgaben herangezogen werden kann."	„Die Bundesregierung prüft, wie weiteres persönliches und finanzielles freiwilliges Engagement Vermögender in Deutschland für das Gemeinwohl eingeworben werden kann."

Arbeit- und mehr Armut, in: Westdeutsche Allgemeine Zeitung vom 07.03.2013

Als Reaktion auf den Armuts- und Reichtumsbericht der Bundesregierung schrieb am 11.03.2013 der Journalist Jakob Augstein eine Kolumne mit dem Titel „S.P.O.N. – Im Zweifel links: Armutszeugnis für Deutschland":

[...] Die soziale Marktwirtschaft ist beendet. Eine große Enteignung hat stattgefunden. Aber in Deutschland sind nicht die Reichen enteignet worden. Sondern das Volk.

[...] Man muss genau hinsehen, um die traurige Botschaft des Berichts zu entziffern. Die Regierung hat sich in den vergangenen Monaten viel Mühe gegeben, die Lage zu schönen und zu manipulieren. Aber an der Wahrheit konnte sie nichts ändern: Deutschland ist ein ungerechtes Land. [...]

Währenddessen können wir den Niedergang dieser Gesellschaft längst mit eigenen Augen sehen. Die Schulen verfallen, die Städte verrotten, die Straßen verkommen, an den Kreuzungen klauben Menschen Pfandflaschen aus den Mülleimern. Aber man hat uns beigebracht, unseren Augen nicht mehr zu trauen und Ungerechtigkeit für notwendig zu halten und Unsinn für Vernunft. Alles dient dem Zweck, die Erträge, die unten erwirtschaftet werden, nach oben fließen zu lassen und gleichzeitig zu verschleiern, dass es sich so verhält [...]

[...] An seiner erschütterndsten Stelle zeigt der Armutsbericht, wie wenige Illusionen sich die Menschen über die deutsche Wirklichkeit machen. Wenn man sie nach den Gründen für Reichtum in der Gesellschaft fragt, nennt gerade einmal ein Viertel besondere Fähigkeiten oder harte Arbeit. Eine viel größere Anzahl dagegen führt die Herkunft an (46 %) oder das soziale Netzwerk (39 %). Die ganz Enttäuschten halten gleich Unehrlichkeit (30 %) oder die Ungerechtigkeit des Wirtschaftssystems (25 %) für die Wurzeln des Wohlstands. Was ist erschreckender: der Realismus der Menschen oder ihre Passivität?

Augstein, Jakob: S.P.O.N. – Im Zweifel links: Armutszeugnis für Deutschland, in: Spiegel online, abgerufen unter: www.spiegel.de/politik/deutschland/jakob-augstein-der-armutsbericht-ist-ein-armutszeugnis-a-888000.html [09.07.2013] (Auszug)

Der Politikwissenschaftler Christoph Butterwegge ist ebenfalls der Meinung, dass das Armutsproblem in Deutschland verdrängt würde und der Niedriglohnsektor neue Armut geschaffen habe. Auf die Fragen des Magazins „fluter" gibt Butterwegge folgende Antworten:

In letzter Zeit gab es viele Berichte über Armut in Deutschland. Wie schlimm ist denn die Situation?

Christoph Butterwegge: Entscheidend ist nicht die exakte Zahl der Armen, sondern die Tatsache, dass der Trend klar in Richtung einer tieferen Spaltung der Gesellschaft zeigt. Armut und Reichtum nehmen gleichzeitig zu, was natürlich kein Zufall ist, wenn Reichtum als verdienter Lohn für die „Leistungsträger" und Armut als berechtigte Strafe für Leistungsunfähigkeit oder -verweigerung gilt. Für mich stellt es aber keine Leistung dar, die „richtigen" Aktien zum „richtigen" Zeitpunkt gekauft und wieder verkauft zu haben, aber eine zu gering entlohnte Leistung, was Erzieherinnen, Krankenschwestern und Altenpfleger tun.

[...]

Laut Bundesarbeitsministerium öffnet sich die Schere zwischen Arm und Reich immer weiter. Was ist der wesentliche Grund dafür?

Christoph Butterwegge: Schuld ist erstens eine Regierungspolitik nach dem Matthäus-Prinzip. Im Evangelium des Matthäus heißt es sinngemäß: Wer hat, dem wird gegeben, und wer wenig hat, dem wird das Wenige auch noch genommen. Ich nenne die Erhöhung der Mehrwertsteuer für Normalverbraucher und die Senkung der Mehrwertsteuer für Hotelbesitzer als Beispiele aus der Steuerpolitik sowie die Einführung sowohl des Eltern- wie des Betreuungsgeldes als Beispiele für die Familienpolitik.

Zweitens hat der Um- beziehungsweise Abbau des Sozialstaates zu weniger Sicherheit für viele Menschen geführt und das Abstiegsrisiko verstärkt. Neben den (Langzeit-)Arbeitslosen, Rentnerinnen und Rentnern sowie Behinderten und Kranken gehören Familien bzw. ihre Kinder zu den Hauptbetroffenen der „Reformen", die das System der sozialen Sicherung bis ins Mark erschütterten. Durch die sogenannte Riester-Reform wurde beispielsweise das Prinzip der Lebensstandardsicherung in der Rentenversicherung aufgegeben, noch bevor man dasselbe durch Hartz IV im Arbeitsmarktbereich realisierte.

[...]

Was bedeutet die Ungleichheit für den gesellschaftlichen Zusammenhalt?

Christoph Butterwegge: Wenn sich die Gesellschaft spaltet, zerfallen ihre Städte, worunter der soziale Zusammenhalt leidet. Spaltungstendenzen erhöhen aber nicht bloß das Konflikt- und Gewaltpotenzial einer Gesellschaft, vielmehr auch das Risiko einer Krise der politischen Repräsentation. Wer die brisante Mischung von berechtigter Empörung, ohnmächtiger Wut und blankem Hass auf fast alle (Partei-)Politiker unseres Landes kennt, wie sie in Versammlungen von Hartz-IV-Beziehern existiert, kommt zu dem Schluss, dass innerhalb der Bundesrepublik längst zwei Welten oder Parallelgesellschaften existieren und die Brücken dazwischen abgebrochen sind.

[...]

Haben die Hartz-IV-Reformen das Armutsproblem verschärft?

Christoph Butterwegge: Dadurch ist die Armut bis zur gesellschaftlichen Mitte vorgedrungen, denn das Gesetzespaket hat mit dem Lebensstandardsicherungsprinzip des Sozialstaates gebrochen. Mit der Arbeitslosenhilfe wurde zum ersten Mal nach 1945 eine für Millionen Menschen existenziell wichtige Sozialleistung abgeschafft und durch das Arbeitslosengeld II ersetzt, welches nur das Existenzminimun sichert. Neben vielen älteren Erwerbslosen, die hofften, bis zur Rente von

Arbeitslosenhilfe leben zu können, sind Familien, Kinder und Jugendliche die Hauptleidtragenden der relativ niedrigen Beihilfen. Hartz-IV-Betroffene müssen ihre Arbeitskraft zu Dumpinglöhnen verkaufen. Ein staatlich geförderter Niedriglohnsektor, wie ihn die Hartz-Gesetze errichten halfen, verhindert weder Arbeitslosigkeit noch Armut, vermehrt Letztere vielmehr.

[...]

Früher galt einmal, dass Arbeit vor Armut schützt. Heute können über eine Million Menschen von ihrem Lohn nicht mehr leben. Wäre ein Mindestlohn die Lösung?

Christoph Butterwegge: Ja, denn da der Niedriglohnsektor heute das Haupteinfallstor für Armut ist, muss er durch einen allgemeinen gesetzlichen Mindestlohn von etwa 10 Euro pro Stunde zurückgedrängt werden. Ein flächendeckender Mindestlohn würde verhindern, dass immer mehr Beschäftigte von ihrer Arbeit nicht leben können, während der Staat das Lohndumping von Unternehmern auf Kosten der Steuerzahler/innen subventioniert.

[...]

Was sind weitere Schritte im Kampf gegen die Armut?

Christoph Butterwegge: Nötig ist die Umverteilung von Einkommen, Arbeit und Vermögen, natürlich von oben nach unten. Die Einkommensteuer muss wieder progressiver ausgestaltet, also vornehmlich im Bereich des Spitzensteuersatzes stark angehoben werden. Leiharbeit, Werkverträge und Mini-Jobs sollten erschwert oder verboten werden. Außerdem muss die Vermögensteuer wieder erhoben werden. [...] Durch eine Weiterentwicklung der Renten-, Kranken- und Pflegeversicherung zu einer solidarischen Bürgerversicherung, in die eine bedarfsgerechte, armutsfeste und repressionsfreie Grundsicherung integriert sein müsste, könnte Armut nicht vollends beseitigt, aber spürbar verringert werden.

Butterwegge, Christoph: Uns geht's doch gut! – Oder etwa nicht?, Interview mit Paul Nolte und Christoph Butterwegge in: fluter Nr. 45, 8.12.2012, S. 17 f., abgerufen unter: www.fluter.de/heftpdf/issue117/artikel 11147/pdf_article11147.pdf [10.07.2013] (Auszug)

Arbeitsvorschläge

1   Mit dem Artikel 20, Absatz 1 GG wird das Ziel angestrebt, den Bürgern eine angemessene Mindestsicherheit zur Führung eines selbstbestimmten Lebens in Würde und Selbstachtung zu gewährleisten. Erläutern Sie, ob dieses Ziel annähernd erreicht wird.

2   Analysieren Sie in jeweils einer Arbeitsgruppe, inwieweit es in der Bundesrepublik Deutschland
   a   eine Leistungsgerechtigkeit,
   b   eine Chancengerechtigkeit,
   c   eine Bedarfsgerechtigkeit gibt.

3   Recherchieren Sie im Internet mögliche Gründe dafür, dass der letzte Armutsbericht der Bundesregierung sprachlich verändert wurde.

4   Analysieren Sie den Textauszug des Journalisten Jakob Augstein und nehmen Sie Stellung zu dessen abschließender Frage (siehe Kompetenzbaustein K24).

5   Nehmen Sie kritisch Stellung zu den Aussagen des Politikwissenschaftlers Christoph Butterwegge.

6   Führen Sie eine Pro-und-Kontra-Debatte zum Thema „In Deutschland gibt es eine soziale Gerechtigkeit" (siehe Kompetenzbaustein K18).

Anforderungssituation 5

Chancen und Risiken globaler Vernetzung – Kommunikativer und ökonomischer Wert des Internets

5

Kompetenzen

In diesem Kapitel lernen Sie, die Chancen und Gefahren realistisch einzuschätzen, welche die digitale Revolution mit sich bringt. Sie hinterfragen kritisch Ihr eigenes Surfverhalten, beschäftigen sich aber auch mit den Themen Datenschutz und Urheberrecht, bei denen Gesetzgeber wie Internetuser vor völlig neuen Herausforderungen stehen. Sie lernen zu erkennen, welch tief greifender Wandel durch das Internet in allen Bereichen unseres alltäglichen Lebens stattfindet – Privatleben, Alltag, Ökonomie, Beruf und Lernen –, aber auch, wie digitale Vernetzung zu Meinungsbildung und Mobilisierung von Menschen beitragen kann.

Auf Facebook kannst du nichts löschen

Ich habe die Probe aufs Exempel gemacht und wollte wissen, was Mark Zuckerbergs Datenimperium über mich weiß. Ich teile, also bin ich. So könnte das Motto auf Facebook lauten. Wer nicht permanent persönliche Informationen auf die Seite stellt, geht auf Facebook unter. [...] Täglich wird über Banalstes berichtet und dies mit Bildern, Markierungen und genauen Ortsangaben versehen. Doch selbst wenn wir dem Geltungsdrang widerstehen und wenig Daten aktiv eingeben, analysiert Facebook unser Verhalten im Internet. Auch wenn wir nie irgendwelche Ortsangaben machen, errechnet Facebook unsere letzte Position. Facebook ruft auch unsere Freunde zum Eingeben unserer Daten auf – natürlich ohne uns zu fragen. Selbst bei persönlichen Nachrichten liest einer immer mit: Facebook. Damit erzeugt Facebook Profile von Nutzern, ebenso wie von Personen, welche noch nie auf Facebook waren. Facebook weiß Dinge, die wir nie preisgeben wollten.

Wenn der beste Freund „Facebook" heißt

So sammelte Facebook in nur drei Jahren 1222 Seiten an persönlichen Daten über mich. Viele der Informationen sind mit Vermerken wie „Deleted true" als gelöscht gekennzeichnet, doch Facebook vollzieht diese Löschungen nicht. Wer auf Facebook etwas „löscht", versteckt die Daten meist nur vor sich selbst. Viele weitere Daten über mich gibt Facebook nicht heraus, da sie dessen „geistiges Eigentum" oder „Betriebsgeheimnis" sind oder einfach „zu schwer zuzuschicken", obwohl jedermann ein Recht auf eine Kopie der Daten hat.

Stutzig macht einen, dass es sich hier zufällig um die besonders heiklen Daten handelt.

In 57 zugeschickten Kategorien findet sich Banales neben höchst Sensiblem. Man kann lesen, wo ich studiere, aber auch, bei welcher Demonstration ich vor zwei Jahren war. Auf einen Klick findet man meine Reisefotos und wo ich bei der letzten Wahl mein Kreuz gemacht habe. Schnell findet man meine Schule und Diskussionen über mein Liebesleben oder über psychische Krankheiten von Freunden. Facebook weiß, dass ich manchmal Artikel auf dem Online-Portal einer bestimmten Tageszeitung gelesen habe, jedoch weiß Facebook nicht, dass ich fast täglich im Café Ritter zu einer Melange die Zeitung lese. Es weiß nicht, wer meine Eltern sind, und es weiß nicht, dass ich kein Auto, dafür aber ein Fahrrad habe.

Meine Akte bei Facebook ist umfangreich wie eine Stasi-Akte. Facebook weiß in etwa so viel über mich wie mein engster Freundeskreis – nur dass Facebook alles andere als ein Teil meines Freundeskreises ist.

Information ist Macht. Information über eine Person ist Macht über diese Person. Facebook hat so viele Informationen über uns wie wenige andere Institutionen. Facebook verfügt über sein Machtpotenzial, besonders dadurch, dass es ein Monopol im Bereich der sozialen Netzwerke innehat. Denn: Wo gehen Sie hin, wenn Ihnen Facebook zu gruselig wird; die Macht von Facebook wird dem Einzelnen erst bewusst, wenn sie gebraucht oder gar missbraucht wird. Dann ist es aber üblicherweise zu spät.

Max Schrems ist Sprecher der Gruppe europe-v-facebook.org. Er studierte Jura an der Universität Wien und der Santa Clara University in den Vereinigten Staaten. In seinem Studium hat er sich auf Datenschutzrecht spezialisiert.

Schrems, Max: Auf Facebook kannst du nichts löschen, in: Frankfurter Allgemeine Zeitung vom 26.10.2011 (gekürzt)

Arbeitsvorschlag

1   *Bereiten Sie eine Debatte zu dem Thema „Heißt der beste Freund Facebook?" vor und führen Sie sie durch (siehe Kompetenzbaustein K18).*

5.1   Internetnutzung in Deutschland und weltweit

Mehr als jeder vierte Mensch weltweit nutzt heutzutage das Internet – Tendenz steigend. Auch in Drittweltstaaten boomt das Internet; Internetcafés haben Hochkonjunktur. Der afrikanische Kontinent ging beispielsweise erst 2012 ans Netz, vorher gab es dort nur den teuren Internetzugang via Satellit. Seitdem steigt auch dort die Teilhabe am Internet – in Twitter und sozialen Netzwerken – rapide an.

Hinzu kommt: Der Internetzugang wird immer mobiler. Mobile Endgeräte wie Smartphones, Tablets und Laptops finden weltweit Verbreitung. Das Internet wird somit zum wichtigen Teil des Alltags – viele Menschen sind mittlerweile fast rund um die Uhr, während ihres normalen Alltagslebens, online. Entsprechend spricht man inzwischen gerne von einer **digitalen Revolution**, die analog zur industriellen Revolution das Leben der Menschen entscheidend und in kurzer Zeit verändert.

Internetnutzer weltweit und nach ausgewählten Weltregionen in Millionen (Stand Juni 2012)

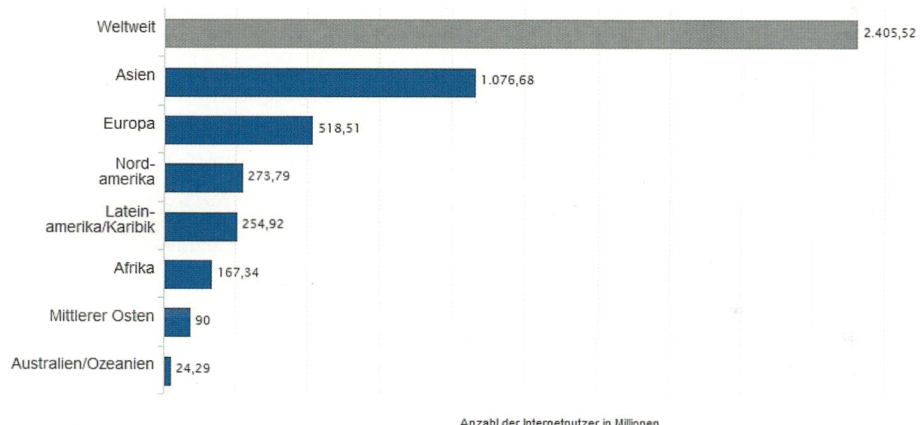

Anzahl der Internetnutzer in Millionen

ℹ Weltweit; ab 15 Jahre; Nielsen Online, ITU, GfK; Juni 2012

statista ◢   Quelle: Nielsen Online, ITU, GfK

Im Jahr 2011 nutzten in Deutschland etwa 51 Mio. Menschen über 14 Jahre das Internet. Das waren 72 % aller Bundesbürger – mit stark steigender Tendenz. 2013, also nur zwei Jahre später, waren es bereits über 76 %. Mit dem Alter allerdings nimmt der Anteil der Internetnutzer stark ab: Von den 14- bis 29-Jährigen sind fast alle Deutschen im Internet (über 95 %), Menschen über 64 sind aber nur noch zu etwa 25 % im Netz vertreten. Doch auch hier ist die Tendenz steigend.

Zwei Stunden täglich wird das Internet in Deutschland durchschnittlich genutzt, wobei die Anteile der User aus Ost- und aus Westdeutschland sich kaum unterscheiden.

Wofür nutzt Du das Internet häufig oder ab und zu?

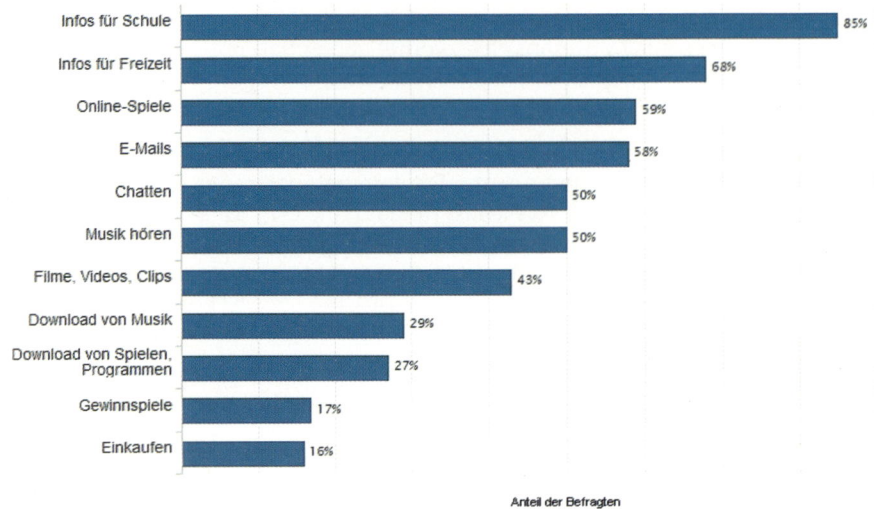

Infos für Schule	85%
Infos für Freizeit	68%
Online-Spiele	59%
E-Mails	58%
Chatten	50%
Musik hören	50%
Filme, Videos, Clips	43%
Download von Musik	29%
Download von Spielen, Programmen	27%
Gewinnspiele	17%
Einkaufen	16%

Anteil der Befragten

ℹ Deutschland; 6-13 Jahre; Kinder, die das Internet nutzen; keine Angabe; keine Angabe

statista ◢　　　　　　　　　　　　　　　Quelle: Egmont Ehapa Verlag

Als **Digital Natives** (dt. „digitale Eingeborene") werden diejenigen bezeichnet, die bereits mit dem Internet und dem PC aufgewachsen sind. Heutzutage kommen schon Kinder im Vorschulalter mit dem Internet in Kontakt, Schüler nutzen es meist regelmäßig und selbstverständlich. 94 % der Kinder im Alter von 10 bis 13 nutzen das Internet, 48 % von ihnen täglich. Das geht aus der „Kidsverbraucheranalyse 2012" des Egmont Ehapa Verlags hervor. Bei den 6- bis 9-Jährigen ist mehr als die Hälfte (53 %) täglich online, und auch die 4- bis 5-Jährigen sind schon im Internet unterwegs: Rund 14 % von ihnen sind täglich im Netz anzutreffen.

Arbeitsvorschläge

1 Welche Auswirkung hat Ihrer Meinung nach die zunehmende Internetnutzung auf das gesellschaftliche Zusammenleben? Welche Chancen sehen Sie, welche Risiken? Berücksichtigen Sie bei der Beantwortung der Frage auch die Vor- und Nachteile der mobilen Internetnutzung (vgl. Abbildung rechts).

2 Wie bewerten Sie die wachsende Nutzung des Netzes durch Kinder? Diskutieren Sie in der Klasse.

5.2   Soziale Netzwerke – Facebook und Co.

Das Internet war schon immer ein soziales Medium. Schon vor der Einführung des Web 2.0 suchten die Menschen nicht nur Wissen und Unterhaltung im Internet, sondern tauschten sich in Foren und via Newsgroups untereinander aus. Doch mit dem Web 2.0 ist die soziale Vernetzung der Menschen gewachsen. Zum einen hat sich eine rege Blogosphäre gebildet – so nennt man die Vernetzung von Blogs –, zum anderen tummeln sich viele Menschen in sozialen Netzwerken.

Facebook dominierte Ende 2012 in so gut wie allen Ländern weltweit den Markt der sozialen Onlinenetzwerke. Nach Angaben des Konzerns nutzen rund eine Milliarde Menschen Facebook, mehr als die Hälfte von ihnen täglich. Regionale Konkurrenten, wie in Deutschland z. B. Wer-kennt-wen, wurden mittlerweile weitgehend vom Markt verdrängt oder führen ein Nischendasein. Nennenswerte Ausnahmen gab es 2011 nur noch in Russland und China – letzterer Staat macht durch strikte Internetzensur und -überwachung von sich reden. In einer vernetzten Welt, in der jemand Freunde und Bekannte beispielsweise in England, Japan und Brasilien hat, ist ein internationales Onlinenetzwerk notwendig. Als ein solches fungiert Facebook, dessen Mitgliederzahl seit Mitte der 2000er-Jahre förmlich explodiert.

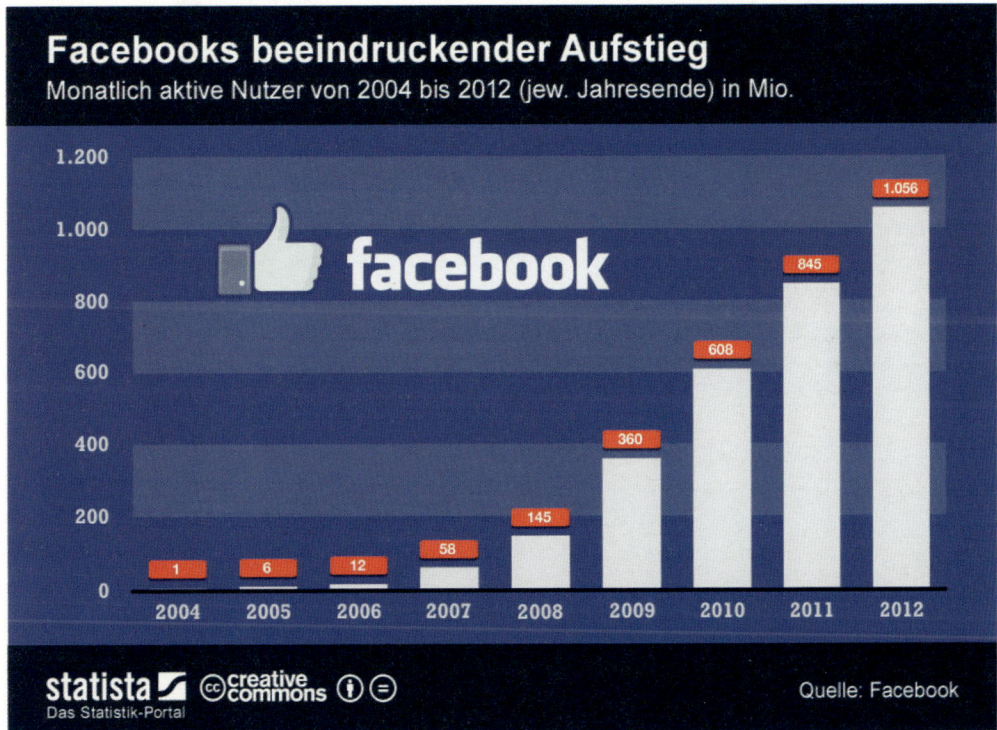

Anstieg der Facebook-Nutzer weltweit

Zusätzlich zu Facebook konnten sich auch spezialisierte Plattformen etablieren, etwa das deutsche Job-Netzwerk Xing oder das internationale LinkedIn. Hierüber können berufliche Kontakte angebahnt werden – die Daten sind meist nur für Mitglieder freigeschaltet.

In Facebook lassen sich die Einstellungen so vornehmen, dass private Details, Fotos, geteilte Links und sonstige Posts nur von Freunden oder gar engen Freunden eingesehen werden können. Dennoch bleiben diese Daten letztlich nicht auf diesen Kreis beschränkt, sondern werden von Facebook werblich genutzt. Denn Facebook ist für die User kostenlos und finanziert sich durch Werbung – personalisierte Werbung, für die die Profile der User ausgewertet werden. Nicht kommerzielle Social-Media-Plattformen, wie etwa das deutsche Diaspora, konnten sich bisher nicht durchsetzen.

Wie man von Facebook Auskunft erhält

Facebook behält alle jemals von einem Nutzer eingegebenen Daten, auch die, die längst von ihm gelöscht wurden. Noch vor einigen Jahren konnte man über ein gut im Hilfebereich versteckteck Formular bei Facebook seine Daten anfordern. Diese Möglichkeit besteht nun nicht mehr. Dennoch ist Facebook verpflichtet, die privaten Daten der Nutzer auf deren Verlangen hin offenzulegen. Hilfe hierfür erhält man bei der Initiative „Europe versus Facebook".

Arbeitsvorschläge

1   *„Post-Privacy" wird eine Einstellung genannt, die die Aufhebung der Privatsphäre durch das Internet als gegeben hinnimmt – als eine Tatsache, mit der Bürger und Politik umgehen lernen müssen. Der Datenschutz ließe sich im Internet demnach nicht durchsetzen. Privatheit gilt den Vertretern dieser These also nicht länger als eine soziale Norm, da das Private durch die sozialen Medien öffentlich wird.*
    Was halten Sie von dieser These? Begründen Sie Ihre Meinung schriftlich.

2   *Machen Sie die Probe aufs Exempel: Fordern Sie mithilfe der Internetseite www.europe-v-facebook.org von „Europe versus Facebook" Ihre Daten bei Facebook an. Wie sind Ihre Erfahrungen? Tauschen Sie sich aus.*

5.3   Datenschutz im Internet

Datenschutz im Internet – das ist ein heikles Thema. Für Mails etwa gilt das Briefgeheimnis prinzipiell nicht. Andere Internetdienste sind noch problematischer: Sowohl Facebook als auch die Suchmaschine Google vermarkten die Daten ihrer Nutzer mit dem erklärten Ziel, Werbung individueller und noch gezielter an potenzielle Kunden heranzutragen. Auch Google ist, wie Facebook, für den Nutzer kostenlos und finanziert sich über Werbung. Dafür sammeln beide Unternehmen Daten und erstellen immer genauere Datenprofile. Auf diese Weise können die Userprofile zielgenau mit den Angeboten der Werbung verknüpft werden. Dies ist insofern besonders problematisch, da beide Plattformen inzwischen quasi eine Monopolstellung inne-haben. Zwar gibt es eine ganze Anzahl weiterer Suchmaschinen im Netz, doch an Google kommt niemand vorbei: Ist ein Internetangebot nicht auf Google gelistet, ist es praktisch nicht existent und kann kaum aufgefunden werden.

Anfang 2012 kündigte der Konzern an, seine Datenschutzbestimmungen zu ändern. Demnach sollten die Daten aller Dienste zusammengeführt werden – darunter Google Mail und das soziale Netzwerk Google+, das allerdings mittlerweile neben Facebook ein Schattendasein führt. Schon früher konnten sämtliche Bewegungen eines Nutzers von Google nachvollzogen werden. Die weiterführenden Pläne von Google wurden von Datenschützern scharf kritisiert, aber dennoch 2012 realisiert.

EU-Datenschutzverordnung

Inzwischen arbeitet das EU-Parlament an einer neuen Datenschutzverordnung für Internetkon-zerne, die aber Datenschützern noch nicht weitreichend genug ist. Gerade von deutschen Datenschützern wird kritisch angemerkt, dass der relativ hohe Standard des deutschen Daten-schutzes durch die Reform eher abgesenkt wird. Die EU-Justizkommissarin Viviane Reding betonte, dass die Neuregelung die Bürger schützen solle – nicht die Unternehmen. Firmen wie Google, Ebay und Facebook sehen aber ihre Geschäftsmodelle bedroht und versuchen, durch massive Lobbyarbeit auf den politischen Prozess Einfluss zu nehmen, wodurch die Regelungen zu verwässern drohen. Vorgesehen war ursprünglich das sogenannte **Recht auf Vergessen** – **digitale Inhalte** sollten zu einer bestimmten Frist **gelöscht** werden –, um die Bürger und ihre Daten besser zu schützen. Weitere Regelungen betrafen den Umgang von Unternehmen und Behörden mit persönlichen Daten. „Die Lobby-Aktivitäten zur aktuellen Überarbeitung des EU-Datenschutzrechts, sowohl durch Organisationen aus Europa als auch von anderswo, sind außergewöhnlich intensiv", stellte der europäische Datenschutzbeauftragte Peter Hustinx fest. Auf der anderen Seite gibt es ein starkes bürgerschaftliches Engagement für größeren Daten-schutz im Netz, etwa die Initiative Lobbyplag, die Lobbyarbeit aufdeckt, und den Verein Digi-talcourage.

Datenschutz und Politik

Nicht nur für Wirtschaftsunternehmen, sondern auch für die Politik sind die Daten von Bürgern interessant. Das betrifft nicht nur autoritäre Regime. Die Angst vor Whistleblowing (von engl. „to blow the whistle": dt. „in die Pfeife blasen", was so viel bedeutet wie „einen Hinweis ge-ben") und terroristischen Anschlägen hat dazu geführt, dass auch demokratische Länder die Daten der Bürger sammeln und auswerten. Bekannt wurde diese Vorgehensweise von den USA. Diese Entwicklung ist nicht ohne Risiken.

Der folgende Textauszug stammt vom FDP-Mitglied und ehemaligen Innenminister Gerhart Baum:

Unkontrollierbare Datenbanken

Viele wussten, dass die NSA eine gigantische Datenbank aufgebaut hat, in der weltweit auch zur Abwehr von Cyberattacken alle zugänglichen analogen und digitalen Daten gespeichert werden. Informationen gewinnen die Vereinigten Staaten auch aus weltweiten Hackerattacken auf fremde Netze. Ein Kenner der Materie sagte dazu, dass wir unmittelbar vor einem schlüsselfertigen totalitären Staat stehen.

Auch wenn das eine Übertreibung ist, kann man davon ausgehen, dass eine solche Datenbank, die auch Daten der Internet-Konzerne einbezieht, nicht mehr umfassend zu kontrollieren ist, wenn das von amerikanischer Seite überhaupt gewollt ist. Wir sind auf dem Wege zu einem Weltpolizeistaat, der sich über Recht und Gesetz hinwegsetzt.

Diese Datenbank ist nichts anderes als eine riesige Vorratsdatenspeicherung, die sich vor allem auch gegen unbescholtene Bürger richtet, und sie dient keineswegs nur zur Abwehr von Terrorgefahren. Selbstkritisch müssen wir uns in Deutschland fragen, welche Überwachungsprogramme von unseren Sicherheitsbehörden aufgebaut sind oder aufgebaut werden und inwieweit sie von NSA-Daten profitieren. [...]

Daten sind Macht, und zwar durch die Vielfalt der Informationen, die über jeden Einzelnen im Laufe der Zeit gesammelt werden und immer umfassendere Persönlichkeitsprofile ermöglichen.

Es ist daher nur konsequent, wenn Senator John D. Rockefeller in seinem Kongressprojekt „Do not track" ein Gesetz fordert, welches es den Nutzern ermöglicht, die Profile einzusehen und zu korrigieren. Immer schneller lassen sich charakterliche Eigenschaften, Verhaltensweisen und Gefühle erkennen. Es wird vorhersehbar, wie wir agieren und reagieren.

Anders, als viele meinen, sind auch die Menschenrechtsverteidiger der Gefahr des Internets ausgesetzt. Sie werden durch neue Netztechnologien überwacht, etwa, wenn sie das Internet wie in Ägypten zur Förderung von Freiheitsbewegungen nutzen. Die dazu notwendigen Technologien werden von Firmen in westlichen Ländern ohne Hemmungen geliefert. Es sind digitale Waffen. Und sie gehören kontrolliert wie herkömmliche Waffen. Das Internet trägt zur Meinungsfreiheit bei, und Despoten fürchten es, aber diese haben längst Gegenmaßnahmen entwickelt.

Baum, Gerhart: Grundrechte im Netz: Wacht auf, es geht um die Menschenwürde, in: Frankfurter Allgemeine Zeitung vom 19.06.2013

In Anbetracht der Ausmaße von Datenklau und möglicher Überwachung im Netz hat sich inzwischen der Begriff **Selbstdatenschutz** gebildet: Denn was ein Nutzer selbst ins Netz stellt, kann ausgewertet und weitergetragen werden. Insofern ist es wichtig, sorgsam mit den eigenen Daten umzugehen und genau zu überlegen, welche persönlichen Dinge man mit der Öffentlichkeit teilen möchte. Darüber hinaus kann allerdings auch der E-Mail-Verkehr leicht überwacht werden. Ein Großteil der Internetkommunikation ist, selbst wenn sie über SSL verschlüsselt wurde, nicht wirklich sicher. Sogar sensible und intime Daten etwa von Finanztransaktionen oder Arztdiagnosen könnten auf diese Weise ausgelesen werden. Hier sind die Politik und der Gesetzgeber gefragt.

Datenschutz ist Bürgerpflicht

Arbeitsvorschläge

1   Erstellen Sie eine Mindmap zum Thema „Warum ich Mitglied bei Facebook bin" bzw. „Warum ich nicht Mitglied bei Facebook bin" und diskutieren Sie die Ergebnisse (siehe Kompetenzbaustein K15).

2   Warum recherchieren Unternehmen über ihre Bewerberinnen und Bewerber in sozialen Netzwerken im Internet?

3   Warum fordern Datenschützer mehr Transparenz bei der Datenspeicherung bzw. die Einhaltung von Datenschutzrechten bei Facebook?

4   Recherchieren Sie zur geplanten Datenschutzverordnung der EU. Aus welchen Gründen ist diese Verordnung so umstritten? Fertigen Sie im Klassenverband eine Tabelle an und stellen Sie die unterschiedlichen Positionen auf der Tafel gegenüber.

5   Was ist mit dem „Recht auf Vergessen" in der geplanten EU-Datenschutzverordnung gemeint? Beantworten Sie die Frage schriftlich vor dem Hintergrund der Aussage „Das Internet vergisst nichts".

6   Lesen Sie den Textauszug von Gerhart Baum. Worin sehen Sie die Gefahren einer umfassenden Internetüberwachung?

7   Wie deuten Sie für sich den Ausdruck „Selbstdatenschutz"? Diskutieren Sie, welche Dinge Sie mit der Öffentlichkeit teilen möchten und welche nicht. Welche Maßnahmen können Sie selbst als Internetnutzer/-in treffen, um sich im Netz zu schützen?

5.4 Internet und Demokratie

Mit dem Internet verbinden viele Menschen ein Instrument für mehr Demokratie bzw. Volks-beteiligung. Auf den ersten Blick scheint dies auch zuzutreffen, wenn man die Rolle von Twitter, Facebook und Co. während des **Arabischen Frühlings** 2011 betrachtet. Die politischen Umbrüche in Tunesien und Ägypten werden häufig in einem Atemzug mit den sozialen Medien genannt.

Die **Mobilisierung von Widerstand** wurde durch die digitale Form der Kommunikation schneller und effektiver. So haben die Aufständischen im Nahen Osten bei ihrer Mobilisierung stark von den Möglichkeiten des Internets, mobiler Telefone und Laptops profitiert. Die Unruhen in der Türkei um den Gezi-Park 2013 wurden mithilfe von Twitter und Facebook viral, d. h., sie verbreiteten sich in Windeseile nicht nur im Inland, sondern um den gesamten Globus. Untermauert wurden die privaten Nachrichten von Fotos und Amateurvideos, die mit den allgegenwärtigen Smartphones und Handys gefilmt wurden. Neu ist hierbei, dass sowohl Politik als auch Presse ihre Informationsmonopole verlieren. In Zeiten von Web 2.0 können über Blogs, Wikis, Twitter, Facebook und weitere soziale Medien nicht nur die Erlebnisse und Augenzeugenberichte direkt vor Ort geschildert werden, es werden auch unterschiedlichste Meinungen vertreten und sehr kontrovers diskutiert.

Natürlich ist das Internet nicht per se demokratisch. Es ist ein neutrales Medium, das grundsätzlich von jedem genutzt werden kann, um Botschaften zu verbreiten und damit die eigenen Interessen zu vertreten. Digitale Medien werden entsprechend auch von autokratischen Regimes zur Propaganda genutzt. Verstärkt wird auch versucht, das Internet durch Filter- und Zensursysteme in den Griff zu bekommen, Netzwerke zu unterwandern und politisch missliebige Blogger zu bespitzeln.

In der Türkei wurde im Juni 2013 eine neue Protestform geboren, die mithilfe von Twitter und Facebook schnell viral wurde, sich also enorm schnell verbreitete: still stehen und schweigen.

Im Zuge der „Arabellion", also der Protestbewegungen in der arabischen Welt seit 2010, wurde das Internet vor allem zur Mobilisierung und zur Organisation von Protest genutzt. Doch kann diese Möglichkeit natürlich prinzipiell auch zu undemokratischen Zwecken verwendet werden. Digitale Medien können Stimmungen in der Bevölkerung schnell aufgreifen, weit bekannt machen und Bürger einfacher vernetzen.

Dabei gehen auch in der Wissenschaft die Meinungen auseinander, welchen Einfluss die sozialen Medien tatsächlich auf die Umstürze, etwa in Ägypten, hatten. Der Internetexperte Evgeny Morozov etwa, der das Wort „Twitter-Revolution" erfand, revidierte seine Ansichten über den großen Einfluss des Internets auf Protestkulturen. Er weist darauf hin, dass das Netz nicht zur Demokratisierung, sondern lediglich zur Mobilisierung und Informierung taugt. In nicht demokratischen Gesellschaften kann es sogar zur Unterdrückung und Bespitzelung der Opposition genutzt werden.

Auch der deutsche Netzexperte Peter Kruse weist darauf hin, dass soziale Medien nichts in Gang setzen können, was nicht als gesellschaftliche Grundbedingungen ohnehin latent vorhanden ist. In Ägypten wurden 2011/2012 beispielsweise über Twitter und Facebook Menschen mobilisiert, die mit der politischen Situation bereits unzufrieden waren. Soziale Medien setzen Kruse zufolge aber massive Aufschaukelungsprozesse in Gang, machen aus vermeintlichen Einzelmeinungen ein Massenphänomen. Die Angst des Einzelnen, in repressiven Regimes Widerstand zu leisten, sinkt, sodass sich der Protest schnell vom Internet auf die Straße verlagern kann. Dieses Phänomen steigt mit dem Grad der Vernetzung. Die Aufschaukelungsprozesse im Internet sind Kruse zufolge nur schwer zu kontrollieren und noch schwerer in ihrer Wirkung vorherzusagen.

Globale Proteste – Die Revolution der Würde
Gestern Tunesien und Ägypten, heute die Türkei und Brasilien: Wir erleben einen globalen Aufstand gegen Entmündigung und Staatswillkür

Seit wenigen Jahren erleben wir, dass plötzlich, wie aus dem Nichts, authentische Massenbewegungen entstehen. An unerwarteten Orten zumeist (hinterher ist man immer schlauer). Sie haben unterschiedliche Anlässe und Entstehungsbedingungen, das ist kaum verwunderlich, aber vor allem verblüffende Gemeinsamkeiten: Sie kommen aus der Gesellschaft, nicht aus der Politik; sie beginnen in Großstädten; sie sind bunt; sie folgen keinem hergebrachten Ideologie-Angebot. Die revolutionär gesinnte Linke hat keinen Zugriff auf sie. Der Islamismus nur manchmal, nur zum Teil und nur mit Mühe.

Charakteristisch ist ihr Mangel an charismatischen Führern. Oft haben sie Forderungen, aber kein Programm. [...]

Die neuen Aktivisten finden im Internet ihre Medien für individuellen Ausdruck und kollektive Aktion. Was nicht jedem gegeben ist, weshalb gelegentlich der abwiegelnd gemeinte Einwand kommt, das seien ja Bewegungen der Mittelschicht. So einfach aber sollte man es sich nicht machen. Mit der Globalisierung und der Wissensökonomie kommen, zumal in unlängst noch rückständigen Ländern, neue Mittelschichten auf, gebildet, gut unterwegs im Internet und einer Weltsprache mächtig. Diese Aufsteiger stoßen auf eine Welt der Ungerechtigkeiten und der Unterdrückung. Gerade die Jungen unter ihnen, stets und überall das Ferment von Bewegungen, können zu einer Art Avantgarde werden. Das gilt für eine ganze Reihe von Ländern verschiedener Weltregionen. Weshalb es öfters an mehreren Orten zugleich knallt. Manchmal nehmen die Bewegungen einander zum Vorbild, ihre Impulse wandern über die Ländergrenzen, so war es jedenfalls, als der Arabische Frühling begann, so ging es auch mit den *indignados*, den Gegnern der Sparpolitik in Südeuropa. Der große Verdichter aber, der alles zusammenballt, ist die Globalisierung und ihre technische Existenzform, das Internet. Sie bringt Ideen und Eindrücke in Lichtgeschwindigkeit an jeden Ort. Sie stellt blitzschnell Zusammenhänge zwischen allen Handelnden her. Sie führt dazu, dass der Beobachter zu jeder Zeit an allen Orten präsent ist.

von Randow, Gero: Die Revolution der Würde, in: Die Zeit vom 20.06.2013 (Auszug)

Arbeitsvorschläge

1   *Es bleibt die Frage, was neue Medien und hierbei insbesondere Web-2.0-Medien in Bezug auf politische Veränderungsprozesse tatsächlich bewirken können, und zwar nicht nur in Bezug auf den Sturz von Autokratien und den demokratischen Umbruch, sondern auch bezüglich der Konsolidierung und nachhaltigen Stabilisierung von Demokratien.*
Beantworten Sie die Frage schriftlich.

2   *Lesen Sie den Zeitungsartikel von Gero von Randow. Diskutieren Sie seine Thesen in der Klasse.*

3   *Recherchieren Sie im Internet, welche Position die Piratenpartei zum Thema „Transparenz und Freiheit im Netz" vertritt. Nehmen Sie hierzu schriftlich Stellung.*

5.5   Boomender Onlinehandel

E-Commerce heißt das neue Zauberwort: Nach Angaben des Handelsverbands Deutschland betrug der Onlineumsatz mit Endverbrauchern im Jahr 2011 26,1 Mrd. Euro. Hierbei stehen der klassische Versandhandel, Onlinereisebüros sowie der Tickethandel von Konzertanbietern ganz oben. Diese Entwicklung übt Druck auf den Einzelhandel aus, was besonders klar im Buchhandel zu erkennen ist: Amazon ist der beliebteste Onlinehändler, der die etablierten Buchläden zu neuen Formen des Marketings und der Kundengewinnung zwingt. Viele kleine Läden verlieren jedoch auch den Wettbewerb mit dem Internetriesen und müssen schließen. Doch bietet das Internet auch Chancen: Nischenanbieter können nun ihre Produkte oder Dienstleistungen bundesweit, manche gar weltweit anbieten. Hierzu unterhalten sie zum Teil eigene Webseiten, zum Teil verkaufen sie auch über die Onlineriesen Amazon und Ebay, die allerdings kräftig mitverdienen.

Die Gefahr einer Monopolisierung des Marktes ist gegeben: Amazon z. B. ist schon lange kein reiner Buch- und Medienhändler mehr, sondern vertreibt darüber hinaus ein umfassendes Spektrum an Waren, von der Kücheneinrichtung über Mode bis hin zum Scherzartikel. Ein weiterer Branchenriese ist Ebay. Im Jahresabschlussquartal 2012 verzeichnete das weltweit agierende Unternehmen einen Umsatz von 3,99 Mrd. US-Dollar. Das waren 18 % mehr als im Vergleichszeitraum des Vorjahrs.

Markenbindung durch Apps

Apps, also Anwendungssoftware für mobile Geräte wie Smartphones oder Tablet-PCs, werden inzwischen auch für die Kundenbindung genutzt. Die Nutzung von Mobilgeräten hat die Beziehungen, die Kunden zu Handelsmarken aufbauen, stark beeinflusst. Die meisten Mobilkunden nutzen eher Apps von bereits bekannten oder bevorzugten Marken.

Etwa ein Fünftel aller Einkäufer lädt Shopping-Apps herunter, um Marken besser kennenzulernen; das bedeutet also, dass sich durch Apps auch Marken entdecken lassen. Die App ersetzt in diesem Fall weitgehend den Warenkatalog. Sowohl das Entdecken von Marken als auch die Kundenbindung wird durch Shopping-Apps gefördert. Die restlichen Nutzer stolpern entweder auf Marken-Homepages, auf Facebook oder durch Werbung in Ladengeschäften über Shopping-Apps.

Arbeitsvorschläge

1   Erstellen Sie eine Mindmap zum Thema „Attraktivität des E-Commerce" (siehe Kompetenzbaustein K15).

2   Fertigen Sie einen Kommentar zum Abschnitt „Markenbindung durch mehr Apps" an (siehe Kompetenzbaustein K13).

Wenn das Internet verführt

Das Internet bietet nicht nur Gelegenheit zum Austausch, zum Einkaufen und zur Informationsgewinnung, sondern birgt auch viele Gefahren:

Nepper, Schlepper, Bauernfänger – sie lauern nicht nur im echten Leben, sondern auch im Web. Sie haben alle ein gemeinsames Interesse: Geld zu verdienen. Die Methoden dazu sind höchst unterschiedlich. Die einen versuchen es ihren Opfern direkt aus der Tasche zu ziehen, andere verkaufen ihre Adressdaten weiter.

Abzock-Websites werben damit, Inhalte zu jeweils einem prominenten Thema zu bieten, etwa Tauschbörsen, Hausaufgaben, Kochrezepten, Ahnenforschung, Lehrstellen oder Kinder-Malvorlagen. Die Gestaltung der Websites erweckt bei vielen Anwendern den Eindruck, als seien diese Inhalte gratis – nach vorheriger Registrierung mit Name und Adresse. Doch wer seine Daten eintippt, erhält einige Wochen später eine Rechnung. Denn er habe, so der Inhalt des Begleitschreibens, ein Abo abgeschlossen – zahlbar für ein oder zwei Jahre im Voraus. Wer nicht zahlt, wird mit Mahnungen, Anwaltsschreiben und Briefen von Inkasso-Unternehmen überhäuft, was die Kosten – zumindest auf dem Papier – immer weiter nach oben treibt.

Betrug ist den Betreibern der meisten Abzock-Sites aus juristischer Sicht nicht vorzuwerfen. Entsprechende Ermittlungen gegen in diesem Bereich sehr aktive Anbieter wurden eingestellt. Denn, so die Begründung, der Anwender erhält nach der Anmeldung ja tatsächlich Zugang zu Informationen. Dass diese Inhalte meist wenig wert sind und anderswo im Web frei verfügbar, ändert an der Sachlage nichts. Auch die Preisangaben sind vorhanden – zumindest, wenn man genau hinschaut. Die Praxis, die Preisinfo ganz tief unten auf der Seite zu verstecken, haben die meisten Anbieter auf Druck von Verbraucherzentralen inzwischen aufgegeben.

Schmöl, Rene: Die schwarze Liste des Internets, in: Computerwoche vom 14.02.2012 (Auszug)

Und wenn man einem Internetabzocker aufgesessen ist?

Die beste Prävention für Internetabzocke lautet: Vorsicht. Doch auch, wenn man gutgläubig auf eine Verkaufsmasche hereingefallen ist, sollte man nicht übereilt handeln – und schon gar nicht ungeprüft die Rechnungen bezahlen. Einen Schriftwechsel mit der Firma kann man sich ebenfalls sparen, da die Antwortschreiben in aller Regel maschinell erstellt wurden. Noch wichtiger: keine weiteren Daten herausgeben, die von der Firma herangezogen werden könnten. Auf Mahnschreiben der Firma sollte man am besten überhaupt nicht reagieren. Sollte jedoch ein gerichtlicher Mahnbescheid ins Haus flattern, sollte man umgehend aktiv werden und innerhalb der genannten Frist beim Gericht einen Widerspruch machen. In diesem Fall nämlich hat die Firma beim Amtsgericht ein Mahnverfahren eingeleitet. Auch von diesem gerichtlichen Schreiben sollte man sich nicht einschüchtern lassen, sondern der Forderung widersprechen. Dann nämlich müsste die Firma ein Gerichtsverfahren in Gang bringen – wovor die meisten Abzockerfirmen zurückscheuen. Darüber hinaus sollte man Google informieren, falls es sich um Werbung von dieser Plattform handelte, sowie das Bankinstitut der Abzockerfirma über deren Geschäftsgebaren verständigen.

Vgl. Borowski, Sascha: Tipps für Opfer von Abofallen, abgerufen unter: www.computerbetrug.de/abofallen-im-internet/tipps-fur-opfer-von-abofallen (www.Computerbetrug.de) [18.07.2013]

Arbeitsvorschläge

1   *Führen Sie in der Klassengemeinschaft eine Umfrage über Ihre persönlichen Erfahrungen mit Abzock-Websites durch und diskutieren Sie das Ergebnis.*

2   *Schreiben Sie fünf Schutzmaßnahmen auf Karten, mit denen Sie sich sich vor Abzock-Websites schützen können (siehe Kompetenzbaustein K12).*

5.6 Internetsucht

World of Warcraft – gefangen in der virtuellen Welt

Das Internet kann für einige User einen unheilvollen Sog entwickeln, dem sie sich nicht entziehen können. Besonders anfällig hierfür sind Spieler von Internet-Rollenspielen. Während viele Nutzer „World of Warcraft" (WoW) und ähnliche Spiele nur zur Zerstreuung und Entspannung spielen, vernachlässigen andere ihr normales soziales Leben, ein Zustand, der bis zur völligen Verwahrlosung gehen kann. Da diese Spiele rund um die Uhr gespielt werden können, ist es möglich, in der jeweiligen Rolle komplett aufzugehen. Von fortgeschrittenen Usern wird von den Mitspielern auch durchaus ein Einsatz erwartet, der sich mit einem normalen Leben und Verpflichtungen in Schule, Beruf und Familie kaum noch vereinbaren lässt. Schleichend und unbemerkt für die User wird das Internet auf diese Weise zur Droge und sie selbst internetsüchtig. Inzwischen gibt es in einigen Städten Ambulanzen, speziell zur Behandlung internetsüchtiger Menschen.

Gehirnströme wie Alkoholiker

Wie Computerspielsucht den Menschen verändert, haben Wölfling und seine Kollegin Sabine Grüsser-Sinopoli bereits in der Suchtforschungsgruppe an der Berliner Charité herausgefunden – mithilfe der Elektroenzephalografie, besser bekannt als EEG.

Die Forscher fixierten Elektroden auf den Köpfen ihrer Probanden, um deren Gehirnströme zu messen, während sie ihnen Bilder vorlegten, die mit ihrer Sucht in Verbindung standen. Einige Computerspieler zeigten beim Anblick von Spiele-Screenshots dieselben Reaktionen wie Alkoholiker auf Bilder von Bier. Die „nicht stoffgebundene" Computerspielsucht aktivierte die gleichen Hirnareale wie Alkohol- oder Cannabissucht. Die Experten waren alarmiert und beschlossen, dem auf den Grund zu gehen.

Klaus Wölfling weiß inzwischen recht genau, was in den meisten Fällen die Sucht auslöst: „Der entscheidende Faktor ist die Online-Anbindung", sagt er: „Die betreffenden Spiele haben kein Ende, Raum und Zeit werden irrelevant, und sie ermöglichen virtuelle Kontakte. […]

Spieler, die zu selten in der Spielwelt unterwegs sind, laufen Gefahr, virtuelles Prestige zu verlieren. Außerdem entsteht durch das gemeinsame Lösen von Aufgaben im Spiel ein starkes Gruppengefühl" – etwas, das viele Süchtige aus ihrem realen Leben gar nicht kennen. […]

Das Ziel der Therapie ist nicht, nie wieder zu spielen. Im Vordergrund steht der vernünftige und verantwortungsvolle Umgang. „Teil der Behandlung ist die Kompetenzmitnahme", sagt Klaus Wölfling, „wir wollen miteinander herausbekommen, welche positiven Effekte das Spielen auf den Einzelnen hat und was er daraus lernen kann." Im realen Leben ebenso charmant flirten zu können wie in der virtuellen Welt, zum Beispiel. Oder eine echte Gruppe so effizient zu führen wie einen Clan in „WoW". Es gilt zu lernen, positive Aspekte im realen Leben umzusetzen. […]

Trotz seiner Erfahrungen sind Computerspiele für den Psychogen kein Teufelszeug – er befürchtet jedoch eine wachsende Zahl von Heranwachsenden, die dem Sog des Digitalen nichts Reales entgegenzusetzen haben.

Grohé, Moses: Gamer-Suchtambulanz: Computerspieler auf Entzug, in: Der Spiegel vom 30.04.2008

Der Sog des virtuellen Netzes

Auch Nichtspieler sind nicht davor gewappnet, internetsüchtig zu werden.

3 bis 7 % aller Onlinenutzer gelten als internetsüchtig; insbesondere Jugendliche unter 18 Jahren neigen zum exzessiven Chatten, Surfen und Spielen (hiervon gelten ca. 8 % als süchtig).

Meistens stecken hinter Internetsucht psychische Probleme: Depressionen, soziale Ängste, Einsamkeit, Kontaktscheu, Schulangst. Doch auch handfeste soziale und wirtschaftliche Probleme spielen eine Rolle, wie Arbeitslosigkeit, mangelnde soziale Anerkennung, Schulprobleme.

Merkmale einer Internetsucht können sein:

■ Ein Großteil der Zeit wird im Internet verbracht, wobei die Kontrolle über die Zeit verloren geht.

■ Es kommt zu Entzugserscheinungen wie wachsende Nervosität, Angst, Schlaflosigkeit.

■ Soziale Kontakte, berufliche Verpflichtungen und Hobbys werden vernachlässigt.

Zu den therapeutischen Strategien gehören vor allem verhaltenstherapeutische Maßnahmen:

■ Zeitpläne erstellen (und einhalten!), um die Zeit, die man im Internet verbringt, zu verringern und zu kontrollieren

■ Aufbau eines alternativen Freizeit- und Sozialverhaltens

■ Überwindung psychischer Probleme, die die Internetsucht mitverursacht haben – möglicherweise mithilfe eines Therapeuten

Eine andere Gefahr für Internetsucht ist die **Internetpornografie**. Hiervon betroffen sind vor allem Männer im Alter von 30 bis 50 Jahren. Betroffene halten sich einen Großteil ihrer Zeit auf pornografischen Webseiten auf. Oft leidet darunter das Sexualleben in der Realität – wenn es denn überhaupt noch stattfindet. Die Kontaktaufnahme zu potenziellen Partnerinnen und Partnern wird aufgrund unrealistischer Erwartungshaltungen und des daraus resultierenden Erfolgsdrucks zudem massiv erschwert.

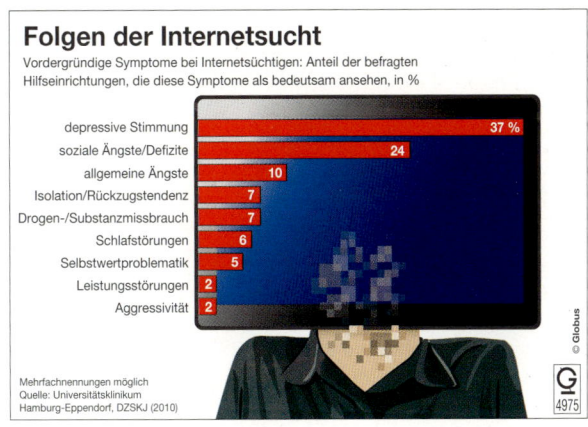

Folgen der Internetsucht

Vordergründige Symptome bei Internetsüchtigen: Anteil der befragten Hilfseinrichtungen, die diese Symptome als bedeutsam ansehen, in %

Symptom	%
depressive Stimmung	37 %
soziale Ängste/Defizite	24
allgemeine Ängste	10
Isolation/Rückzugstendenz	7
Drogen-/Substanzmissbrauch	7
Schlafstörungen	6
Selbstwertproblematik	5
Leistungsstörungen	2
Aggressivität	2

Mehrfachnennungen möglich
Quelle: Universitätsklinikum Hamburg-Eppendorf, DZSKJ (2010)

© Globus 4975

Arbeitsvorschläge

1 *Erstellen Sie ein persönliches Medientagebuch der letzten zwei Wochen, in dem Sie den Wochentagen das Medium, die Nutzungsdauer und die Tätigkeit zuordnen. Beurteilen Sie für sich den individuellen Nutzen und vergleichen Sie das Ergebnis in der Klassengemeinschaft.*

2 *Schreiben Sie einen Leserbrief zu dem Thema „Internetsucht". Lesen Sie hierzu den Beitrag von Moses Grohé (S. 122) (siehe Kompetenzbaustein K14).*

3 *Warum übt das Internet Ihrer Meinung nach eine so starke Anziehungskraft auf die Nutzer aus? Nennen Sie fünf Argumente.*

5.7   Pornografie und Gewalt im Netz

Das Internet bietet wunderbare Möglichkeiten zur Vernetzung, Kommunikation und Wissens-vermittlung. Doch einen Klick weit entfernt finden sich Seiten, die Gewalt verherrlichen und pornografische, zum Teil menschenverachtende Bilder und Videos enthalten. Viele dieser Seiten sind eigentlich erst ab 18 Jahren zugänglich: Doch wird diese Vorgabe in der Regel nicht kontrolliert. Jeder 14-Jährige kann unter Angabe eines falschen Namens bekunden, 18 zu sein. Da Kinder und Jugendliche neugierig sind, geraten sie auch auf Seiten mit gewaltpornografi-schen und anderen jugendgefährdenden Inhalten.

Zahlen und Fakten für Deutschland

45,4 % der Jugendlichen zwischen sechzehn und neunzehn Jahren konsumieren einmal im Monat Pornos, 9,9 % davon täglich. 32,6 % nutzen pornografische Inhalte weniger als einmal im Monat und 22,1 % nie. Der Erstkontakt liegt bei 50 % im Alter zwischen zwölf und vierzehn Jahren.

Grimm, Petra u. a.: Porno im Web 2.0, NLM-Band 25, 2012, Niedersächsische Landesmedienanstalt, S. 2 f.

Mädchen nutzen deutlich seltener pornografische Angebote als Jungen. Nach einer Umfrage des Kriminologischen Forschungsinstituts Niedersachsen von 2005 konsumierten über 90 % der Mädchen nie Pornos, gegenüber nur 40 % der Jungen. 0,3 % der Mädchen konsumierten täglich Pornos, im Vergleich zu 7,9 % der Jungen.

Stark umstritten sind die Auswirkungen des Konsums von Pornografie auf Jugendliche. Während einige Forscher von einer „Generation Porno" sprechen und einen Verlust der Fantasie beklagen, zeigen die Ergebnisse anderer Studien, dass Jugendliche in aller Regel sehr wohl genügend Medienkompetenz besitzen, um zwischen Realität und Inszenierung in pornografi-schen Darstellungen unterscheiden zu können. Dennoch spielen diese Darstellungen in die Sexualität der Menschen, insbesondere von Jugendlichen, hinein: „Die entscheidende Frage ist die Frage nach der Normalität", so Michael Niggel, der als Sozialpädagoge bei Pro Familia mit Jugendlichen zum Thema „Pornografie" arbeitet (vgl.: Jugend: Verlust der Phantasie, in: Der Spiegel vom 27.05.2010). Vor allem Mädchen wollen wissen, was in der Sexualität als „normal" gilt, da pornografische Fotos und Videos durchaus neue Normen gesetzt haben. Als weiteres Problem kommt die häufig erniedrigende Darstellung von Frauen und Mädchen hinzu, die auch die niedrige Akzeptanz von Pornografie bei Mädchen und Frauen erklärt. Hier ist ein gesamtgesellschaftlicher Prozess vonnöten und zum Teil auch im Gang, der diese oft menschenfeindlichen Rollenmuster hinterfragt. Aufgabe von Eltern und Gesellschaft bleibt es indessen, Kinder und Jugendliche vor Gewaltpornografie und anderen Darstellungen von Gewalt zu schützen.

Jugendmediengesetz

Der „Staatsvertrag über den Schutz der Menschenwürde und den Jugendschutz in Rundfunk und Telemedien" (JMStV) ist ein Vertrag zwischen allen deutschen Bundesländern, der 2003 in Kraft getreten ist.

Der JMStV soll den Schutz von Kindern und Jugendlichen vor Angeboten in Rundfunk und Telemedien – hierzu zählt auch das Internet – gewährleisten, die deren Entwicklung beeinträchtigen oder gefährden. Darüber hinaus umfassen die Regelungen den Schutz aller – also auch der Erwachsenen – vor Angeboten in Rundfunk und Telemedien, die die Menschenwürde oder sonstige durch das Strafgesetzbuch geschützte Rechtsgüter verletzen. Der Vertrag geht also über den reinen Jugendschutz hinaus. Dabei steht im JMStV der Gedanke der Selbstkontrolle der Medien im Vordergrund. Problematisch ist, dass sich diese Forderung natürlich nur an die deutschen Betreiber von Internetseiten richtet, das Internet aber naturgemäß viele internationale Betreiber hat und viele deutsche Betreiber zudem auf eine Domain im Ausland ausweichen.

Inhalte des JMStV sind u. a.:

- Regelungen zu unzulässigen Angeboten (§ 4 JMStV)
- Regelungen zu entwicklungsbeeinträchtigenden Angeboten (§ 5 JMStV)
- Jugendschutz in Werbung und Teleshopping (§ 6 JMStV)
- Jugendschutzbeauftragte (§ 7 JMStV)
- Jugendschutzprogramme und Kennzeichnungspflichten bei Telemedien (§§ 11 f. JMStV)
- Sperrverfügungen (§ 20 Abs. 4 JMStV i. V. m. § 59 Abs. 4 RStV)

Die Einhaltung des JMStV wird durch die zuständigen Landesmedienanstalten bzw. durch die Kommission für Jugendmedienschutz (KJM) überprüft.

Hilfreich sind Meldeseiten im Internet, etwa die Webseite www.jugendschutz.net. Jugendschutz.net wurde 1997 von den Fachministern aller Bundesländer gegründet, um „jugendschutzrelevante Angebote im Internet zu überprüfen". Bei Verstößen weist Jugendschutz.net den Anbieter im Rahmen der freiwilligen Selbstkontrolle auf den Verstoß hin und informiert die Kommission für Jugendmedienschutz, damit diese eventuell weitere Maßnahmen treffen kann. Auf der Webseite können auch jugendgefährdende Seiten sowie Seiten, die die Menschenwürde verletzen, gemeldet werden.

Arbeitsvorschläge

1   Beurteilen Sie das Jugendmediengesetz in seiner Wirksamkeit und begründen Sie Ihre Meinung.

2   Wie bewerten Sie den leichten Zugang zu Pornografie im Internet für Jugendliche?

5.8   Lernen und Arbeit: Wie das Internet unsere Welt verändert

Das Internet hat schon längst unsere Arbeitswelt verändert. Über weite Entfernungen hinweg tauschen Menschen Ideen und Projekte aus. Das ermöglicht innovative Formen der Kooperation und Arbeitsteilung. Es sind Teams und Arbeitsgemeinschaften entstanden, die via Skype und Chat über Ländergrenzen hinweg zusammenarbeiten. Andererseits ermöglicht das Internet auch die Auslagerung wichtiger Arbeiten ins Ausland. Dadurch haben Outsourcing und Globalisierung längst alle Branchen, auch Dienstleistungsbetriebe, erfasst. Dies ist nicht immer unproblematisch. Der Druck auf die Löhne in Deutschland hat zugenommen, ebenso prekäre Arbeit ohne festen Arbeitsvertrag, die am Computer zu Hause erledigt werden kann.

Der Internetexperte Ulrich Klotz nennt ein Beispiel für neue Arbeitsformen, die durch das World Wide Web entstanden sind:

Arbeit ohne Arbeitsplatz – ist das die neue Arbeit?

Ein globaler IT-Konzern plant eine „Verflüssigung" seiner Arbeitsstrukturen durch weitgehenden Verzicht auf festangestellte Mitarbeiter. Künftig sollen Projekte in kleinste Arbeitspakete zerlegt und via Internet weltweit ausgeschrieben werden. Um diese globalen Minijobs kann sich jeder bewerben, auch die ehemaligen Angestellten des Konzerns. Die weltweit verstreuten Auftragnehmer kooperieren dann via Internet in „Talent Clouds". Bei dieser Art von „Crowdsourcing" verschwindet nicht die Arbeit, aber der feste Arbeitsplatz. Dabei werden sozialpartnerschaftliche Modelle und nationalstaatliche Einwirkungsmöglichkeiten, etwa beim Arbeitsrecht, durch die Spielregeln privater Konzerne ersetzt.

Wir befinden uns in einer Übergangsphase, in der verschiedene Arbeitsformen und auch unterschiedliche Kulturen von Arbeit nebeneinander koexistieren. Die Situation ist ähnlich wie zu Beginn der Industrialisierung: Damals ließen neue Techniken – Dampfmaschine, Eisenbahn, Fließband usw. – ganz allmählich

das entstehen, was wir heute als „Arbeit" kennen. Seit dem Aufkommen der Computer in den Siebzigerjahren wird Arbeit wiederum neu definiert: Immer mehr Menschen können überall und jederzeit arbeiten, dabei verschwimmen die Grenzen zwischen Arbeits- und Freizeit, zwischen Arbeits- und Wohnort, zwischen Arbeit und Lernen, zwischen Abhängigkeit und Selbstständigkeit, zwischen Produzenten und Konsumenten. Arbeit bezeichnet wieder das, was man tut, nicht, wohin man geht. Die Arbeitswelt wird vielfältiger, die Ausnahmen werden zur Regel, das „Normalarbeitsverhältnis" und die „Normalbiografie" sind auf dem Rückzug. Das alles ist zwiespältig, denn die aus den bürokratischen Unternehmenszwängen unfreiwillig Entlassenen werden oft zu Wander-Wissensarbeitern, denen die Fesseln neuer Freiheiten umgelegt werden: ein Höchstmaß an Eigenverantwortung und Selbstorganisation kombiniert mit minimalen Absicherungen und Planbarkeiten.

Klotz, Ulrich: Wie das Internet unsere Arbeitswelt verändert, in: www.dialog-ueber-deutschland.de, hrsg. vom Presse- und Informationsamt der Bundesregierung im Auftrag des Bundeskanzleramtes, abgerufen unter: www.dialog-ueber-deutschland.de/SharedDocs/Downloads/DE/Klotz.pdf.pdf?__blob=publicationFile&v=3 [18.07.2013]

Ulrich Klotz beschreibt weitere tief greifende Änderungen unserer Arbeitswelt durch Open-Source-Gemeinschaftsprojekte. Hierbei schließen sich Programmierer, Wissensarbeiter und andere zusammen, um neue Projekte für die Gemeinschaft auf freiwilliger Basis zu realisieren. Das Betriebssystem Linux ist so entstanden und der Internetbrowser Firefox, außerdem Wikipedia, eine Wissensplattform, die vom Engagement ihrer Nutzer lebt. Wissen wird nicht mehr nach der Devise „Wissen ist Macht" gehortet und für sich behalten, sondern gerne geteilt und weitergegeben, zum Nutzen aller. Die Mitarbeiter an solchen Projekten bringen sich ein aus Freude an der gemeinschaftlichen Arbeit und aus Überzeugung, dass ihr Tun sinnvoll ist – aber sicherlich auch wegen der Wertschätzung, die ihnen für ihr Engagement entgegengebracht wird.

Diese neuen Strukturen lassen sich kaum mit den alten hierarchischen Strukturen der Industriegesellschaft vereinbaren. Es ist möglich und wäre wünschenswert, dass die Open-Source-Gemeinschaften, ja, überhaupt das auf Austausch angelegte Web 2.0 langfristig unsere Organisation von Arbeit verändern: hin zu mehr Austausch, gegenseitiger Wertschätzung, weniger Hierarchien.

Ulrich Klotz schreibt dazu:

In der neuen Gesellschaft wird nicht nur Arbeit neu definiert. Auch das Bild des Menschen wandelt sich. Wenn Menschen nicht mehr wie Maschinenteile arbeiten müssen, dann zählt das, was uns von Maschinen unterscheidet: Kreativität, Emotionen und Intuition.

Klotz, Ulrich: Wie das Internet unsere Arbeitswelt verändert, in: www.dialog-ueber-deutschland.de, hrsg. vom Presse- und Informationsamt der Bundesregierung im Auftrag des Bundeskanzleramtes, abgerufen unter: www. dialog-ueber-deutschland.de/SharedDocs/Downloads/DE/Klotz.pdf.pdf?__blob=publicationFile&v=3 [18.07.2013]

Trotz vieler Chancen einer neuen Arbeitswelt drohen auch Gefahren: Ältere Arbeitnehmer, die mit dem Internet weniger vertraut sind, drohen abgehängt zu werden. Auch Telearbeit von zu Hause aus – eine Zeit lang als innovativ und besonders für Eltern kleinerer Kinder als sinnvoll beschrieben – ist nicht der Weisheit letzter Schluss. Die Mitarbeiter drohen zu vereinzeln: Eine Konferenz per Skype ist immer noch etwas anderes als eine Konferenz im „wirklichen" Leben, der normale Kollegenkontakt bleibt weitgehend aus. Nicht umsonst hat Yahoo-Chefin Marissa Mayer in ihrer Firma die Telearbeit abgeschafft; es herrscht wieder Präsenzpflicht in der Firma.

Ähnlich sieht es mit neuen, zunächst viel gepriesenen Formen des Lernens aus: **E-Learning**, also das Lernen per Computer und im Internet, galt als besonders effektiv. Doch stellte sich dies als Trugschluss heraus. Längst weiß man, dass Lernen in einer realen Gruppe wichtig ist. **Blended Learning** heißt nun der Versuch, das Lernen zu Hause am Rechner mit Phasen echter Treffen im Klassenzimmer zu verknüpfen. Dieses Lernen stellt sich für die meisten Menschen als weit effektiver heraus und verknüpft die Vorteile des E-Learnings – wie Flexibilität, persönliche Zeiteinteilung – mit denen des normalen Lernens in der Gruppe, wo Menschen sich gegenseitig bestärken und unterstützen können.

Arbeitsvorschläge

1 Entwickeln Sie eine Zukunftswerkstatt und klären Sie, wie Sie die Zukunft der Arbeit und damit auch Ihr Leben gestalten wollen (siehe Kompetenzbaustein K27).

2 Das Internet als Wissensspeicher: Welche Chancen sehen Sie, welche Gefahren? Betrachten Sie zur Beantwortung dieser Fragen auch die Karikatur von Christian Born.

3 Was könnten Unternehmen tun, damit ältere Mitarbeiterinnen und Mitarbeiter nicht von den neuen Medien im Arbeitsprozess abgekoppelt werden?

5.9   Urheberrecht im Internet

Das Urheberrecht (UrhG) schützt **geistiges Eigentum** – und gilt natürlich auch im Internet. Dies betrifft Musikdateien, Filme, Bilder und Texte. Die Urheber haben sogenannte Ausschließlichkeitsrechte an ihren Werken. So darf Musik nicht ohne Weiteres auf Tauschbörsen heruntergeladen werden. Bilder dürfen nicht in Blogs oder andere Webseiten eingebunden werden, sonst können recht kostspielige Abmahnungen die Folge sein. Texte dürfen nur verwendet und weiterverbreitet werden, wenn sie entweder gemeinfrei sind – also 70 Jahre nach dem Tod des Autors bzw. Übersetzers – oder wenn der Autor seine Werke hierfür ausdrücklich freigibt. In aller Regel muss dann dennoch sein Name genannt werden. Meist sind diese Texte im Internet als CC (Creative Commons) gekennzeichnet. Auch ist es unter Angabe des Urhebers und der Quelle selbstverständlich erlaubt, Texte zu zitieren.

Ebenso erlaubt sind private Kopien von CDs – etwa als Geschenke im Freundeskreis. Doch wenn man Musik aus dem Internet herunterlädt, sollte man sich unbedingt vergewissern, ob die Datenquelle legal ist. Selbst wenn man anonym auf Tauschbörsen surft, lässt sich aufgrund der IP-Nummer leicht der Internetzugang zurückverfolgen. Der Inhaber des Internetzugangs haftet übrigens auch dann bei Verstößen im Netz, wenn er sie selber nicht begangen hat.

Arbeitsvorschläge

1   *Hat das Urheberrecht im Zeitalter des Internets überhaupt noch eine Bedeutung? Begründen Sie Ihre Meinung.*

2   *Recherchieren Sie zum sogenannten Leistungsschutzrecht und erläutern Sie den Unterschied zum Urheberrecht. Welche Probleme und Konsequenzen sehen Sie?*

Anforderungssituation 6

Schutz von Natur und Umwelt, Ressourcensicherung
und Nachhaltigkeit als politische Herausforderung –
Interdependenz zwischen Ökonomie und Ökologie

6

Kompetenzen

In diesem Kapitel untersuchen Sie Konflikte um Ökologie unter dem Gesichtspunkt der Nachhaltigkeit als wirtschaftspolitische und ökologische Herausforderung. Sie begreifen Nachhaltigkeit als zentrales Prinzip gegenwärtigen und zukünftigen
Handelns vor dem Hintergrund einer globalen Entwicklung.
Dabei erschließen Sie die Ideologien und Strategien staatlicher
und nicht staatlicher Akteure, deren unterschiedliche Interessen Sie einander gegenüberstellen. Abschließend entwickeln
Sie in der Auseinandersetzung mit den möglichen Zielkonflik-
ten eine eigene Position.

Getreide ohne Gift: Forscher treiben Reis das Cadmium aus

Eine neue, künstlich gezüchtete Reissorte nimmt das giftige Element Cadmium kaum noch aus dem Boden auf. Der Fortschritt sei gelungen, indem ein Gen im Erbgut der Pflanze verändert worden sei.

Mit Transportproteinen in ihren Wurzeln nehmen Pflanzen Wasser und Nährstoffe auf. Dabei geraten auch Elemente wie das giftige Cadmium in die Reiskörner, wo sie konzentriert werden. Das Gift schädigt die Nieren, in Japan gibt es ein entsprechendes Krankheitsbild namens Itai-Itai. Cadmium kommt auch natürlich vor und ist nicht zwangsläufig eine Folge von Umweltverschmutzung oder gar illegaler Müllentsorgung.

Ishikawa und Kollegen wollten Reispflanzen untersuchen, in denen vor allem die Aufnahme von Cadmium in der Wurzel gehemmt ist – alle anderen Funktionen sollten unverändert bleiben. Dies lässt sich mit einer Reihe von Mutationsversuchen erreichen. Dafür werden Reiskörner der gewünschten Sorte ei-

ner energiereichen Strahlung ausgesetzt, in diesem Fall einem Strahl stark beschleunigter Kohlenstoff-Ionen. Die schädigen das Erbgut. Die Hoffnung: In einigen Fällen wird dabei jene Erbanlage getroffen, die für den Cadmium-Import zuständig ist. Damit wird sie entweder zerstört oder geschwächt.

Dieser Effekt ließe sich auch mit der radioaktiven Strahlung von Kobalt 60 erzielen, tatsächlich wurden damit viele Nutzpflanzen geschaffen. Die Japaner wählten nun einen Weg, der ohne Radioaktivität auskommt. Die mit Kohlenstoff-Ionen beschossenen Körner ließ Ishikawa auskeimen und die Pflanzen auf ihren Cadmium-Gehalt prüfen. Aus der ursprünglichen Sorte Koshihikari gingen im Labor drei neue, mutierte Pflanzenlinien hervor. Sie alle haben weniger als 0,05 Milligramm Cadmium pro Kilogramm Reis. Bei der ursprünglichen Sorte waren es 1,73 Milligramm pro Kilogramm – mehr als 30-mal so viel.

Axel Bojanowski/dpa: Getreide ohne Gift: Forscher treiben Reis das Cadmium aus, in: Spiegel online, abgerufen unter: www.spiegel.de/wissenschaft/natur/getreide-forscher-zuechten-reis-ohne-cadmium-a-865649.html [18.07.2013] (gekürzt)

Umstrittene Genmais-Studie: Forscher hält Daten unter Verschluss

Die Studie hat Wirbel verursacht: Ratten, die gentechnisch verändertem Mais gefressen hatten, starben angeblich eher an Krebs. Jetzt wollen deutsche und EU-Behörden Daten des umstrittenen Versuchs einsehen. Doch der Leiter der Studie weigert sich – und stellt der EU Bedingungen.

Der Alarmruf eines französischen Forscherteams sorgte für internationale Schlagzeilen: Der Verzehr von gentechnisch verändertem Mais der Sorte NK603 habe bei Ratten zu Krebserkrankungen und einem frühen Tod geführt. Doch andere Experten meldeten prompt erhebliche Zweifel an.

Nina Weber: Umstrittene Genmais-Studie: Forscher hält Daten unter Verschluss, in: Spiegel online, abgerufen unter: www.spiegel.de/wissenschaft/natur/genmais-studie-seralini-will-seine-daten-nicht-an-bfr-und-efsa-geben-a-860809.html [18.07.2013] (gekürzt)

Arbeitsvorschlag

1 Arbeiten Sie aus den beiden Zeitungsartikeln Argumente für und gegen den Einsatz von Gentechnik heraus.

6.1 Klimawandel

Jahr für Jahr richten Naturkatastrophen große gesamtwirtschaftliche Schäden an. Im Jahr 2011 beliefen sich die Schäden auf 380 Milliarden Dollar und es starben 27000 Menschen durch Naturkatastrophen. Im Jahr 2012 gab es die schlimmsten Katastrophen in den USA. Der Hurrikan Sandy verursachte Ende Oktober einen Schaden von ca. 38 Milliarden Euro. Die Schäden durch Stürme, Erdbeben, Überschwemmungen oder Dürren beliefen sich auf ca. 122 Milliarden Euro.

Im Juni 2013 kam es aufgrund extremer Wetterverhältnisse in Mitteleuropa, u. a. auch der Bundesrepublik Deutschland, zu einem Jahrhunderthochwasser.

Die **Zunahme von Naturkatastrophen** lässt darauf schließen, dass der Klimawandel schon in vollem Gange ist und erste Auswirkungen auf unser Leben hat.

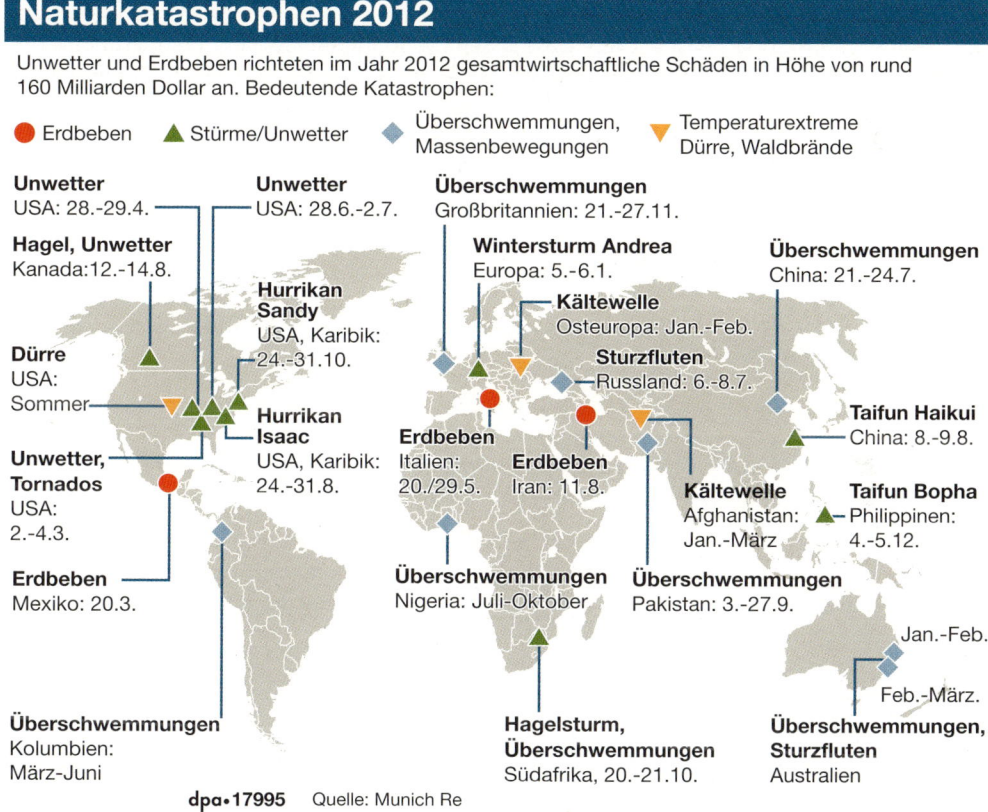

Naturkatastrophen 2012

Unwetter und Erdbeben richteten im Jahr 2012 gesamtwirtschaftliche Schäden in Höhe von rund 160 Milliarden Dollar an. Bedeutende Katastrophen:

● Erdbeben ▲ Stürme/Unwetter ◆ Überschwemmungen, Massenbewegungen ▼ Temperaturextreme Dürre, Waldbrände

Unwetter USA: 28.-29.4.

Hagel, Unwetter Kanada:12.-14.8.

Unwetter USA: 28.6.-2.7.

Überschwemmungen Großbritannien: 21.-27.11.

Wintersturm Andrea Europa: 5.-6.1.

Überschwemmungen China: 21.-24.7.

Hurrikan Sandy USA, Karibik: 24.-31.10.

Kältewelle Osteuropa: Jan.-Feb.

Dürre USA: Sommer

Sturzfluten Russland: 6.-8.7.

Hurrikan Isaac USA, Karibik: 24.-31.8.

Erdbeben Italien: 20./29.5.

Erdbeben Iran: 11.8.

Taifun Haikui China: 8.-9.8.

Unwetter, Tornados USA: 2.-4.3.

Kältewelle Afghanistan: Jan.-März

Taifun Bopha Philippinen: 4.-5.12.

Erdbeben Mexiko: 20.3.

Überschwemmungen Nigeria: Juli-Oktober

Überschwemmungen Pakistan: 3.-27.9.

Jan.-Feb.

Feb.-März.

Überschwemmungen Kolumbien: März-Juni

Hagelsturm, Überschwemmungen Südafrika, 20.-21.10.

Überschwemmungen, Sturzfluten Australien

dpa•17995 Quelle: Munich Re

Klimakatastrophe kommt

Wissenschaftler haben im Auftrag der Vereinten Nationen (UN) einen Klimabericht erstellt, der den Regierungen als streng vertraulicher Entwurf vorliegt. Deutschland werde laut Studie unter bisher unbekannten Hitzewellen und Dürreperioden leiden. Im Sommer könnten die Höchsttemperaturen in den kommenden Jahrzehnten immer wieder deutlich über 40 °C steigen, auch werde es viel häufiger Nächte mit Temperaturen über 20 °C geben, hieß es. Die

Arktis werde im Sommer eisfrei sein. Hinzu kämen weniger Schnee in den Alpen und extrem trockene Sommer im Süden, Südwesten und Nordosten. Die Kosten durch den Klimawandel könnten bis 2050 auf jährlich 27 Milliarden Euro steigen. Mit den Prognosen verbinden die Wissenschaftler unter anderem schwerwiegende Folgen für die Landwirtschaft.

Bayern ohne Gletscher
Auch die Auswirkungen auf die Alpen seien groß. Kleine Gletscher werden verschwinden, während größere Gletscher um bis zu 70 % abschmelzen, allein bis zum Jahr 2050.

Klimaveränderung und Treibhauseffekt

Bei einem Treibhaus macht man sich den wärmespeichernden Effekt der Glasscheiben zunutze, um auch in kälteren Zeiten Obst, Gemüse und Blumen wachsen zu lassen.

Treibhauseffekt
Unter Treibhauseffekt versteht man die Erwärmung der unteren Atmosphäreschichten unter dem Einfluss von Treibhausgasen. Diese Gase lassen die Sonnenenergie ungehindert passieren, absorbieren aber einen Teil der von der Erdoberfläche abgegebenen Wärmestrahlung und strahlen sie wieder nach unten ab. Ohne diesen natürlichen Treibhauseffekt wäre es auf der Erde um ca. 30 °C kälter. Dieser natürliche Treibhauseffekt ist Voraussetzung für Entstehung und Erhaltung des irdischen Lebens.

Bedenklich ist dagegen der zusätzliche, vom Menschen verursachte (anthropogene) Treibhauseffekt, der auf die Zunahme der Spurengase zurückzuführen ist. Nach Auffassung von Wissenschaftlern beruht der zusätzliche Treibhauseffekt auf Emissionen zu

- 64 % auf Kohlendioxid (CO_2),
- 20 % auf Methan (CH_4),
- 10 % auf Fluorkohlenwasserstoffe (**FCKW**),
- 6 % auf Lachgas (N_2O) und weiterer Spurengase.

Als Folge des anthropogenen Treibhauseffekts wird eine stärkere Erwärmung der Erdatmosphäre erwartet (die mittlere Oberflächentemperatur nahm von 1900 bis 1992 um 0,5–0,7 °C zu).

Nach Einschätzung von Experten wird deshalb die globale Mitteltemperatur um 1,4–5,5 °C ansteigen. Im Mittelmeerraum wird es infolgedessen zu verheerenden Trockenperioden kommen. Der Norden Europas wird mit Hochwasser und Sturmfluten zu kämpfen haben.

Quellen für die Emissionen

Ursache für die steigende Emission von CO_2 sind besonders die Verbrennung fossiler Energieträger (Erdöl, Erdgas, Kohle), Abgase aus Industriebetrieben, Verkehr und aus der Landwirtschaft sowie die Vernichtung von Wald, v. a. von Regenwald.
Methan entsteht bei Fäulnisprozessen in Sümpfen und Reisfeldern, beim Wiederkäuen und beim Ausscheiden der Rinder, in Mülldeponien und Klärschlamm.
Fluorkohlenwasserstoffe (FCKW) wurden früher als Kältemittel in Kühlschränken, Klimaanlagen sowie Treibmittel in Spraydosen verwendet. Sie sind seit 1995 verboten, weil sie die Ozonschicht zerstören.
Stickstoffdioxid (NO_2) entsteht bei der Anwendung mineralischer Dünger und bei der Verwendung fossiler Energie (Straßenverkehr).

Beim Thema „Klimawandel" spielt das Treibhausgas Kohlendioxid (CO_2) die entscheidende Rolle. Doch das bislang stärkste bekannte Treibhausgas ist Schwefelhexafluorid (SF_6). Es hat eine 23900-mal höhere klimaschädigende Wirkung als CO_2. Die folgende Grafik zeigt, wo dieses Treibhausgas bevorzugt entsteht.

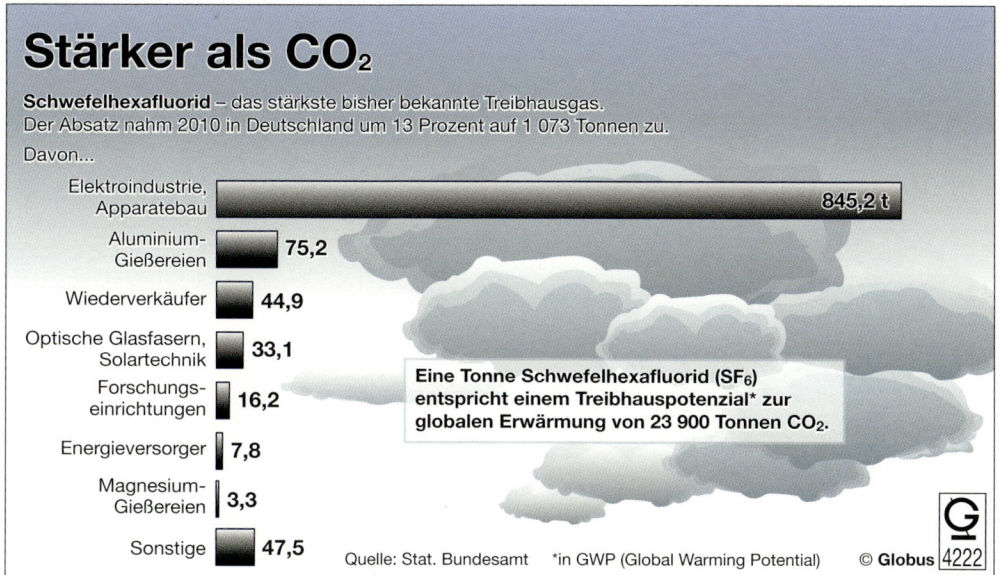

Stärker als CO₂

Schwefelhexafluorid – das stärkste bisher bekannte Treibhausgas.
Der Absatz nahm 2010 in Deutschland um 13 Prozent auf 1 073 Tonnen zu.
Davon...

Elektroindustrie, Apparatebau	845,2 t
Aluminium-Gießereien	75,2
Wiederverkäufer	44,9
Optische Glasfasern, Solartechnik	33,1
Forschungs-einrichtungen	16,2
Energieversorger	7,8
Magnesium-Gießereien	3,3
Sonstige	47,5

Eine Tonne Schwefelhexafluorid (SF₆) entspricht einem Treibhauspotenzial* zur globalen Erwärmung von 23 900 Tonnen CO₂.

Quelle: Stat. Bundesamt   *in GWP (Global Warming Potential)   © **Globus** 4222

Sommersmog

Oben zu wenig, unten zu viel – diese Ozonfaustregel ist inzwischen weithin geläufig. In der Stratosphäre (über 10 km Höhe) schützt das Ozon die Erde vor der gefährlichen UV-Strahlung. In der Troposphäre, in der Luftschicht bis 10 km über der Erde, wirkt Ozon auf Pflanzen, Tiere und Menschen als Gift.

Seit mehreren Jahren vergeht kein Sommer ohne Ozonalarm. An bis zu 100 Tagen pro Jahr registrieren die Messstellen erhöhte Werte des Reizgases.

Die Kenndaten der zehn größten CO₂-Emittenten				
Land	Index-platzierung 2012	2013	Anteil an den weltweiten CO₂-Emissionen	Anteil an der Erd-bevölkerung
Deutschland	6	8	2,34 %	1,19 %
Indien	18	24	4,94 %	17,15 %
Brasilien	14	33	4,19 %	2,85 %
Indonesien	32	36	2,33 %	3,51 %
USA	50	43	16,26 %	4,54 %
Japan	42	47	3,52 %	1,86 %
Korea	44	51	1,73 %	0,71 %
China	55	54	21,42 %	19,71 %
Russland	54	56	4,84 %	2,07 %
Kanada	57	58	1,65 %	0,50 %
Summe			**63,26 %**	**54,14 %**

Germanwatch (Hg.): Klimaschutz-Index 2013, abgerufen unter: http://germanwatch.org/de/5697 [30.09.2013] (Auszug)

Der Straßenverkehr schafft die Voraussetzung für die Ozonentstehung. Er ist in der Bundesrepublik mit Abstand die Hauptquelle des Stickstoffdioxids (NO_2) in der Luft. Sonnenlicht spaltet diese Verbindung bei der sogenannten Fotodissoziation in Stickstoffmonoxid (NO) und atomaren Sauerstoff (O) auf. Zusammen mit dem zweiatomigen Sauerstoff in der Luft (O_2) formen die sich zum fatalen Dreier (O_3). Das Ozonloch in der Stratosphäre verstärkt diese ungesunde

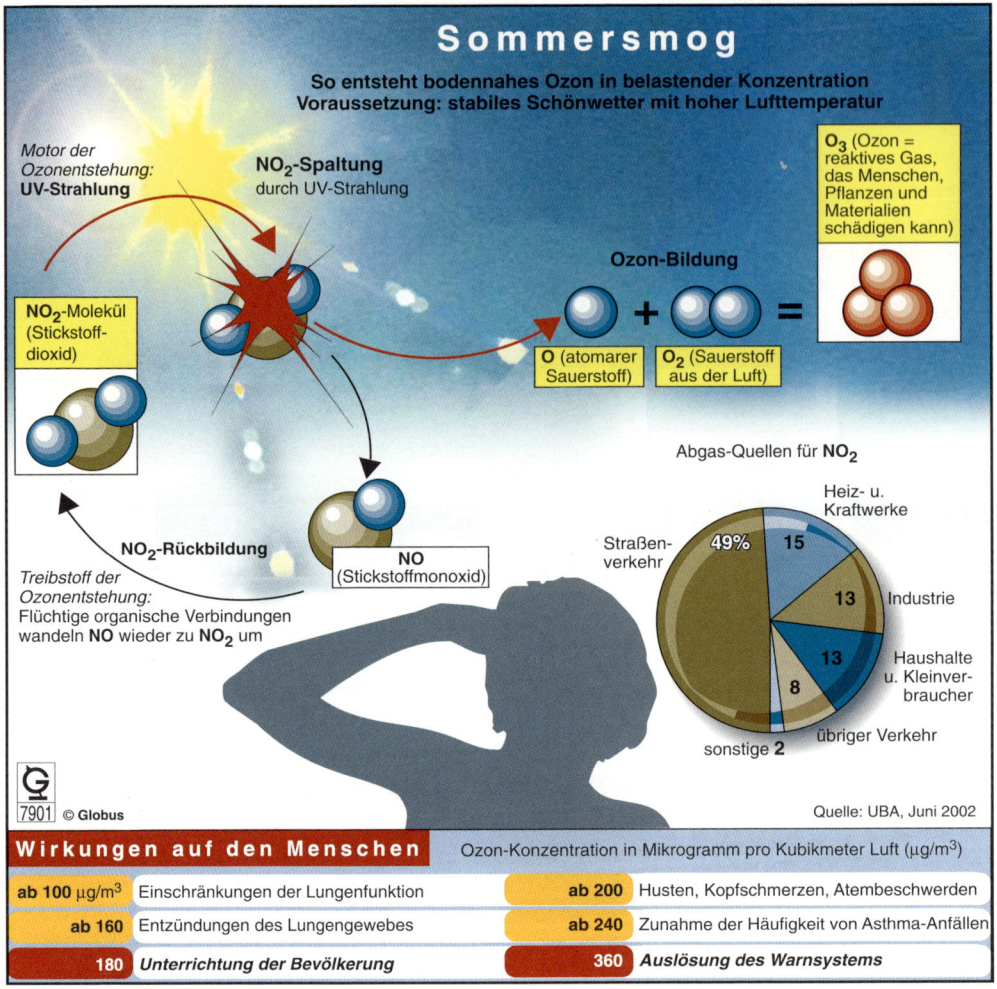

Sommersmog

So entsteht bodennahes Ozon in belastender Konzentration
Voraussetzung: stabiles Schönwetter mit hoher Lufttemperatur

Motor der
Ozonentstehung:
UV-Strahlung

NO$_2$-Spaltung
durch UV-Strahlung

O$_3$ (Ozon =
reaktives Gas,
das Menschen,
Pflanzen und
Materialien
schädigen kann)

Ozon-Bildung

NO$_2$-Molekül
(Stickstoff-
dioxid)

O (atomarer
Sauerstoff)   **O$_2$** (Sauerstoff
aus der Luft)

NO$_2$-Rückbildung

Treibstoff der
Ozonentstehung:
Flüchtige organische Verbindungen
wandeln **NO** wieder zu **NO$_2$** um

NO
(Stickstoffmonoxid)

Abgas-Quellen für **NO$_2$**

Heiz- u.
Kraftwerke

Straßen-
verkehr   **49%**   15

13   Industrie

13   Haushalte
u. Kleinver-
braucher

8

sonstige **2**   übriger Verkehr

Quelle: UBA, Juni 2002

7901 © Globus

Wirkungen auf den Menschen		Ozon-Konzentration in Mikrogramm pro Kubikmeter Luft (μg/m³)	
ab 100 μg/m³	Einschränkungen der Lungenfunktion	**ab 200**	Husten, Kopfschmerzen, Atembeschwerden
ab 160	Entzündungen des Lungengewebes	**ab 240**	Zunahme der Häufigkeit von Asthma-Anfällen
180	*Unterrichtung der Bevölkerung*	**360**	*Auslösung des Warnsystems*

chemische Aktivität: Die UV-Strahlung, die vermehrt den defekten Schutzschild passiert, heizt die O$_3$-Produktion in Bodennähe zusätzlich an.

Während die Auswirkungen auf den Menschen noch umstritten sind, sind die negativen Auswirkungen auf Pflanzen längst bewiesen. Das Ozon wirkt als Zellgift. Es zerstört die Wasseraufnahme der Pflanzen, ihre Fotosynthese[1] und ihr Wachstum. Bei Konzentrationen von mehr als 80 mg/m³ (Mikrogramm pro Kubikmeter) Atemluft bekommen die Blätter bereits braune Flecken und sterben ab. In den USA wird das Ozon für Ernteverluste von über einer Milliarde Dollar verantwortlich gemacht.

Gesetzliche Regelungen
Die **Verordnung über Luftqualitätsstandards und Emissionshöchstmengen** ist die unmittelbare Umsetzung europäischer Richtlinien zur Luftreinhaltung in deutsches Recht. Sie trat am 6. August 2010 in Kraft. In der Verordnung wurden u. a. Immissionsgrenzwerte sowie Emissionshöchstmengen für bestimmte Luftschadstoffe festgelegt. Damit sollen die Luftschadstoffe

---

[1] *Fotosynthese = Umwandlung der Luftkohlensäure in Stärke und Zucker durch das Blattgrün der Pflanze mithilfe des Lichtes*

Arsen, Blei, Cadmium, Nickel und Quecksilber, die zusammen mit anderen Stoffen hauptsächlich als Feinstaub auftreten und häufig aus Industrieanlagen stammen, sowie die wichtigsten Bestandteile von Abgasen des motorisierten Verkehrs erfasst werden.

Am 8. Dezember 2007 trat die **Verordnung zum Erlass und zur Änderung von Vorschriften über die Kennzeichnung emissionsarmer Kraftfahrzeuge** (Umweltplakette) in Kraft. Diese ermöglicht die Einrichtung von **Umweltzonen** in Deutschland. Mit der Verordnung soll erreicht werden, dass nur Kraftfahrzeuge mit entsprechender Euro-Abgasnorm und ggf. Katalysator oder Rußfilter in eine Umweltzone einfahren. Umweltzonen sind allerdings umstritten, da in wissenschaftlichen Studien die beanspruchte Verbesserung der Luftqualität nicht nachgewiesen werden konnte.

Arbeitsvorschläge

1   *Stellen Sie eine Rangfolge der Umweltprobleme auf, wie Sie sie sehen.*

2   *Entwickeln Sie ein Szenario zur Klimaentwicklung (siehe Kompetenzbaustein K22).*
Was passiert, wenn sich die Erde durch den Verbrauch fossiler Energien und durch die Emissionen von CO_2 weiter aufheizt? Diskutieren Sie zur Vorbereitung die folgenden Fragen miteinander und recherchieren Sie ggf. weitere Informationen im Internet.

■   *Wie wird sich das Wetter im Norden, in der Mitte und im Süden Europas entwickeln?*

■   *Was passiert mit dem Eis auf Grönland und am Nordpol? Was sind die Folgen?*

■   *Wie werden sich die Gletscher in den Alpen entwickeln? Welche Gefahren sind damit verbunden?*

■   *Wird sich die Höhe des Meeresspiegels verändern?*

■   *Wird es in Südeuropa noch wärmer?*

■   *Sind lang anhaltende Hitzewellen und Trockenperioden zu erwarten?*

■   *Wie hoch sind die Kosten der Klimafolgeschäden und Naturkatastrophen im Jahr?*

■   *Welchen Einfluss haben die Klimaveränderungen auf die menschliche Gesundheit?*

■   *Welche Länder sind von den Klimaveränderungen am stärksten betroffen?*

3   *Untersuchen Sie mithilfe von Text und der Grafik im Lehrbuch, wie das Reizgas Ozon entsteht und welche Auswirkungen es hat. Beschreiben Sie den Vorgang mit eigenen Worten.*

6.1.1 Energieverbrauch

Durch die Verbrennung fossiler Energien wird neben anderen Schadstoffen CO_2 freigesetzt – Ursache der Klimaveränderung. Auf der anderen Seite steht die Erkenntnis, dass sich ohne Energie nichts bewegt.

Die ausreichende Verfügbarkeit von nutzbarer Energie ist Voraussetzung für Wohlstand und Entwicklung. Unsere Mobilität, unsere medizinische Versorgung, unsere Sicherheit, die gesamte industrielle und gesellschaftliche Infrastruktur sind extrem abhängig von Energie. Was das plötzliche Fehlen auch nur einer Energieform, nämlich des elektrischen Stroms, für entwickelte Länder bedeutet, haben Stromausfälle in den USA, in England und Italien gezeigt. Das Klimaproblem wäre leichter lösbar, wenn man auf die Nutzung fossiler Energien verzichten und auf andere Energieträger ausweichen könnte. Aber das ist in naher Zukunft nicht zu erwarten.

Energieverbrauch weltweit

Der globale Energieverbrauch steigt permanent an. Die Internationale Energieagentur IEA prognostiziert für das Jahr 2035 einen Bedarf von 17,197 Mrd. Tonnen Öläquivalente weltweit. Das sind 4,467 Mrd. Tonnen Öläquivalente mehr als im Jahr 2010. In den sich rasant entwickelnden Ländern wie China nimmt die Nachfrage besonders stark zu. Bis 2035 wird sich der Bedarf in China vervierfachen. Gleiche Tendenzen sind für Indien und den Nahen Osten vorhergesagt. Die Energienachfrage in den OECD-Ländern entwickelt sich im Gegensatz zu diesen Ländern in Maßen.

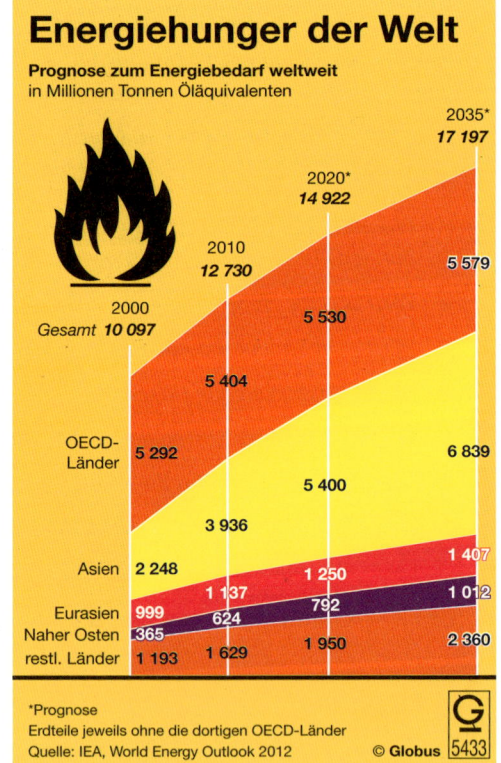

Energieverbrauch in Deutschland

In den Gründerjahren der Bundesrepublik Deutschland deckten Steinkohle und Braunkohle nahezu den gesamten Energiebedarf des Landes. Doch bald schon setzte ein wahrer Ölrausch ein. Öl war im Überfluss vorhanden und zudem wesentlich billiger als die relativ teure heimische Kohle. Im Jahr 1973 deckte das Mineralöl über die Hälfte der Energienachfrage, der Anteil der Kohle war auf rund 30 % gesunken. Dann kamen die Ölkrisen und mit ihnen die weltweiten Bemühungen, Öl zu sparen. Andere Energieträger wurden verstärkt genutzt, so Atomkraft, Erdgas und regenerative Energien.

Laut Berechnung der Arbeitsgemeinschaft für Energieverbrauch hat Deutschland im Jahr 2012 etwas mehr Energie verbraucht als im Vorjahr: Der Verbrauch stieg um 0,8 %. Insgesamt lag der Energieverbrauch in Deutschland im Jahr 2012 bei 461,1 Mio. Tonnen Steinkohleeinheiten. Wichtigste Energieträger waren die Mineralöle, gefolgt von Erdgas, Stein- und Braunkohle.

Deutschlands Energiemix

**Primärenergieverbrauch im Jahr 2012 insgesamt:
461,1 Mio. t SKE* (+ 0,8 % gegenüber 2011)**

davon in %

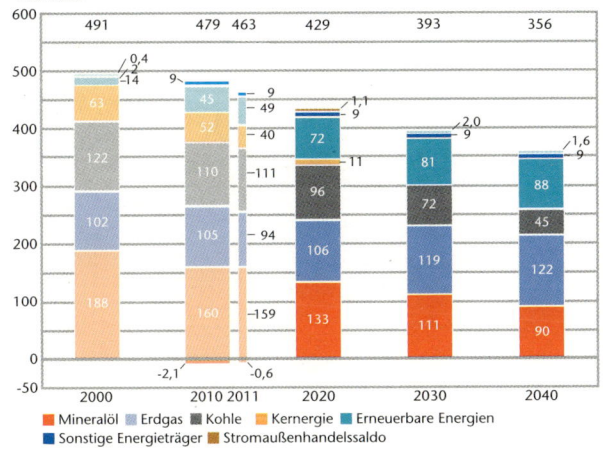

Erdgas 21,0

Mineralöl 33,3 %

Stein-kohle 12,4

Braun-kohle 12,2

Erneuer-bare 11,7

Kern-energie 8,0

sonstige** 1,4

Schätzung
Quelle: AGEB

*Steinkohleeinheiten
**einschl. Strom-Außenhandel

© **Globus** 5442

Der **Stellenwert der erneuerbaren Energien** nimmt zu. Ihr Anteil lag 2012 bereits bei 11,7 %, während die Kernenergie nur noch mit 8 % zum Energiemix beitrug. Bis 2022 möchte Deutschland komplett aus der Energiegewinnung durch Kernkraft aussteigen. Dies ist eine Konsequenz aus der Reaktorkatastrophe von Fukushima im Jahr 2011. Das als **Energiewende** bezeichnete Konzept der Bundesregierung sieht den Ausbau erneuerbarer Energien vor.

Eine Prognose des deutschen Energieverbrauchs (laut Exxonmobil) lässt sich aus der unteren Grafik ablesen.

Primärenergieverbrauch gesamt

Mio. t SKE

491 · 479 463 · 429 · 393 · 356

Legende:
■ Mineralöl ■ Erdgas ■ Kohle ■ Kernergie ■ Erneuerbare Energien
■ Sonstige Energieträger ■ Stromaußenhandelssaldo

Grafik: ExxonMobil Central Europe Holding GmbH (Hg.): Energieprognose 2012–2040, Deutschland, abgerufen unter: http://services.exxonmobil.de/downloads/Energieprognose_2012.pdf [26.09.2013]

Biokraftstoffe

Biokraftstoffe sind flüssige oder gasförmige Kraftstoffe, die aus **Biomasse** hergestellt werden. Gewonnen werden sie aus **nachwachsenden Rohstoffen** von Ölpflanzen, Getreide, Zuckerrüben oder -rohr, Wald- und Restholz, Holz aus Schnellwuchsplantagen, speziellen Energiepflanzen und tierischen Abfällen. Allerdings ist umstritten, ob Biokraftstoffe klimaneutral und in ökologischer Hinsicht vorteilhaft sind.

Perspektiven

Biokraftstoffe könnten die fossilen Kraftstoffe Diesel, Benzin und Erdgas ersetzen. Teilweise müssen Motoren oder Kraftstoffsysteme an die Biokraftstoffe angepasst werden. Biokraftstoffe werden entweder in Reinform oder als Beimischungen zu fossilen Kraftstoffen verwendet. Die EU-Richtlinie 2009/28/EG (Erneuerbare-Energien-Richtlinie) beschreibt und regelt die Verwendung von Biokraftstoffen in Europa. Ein wichtiger Aspekt ist die **Kontrolle der Nachhaltigkeit**, die bei Biokraftstoffen regelmäßig in der Diskussion ist. Die Umsetzung in deutsches Recht erfolgte mit der Biokraftstoff-Nachhaltigkeitsverordnung. Die zukünftige Bedeutung von Biokraftstoffen hängt u. a. von folgenden Faktoren ab:

- Preisentwicklung bei den fossilen Kraftstoffen
- Politische Rahmenbedingungen
- Besteuerung: Steuerermäßigung bei reiner Verwendung
- Regionale und globale Rohstoffpotenziale: Die Größen der nutzbaren Potenziale bestimmen die zukünftige Bedeutung der Biokraftstoffe.
- Rohstoffpreise: Die Rohstoffpreise schwanken teilweise sehr stark.
- Herstellungskosten: Verringerung der Kosten durch neue Verfahren

Besteuerung
Die Besteuerung von Biokraftstoffen ist in Deutschland im **Energiesteuergesetz** (§ 50) geregelt. Als Beimischung in fossilen Kraftstoffen unterliegen Biokraftstoffe dem vollen Steuersatz für Kraftstoffe. Für reine Biokraftstoffe dagegen ist die Energiesteuer reduziert.

Gesetzliche Nachhaltigkeitsanforderungen
Durch die gültige Biomassestrom-Nachhaltigkeitsverordnung und die Biokraftstoff-Nachhaltigkeitsverordnung (Biokraft-NachV) soll eine nachhaltige Produktion sichergestellt werden. In der EU-Richtlinie 2009/28/EG (Biokraftstoffrichtlinie) ist ein verbindlicher Wert von 10 % erneuerbarer Energie im Verkehrssektor bis 2020 festgelegt. Die Einführung des Kraftstoffs E10 mit 10 % Bioethanol statt der bis dahin zugesetzten 5 % stieß auf Akzeptanzprobleme. So befürchten manche Kfz-Besitzer Schäden am Motor durch die Verwendung von E 10, andere wiederum befürchten eine Konkurrenz von Energie- und Nahrungsmittelproduktion.

Was spricht gegen die Verwendung von Biokraftstoffen?
- Negativer Einfluss auf die **Klimabilanz**: Beim agroindustriellen Anbau werden große Mengen an fossilem Treibstoff sowie Stickstoffdünger benötigt, was schlecht für das Klima ist.

- Gefährdung der **Regenwälder**: Diese fallen dem Anbau von Energiepflanzen zum Opfer.

- Konkurrierende Energie-, Futtermittel- und Nahrungsmittelproduktion

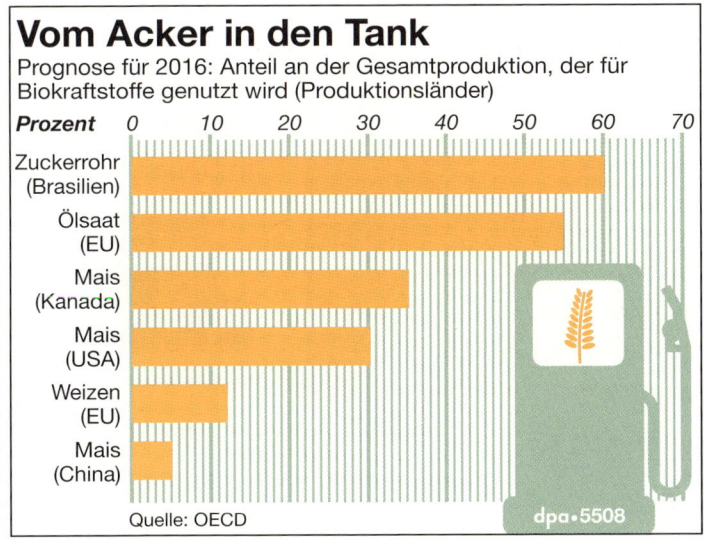

Vom Acker in den Tank

Prognose für 2016: Anteil an der Gesamtproduktion, der für Biokraftstoffe genutzt wird (Produktionsländer)

Prozent 0 10 20 30 40 50 60 70

| Zuckerrohr (Brasilien) |
| Ölsaat (EU) |
| Mais (Kanada) |
| Mais (USA) |
| Weizen (EU) |
| Mais (China) |

Quelle: OECD

dpa•5508

Biokraftstoffe gelten als Rivalen der Lebensmittelproduktion, denn Rohstoffe werden immer öfter für die Produktion von Biosprit verwendet. Die OECD prognostiziert für das Jahr 2016, dass das in Brasilien angebaute Zuckerrohr zu 60 % für Biokraftstoffe verwendet werden wird.

In Deutschland ist eine zunehmende „Vermaisung" der Landschaft zu beobachten: Mais wird angebaut, um Agrogas zu erzeugen. Dies hat folgende Nachteile: Mais bietet nur wenigen Lebewesen Lebensraum und sein Anbau erfordert den Einsatz von Pestiziden.

Kernenergie

Geschichte der Kernkraftwerke in Deutschland

Seit 1961 werden Kernkraftwerke in der Bundesrepublik Deutschland zur Stromerzeugung eingesetzt. Der Versuchsreaktor Kahl bei Aschaffenburg war der erste Reaktor, in dem Atomstrom erzeugt wurde. Mit der Inbetriebnahme des Kernkraftwerkes in Stade begann 1972 die auf Gewinn bedachte Nutzung der Kernenergie. 2001 gab es in Deutschland insgesamt 19 Kernkraftwerke, die zusammen einen Anteil von 29 % an der Stromerzeugung hatten.

Am 26. April 1986 ereignete sich die Reaktorkatastrophe von **Tschernobyl**. Bei einer Simulation eines vollständigen Stromausfalls kam es zu einem unkontrollierten Leistungsanstieg, der zur Explosion des Reaktors führte. Radioaktive Stoffe wurden freigesetzt und kontaminierten hauptsächlich die Region im Nordosten Tschernobyls sowie viele Länder in Europa. Weltweite gesundheitliche Schäden waren bzw. sind die Folgen dieser Katastrophe. Diese Katastrophe und die Frage nach der Endlagerung atomarer Abfälle führten zu massiven Widerständen in der Gesellschaft.

In den 1990er-Jahren wurde von der Bundesregierung ein möglicher **Atomausstieg** eingeleitet. Im Atomkonsens von 2000 wurde eine Vereinbarung über den Restbetrieb der Atomkraftwerke mit einer festgelegten Nettostromerzeugung geschlossen. Das Atomgesetz von 2002 befristete die Laufzeiten der Atomkraftwerke auf 32 Jahre und legte für jedes Atomkraftwerk eine Reststrommenge fest. Diese Reststrommenge wurde 2010 von der Bundesregierung aufgestockt.

Unter dem Eindruck der Reaktorkatastrophe von Fukushima folgte eine neue gesetzliche Regelung, die die Betriebsgenehmigung für acht Kernkraftwerke aufhob. Die verbleibenden Kernkraftwerke werden bis 2022 abgeschaltet.

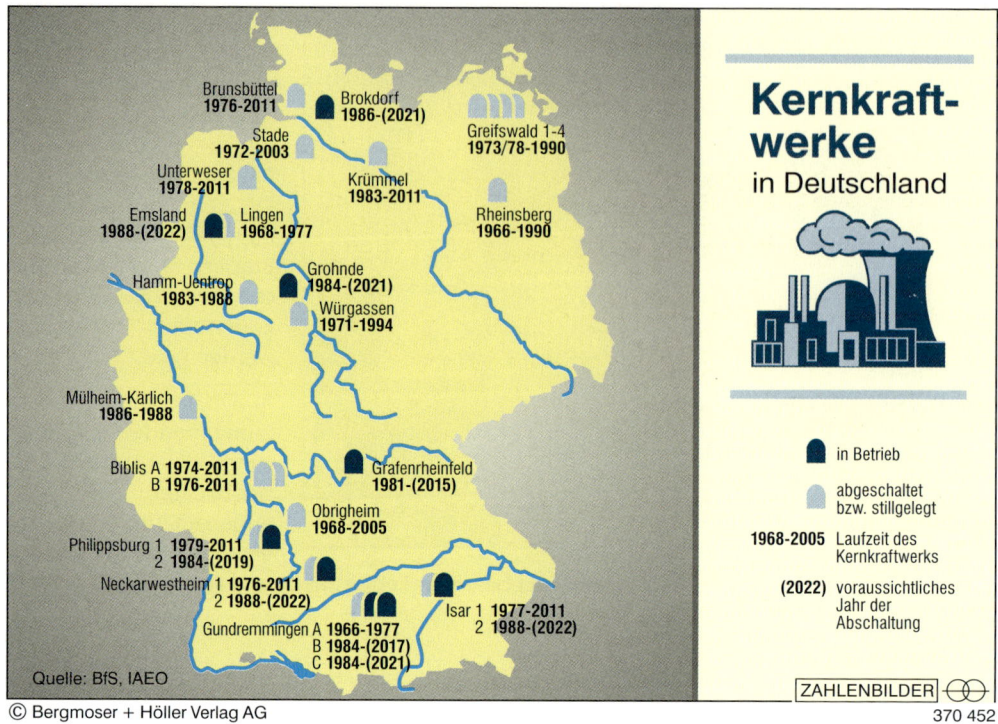

Quelle: BfS, IAEO

© Bergmoser + Höller Verlag AG

370 452

Gewinnung von Kernenergie

Ein Atomkraftwerk ist ein Wärmekraftwerk zur Gewinnung von elektrischer Energie. Die Kernenergiegewinnung findet durch eine kontrollierte Kernspaltung statt. Oft bestehen Kernkraftwerke aus mehreren Blöcken, die unabhängig voneinander arbeiten, denn jeder Block enthält einen eigenen Kernreaktor. Weltweit gibt es ca. 435 Kernreaktoren in etwa 210 Kernkraftwerken. Der Anteil dieser Kernkraftwerke an der weltweiten Stromerzeugung liegt bei ungefähr 11 %.

Bedeutung der Kernenergie in Deutschland

Die Kernenergie in Deutschland leistete in den letzten 50 Jahren einen enormen Anteil zur Stromversorgung. Seit 1961 waren laut der Internationalen Atomenergie-Organisation (IAEO) 30 Atomkraftwerke zur Stromerzeugung eingesetzt. Im Jahr 2011 hatten die Atomkraftwerke in der Bundesrepublik Deutschland einen Anteil von 18 % an der Stromerzeugung. In den Jahren 1997 und 1999 lag der Anteil sogar bei ca. 31 %.

Da sich Kernkraftwerke durch eine große zeitliche Verfügbarkeit für die Stromerzeugung auszeichnen, hatten sie immer eine große Bedeutung für die Versorgung des deutschen Energiemarktes.

Energiewende

Fossile Energielieferanten wie z. B. Kohle und Öl wird es nicht unbegrenzt geben. Und die Gewinnung von Energie durch Atomkraft hat sich als gefährlich erwiesen, zumal unklar ist, wie mit atomaren Abfällen umgegangen werden soll. Gleichzeitig wächst die Menschheit beständig. So können 8, 10 oder sogar 12 Mrd. Menschen in den nächsten Jahrzehnten nicht ausgeschlossen werden. Das Bevölkerungswachstum findet hauptsächlich in den Entwicklungs-

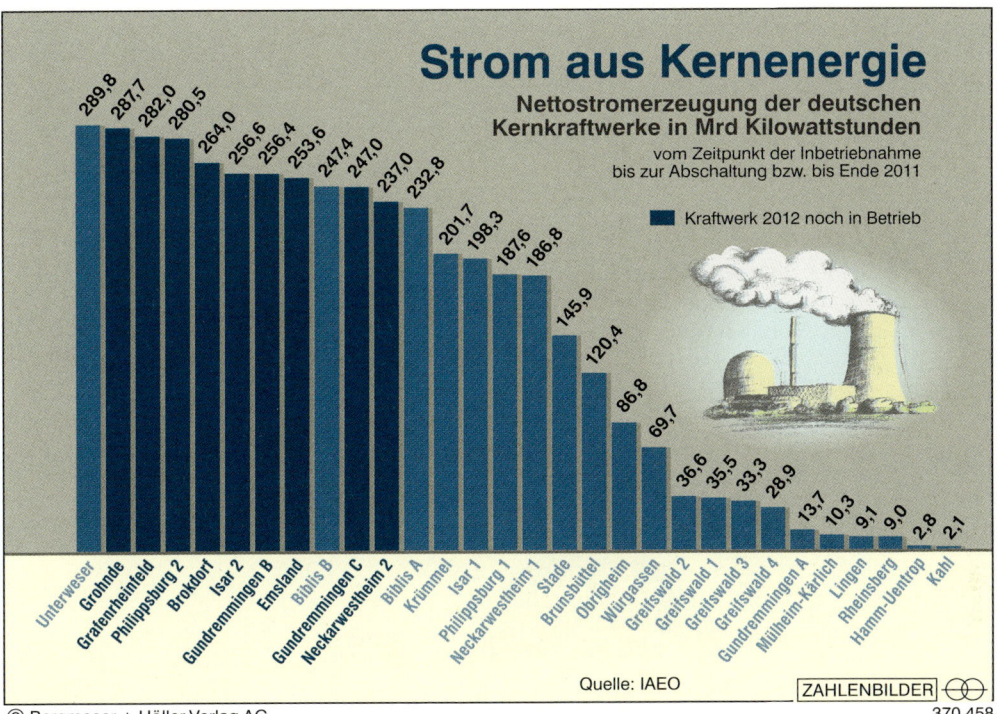

Strom aus Kernenergie

Nettostromerzeugung der deutschen
Kernkraftwerke in Mrd Kilowattstunden

vom Zeitpunkt der Inbetriebnahme
bis zur Abschaltung bzw. bis Ende 2011

■ Kraftwerk 2012 noch in Betrieb

Werte: 289,8 · 287,7 · 282,0 · 280,5 · 264,0 · 256,6 · 256,4 · 253,6 · 247,4 · 247,0 · 237,0 · 232,8 · 201,7 · 198,3 · 187,6 · 186,8 · 145,9 · 120,4 · 86,8 · 69,7 · 36,6 · 35,5 · 33,3 · 28,9 · 13,7 · 10,3 · 9,1 · 9,0 · 2,8 · 2,1

Kraftwerke: Unterweser · Grohnde · Grafenrheinfeld · Philippsburg 2 · Brokdorf · Isar 2 · Gundremmingen B · Emsland · Biblis B · Gundremmingen C · Neckarwestheim 2 · Biblis A · Krümmel · Isar 1 · Philippsburg 1 · Neckarwestheim 1 · Stade · Brunsbüttel · Obrigheim · Würgassen · Greifswald 2 · Greifswald 1 · Greifswald 3 · Greifswald 4 · Gundremmingen A · Mülheim-Kärlich · Lingen · Rheinsberg · Hamm-Uentrop · Kahl

Quelle: IAEO

ZAHLENBILDER

© Bergmoser + Höller Verlag AG   370 458

ländern statt, wo 75 % der Menschen leben. Betrachtet man den Energiebedarf der Menschheit, so entfallen 75 % auf die Einwohner der Industrieländer. Doch auch Länder wie China und Indien holen in punkto Energiebedarf auf.

In diesem Zusammenhang fällt oft der Begriff **Energiewende**.

Unter Energiewende versteht man den Einsatz erneuerbarer Energien in den Bereichen Stromerzeugung, Wärme und Mobilität. Zu den erneuerbaren Energien zählen die Bioenergie (Biomasse), die Wind- und die Wasserenergie.

Arbeitsvorschläge

1   *Erläutern Sie die Grafik „Energiehunger der Welt". Was ist dort dargestellt?*

2   *Beschreiben Sie die Bedeutung der Steinkohle für die heimische Energieversorgung.*

3   *Sind Ersatztreibstoffe zurzeit schon eine echte Alternative zu fossilen Energien?*

4   *Wie ist der zukünftige Energieverbrauch der Entwicklungs- und Schwellenländer (China, Indien, Brasilien) einzuschätzen?*

5   *Wie sind aufgrund der wachsenden Weltbevölkerung ihr Energiebedarf und die Bedarfsdeckung in Zukunft einzuschätzen?*

6   *Welche Rolle werden regenerative Energien im Jahr 2030 voraussichtlich spielen?*

6.1.2 Güterverkehr

Wenn man in Finnland Bananen aus Ecuador kaufen kann, in Ecuador Maschinen aus Deutschland, in Deutschland Kaffee aus Vietnam, in Vietnam DVD-Player aus Japan und in Japan Wodka aus Russland, dann zeigt dies: Die Volkswirtschaften der Welt wachsen zu einer globalen Wirtschaft zusammen. In diesem Zusammenhang spricht man von Globalisierung.

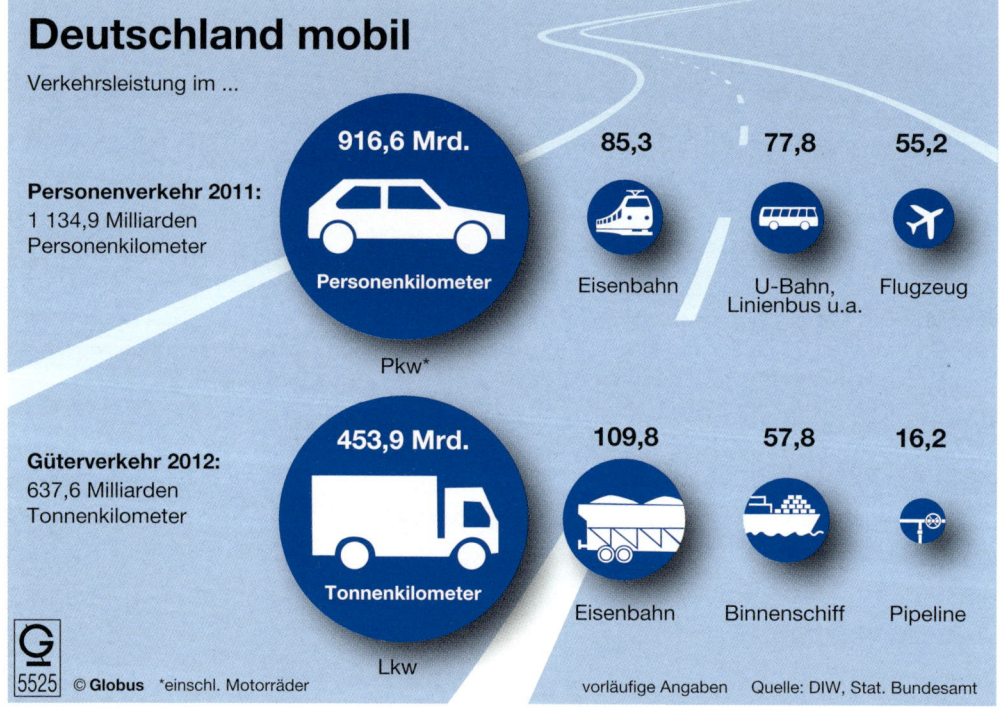

Deutschland mobil

Verkehrsleistung im ...

Personenverkehr 2011:
1 134,9 Milliarden
Personenkilometer

916,6 Mrd.
Personenkilometer
Pkw*

85,3 Eisenbahn

77,8 U-Bahn, Linienbus u.a.

55,2 Flugzeug

Güterverkehr 2012:
637,6 Milliarden
Tonnenkilometer

453,9 Mrd.
Tonnenkilometer
Lkw

109,8 Eisenbahn

57,8 Binnenschiff

16,2 Pipeline

5525 © Globus *einschl. Motorräder   vorläufige Angaben   Quelle: DIW, Stat. Bundesamt

Das Deutsche Institut für Wirtschaftsforschung in Berlin hat berechnet, dass der Pkw einen Anteil von ca. 80 % am **Personenverkehr** hat. Das Auto steht demnach bei der Personenbeförderung an erster Stelle. Flugzeug, Eisenbahn und andere öffentliche Nahverkehrsmittel wie U-Bahn und Linienbusse machen das restliche Fünftel der Personenbeförderung aus. Bei der **Güterbeförderung** sieht es ähnlich aus: Im Nah- und Fernverkehr hat der Lastkraftwagen (Lkw) einen Anteil von 70 % an der gesamten Güterverkehrsleistung. Der Rest der Güterbeförderung erfolgt mit der Eisenbahn, Binnenschiffen oder per Pipeline. Um die Leistungen der unterschiedlichen Beförderungsmittel vergleichbar zu machen, werden die Einheiten Personenkilometer und Tonnenkilometer herangezogen.

Beispiel

5 Personen legen im Pkw eine Strecke von 100 Kilometern zurück. Der Pkw hat damit eine Leistung von 500 Personenkilometern (5 x 100) erzielt. Fahren 50 Menschen in einem Bus 10 Kilometer, so erzielt der Bus die gleiche Leistung von 500 Personenkilometern (50 x 10).

Die Organisation für wirtschaftliche Zusammenarbeit und Entwicklung (OECD) prognostiziert ein weltweites Wachstum an Personenkilometern von bis zu 160 %. Die Ursache des Wachstums ist dadurch begründet, dass die Anzahl der Menschen, die sich ein Auto leisten können, stetig steigt. Diese Tatsache liefert auch die Begründung dafür, dass das Wachstum in den Schwellen- und Entwicklungsländern größer ist als in höher entwickelten Ländern. Gravierender prognostiziert die OECD den Anstieg des Güterverkehraufkommens. Hier wird ein weltweites Wachstum von bis zu 280 % angenommen, wobei auch hier das Wachstum in den Schwellen- und Entwicklungsländern deutlich stärker sein wird als in den OECD-Staaten. Durch den Anstieg der Personen- und Tonnenkilometer und der damit einhergehenden höheren CO_2-Belastung wird die Umweltverschmutzung zunehmen. Eine Möglichkeit zur Eindämmung der Umweltbelastung stellen Motoren dar, die effizientere Leistung erbringen.

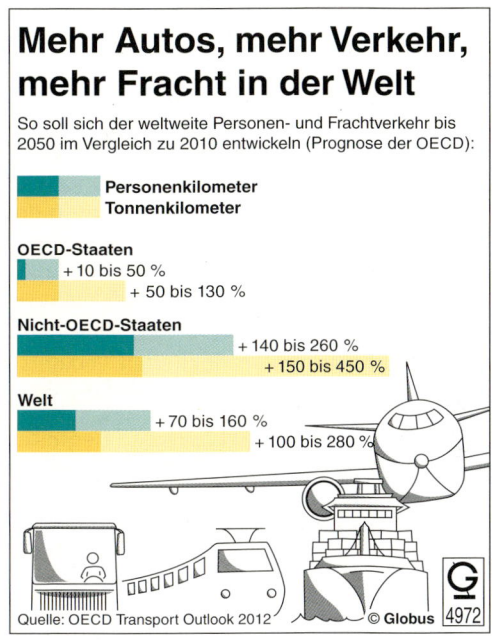

Mehr Autos, mehr Verkehr, mehr Fracht in der Welt

So soll sich der weltweite Personen- und Frachtverkehr bis 2050 im Vergleich zu 2010 entwickeln (Prognose der OECD):

Personenkilometer
Tonnenkilometer

OECD-Staaten
+ 10 bis 50 %
+ 50 bis 130 %

Nicht-OECD-Staaten
+ 140 bis 260 %
+ 150 bis 450 %

Welt
+ 70 bis 160 %
+ 100 bis 280 %

Quelle: OECD Transport Outlook 2012   © Globus 4972

Güterverkehr ohne Ende?

Dass der Güterverkehr in den letzten Jahren erheblich zugenommen hat, wissen vor allem die Autofahrer, die häufig auf der Autobahn unterwegs sind. Die rechte Spur gehört mittlerweile den Lkws.

Diese Zunahme des Güterverkehrs auf der Straße ist deswegen so gravierend, weil die Lkw pro gefahrenem Kilometer deutlich höhere Luftschadstoffemissionen als Pkw verursachen.

Nach allen Prognosen wird der Güterverkehr auch in Europa zukünftig weiter anwachsen, vor allem der grenzüberschreitende Verkehr in Richtung Osten. Ein wesentlicher Grund liegt in der Öffnung der osteuropäischen Nachbarländer für den gemeinsamen Markt.

Nach Aussagen des Bundesverkehrsministeriums soll in Zukunft der umweltfreundlichere **Gütertransport mit der Bahn** gefördert werden.

In diesen Zusammenhang gehört die Förderung des **kombinierten Verkehrs** – einer besonderen Form des Güterverkehrs, bei der die Vorteile des Straßenverkehrs mit den Vorteilen der Transportmittel Eisenbahn oder Schiff kombiniert werden. Dazu werden standardisierte Ladeeinheiten wie Container, Wechselbrücken oder Lkw-Sattelauflieger mit den zu befördernden Gütern bestückt. Die Ladeeinheiten werden dann über längere Distanz auf der Schiene oder Wasserstraße transportiert. An den sogenannten Terminals werden die Ladeeinheiten auf Lkw umgeladen und an ihr Ziel transportiert. Dadurch wird der Lkw nur über eine kurze Strecke eingesetzt.

Mit effizienten Terminals gelingt es, die Vernetzung der Verkehrsträger zu optimieren und Schiene und Wasserstraße vermehrt in die Logistikkette einzubeziehen. Auf diese Weise werden die Straßen entlastet und die Emissionen des Güterverkehrs minimiert. Mittels einer Förderrichtlinie unterstützt die Bundesregierung den kombinierten Verkehr, indem der Bau oder die Erweiterung von Umschlaganlagen finanziell gefördert wird. Deutschlandweit sind mittlerweile mehr als 150 Terminals in Betrieb, in denen entweder Bahn/Lkw, Schiff/Lkw oder Schiff/Bahn/Lkw miteinander verknüpft werden. In der Neufassung der Richtlinie vom 01.01.2012 sollen auch Schiene/Schiene und Wasserstraße/Wasserstraße-Umschläge gefördert werden. Das Aufkommen des kombinierten Verkehrs hat sich in Deutschland seit 1998 mehr als verdoppelt. Der größte Anteil entfällt dabei auf die Kombination Schiene/Straße.

Beim kombinierten Verkehr werden **begleitete und unbegleitete Transporte** unterschieden. Begleiteter kombinierter Verkehr bedeutet, dass eine selbst fahrende Einheit auf einem anderen Verkehrsträger befördert wird und der Fahrer an Bord bleibt. Beispiel dafür sind komplette Lastzüge, die auf Zügen transportiert werden. Beim unbegleiteten kombinierten Verkehr werden die Ladungseinheiten ohne begleitende Fahrzeuge umgeschlagen. Dies macht den größeren Teil des kombinierten Verkehrs aus.

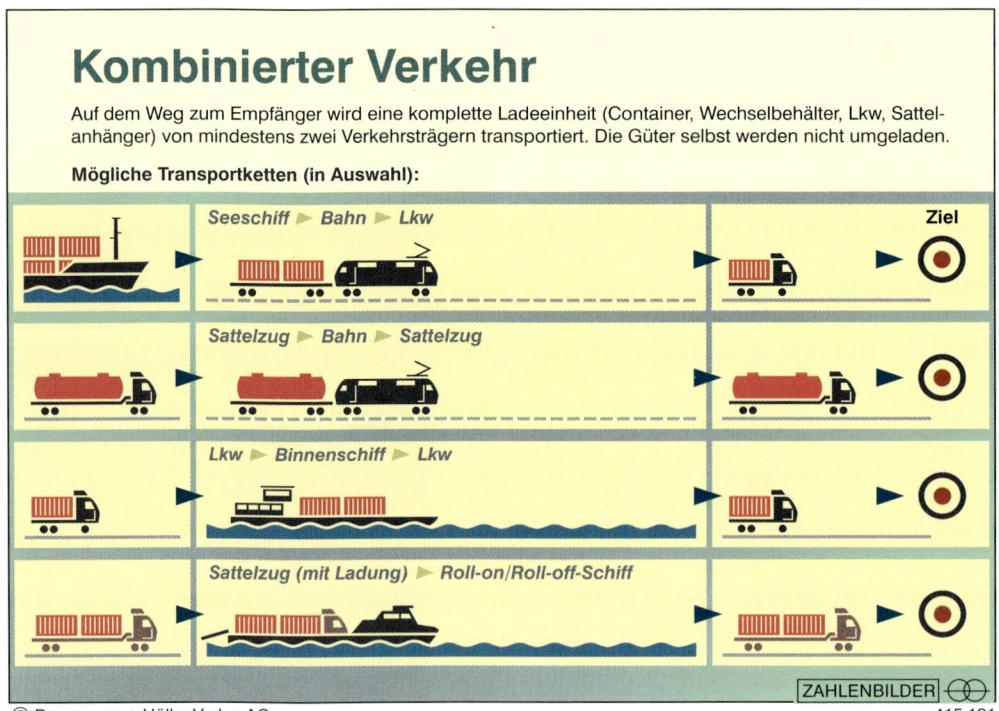

Kombinierter Verkehr

Auf dem Weg zum Empfänger wird eine komplette Ladeeinheit (Container, Wechselbehälter, Lkw, Sattelanhänger) von mindestens zwei Verkehrsträgern transportiert. Die Güter selbst werden nicht umgeladen.

Mögliche Transportketten (in Auswahl):

Seeschiff ▸ Bahn ▸ Lkw   Ziel

Sattelzug ▸ Bahn ▸ Sattelzug

Lkw ▸ Binnenschiff ▸ Lkw

Sattelzug (mit Ladung) ▸ Roll-on/Roll-off-Schiff

ZAHLENBILDER

Just-in-time-Produktion

Da die Kosten für Lagerhaltung in der industriellen Produktion etwa 10 % der Produktionskosten ausmachen, wurde die Lagerbestandssenkung zum zentralen Punkt der Rationalisierung. Just-in-time-Produktion ist ein aktuelles Schlagwort für diese Konzepte.

Mit der Just-in-time-Produktion wird angestrebt, Lieferzeiten erheblich zu verkürzen und auftragsgerecht möglichst eine montagegenaue Anlieferung zum Einbauzeitpunkt zu erreichen. Moderne Kommunikationsmethoden wie das Produktionsplanungssystem (PPS) helfen, dieses Ziel zu erreichen. Der Bedarf, Termin und Kapazität von Vorprodukten wird über dieses System gesteuert. Die Bereitstellung erfolgt über Datenfernübertragung direkt aus dem PPS-System des Herstellers in das Auftragssystem des Lieferanten. Lagerhäuser sind nicht mehr erforderlich. Sie verschieben sich dadurch in Richtung Autobahn. Die Folge: jeden Tag endlose Staus.

> ### Zwischenruf
>
> „Der unnötige und die Umwelt belastende überflüssige Straßenverkehr wird so lange weitergehen, als es billiger ist, an der Nordsee gefischte Krabben nach Marokko zum Schälen zu verfrachten und wieder zurück, als sie vor Ort zu verarbeiten."

Arbeitsvorschläge

1   *Interpretieren Sie die Karikatur auf S. 142 (siehe Kompetenzbaustein K10).*

2   *Die Güterverkehrsleistung wird in Tonnenkilometern (tkm) gemessen. Ein 40-Tonnen-Lkw produziert für ein tkm die dreifache Menge CO_2 gegenüber dem Transport mit der Bahn. Interpretieren Sie unter dieser Voraussetzung die Grafik „Deutschland mobil".*

3   *a   Was versteht man unter Just-in-time-Produktion?*
    b   Sollte man Ihrer Meinung nach die vermehrten Kosten (durch endlose Staus und erhöhte Abnutzung der Straßen) den Verursachern anlasten? Begründen Sie Ihre Meinung.

4   *Kommentieren Sie den Zwischenruf (siehe Kompetenzbaustein K13).*

5   *Bereiten Sie eine Erkundung (siehe Kompetenzbaustein K5) im Supermarkt vor mit dem Ziel, Informationen zu gewinnen, aus welchen Regionen die angebotenen Waren zu uns in den Laden kommen. Entwerfen Sie zur Vorbereitung einen Protokollbogen. Schreiben Sie die Liste in Ihrem Heft fort und überlegen Sie, welche weiteren Artikel Sie untersuchen wollen.*

Produkt	Ort bzw. Land der Herstellung	Entfernung in km
Äpfel	Bodensee	
Pilze	Holland	
Paprika	Spanien	
Blumenkohl	Frankreich	

6.2   Prinzip der Nachhaltigkeit

Auf der UN-Konferenz für Umwelt und Entwicklung in Rio de Janeiro 1992 verständigten
sich 178 Staaten auf das Prinzip einer nachhaltigen Entwicklung. Ihre Empfehlungen
sind in der sogenannten **Agenda 21** nieder-
gelegt.

Ziel der Agenda 21 ist es, durch eine veränderte Wirtschafts-, Umwelt- und Entwicklungspolitik den Bedürfnissen der heutigen
Generation gerecht zu werden, ohne die Lebensbedingungen der nachfolgenden Gene-

»So leben wir, so leben wir, so leben wir alle Tage…«

rationen zu beeinträchtigen. Dieses Ziel der **Generationengerechtigkeit** gliedert sich in ökologische, wirtschaftliche und gesellschaftliche Teilziele auf. Um das Erreichen der Ziele
überprüfen zu können, wurde ein Indikatorensystem entwickelt. Als Indikator für die Ressour-
censchonung dient z. B. die Kennzahl der Rohstoffproduktivität. Zur Ermittlung der Rohstoffproduktivität wird das Verhältnis der volkswirtschaftlichen Gesamtleistung zur Entwicklung des
Rohstoffverbrauchs herangezogen. Als Ziel wurde die Verdoppelung der Wirtschaftsleistung
bei gleichbleibendem Rohstoffeinsatz definiert.

Die Ergebnisse der Bemühungen im Rahmen der Agenda 21 werden alle zwei Jahre in einem
Bericht festgehalten. Diese Berichte belegen, dass einige Ziele bereits erreicht wurden, während
die Umsetzung anderer Ziele noch in weiter Ferne liegt.

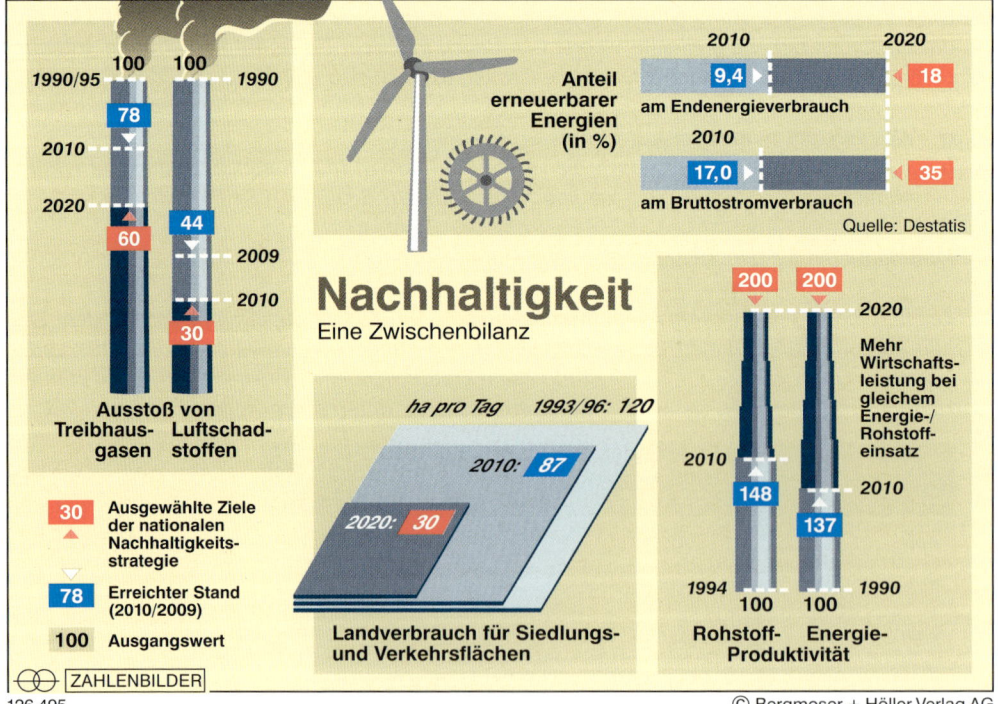

© Bergmoser + Höller Verlag AG

Schutz der Umwelt

Aus der Forstwirtschaft wissen wir, dass man nur so viel Holz einschlagen darf, wie der Wald verkraften, d. h. nachwachsen kann. Der Bestand des Waldes wäre sonst gefährdet. Aber genau das wird heute nicht beachtet, wenn man die tropischen Wälder betrachtet. Die Bedeutung dieser Wälder ist unbestritten: Sie speichern Wasser, verhindern Erosionen und stabilisieren das Klima. Daneben sind Tropenwälder die artenreichsten Tier- und Pflanzen- sowie Lebensräume für Ureinwohner. Die Jagd nach dem „grünen Gold" der Regenwälder, den edlen Tropenhölzern, ist ein Motor für die Vernichtung großer Waldflächen. Diese Vernichtung ist weit fortgeschritten.

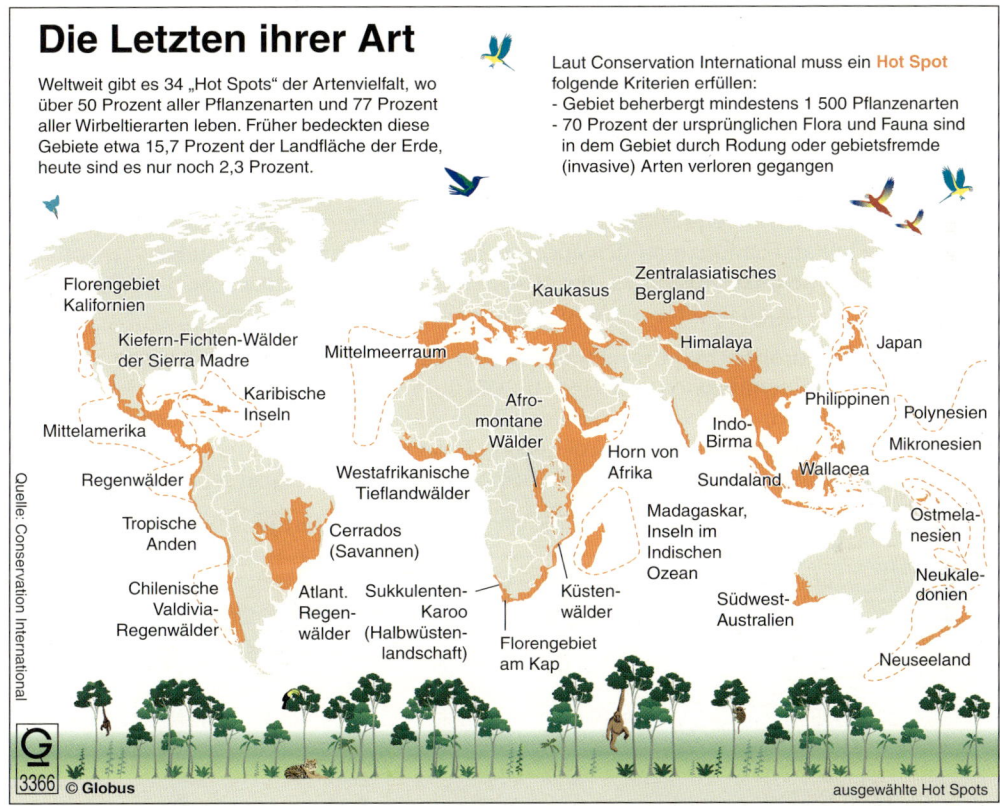

Die Letzten ihrer Art

Weltweit gibt es 34 „Hot Spots" der Artenvielfalt, wo über 50 Prozent aller Pflanzenarten und 77 Prozent aller Wirbeltierarten leben. Früher bedeckten diese Gebiete etwa 15,7 Prozent der Landfläche der Erde, heute sind es nur noch 2,3 Prozent.

Laut Conservation International muss ein Hot Spot folgende Kriterien erfüllen:
- Gebiet beherbergt mindestens 1 500 Pflanzenarten
- 70 Prozent der ursprünglichen Flora und Fauna sind in dem Gebiet durch Rodung oder gebietsfremde (invasive) Arten verloren gegangen

Florengebiet Kalifornien
Kiefern-Fichten-Wälder der Sierra Madre
Karibische Inseln
Mittelamerika
Regenwälder
Tropische Anden
Chilenische Valdivia-Regenwälder
Atlant. Regenwälder
Sukkulenten-Karoo (Halbwüstenlandschaft)
Cerrados (Savannen)
Westafrikanische Tieflandwälder
Mittelmeerraum
Afro-montane Wälder
Florengebiet am Kap
Küstenwälder
Horn von Afrika
Kaukasus
Zentralasiatisches Bergland
Himalaya
Indo-Birma
Sundaland
Madagaskar, Inseln im Indischen Ozean
Südwest-Australien
Japan
Philippinen
Wallacea
Polynesien
Mikronesien
Ostmelanesien
Neukaledonien
Neuseeland

Quelle: Conservation International

3366 © Globus

ausgewählte Hot Spots

Die artenreichen Gebiete der Erde stehen immer mehr unter Bedrohung. Daher hat sich die Umweltorganisation Conservation International (CI) das Ziel gesetzt, den weltweiten Artenreichtum an Pflanzen, Tieren und Landschaftsformen zu erhalten. Von der CI wurden insgesamt 34 ökologische Krisengebiete benannt, in denen über 50 % aller Pflanzenarten und 77 % aller Wirbeltierarten weltweit beheimatet sind. In manchen Gebieten sind 70 % der ursprünglichen Flora und Fauna ausgerottet. Ursachen hierfür können Rodung oder die Einwanderung gebietsfremder Arten sein. Artenreiche Gebiete, die stark gefährdet sind, sind z. B. der Atlantische Regenwald in Brasilien und manche Gebiete im Mittelmeerraum, wo zahlreiche Tier- und Pflanzenarten endemisch – also nur in einem begrenzten Gebiet verbreitet – sind.

Kyoto-Protokoll

1997 wurde auf der UN-Klimakonferenz das Kyoto-Protokoll verabschiedet. Im Vertrag wurden **Ziele für die Verringerung von Treibhausgasen** festgeschrieben. 192 Staaten haben das Kyoto-Protokoll ratifiziert, darunter alle EU-Mitgliedstaaten, Kanada, Neuseeland, Norwegen, Japan, Australien, Brasilien, China, Mexiko, Indien, Südafrika und Südkorea. Die USA sind das einzige verbleibende Industrieland, das die Ratifizierung des Kyoto-Protokolls weiterhin ablehnt.

Zwischen 1990 und 2004 kam es zu einer Reduktion des Treibhausgasausstoßes um 15,3 %, doch der Ausstoß stieg zwischen 2000 und 2004 wieder um 2,9 % an. Die Ursache liegt darin, dass der Großteil der Reduktion auf den **Zusammenbruch der osteuropäischen Volkswirtschaften** nach 1990 zurückzuführen ist, die sich in den vergangenen Jahren erholt haben. Im Vergleich dazu sind die Gesamtemissionen der Industriestaaten zwischen 1990 und 2008 lediglich um 6,1 % gesunken. Weltweit zeigt der Emissionstrend in eine andere Richtung: Bis 2006 ist der globale Treibhausgasausstoß um rund 24 % gegenüber 1990 angestiegen. Dafür verantwortlich sind neben einigen Industrieländern die wirtschaftlich **rasch wachsenden Schwellenländer wie China und Indien**, deren Emissionen stark anwachsen.

Ende 2012 lief die erste Verpflichtungsperiode des Kyoto-Protokolls aus. Auf der 18. UN-Klimakonferenz in Katar einigte man sich auf eine Fortführung des Kyoto-Protokolls („Kyoto II") bis 2020. Daran nehmen Australien, die EU-Länder sowie weitere europäische Staaten teil. Russland, Kanada, Japan und Neuseeland erklärten ihren Austritt.

Laut Statistik der Europäischen Umweltagentur von 2012 reduzierten die Mitgliedstaaten der EU ihre Treibhausgasemissionen von 1990 bis 2010 um ca. 18 %. Deutschland selbst verringerte in dem Zeitraum den Treibhausgasausstoß um 24 % und erreichte wie auch Großbritannien, Frankreich und Schweden das vorgegebene Ziel. Österreich erzeugte dagegen 7 % mehr Treibhausgase, anstatt seinen Ausstoß von Treibhausgasen um 13 % zu senken.

Die folgende Grafik gibt Aufschluss über die Ziele, die für 2020 festgelegt worden sind.

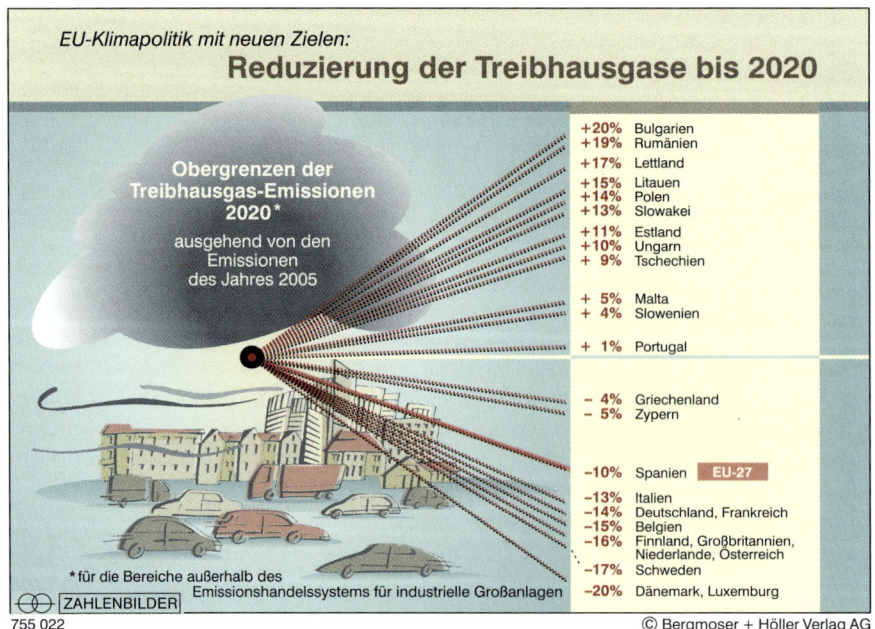

Emissionshandel in der EU

Der Emissionshandel in der EU ist ein marktwirtschaftliches Instrument mit dem Ziel, den Klimawandel zu stoppen. Der Handel wurde 2003 vom Europäischen Parlament und dem Rat der EU beschlossen. Am 1. Januar 2005 wurde der EU-Emissionshandel mit 31 teilnehmenden EU-Ländern eingeführt. Das System des Emissionshandels funktioniert nach dem Prinzip **Beschränken** und **Handeln**. Die Höhe der Emission wird beschränkt und die Emissionsrechte können frei gehandelt werden. Hierdurch soll aus wirtschaftlichen Gesichtspunkten erreicht werden, dass Klimagasausstöße dort gesenkt werden, wo es am effizientesten ist.

Die erste Phase des Emissionshandels war die Pilotphase zur Einführung des Konzepts. Erste Erfolge bei der Reduzierung von CO_2-Emissionen konnten in der zweiten Handelsperiode (2008–2012) erreicht werden. Für die dritte Phase (2013–2020) wurde das System der Vergabe der Zertifikate geändert. Eine gemeinsame europaweite Obergrenze für Treibhausgasemissionen wurde festgelegt. Für alle EU-Mitgliedstaaten gelten dieselben Regeln für die kostenlose Zuteilung von Emissionsberechtigungen, die in der dritten Phase erstmalig nicht von den Ländern selbst, sondern zentral von der Europäischen Kommission vergeben werden.

6.2.1 Erneuerbare Energien

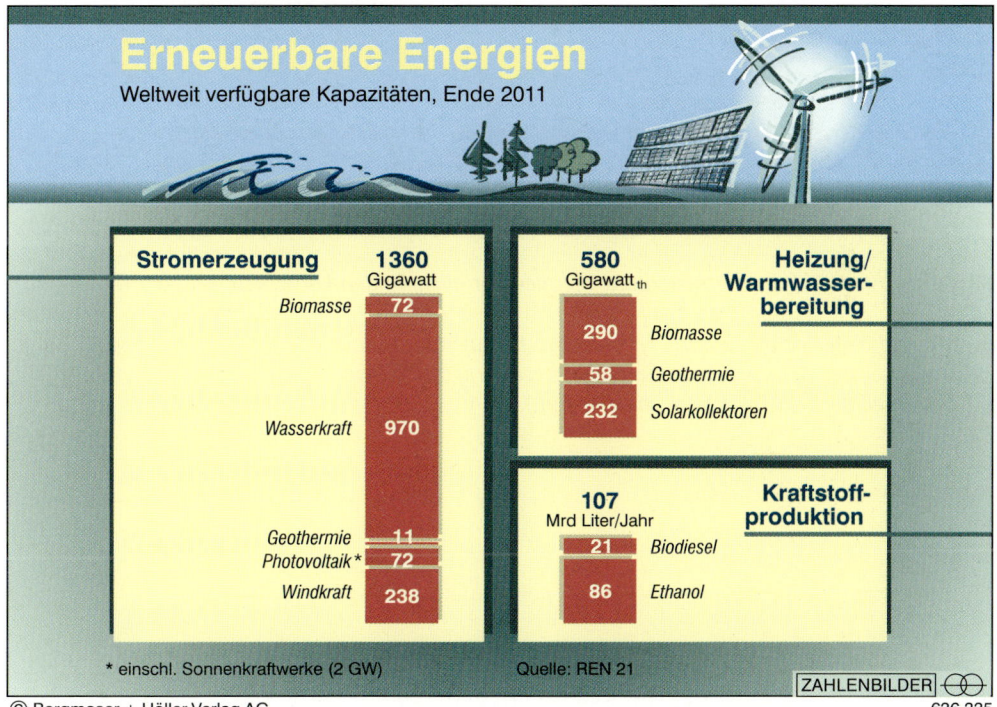

© Bergmoser + Höller Verlag AG   636 335

Wie bereits ausgeführt, verzeichnen Investitionen in erneuerbare Energien einen aufsteigenden Trend. Wasser- und Windkraftanlagen, Solar- und Biomasseanlagen werden vermehrt zur Energiegewinnung eingesetzt. Doch auch in den sogenannten **Schwellenländern** nimmt die Bedeutung erneuerbarer Energien zu. So haben 120 Staaten der Welt sich als Ziel den Ausbau der erneuerbaren Energien gesetzt. Ungefähr die Hälfte dieser Länder fördert die regenerative Erzeugung von Strom durch Abnahmequoten oder Einspeisetarife. Den größten Anteil haben erneuerbare Energien im Bereich der **Stromerzeugung**. Dort machten sie Ende 2011 einen Anteil von 20 % aus. Im Bereich der **Heizenergie** ist der Anteil der erneuerbaren Energien geringer. Allerdings ist auch hier ein Anstieg zu verzeichnen. Der **Verkehr** stellt den drittgrößten Verbrauchssektor für erneuerbare Energien in Form von Biokraftstoffen dar.

Erdwärme

Im Erdinnern sind unvorstellbare Mengen an Hitze und Wasser gespeichert. Dieses Reservoir lässt sich Tag und Nacht zum Heizen und zur Stromproduktion nutzen. Vorreiter ist das vulkanische Island, das 86 % seiner Heizenergie aus heißen Quellen bezieht; in den USA wird die dreizehnfache Leistung erzielt. Weltweit deckt die Geothermie knapp 0,2 % des Primärenergiebedarfs, doch ließe sich jährlich mehr als das Zehnfache des heutigen Verbrauchs aus der Erde holen.

Arbeitsvorschläge

1   Beschreiben Sie in einem Satz, was unter Nachhaltigkeit verstanden wird.

2   Interpretieren Sie die Karikatur „So leben wir alle Tage" (S. 146) (siehe Kompetenzbaustein K10).

3   Anfang der 1990er-Jahre konnte die Bundesrepublik nach der Wiedervereinigung starke Rückgänge in den CO_2-Emissionen vorweisen. Wie lässt sich diese Tatsache erklären?

4   Erklären Sie eine Stellungnahme zum Emissionshandel in Europa (siehe Kompetenzbaustein K13).

5   Welche Vorteile haben erneuerbare Energien vor allem in den Entwicklungsländern?

6   Interpretieren Sie die Grafik „Erneuerbare Energien" und formulieren Sie Kernaussagen (z. B.: Der Anteil der Wasserkraft an der Stromerzeugung durch erneuerbare Energien ist am höchsten, der Anteil der Geothermie am niedrigsten.).

6.2.2 Umweltpolitik

Die Umweltpolitik zu Beginn des 21. Jahrhunderts orientiert sich am Leitbild der nachhaltigen Entwicklung. Dieses Ziel soll durch die folgenden Prinzipien erreicht werden:

- Das **Vorsorgeprinzip** soll Gefahren abwehren, die für die Umwelt entstehen können. Der Staat muss eingreifen können, wenn Schäden für Mensch und Umwelt zu befürchten sind. Darüber hinaus muss eventuellen Risiken vorgebeugt und die weitere nachhaltige Entwicklung propagiert werden.

- Das **Verursacherprinzip** will dem Verursacher von Umweltschäden die Kosten für die Beseitigung zurechnen können und so ein Kriterium wirtschaftlicher Effizienz schaffen. Es entspricht somit der Grundidee der Marktwirtschaft.

- Das **Kooperationsprinzip** schließlich fordert eine verantwortungsbewusste Kooperation zwischen Staatsbürgern, Umweltschutzorganisationen, Wirtschaftsunternehmen und der Wissenschaft. Es liegt z. B. dem Umwelt-Auditing[1] zugrunde.

Zur Durchsetzung dieser Prinzipien stehen dem Gesetzgeber vor allem vier Instrumente zur Verfügung:

- Ordnungsrechtliche Verbote und Gebote

- Verschärftes Haftungsrecht

- Umweltabgaben und Umweltzertifikate

- Umweltverträglichkeitsprüfung, mit der größere Vorhaben schon im Planungsstadium durch Behörden, Gutachter, Betroffene und Verbände bewertet werden müssen

Von der End-of-Pipe-Technologie zum integrierten Umweltschutz

Beim End-of-Pipe-Umweltschutz wird versucht, direkt am Ende der Produktionskette (pipe: englisch für „Abflussrohr") anzusetzen. Dieses Konzept heißt auch „nachsorgender Umweltschutz", da die Produktion zunächst unberührt gelassen wird, erst danach werden die entstandenen Emissionen behandelt. Dabei wurden verschiedenste Filtertechniken entwickelt: Kraftwerke und andere Verbrennungsanlagen erhielten Rauchgasentschwefelungs- und -entstickungsanlagen, Kläranlagen wurden erweitert. Dagegen spricht, dass diese Technik immer aufwendiger und teurer wird. Besser ist es, durch andere Technologien Umweltbelastungen erst gar nicht entstehen zu lassen.

Dieses Ziel verfolgt der **integrierte Umweltschutz**, der bereits an der Entstehung der Emissionen ansetzt. In einer zunehmenden Zahl von Unternehmen wird der gesamte Produktionsprozess im Rahmen von Öko-Audits und Umweltmanagementsystemen auf freiwilliger Basis unter die Lupe genommen. Leitidee ist dabei die Minimierung der Stoffflüsse. Sowohl die zur Produktion eingesetzten Materialien und Energien als auch die direkt in der Produktion entstehenden Emissionen sollen so weit wie möglich vermindert werden. Positiver wirtschaftlicher Nebeneffekt ist vor allem die damit verbundene Senkung der Rohstoff-, Energie- und Entsorgungskosten.

---

[1] *Unter Umwelt-Auditing versteht man die umfassende Prüfung aller innerbetrieblichen Vorgänge und Entscheidungen, von denen Auswirkungen auf die Umwelt ausgehen können. Beim Umwelt-Auditing werden alle Produkte, Verfahren und Dienstleistungen – auch Dienstleistungen für Mitarbeiter des Unternehmens, etwa das Unterhalten einer Kantine – auf mögliche Gefährdungen der Umwelt untersucht.*

Verteilung der Kosten

Wer die Umwelt verschmutzt, muss auch für die Beseitigung der Schäden aufkommen. Dieses sogenannte **Verursacherprinzip** wird immer dann angewandt, wenn man genau weiß, wer für die Umweltbelastung verantwortlich ist. Wenn z. B. eine Zementfabrik zu viel Staub an die Umwelt abgibt, so muss sie die notwendigen Filter einbauen und auch selbst bezahlen.

Nicht immer wird der Verursacher aber ermittelt. Es ist auch kaum möglich, jeden Autofahrer, der zum Verkehrslärm auf einer Straße beiträgt, entsprechend seiner Lärmverursachung an den Kosten des Lärmschutzes zu beteiligen. In diesem Falle muss die Allgemeinheit, d. h. der Staat, einspringen und die Kosten übernehmen. Man spricht daher vom **Gemeinlastprinzip**.

> **Die Kosten einer Beseitigung oder Milderung von Umweltschäden können entweder vom Staat (Gemeinlastprinzip, GMLP) und/oder vom Verursacher (Verursacherprinzip, VUP) getragen werden.**

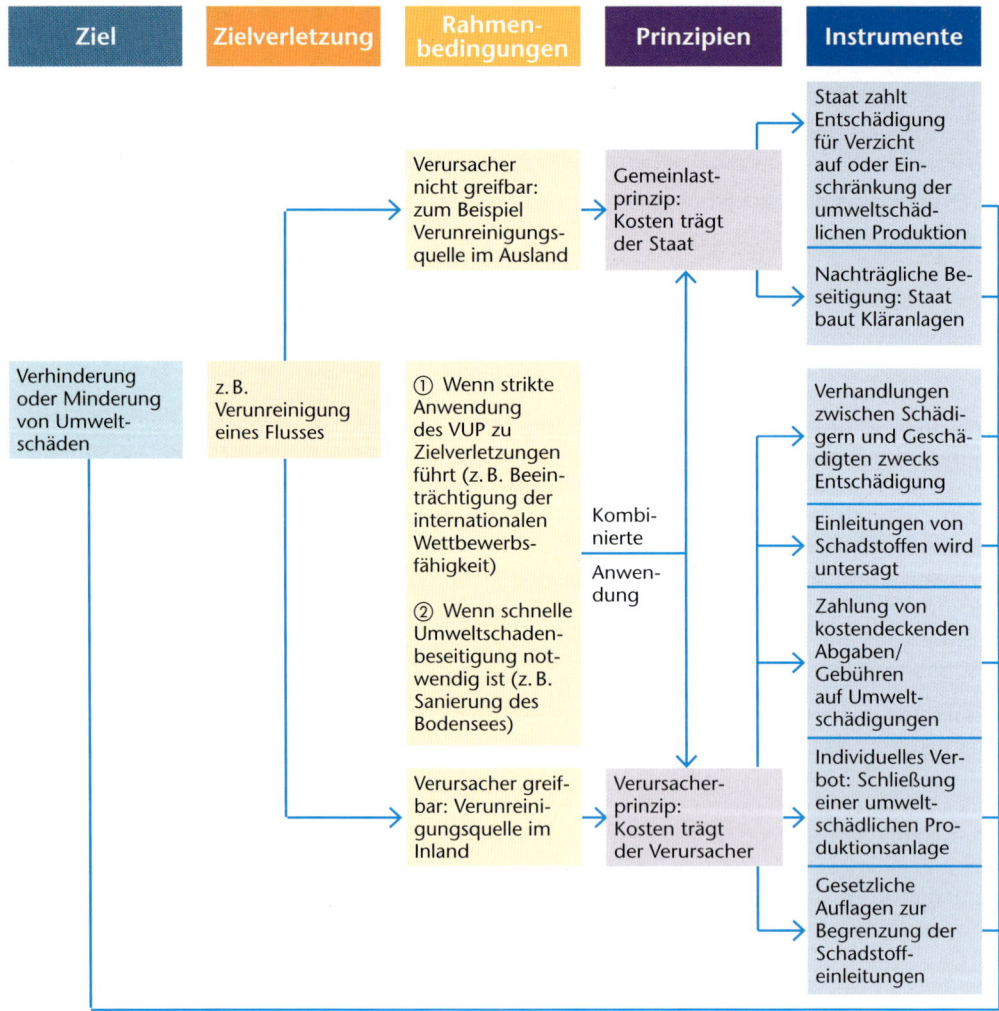

Industrie und Staat investieren zunehmend Geld in den Umweltschutz. Betriebsausgaben und Investitionen haben sich in den vergangenen zehn Jahren mehr als verdoppelt, wobei die Kosten, die der Industrie dadurch entstehen, inzwischen die staatlichen übersteigen. Die Unternehmen müssen nach dem Verursacherprinzip für die Beseitigung eines Teils der Schadstoffe aufkommen, die in der Produktion anfallen. Besonders teuer ist für sie die Luftreinhaltung. Vor allem der Einbau von Entschwefelungsanlagen ist kostspielig. Beim Staat dominiert der Gewässerschutz. Besonders die Klär- und Kanalisationsanlagen schlagen dabei zu Buche. Trotz des Anstiegs der Öko-Ausgaben: Als Anteil am Sozialprodukt nehmen sie sich nach wie vor bescheiden aus.

Die ökologische Steuerreform

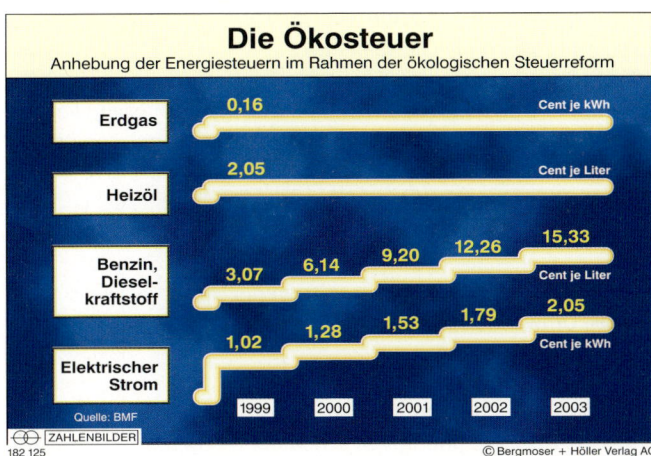

Am 01.01.2003 trat die letzte Stufe der ökologischen Steuerreform in Kraft, mit der die Mineralölsteuer erneut um 3,07 Cent auf insgesamt 65 Cent angehoben wurde. Der Steueranteil am Benzinpreis beträgt jetzt 70 %.

Die Einnahmen der Ökosteuer wurden verwendet, um den Anstieg der Rentenversicherungsbeiträge abzubremsen, die sonst um ca.1,7 % höher lägen. Die Rentenversicherungsbeiträge machen 2013 18,9 % vom Bruttolohn aus. Davon zahlten Arbeitgeber und Arbeitnehmer je die Hälfte.

Der Ökosteuer liegt folgende Idee zugrunde:

■ Durch die Senkung der Lohnnebenkosten wird die Arbeit billiger und die Energie teurer. Konsequenz:

■ Von der billigen Arbeit fragen die Unternehmer mehr nach, von der teuren Energie weniger. Das heißt:

■ Es gibt mehr Arbeit und mehr Umweltschutz und das Ganze kostenneutral.

Die Ökosteuer wird seit ihrer Einführung kontrovers diskutiert.

Ökosteuer

Pro	Kontra
■ Wer mehr Schmutz macht, muss auch höhere Kosten tragen. ■ Energie wird belastet, und Arbeit wird entlastet. Das ist ein doppelter Effekt. Er nützt der Umwelt und verringert die Arbeitslosigkeit. ■ Die Ökosteuer hat eine Lenkungsfunktion, da der höhere Preis die Verbraucher zu vorsichtigem Umgang mit Energie veranlasst. ■ Um Energiesparen zu planen und Techniken zu ersetzen, ist eine schrittweise Erhöhung dieser Steuer der richtige Weg.	■ Die Ökosteuer orientiert sich nicht an der ökologischen Belastung, an der CO_2-Emission, sondern am günstigsten Steueraufkommen. ■ Die Ökosteuer ist unsozial, da sie insbesondere Familien und Geringverdiener unverhältnismäßig hoch belastet. ■ Die Ökosteuer ist angesichts der katastrophalen Konjunktur- und Arbeitsmarktlage das falsche Rezept.

Arbeitsvorschläge

1 Welche Ziele verfolgt die Umweltpolitik? Mit welchen Mitteln will sie diese Ziele erreichen?

2 Erläutern Sie den Begriff „End-of-Pipe-Technologie".

3 Wie werden die Kosten des Umweltschutzes verteilt? Erläutern Sie die Begriffe „Verursacherprinzip" und „Gemeinlastprinzip".

4 Angenommen, Sie fahren mit Ihrem Pkw jährlich 15 000 km. Ihr Fahrzeug benötigt 8 l auf 100 km. Rechnen Sie die Mehrbelastung durch die Ökosteuer aus.

5 Führen Sie in der Klasse eine Pro-und-Kontra-Debatte zum Thema „Ökosteuer" (siehe Kompetenzbaustein K18). Stellen Sie zur Vorbereitung eine Liste mit Argumenten zusammen und ergänzen Sie die oben begonnene Gegenüberstellung.

6 Ermitteln Sie Ihre eigene CO_2-Bilanz.

7 Auch im Haushalt lässt sich in erheblichem Umfang Energie einsparen. Der Vorteil liegt auf der Hand. Man spart Geld und schont die Umwelt. Stellen Sie eine Liste von Verhaltensmaßnahmen auf, wie Energie eingespart werden kann.

8 Mit einer neuartigen Form von privatem Emissionshandel kann sich der Flugreisende ein ökologisch reines Gewissen verschaffen. Verkehrsflugzeuge stoßen Schadstoffe in besonders empfindlichen Schichten der Atmosphäre aus, wo sie etwa dreimal stärker wirken als am Boden. Durch das mit Germanwatch und dem Bundesumweltministerium entwickelte „atmosfair"-Projekt soll Urlaubern diese Problematik nun verstärkt bewusst gemacht werden. Denn in Zeiten der Billigflieger nutzen immer mehr Deutsche das Flugzeug als Reisemittel. Nahezu bereits jeder zweite deutsche Auslandsurlauber kommt mit dem Flugzeug an seinen Urlaubsort. Mit „atmosfair" kann der Reisende Verantwortung für den Klimaschaden durch seinen Flug übernehmen, indem er für die dadurch entstehenden Treibhausgasemissionen bezahlt. Durch diesen freiwilligen Beitrag werden ökologische Projekte in Entwicklungsländern umgesetzt, die nachweislich zu einer Reduzierung derartiger Emissionen führen. Nach Angaben der Umweltorganisation Germanwatch bieten bereits 15 Firmen solche Dienste an. Für die Strecke Zürich–Montreal und zurück werden 62 EUR zusätzlich berechnet. Schreiben Sie zu dieser Regelung einen Kommentar (siehe Kompetenzbaustein K13).

Anforderungssituation 7

**Europas Zukunft zwischen Kontinuität und Krise –
Die Bedeutung der Euro-Zone für die Weiterentwicklung der
europäischen Integration**

7

Kompetenzen

In diesem Kapitel lernen Sie Europa als Wirtschaftsraum kennen und die Geschichte der europäischen Integration als einen Prozess zu begreifen. Darauf aufbauend erarbeiten Sie sich Kenntnisse über die Institutionen der Europäischen Union, mit deren Arbeitsweise und Effizienz Sie sich anschließend kritisch auseinandersetzen. Abschließend bilden Sie sich einen persönlichen Standpunkt zur Entwicklung der europäischen Integration, den Sie dann gegenüber Ihren Mitschülern vertreten.

Wasser könnte teurer werden

Über den Nutzen einer Öffnung des Wassermarktes für die Bürger gehen die Meinungen auseinander. Die Hoffnung auf sinkende Preise hätten sich weder in Frankreich noch in England erfüllt [...]

So werden in Frankreich Trinkwasser und Abwasser durch Drittfirmen vie Veolia bewirtschaftet. Die Folgen bekamen etwa die Bewohner von Paris zu spüren. Die Preise stiegen immer weiter an, bis die Stadt reagierte und die Versorgung 2009 an sich zog.

In Großbritannien ging die Politik einen radikalen Weg und privatisierte das Wassergeschäft komplett mitsamt den Leistungsnetzen. 1999 kaufte RWE einen Großteil des Londoner Netzes. Die Qualität der Versorgung verschlechterte sich. Mitunter tröpfelte das nasse Gut nur mit geringem Druck aus dem Hahn. Fast ein Drittel des Wassers ging durch Leitungslecks verloren. Der Londoner Bürgermeister Ken Livingstone gab den Einwohnern den sarkastischen Rat, auf die Klospülung zu verzichten und das Wasser für den Tee aufzusparen. Als es zu schlimm wurde, richtete die Regierung schließlich eine Regulierungsbehörde ein, die Investitionen verlangte. RWE zog sich Mitte des letzten Jahrzehnts wieder aus London zurück.

Die Bürger rebellierten

Auch die Berliner können ein Lied von der Privatisierung singen. Um die Stadtkasse zu füllen, veräußerte der Senat 1999 knapp die Hälfte der Anteile an seinen Wasserbetrieben an die Unternehmen Veolia und RWE. Seitdem stiegen die Wasserpreise um 35 %. Die Bürger rebellierten, der Senat kaufte RWE nun die Anteile ab. Mit Veolia wird noch gesprochen. Die Wasserpreise sollen um 15 % gesenkt werden. Das hohe Preisniveau bleibt den Berlinern aber erhalten. Schließlich muss der Rückkauf finanziert werden. Städte im Ruhrgebiet haben Gelsenwasser zurückgekauft, Potsdam ihre alten Wasserbetriebe.

Mulke, Wolfgang: Wasser könnte teurer werden, in: Westdeutsche Allgemeine Zeitung vom 8.02.2012, S. WWF2 (gekürzt und geändert)

Arbeitsvorschläge

1 *Die EU-Kommission will – gegen die Stimmen aller deutschen Parlamentarier – durchsetzen, dass sich deutsche Stadtwerke dem europaweiten Wettbewerb stellen und die Wasserwirtschaft privatisiert wird. Darf bzw. sollte Brüssel neue Vorschriften für die Organisation der Wasserversorgung einführen? Begründen Sie Ihre Meinung.*

2 *Halten Sie die Warnungen von Experten für gerechtfertigt, dass der Qualitätsstandard nur mit einer kommunalen, nicht vorrangig an Gewinnmaximierung orientierten Wasserversorgung gewahrt werden könne?*

3 *Nennen Sie mögliche Vor- und Nachteile dieser Sichtweise.*

7.1 Europäische Einigung

7.1.1 Integrationsprozess

Kriege in Europa seit dem 18. Jahrhundert

1792–1797	Erster Koalitionskrieg: England gegen Frankreich unter Beteiligung Österreichs und Russlands	1830–1831	Aufstand Polens gegen Russland
		1848 ff.	Einigungskriege in Italien
		1853–1856	Krimkrieg: Frankreich und England gegen Russland
1799–1802	Zweiter Koalitionskrieg: Österreich, Russland und England gegen Frankreich	1859	Sardinisch-Französischer Krieg gegen Österreich
1804–1812	Befreiungskriege Serbiens gegen Osmanisches Reich	1863	Polnischer Aufstand gegen Russland (und Preußen)
1805	Dritter Koalitionskrieg: Frankreich gegen Österreich/Frankreich gegen England (Trafalgar)	1864	Deutsch-Dänischer Krieg
		1866	Deutsch-Österreichischer Krieg
		1866	Italienisch-Österreichischer Krieg
1806–1807	Vierter Koalitionskrieg: Frankreich gegen Preußen und Sachsen	1870	Italien: Besetzung des Kirchenstaates
1809	Fünfter Koalitionskrieg: Frankreich gegen Österreich und Preußen	1870–1871	Deutsch-Französischer Krieg
		1875–1878	Balkankriege
1808–1809	Frankreich gegen Spanien	1908	Militärischer Aufstand in Griechenland
1809	Volkskrieg in Tirol gegen Bayern und Frankreich	1912	Erster Balkankrieg
1812	Russlandfeldzug Napoleons	1913	Zweiter Balkankrieg
1813	Befreiungskriege u. a. Preußens gegen Frankreich	1914–1918	Erster Weltkrieg
		1939–1940	Finnisch-Sowjetischer Winterkrieg
1821–1829	Griechische Freiheitskämpfe gegen Osmanisches Reich	1939–1945	Zweiter Weltkrieg

Bis zum Zweiten Weltkrieg beherrschten die europäischen Staaten politisch, militärisch, wirtschaftlich und kulturell die Welt. Sie waren Kolonialherren über mehr als ein Drittel der Erdoberfläche. Mit dem Ende des Zweiten Weltkriegs war ein großer Teil der europäischen Wirtschaft zerstört, aber ebenso Europas Macht und Einfluss. Es ging damals darum, neue Kriege zwischen europäischen Völkern letztlich unmöglich zu machen, Europa gemeinsam aufzubauen, dem sich ausbreitenden sowjetischen Kommunismus geschlossenen Widerstand entgegenzusetzen und Deutschland wieder in die westliche Staatengemeinschaft zu integrieren.

Winston Churchill, Auszug aus der Züricher Rede vom 19.9.1946

In welcher Lage befindet sich Europa heute? […] In weiten Gebieten starrt eine riesige, geängstigte Menge geschundener, hungriger, sorgenvoller und bestürzter Menschen die Ruinen ihrer Städte und Wohnungen an und sucht am dunklen Horizont nach einer neuen Gefahr, einer neuen Tyrannei, einem neuen Schrecknis. […] Doch gibt es ein Heilmittel.

[…] Worin besteht dieses Allheilmittel? Darin, dass man die europäische Familie oder doch einen möglichst großen Teil davon wieder aufrichtet und ihr eine Ordnung gibt, unter der sie in Frieden, Sicherheit und Freiheit leben kann. Wir müssen eine Art Vereinigte Staaten von Europa schaffen.

Rolf Hellmut Foerster (Hrsg.): Die Idee Europas 1300–1946. Quellen zur Geschichte der politischen Einigung, übersetzt von Rolf Hellmut Förster, München: dtv 1963

Beweggründe für ein geeintes Europa

Für die Entwicklung eines neuen geeinten Europas gab es fünf Beweggründe, die im Wesentlichen auch heute noch gelten:

1. Ein neues Selbstverständnis

Aufgrund der negativen Erfahrung nationalistischer Herrschaftssysteme sollte Europa die Möglichkeit neuer Gemeinschafterfahrung bieten.

2. Wirtschaftlicher Wohlstand

Das vereinte Europa sollte den Menschen Hoffnung auf eine Zukunft wirtschaftlicher Stabilität und Prosperität[1] geben. Ein gemeinsamer Markt stand für die Intensivierung des Handels und die Effizienz ökonomischen Verhaltens.

3. Freiheit und Mobilität

Über die Kriegsjahre hinweg hatten die Menschen massive Einschränkungen des Personen-, Güter- und Kapitalverkehrs hinnehmen müssen. Die freie Bewegung von Personen, Meinungen, Informationen und Waren wurde somit zum verständlichen Wunsch.

4. Sicherheit und Frieden

Da den einzelnen Nationalstaaten die Verhinderung des Zweiten Weltkriegs misslang, hoffte man, mit einem vereinten Europa erfolgreicher zu sein. Europa als Friedensgemeinschaft sollte gleichzeitig Schutz vor der Gefahr einer kommunistischen Erweiterung gewähren.

Der Kreis aus 12 goldenen Sternen ist ein Symbol der EU, das auch auf der Flagge abgebildet wird.

5. Gemeinsame Macht

Die dominierende Rolle der europäischen Staaten vor 1914 war nach den zwei Weltkriegen nicht mehr vorhanden. Die neuen Weltmächte USA und UdSSR setzten Maßstäbe für neue, international relevante Machtgrößen, denen die vergleichsweise kleinen europäischen Nationalstaaten nicht gewachsen waren. Durch die politische Einigung erhoffte man sich, vieles von der Macht zurückzuerlangen, die man einst verloren hatte.

Vgl. Claus Schöndube, in: W. Weidenfels, W. Wessels: Europa von A–Z, Bundeszentrale für politische Bildung (Hrsg.), 2002

Der erste praktische Schritt zu einer vorerst nur wirtschaftlichen Integration ging von der französischen Regierung und ihrem Außenminister Robert Schuman aus. Er verkündete am 09.05.**1950**, dass die französische Regierung zu einer gemeinsamen Politik mit der deutschen Regierung im Montanbereich (Kohle und Stahl) bereit sei. Frankreich bot damit fünf Jahre nach Kriegsende seinem ehemaligen Kriegsgegner Mitsprache und Kontrolle auf dem Gebiet an, das Grundlage der klassischen Rüstungsindustrie war – ein Schritt zum Frieden.

Der Schuman-Plan führte **1951** in Paris zur Gründung der Europäischen Gemeinschaft für Kohle und Stahl – **EGKS**, auch **Montanunion** genannt. Mitgliedsländer wurden neben Frankreich und der Bundesrepublik Deutschland die Staaten Belgien, Italien, Luxemburg und die Niederlande.

Diese sechs Staaten der Montanunion unterzeichneten **1957** in Rom die Gründungsurkunden der Europäischen Wirtschaftsgemeinschaft (**EWG**) und der Europäischen Atomgemeinschaft (**EURATOM**). Ziel der EWG war die Schaffung eines gemeinsamen Marktes, in dem sich Waren,

---

[1] *Prosperität = gutes Gedeihen, Wohlstand*

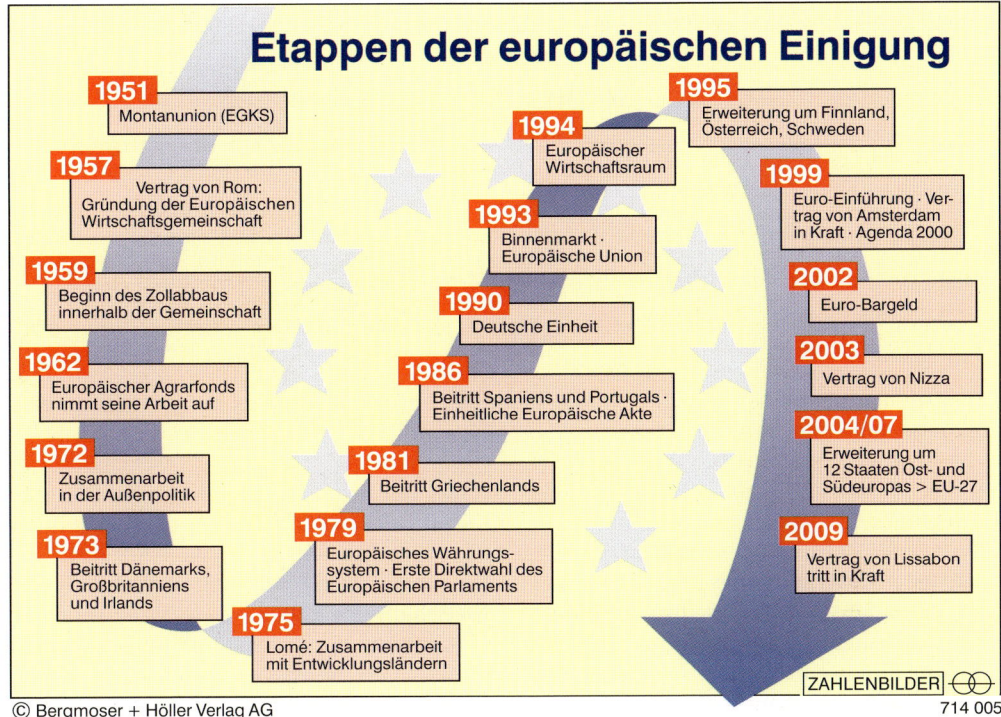

Etappen der europäischen Einigung

1951 Montanunion (EGKS)

1957 Vertrag von Rom: Gründung der Europäischen Wirtschaftsgemeinschaft

1959 Beginn des Zollabbaus innerhalb der Gemeinschaft

1962 Europäischer Agrarfonds nimmt seine Arbeit auf

1972 Zusammenarbeit in der Außenpolitik

1973 Beitritt Dänemarks, Großbritanniens und Irlands

1975 Lomé: Zusammenarbeit mit Entwicklungsländern

1979 Europäisches Währungssystem · Erste Direktwahl des Europäischen Parlaments

1981 Beitritt Griechenlands

1986 Beitritt Spaniens und Portugals · Einheitliche Europäische Akte

1990 Deutsche Einheit

1993 Binnenmarkt · Europäische Union

1994 Europäischer Wirtschaftsraum

1995 Erweiterung um Finnland, Österreich, Schweden

1999 Euro-Einführung · Vertrag von Amsterdam in Kraft · Agenda 2000

2002 Euro-Bargeld

2003 Vertrag von Nizza

2004/07 Erweiterung um 12 Staaten Ost- und Südeuropas > EU-27

2009 Vertrag von Lissabon tritt in Kraft

ZAHLENBILDER

© Bergmoser + Höller Verlag AG

714 005

Dienstleistungen, Kapital und Arbeitskräfte frei bewegen konnten. Durch die EURATOM sollte eine gemeinsame Entwicklung der friedlichen Nutzung der Atomenergie ermöglicht werden.

1967 vereinigten Montanunion, EWG und EURATOM ihre Organe und bildeten die Europäische Gemeinschaft (**EG**).

Das Ende der Ost-West-Konfrontation und die damit im Zusammenhang stehende Wiedervereinigung Deutschlands führten dazu, dass am 01.11.**1993** der Vertrag über die Europäische Union (**EU**) in Kraft trat. Darin wurde zum einen die Gründung einer Wirtschafts- und Währungsunion beschlossen, die später zur Einführung des Euro führte; zum anderen beschlossen die Mitgliedstaaten eine engere Koordinierung in der Außen- und Sicherheitspolitik und im Bereich Inneres und Justiz.

Innerhalb der EU bilden (inzwischen) 17 Staaten die Europäische Wirtschafts- und Währungsunion (Stand 2013). Sie haben seit dem 01.01.**2002** eine gemeinsame Währung, den Euro.

Durch das Ende des Ost-West-Konflikts geriet auch die endgültige Überwindung der politischen Spaltung Europas in den Blickpunkt der EU. So kam es schließlich **2004, 2007** und **2013** zu den Erweiterungen um 13 Staaten Ost- und Südeuropas auf nun (Juli 2013) insgesamt 28 Mitglieder in der EU.

Durch die Erweiterungsrunden drohte allerdings die politische Handlungsfähigkeit der EU zunehmend eingeschränkt zu werden: So hätten z. B. die Veto-Möglichkeiten einzelner Mitgliedstaaten eine Vielzahl von Entscheidungen blockieren oder integrationswillige Mitgliedstaaten in einzelnen Bereichen tiefer gehende Einschnitte nicht vollziehen können. Deshalb trat am 01.12.**2009** der Vertrag von Lissabon in Kraft, der die wesentlichen Fortschritte des Verfassungsvertrags aufnimmt und damit die Handlungsfähigkeit und die demokratischen Grundlagen der Europäischen Union verbessern soll.

„Jeder europäische Staat kann beantragen, Mitglied der (Europäischen) Union zu werden" – so steht es im EU-Vertrag. Allerdings gelten folgende **Beitrittskriterien**:

- Institutionelle Stabilität als Garantie für einen demokratischen Rechtsstaat

- Wahrung der Menschenrechte sowie die Achtung und der Schutz von Minderheiten

- Funktionsfähige Marktwirtschaft

- Fähigkeit, dem Wettbewerbsdruck und den Marktkräften innerhalb der Union standzuhalten

- Fähigkeit, die aus dem Beitritt erwachsenden Verpflichtungen zu übernehmen

- Volles Einverständnis mit den Zielen der politischen Union und der Wirtschafts- und Währungsunion

Bevor der Rat über einen Beitrittsantrag entscheidet, muss die Europäische Kommission eine Stellungnahme abgeben.

Tatsächlich gibt es [für die Europäer] seit langem eine sehr weitreichende gemeinsame Identität. Sie ist für die Menschen aus anderen Erdteilen oftmals allerdings leichter zu erkennen als für uns Europäer selbst. Sie bezieht sich zunächst auf die Kultur im engeren Sinne: Religion, Philosophie, Wissenschaften, Literatur, Musik, Architektur, Malerei. Sodann umfasst sie die politische Kultur, basierend auf den Idealen, der Würde und der Freiheit der Person sowie gleicher Grundrechte. Es ist die Kultur demokratischer Verfassungen, des Rechtsstaates mit geordnetem privaten und öffentlichen Recht bei strikter Trennung zwischen weltlicher Macht und Kirche. Es ist die Kultur des Wohlfahrtsstaates und des Willens zu sozialer Gerechtigkeit.

Die gemeinsame Identität umschließt die wirtschaftliche Kultur des privaten Landwirts, Unternehmers oder Kaufmanns, des freien Marktes, der freien Gewerkschaften, des zuverlässigen Geldwerts – und des gesetzlichen Schutzes vor Ausbeutung der Arbeitnehmer durch Arbeitgeber und der Verbraucher durch Kartelle oder Monopole. [...] Die gemeinsame kulturelle Entwicklung hat einige Völker und Staaten des Kontinents allerdings weniger berührt und erfasst als andere.

Schmidt, Helmut: Wer nicht zu Europa gehört, in: Zeit online 41/2000, abgerufen unter: www.zeit.de/2000/41/ Wer_nicht_zu_Europa_gehoert? [20.07.2013] (Auszug)

Arbeitsvorschläge

1   Führen Sie fünf Grundwerte an, die den europäischen Staaten gemeinsam sind.

2   Nennen Sie fünf Beispiele europäischer Kultur- und Technikgeschichte (aus den letzten fünf Jahrhunderten).

3   Bestimmen Sie die geografische Lage von Europa (von West nach Ost, von Nord nach Süd).

4   Neben den Stationen fortschreitender europäischer Integration hat es immer auch Rückschläge und Phasen der Stagnation gegeben. Führen Sie dafür zwei Beispiele an.

5   Viele Integrationsbausteine gingen aus Regierungsinitiativen und -vereinbarungen hervor. Ist deshalb der Vorwurf der Bürgerferne berechtigt? Führen Sie eine Pro-und-Kontra-Debatte durch (siehe Kompetenzbaustein K18).

7.1.2 Staatenverbund EU

Die Europäische Union (EU) ist ein aus **28 europäischen Staaten** bestehender Staatenverbund (Juli 2013). Seine Bevölkerung umfasst über eine halbe Milliarde Einwohner. Der von den EU-Mitgliedstaaten gebildete **Europäische Binnenmarkt** ist der am Bruttoinlandsprodukt gemessen größte gemeinsame Markt der Welt.

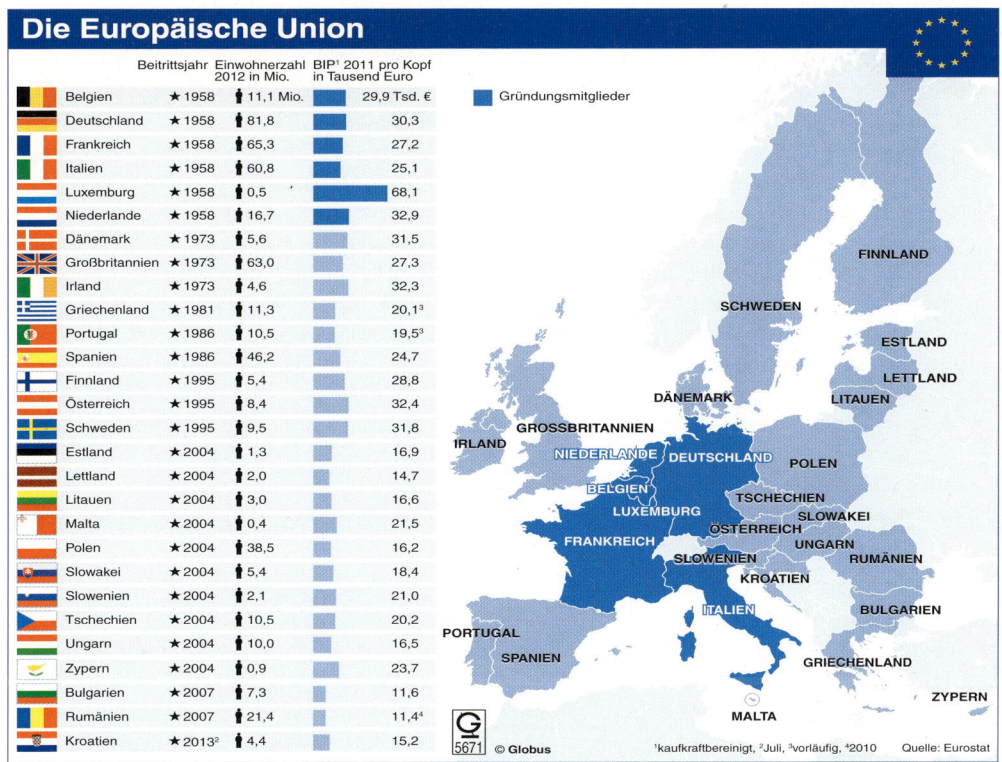

Die Europäische Union

	Beitrittsjahr	Einwohnerzahl 2012 in Mio.	BIP¹ 2011 pro Kopf in Tausend Euro
Belgien	★ 1958	11,1 Mio.	29,9 Tsd. €
Deutschland	★ 1958	81,8	30,3
Frankreich	★ 1958	65,3	27,2
Italien	★ 1958	60,8	25,1
Luxemburg	★ 1958	0,5	68,1
Niederlande	★ 1958	16,7	32,9
Dänemark	★ 1973	5,6	31,5
Großbritannien	★ 1973	63,0	27,3
Irland	★ 1973	4,6	32,3
Griechenland	★ 1981	11,3	20,1³
Portugal	★ 1986	10,5	19,5³
Spanien	★ 1986	46,2	24,7
Finnland	★ 1995	5,4	28,8
Österreich	★ 1995	8,4	32,4
Schweden	★ 1995	9,5	31,8
Estland	★ 2004	1,3	16,9
Lettland	★ 2004	2,0	14,7
Litauen	★ 2004	3,0	16,6
Malta	★ 2004	0,4	21,5
Polen	★ 2004	38,5	16,2
Slowakei	★ 2004	5,4	18,4
Slowenien	★ 2004	2,1	21,0
Tschechien	★ 2004	10,5	20,2
Ungarn	★ 2004	10,0	16,5
Zypern	★ 2004	0,9	23,7
Bulgarien	★ 2007	7,3	11,6
Rumänien	★ 2007	21,4	11,4⁴
Kroatien	★ 2013²	4,4	15,2

Gründungsmitglieder

© Globus · 5671

¹kaufkraftbereinigt, ²Juli, ³vorläufig, ⁴2010 · Quelle: Eurostat

Nach Art. 49 des EU-Vertrags kann jeder europäische Staat, der die Werte der EU achtet und sich für ihre Förderung einsetzt, die EU-Mitgliedschaft beantragen. Die Bezeichnung „europäisch" ist dabei in einem weiten Sinn zu verstehen und schließt etwa auch die geografisch in Asien liegenden Mitglieder des Europarats ein. Der Beitritt kann jedoch nur dann vollzogen werden, wenn insbesondere die Kriterien **Demokratie** und **Rechtsstaatlichkeit** erfüllt sind.

Aktuell gibt es vier **Beitrittskandidaten**:

- Mazedonien und Türkei (Beitrittsverhandlungen seit 2005)
- Montenegro (Beitrittsverhandlungen seit 2010)
- Serbien (Beitrittsverhandlungen seit 2012)

Im Juni 2011 empfahl die Europäische Kommission dem Rat, als zweiten Staat des ehemaligen Jugoslawiens Kroatien in die EU aufzunehmen. **Kroatien** wurde somit am **01.07.2013** zum **28. Mitgliedstaat der EU**.

Schon 2005 begannen die offiziellen Beitrittsverhandlungen mit der Türkei. Trotz langfristiger Perspektiven erhitzt ein möglicher EU-Beitritt der Türkei bis heute die Gemüter: Europa müsste nicht nur ein muslimisch geprägtes Riesenreich integrieren – so die Skeptiker des Türkei-Beitritts –, die neuen Nachbarn der EU hießen auf einmal Iran, Irak und Syrien.

Türkei als Stabilitätsanker

Wir arbeiten hart an der Umsetzung der Kopenhagener Kriterien, um Teil der nächsten Erweiterungsrunde zu sein. Man sollte die EU-Aufnahme der Türkei unter der Perspektive gemeinsamer strategischer Interessen sehen. Die Türkei ist ein demokratischer, säkularer[1], an europäischen Werten orientierter Staat mit muslimischer Mehrheit. Damit ist sie ein Modell in Europa wie in der islamischen Welt und ein Stabilitätsanker in der unruhigsten Region der Welt. Die EU-Mitgliedschaft der Türkei wird der Welt beweisen, dass Islam und Modernität koexistieren[2] können. Sie wird das Verhältnis zwischen christlicher und muslimischer Welt verändern und Dialog und Kooperation verbessern. Wir bringen auch unsere strategische Lage ein. Der Zugang zu Märkten unserer Region wird erleichtert. Wenn die Pipeline fertig ist, werden wir den Transport von Öl und Erdgas aus dem Kaukasus und Zentralasien sichern. Wir wer-

den zu den EU-Bemühungen beitragen, Frieden, Stabilität und Prosperität im Mittleren Osten, im Kaukasus und in Zentralasien zu schaffen. Wir werden helfen, dass die EU zum Global Player wird.

Seit 1999 haben wir große Schritte gemacht. Die Türkei ist in ihrer seit Einführung der Republik wichtigsten Entwicklung. Wir haben uns sehr erfolgreich bemüht, Freiheiten und demokratische Rechte auszuweiten, gemäß den EU-Standards.

Recep Erdoğan (Türkischer Ministerpräsident), Übersetzung Ulrich Speck, in: Frankfurter Rundschau vom 30.04./01.05.2004, S. 32

Das Türkeiproblem

Warum sollte, da nach europäischen Kriterien rund 30 % des türkischen Arbeitskräftepotenzials als arbeitslos gelten, einem anatolischen Millionenheer die Freizügigkeit in die EU eröffnet werden? Überall in Europa erweisen sich muslimische Minderheiten als nicht assimilierbar[3] und igeln sich in ihrer Subkultur[4] ein. Auch die Bundesrepublik hat bekanntlich kein Ausländer-, sondern ausschließlich ein Türkenproblem. Man kann nur durch die strikte Verpflichtung zum Sprachunterricht, zum Sprachtest vor der Einschulung, zum regelmäßigen Schulbesuch, zur Bindung der Staatsbürgerrechte an ein Examen (wie etwa in Holland) die starre Minderheitenlage allmählich auf-

lockern. Aber warum sollte man diese Diaspora[5] millionenfach freiwillig vermehren und damit die bisher willige Bereitschaft zum Zusammenleben einer extremen Belastungsprobe aussetzen? Die Zahl von 67 Millionen Türken (zur Zeit der Republikgründung waren es noch 12 Millionen), die sich aufgrund der demografischen Explosion mit einem Zuwachs von etwa 2,4 % pro Jahr dramatisch weiter erhöht, übertrifft bereits die Anzahl der europäischen Protestanten. Im Fall eines Beitritts um 2012/14 stellten 90 Millionen Türken die größte Bevölkerung eines EU-Mitgliedsstaates. Das könnte den Anspruch auf Sonderleistungen und eine politische Führungsrolle begründen.

Wehler, Hans-Ulrich: Das Türkeiproblem, in: Die Zeit, 38/2002

---

[1] *säkular = weltlich (nicht geistlich)*
[2] *koexistieren = nebeneinander bestehen*
[3] *(nicht) assimilierbar = (nicht) anpassbar*
[4] *Subkultur = kulturelle, soziale Eigenarten von Teilgruppen*
[5] *Diaspora = religiöse Minderheit in einem sonst andersgläubigen Gebiet*

Im Juli des Jahres 2013 umfassten die Staatsgebiete der 28 EU-Mitgliedländer zusammen eine Grundfläche von 4,32 Mio. km^2, die Einwohnerzahl lag bei über einer halben Milliarde Menschen, und es gab 23 anerkannte Vertrags- und Amtssprachen.

Folgende **Symbole** sind mit der Europäischen Union verbunden:

- Flagge: Der Kreis der 12 Sterne steht für die Werte Einheit, Solidarität und Harmonie zwischen den Völkern Europas.

- Hymne: Melodie aus Ludwig van Beethovens 9. Symphonie aus dem Jahr 1823

- Europatag: 9. Mai (Am 9. Mai 1950 verkündete der französische Außenminister Schuman erstmals seine Vorstellungen von einem geeinten Europa.)

- Motto: „In Vielfalt geeint" (Zusammenschluss der Völker trotz verschiedener Kulturen, Traditionen und Sprachen)

Die EU verbindet Staaten sehr unterschiedlicher Größe miteinander. So hat Deutschland als bevölkerungsreichstes Land rund 82 Mio. Einwohner, Malta als kleinstes 0,4 Mio. Die sechs „Großen" (Deutschland, Frankreich, Großbritannien, Italien, Spanien, Polen) stellen zusammen gut 70 % der EU-Gesamtbevölkerung, knapp 30% verteilen sich auf die übrigen Mitgliedstaaten.

Wie aus einer Umfrage im Frühjahr 2012 hervorgeht, ist Deutsch die am weitesten verbreitete **Muttersprache** mit 16 % aller EU-Bürger, gefolgt von Italienisch und Englisch mit jeweils 13 %, Französisch mit 12 % sowie Spanisch und Polnisch mit jeweils 8 %.

Bei den **Fremdsprachen** lässt Englisch mit 38 % alle anderen EU-Sprachen weit hinter sich. Es folgen Französisch mit 12 %, Deutsch mit 11 %, Spanisch mit 7 % und Russisch mit 5 %.

Welch wirtschaftlich, politisch und sozial hoch entwickelte Weltregion die EU ist, zeigt ein globaler Vergleich wichtiger statistischer Kennzahlen.

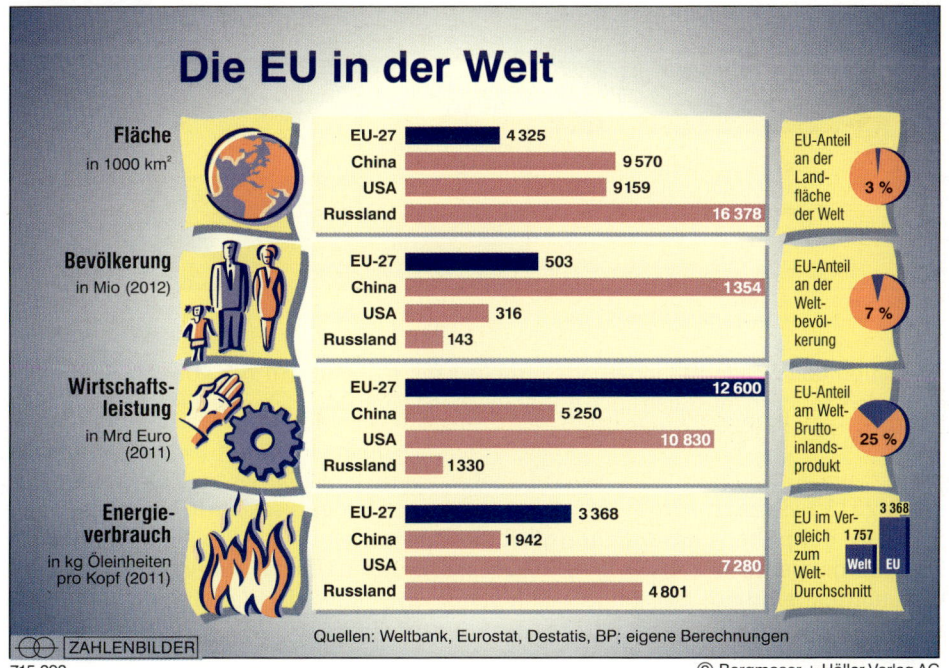

Die EU in der Welt

Fläche in 1000 km²	EU-27	4 325
	China	9 570
	USA	9 159
	Russland	16 378

EU-Anteil an der Landfläche der Welt: 3 %

Bevölkerung in Mio (2012)	EU-27	503
	China	1 354
	USA	316
	Russland	143

EU-Anteil an der Weltbevölkerung: 7 %

Wirtschaftsleistung in Mrd Euro (2011)	EU-27	12 600
	China	5 250
	USA	10 830
	Russland	1 330

EU-Anteil am Welt-Bruttoinlandsprodukt: 25 %

Energieverbrauch in kg Öleinheiten pro Kopf (2011)	EU-27	3 368
	China	1 942
	USA	7 280
	Russland	4 801

EU im Vergleich zum Welt-Durchschnitt: Welt 1 757, EU 3 368

Quellen: Weltbank, Eurostat, Destatis, BP; eigene Berechnungen

ZAHLENBILDER

715 293

Im EU-Integrationsprozess wuchsen die beteiligten Staaten über Jahrzehnte immer enger zusammen. Doch von den Bürgern, ihren Chancen und Rechten, war in den Grundverträgen der Gemeinschaft mit ihrer institutionellen Sichtweise anfangs kaum die Rede. Erst mit dem Vertrag über die Europäische Union (1992) wurden die Staatsangehörigen der EU-Mitgliedstaaten zugleich auch **Unionsbürger**.

Inzwischen sind die Rechte der Unionsbürger im Vertrag über die Arbeitsweise der EU, Artikel 18–25, und im Vertrag über die Europäische Union, Artikel 9–12, verankert.

Die in der Charta der Grundrechte der Europäischen Union (2000) verkündeten **universellen Grundrechte** – insbesondere die Menschenrechte und Grundfreiheiten – gelten nicht nur für Unionsbürger, sondern für jede Person, unabhängig von ihrer Nationalität und ihrem Aufenthaltsort. Durch den **Vertrag von Lissabon** (2009) wurde die Charta, die vorher nur begrenzte Schutzwirkung entfalten konnte, für rechtsverbindlich erklärt.

© Bergmoser + Höller Verlag AG   714 026

Die Integration und Solidarität innerhalb Europas kann jedoch nicht nur von der Politik verordnet werden, sondern muss sich auch im alltäglichen Leben und in den Köpfen der Menschen widerspiegeln. Dazu folgendes Beispiel:

Beispiel

Im Februar 2013 äußerte sich der Bezirksbürgermeister von Berlin-Neukölln in einem Zeitungsartikel über die **doppelte Staatsangehörigkeit**, der bundesweit heftige Reaktionen hervorrief. Der Bezirksbürgermeister bezog sich konkret auf einen brutalen Überfall auf einen Jugendlichen mit Migrationshintergrund. Der junge Mann starb. Zwei Tatverdächtige hatten sich in die Türkei abgesetzt. Einer soll seine deutsche Staatsangehörigkeit abgelegt haben, um sich vor der Auslieferung zu schützen.

Der Bezirksbürgermeister schrieb u. a.: „Wozu braucht ein normaler Mensch zwei oder gar noch mehr Pässe? Ich hatte bisher nur einen." Hinter der Begehrlichkeit nach mehreren Pässen stehe wohl der Wunsch, „hier oder dort Vorteile im Sozialsystem, bei der Krankheits- und Altersversorgung oder beim Aufenthaltsrecht abzugreifen". Auch ermöglichten mehrere Staatsangehörigkeiten „das Abtauchen, die Flucht und den Schutz vor Bestrafung durch Missetaten". Man könne nicht gleichzeitig Diener zweier Herren sein, bekundete der Politiker.

Daraufhin äußerte sich der NRW-Integrationsminister auf zwei Fragen der WAZ wie folgt:

[...] Erstens: Neukölln ist nicht Deutschland. Zweitens: Die meisten westlichen Industrienationen bürgern unter Hinnahme von Mehrstaatigkeit ein. Wir hinken da hinterher und haben auch deshalb leider nur geringe Einbürgerungsquoten. In Deutschland haben knapp 20 Prozent der Bevölkerung einen Migrationshintergrund. Viele sind hier schon in dritter, vierter Generation verankert. Sie gehören zu uns. Wir leben mit diesen Menschen zusammen und wollen das Land mit ihnen gemeinsam gestalten. Dafür brauchen wir gleiche Bürgerrechte für alle. Die bekommen die Menschen über die Einbürgerung. Und damit sich mehr als bislang einbürgern, ist die Hinnahme von Mehrstaatigkeit hilfreich.

Das gilt vor allem für Kinder, die ja seit dem 1.1.2000 beide Pässe „erben", den der Eltern und den deutschen. Wer als Deutscher geboren ist, darf mit dem Erwachsenwerden nicht zum Ausländer werden. Deshalb gehört die Optionspflicht abgeschafft. [...] Wer manifest kriminell ist, wird bei uns gar nicht eingebürgert. Auch gilt für Einbürgerungen: Migranten müssen nachweisen, dass sie sich und ihre Familien dauerhaft ohne Leistungsbezug ernähren können. Das bewirkt ja genau das Gegenteil der allzu oft herbeigeredeten „kriminellen Unterwanderung" oder der „Einwanderung ins Sozialsystem". Im Übrigen gelten für jeden Staatsbürger – ob mit oder ohne ausländische Wurzeln – Recht und Gesetz.

Schneider, Guntram: Neukölln ist nicht Deutschland, in: Westdeutsche Allgemeine Zeitung vom 19.02.2013 (Auszug)

Eine Familie schrieb zu den Ansichten des Berliner Stadtteilbürgermeisters und zur doppelten Staatsbürgerschaft folgenden Leserbrief:

Wir sind eine Familie, [...] – wir können uns [...] – sowohl mit dem deutschen als auch mit dem polnischen Pass ausweisen. Dies ist keine „Rosinenpickerei", sondern ein bewusstes Bekenntnis zu einer kulturellen Identität, die sich aufgrund unserer Biografien seit Jahrzehnten zwischen Deutschland und Polen bewegt. Wir fühlen uns beiden Ländern im gleichen Ausmaß zugehörig und verbunden; in beiden Ländern haben wir Familie und Freunde; beide Länder möchten wir durch freundschaftliche Beziehungen verbunden sehen. Eine Staatsbürgerschaft ist für uns nicht nur ein rein formaler Akt, sondern Beleg der emotionalen Zugehörigkeit zu einer Gesellschaft sowie ein Bekenntnis zu ihren Wer-

ten und Normen. Wir sind in zwei Gesellschaften beheimatet und freuen uns sehr darüber, dass dies durch unsere doppelte Staatsbürgerschaft widergespiegelt wird.
Zu behaupten, man könne nur einer Nation zugehörig sein, geht an der Realität einer globalisierten Welt vorbei. Personen mit doppelter Staatsbürgerschaft pauschal kriminelle Absichten zu unterstellen, [...] ist schlichter Populismus. Migrantinnen und Migranten sind für Deutschland oftmals eine Bereicherung: Sie bauen Brücken zwischen ihrem neuen und ihrem alten Heimatland, was für Deutschland übrigens nicht nur ideelle, sondern auch handfeste wirtschaftliche Vorteile bietet. [...]

Leserbrief von Prof. Andrzej Gorak an meinungsforum@waz.de, in: Westdeutsche Allgemeine Zeitung vom 28.02.2013, S. WTSLES10 (Auszug)

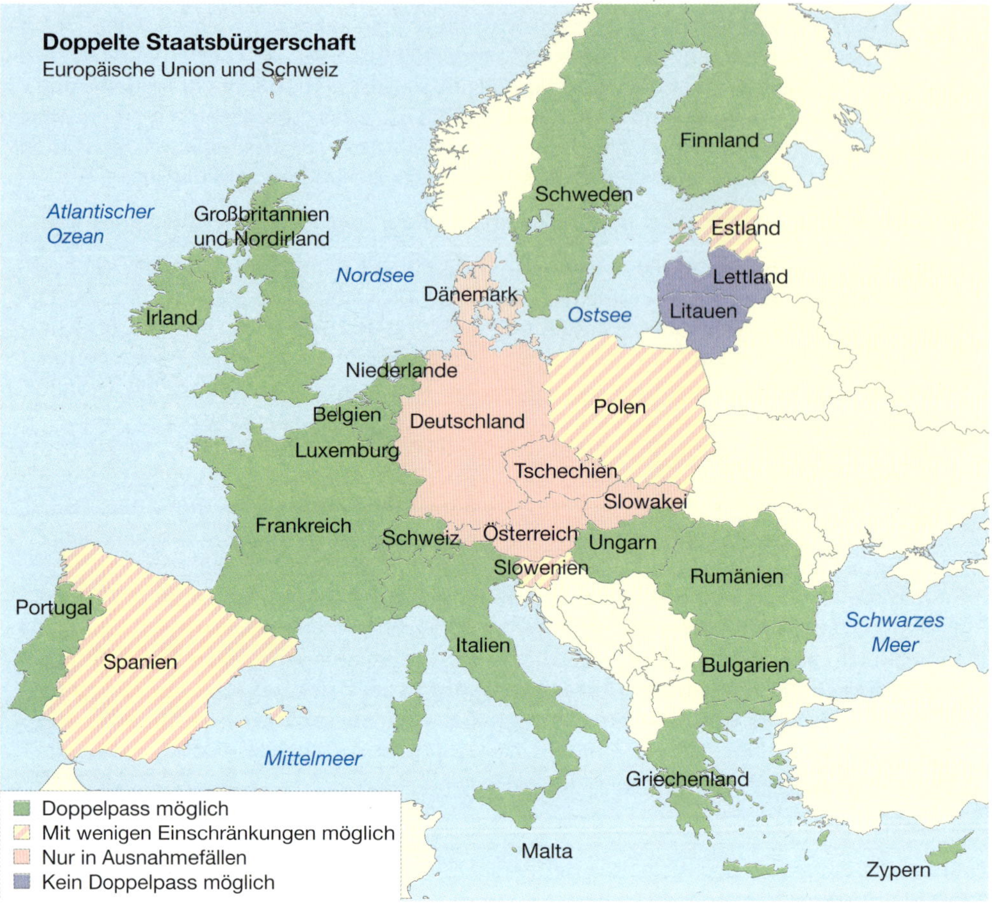

Doppelte Staatsbürgerschaft
Europäische Union und Schweiz

Finnland

Schweden

Atlantischer Ozean

Großbritannien und Nordirland

Estland

Lettland

Nordsee

Dänemark

Litauen

Ostsee

Irland

Niederlande

Belgien

Deutschland

Polen

Luxemburg

Tschechien

Slowakei

Frankreich

Schweiz

Österreich

Ungarn

Slowenien

Rumänien

Portugal

Schwarzes Meer

Spanien

Italien

Bulgarien

Mittelmeer

Griechenland

- Doppelpass möglich
- Mit wenigen Einschränkungen möglich
- Nur in Ausnahmefällen
- Kein Doppelpass möglich

Malta

Zypern

Arbeitsvorschläge

1 Setzen Sie die Wirtschaftsleistung je Einwohner der EU der Achtundzwanzig gleich 100.
   a Berechnen Sie, wie die Wirtschaftsleistungen der 13 neuen süd-, mittel- und osteuropäischen Länder davon abweichen.
   b Stellen Sie dies nach der Berechnung in einem Balkendiagramm dar und erläutern das Ergebnis (siehe Kompetenzbaustein K4).

2 Nennen Sie mögliche Vor- und Nachteile dieser Erweiterung um 13 Mitgliedstaaten.

3 Führen Sie eine Pro-und-Kontra-Debatte zum möglichen EU-Beitritt der Türkei (siehe Kompetenzbaustein K18).

4 Verfassen Sie einen Leserbrief, in dem Sie sich für oder gegen doppelte Staatsbürgerschaften aussprechen (siehe Kompetenzbaustein K14).

7.2   Entscheidungsstrukturen der EU

In der Bundesrepublik Deutschland beschreibt das Grundgesetz, welche Organe die Staatsaufgaben wahrnehmen, wie sie gebildet werden und wie sie an den Entscheidungsprozessen beteiligt sind. Für die Europäische Union, die kein Staat ist, schreiben die Verträge der 28 Mitglieder vor, welche Aufgaben die Union hat und von welchen Organen sie wahrgenommen werden.

Eingriffe in die nationale Rechtsordnung

Bei der Diskussion über die weitere Entwicklung der EU ist das Verhältnis von Zuständigkeiten zwischen EU und Nationalstaat eine zentrale Frage. Nach dem Vertrag über die Europäische Union muss die EU

1. die nationale Identität ihrer Mitgliedstaaten achten, also deren Eigenständigkeit und unverwechselbare Eigenart. Das bedeutet, dass die Union kein Zentralstaat werden kann, sondern einen föderalen Aufbau haben wird.

2. den Grundsatz der **Subsidiarität** beachten, also Entscheidungen nur in jenen Politikbereichen zentral treffen, in denen sie nach dem Vertrag die ausschließliche Zuständigkeit hat, in allen anderen Bereichen aber die Entscheidungen so weit wie möglich und so oft wie sinnvoll den unteren Ebenen (Staaten, Regionen) überlassen. EU-Recht geht allerdings heute schon auf vielen Gebieten nationalem Recht vor:
   - Geldpolitik: Mit der Einführung des Euro als Gemeinschaftswährung haben die Mitglieder ihre Kompetenzen sämtlich an die Europäische Zentralbank abgetreten.
   - Landwirtschaft: Die Agrarpolitik wird längst hauptsächlich in Brüssel entschieden.
   - Binnenmarkt: Das Gemeinschaftsrecht regelt die Freizügigkeit des Personen-, Waren-, Dienstleistungs- und Kapitalverkehrs in der EU.

Subsidiarität bezeichnet ein (von der katholischen Sozialehre entliehenes) Prinzip, das die Eigenleistung und die Selbstbestimmung sowohl des Individuums (und der Familien) als auch der Gemeinschaften (z.B. der Kommunen) fördern will. Das Subsidaritätsprinzip fordert, dass staatliche Eingriffe (EU, Bund) und öffentliche Leistungen grundsätzlich nur unterstützend und nur dann erfolgen sollen, wenn die jeweils tiefere hierarchische Ebene (Länder, Kommunen, Familien) nicht in der Lage ist, die erforderliche Leistung zu erbringen.

Klaus Schubert, Martina Klein: Das Politiklexikon, 3. Aufl., Bonn: Dietz 2003, S. 285 f.

Die EU hat – je nach Politikfeld – unterschiedliche Kompetenzen und Abstimmungsverfahren. Grundsätzlich sind die von den europäischen Institutionen beschlossenen Rechtsetzungsverfahren bindend, Regierungen einzelner Staaten können hier auch überstimmt werden (s. auch das Eingangsbeispiel auf S. 156). In der Handelspolitik etwa wird einstimmig abgestimmt, die Beschlüsse können von einzelnen Staaten nicht widerrufen werden.

Andere Bereiche, in denen die EU keine Rechtsetzungskompetenz hat, sind von rein zwischenstaatlichen Entscheidungsmechanismen gekennzeichnet. Hier handelt es sich um eine bloße Zusammenarbeit zwischen den Regierungen der Mitgliedstaaten, z.B. in der gemeinsamen Außen- und Sicherheitspolitik.

Ein weiteres Verfahren ist schließlich die offene Methode der Koordinierung. Hierbei werden keine formalen Entscheidungen getroffen, sondern es findet nur eine informelle Abstimmung der Mitgliedstaaten statt.

Das institutionelle Gefüge der EU ist seit ihren Anfängen 1952 im Wesentlichen konstant geblieben, allerdings veränderten sich die Kompetenzen der Organe im Einzelnen mehrmals.

Die wichtigsten **Organe der EU** (Stand 2013):

Europäischer Rat	Europäische Kommission	Europäisches Parlament	Europäischer Gerichtshof	Europäischer Rechnungshof
28 Staats- und Regierungschefs Sitz in Brüssel ■ Fällen Grundsatzentscheidungen Weitere Ausarbeitung durch den **Ministerrat** (Fachminister der Einzelstaaten), der in etwa 20 verschiedenen Formationen tagt „Gesetzgeber" der EU	„Regierung" der EU Sitz in Brüssel **28 Kommissare:** Jedes Mitgliedsland stellt einen Kommissar. ■ Koordiniert und lenkt die Europapolitik ■ Wacht über die Anwendung des EU-Rechts ■ Unterbreitet dem Europäischen Rat Vorschläge	**736 direkt gewählte Abgeordnete** Sitz in Straßburg ■ Vetorecht bei der Ernennung der EU-Kommissare, Misstrauensvotum gegenüber der Kommission ■ Verabschiedet und kontrolliert den EU-Haushalt ■ Mitwirkung bei der Gesetzgebung ■ Frage- und Anhörungsrecht	**28 unabhängige Richter, 8 Generalanwälte** Sitz in Luxemburg ■ Sichert die Wahrung des EU-Rechts bei Auslegung und Anwendung der Verträge ■ Ahndet Verstöße der Mitgliedstaaten gegen EU-Recht	**28 Mitglieder** Sitz in Luxemburg ■ Prüfung aller Ausgaben und Einnahmen der EU, gegebenenfalls einzelner Organe ■ Vorlage eines Jahresberichts nach jedem Haushaltsjahr

Der **Europäische Rat** setzt sich aus den Staats- und Regierungschefs der Mitgliedstaaten sowie dem Präsidenten der Europäischen Kommission zusammen, wobei der Kommissionspräsident nur beratende Funktion hat. Der Europäische Rat soll der europäischen Entwicklung neue Impulse vermitteln und die allgemeinen politischen Zielvorstellungen für diese Entwicklung festlegen. Er versammelt sich mindestens viermal im Jahr in Brüssel.

Der **Ministerrat** ist eines der zwei Gesetzgebungsorgane der EU. Er setzt sich – je nach Politikfeld – aus den jeweiligen Fachministern der nationalen Regierungen zusammen und beschließt gemeinsam mit dem Europäischen Parlament die entscheidende Rechtsakte. Es wird grundsätzlich einstimmig beschlossen; der Vorsitz im Rat wechselt halbjährig zwischen den Mitgliedstaaten.

Die **Europäische Kommission** ist einerseits für die Durchführung der Ratsbeschlüsse oder die Anwendung der Vertragsbestimmungen verantwortlich, hat andererseits aber auch ein weitgehendes Initiativ- und Vorschlagsrecht, mit dem sie die Entwicklung der EU vorantreiben kann. Die Kommission besteht aktuell (Stand Juli 2013) aus **28 Kommissaren**, von denen je einer aus jedem Mitgliedstaat kommt. Der Ministerrat ernennt die Kommission als Ganzes für fünf Jahre. Die Kommissare dienen allein der Union und dürfen keinerlei Weisungen entgegennehmen. Innerhalb der Kommission übernimmt jeder Kommissar die Zuständigkeit für einen Politikbereich. Die politische Leitung der Kommission obliegt dem Kommissionspräsidenten.

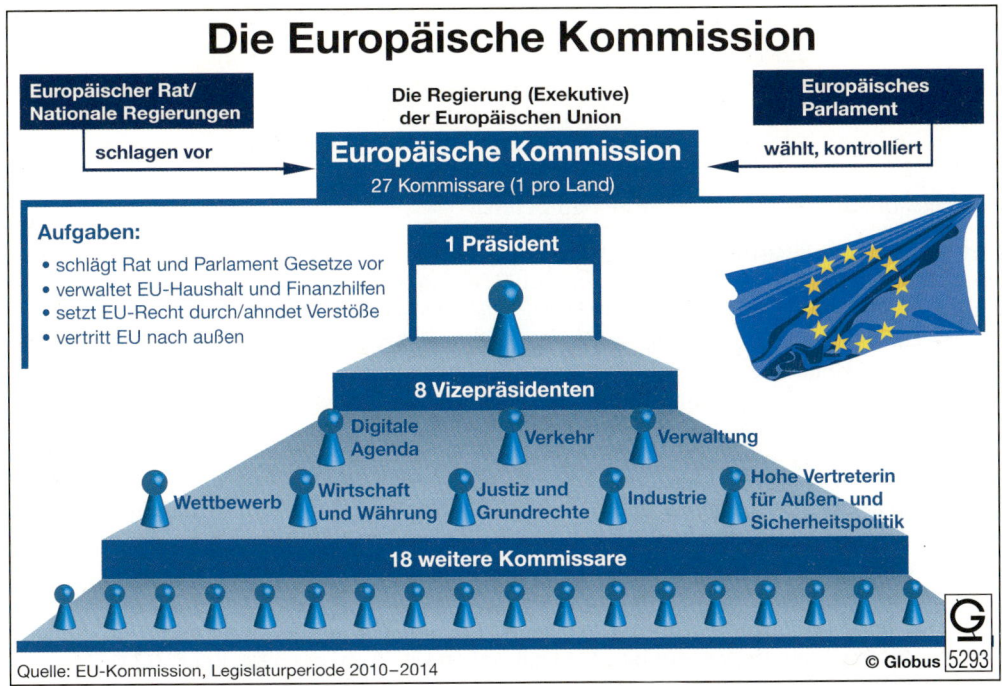

Die Europäische Kommission

Europäischer Rat/ Nationale Regierungen	Die Regierung (Exekutive) der Europäischen Union	Europäisches Parlament
schlagen vor	**Europäische Kommission** 27 Kommissare (1 pro Land)	wählt, kontrolliert

Aufgaben:
- schlägt Rat und Parlament Gesetze vor
- verwaltet EU-Haushalt und Finanzhilfen
- setzt EU-Recht durch/ahndet Verstöße
- vertritt EU nach außen

1 Präsident

8 Vizepräsidenten

Digitale Agenda　　Verkehr　Verwaltung

Wettbewerb　Wirtschaft und Währung　Justiz und Grundrechte　Industrie　Hohe Vertreterin für Außen- und Sicherheitspolitik

18 weitere Kommissare

Quelle: EU-Kommission, Legislaturperiode 2010–2014

© Globus 5293

Das **Europäische Parlament**, dessen Abgeordnete in den Mitgliedstaaten alle fünf Jahre direkt gewählt werden, ist der zweite Teil der EU-Legislative. Neben der Gesetzgebungsfunktion wirkt es bei der Feststellung des Haushaltsplans mit und übt parlamentarische Kontrollrechte aus. Die Parlamentarier gruppieren sich im Parlament nicht nach nationaler Herkunft, sondern entlang ihrer politischen Ausrichtung in (derzeit sieben) Fraktionen. Die Zahl der Abgeordneten pro Land richtet sich grundsätzlich nach der Bevölkerungszahl, kleinere Länder sind aber überproportional vertreten, denn auch ihnen soll eine angemessene Repräsentation ihrer nationalen Parteienlandschaft ermöglicht werden.

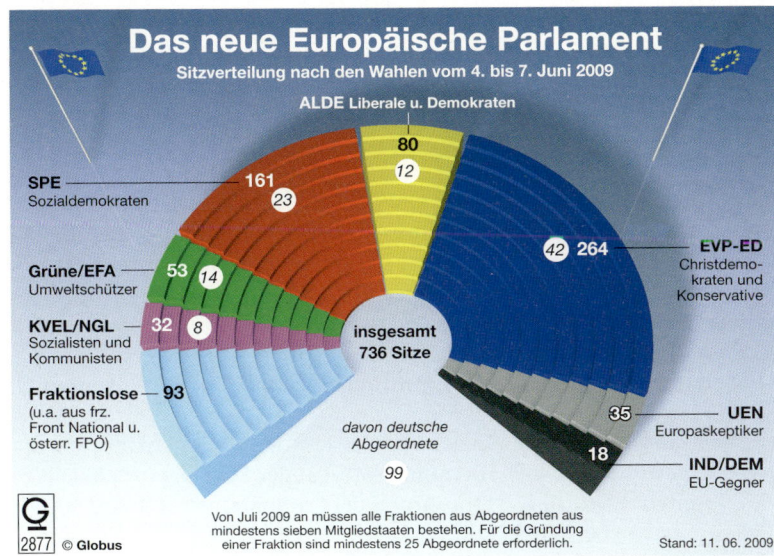

Das neue Europäische Parlament

Sitzverteilung nach den Wahlen vom 4. bis 7. Juni 2009

ALDE Liberale u. Demokraten
80
12

SPE Sozialdemokraten
161
23

Grüne/EFA Umweltschützer
53
14

KVEL/NGL Sozialisten und Kommunisten
32
8

Fraktionslose 93
(u.a. aus frz. Front National u. österr. FPÖ)

insgesamt **736 Sitze**

davon deutsche Abgeordnete
99

42　264
EVP-ED Christdemokraten und Konservative

35 ──── **UEN** Europaskeptiker

18 ──── **IND/DEM** EU-Gegner

2877 © Globus

Von Juli 2009 an müssen alle Fraktionen aus Abgeordneten aus mindestens sieben Mitgliedstaaten bestehen. Für die Gründung einer Fraktion sind mindestens 25 Abgeordnete erforderlich.

Stand: 11. 06. 2009

Der **Europäische Gerichtshof** sorgt dafür, dass das auf europäischer Ebene geschaffene Gemeinschaftsrecht gewahrt und richtig angewandt wird. Er ist befugt, in bestimmten Fällen selbst über Streitigkeiten zwischen EU-Mitgliedstaaten, EU-Organen, Unternehmen und Privatpersonen zu entscheiden. Der Gerichtshof besteht aus mindestens einem Richter pro Mitgliedstaat, wobei er von mindestens acht Generalanwälten unterstützt wird. Diese werden von den Regierungen der Mitgliedstaaten im Konsens für die Dauer von sechs Jahren ernannt. Der Gerichtshof selbst wird alle drei Jahre neu besetzt.

Der **Europäische Rechnungshof** prüft als Kontrollorgan die **Finanzen der Gemeinschaft**, er ist zuständig für die Rechnungsprüfung, sämtliche Einnahmen und Ausgaben der Union und für die Kontrolle der Haushaltsführung im Hinblick auf deren Rechtmäßigkeit.
Der Rechnungshof hat zurzeit 28 Mitglieder, eins aus jedem Mitgliedstaat, die vom Rat der Europäischen Union für sechs Jahre ernannt werden. Zurzeit bilden ca. 800 Mitarbeiter Prüfungsgruppen für spezifische Prüfvorhaben. Sie können jederzeit Prüfbesuche bei anderen Organen, in den Mitgliedstaaten sowie in weiteren Ländern abstatten, die EU-Hilfen erhalten. Seit Jahren fallen die entsprechenden Prüfberichte des Rechnungshofs stets negativ aus.

Die **Europäische Zentralbank (EZB)** – mit Sitz in Frankfurt am Main – bestimmt seit dem 01.01.1999 die Geldpolitik in den Euro-Ländern. Die Bank ist politisch unabhängig: Ihr Direktorium wird vom Europäischen Rat ernannt, es ist jedoch nicht politischen Weisungen, sondern nur den festgelegten Zielen der Währungspolitik unterworfen, insbesondere der **Wahrung der Preisstabilität**. Die Europäische Zentralbank bildet gemeinsam mit den nationalen Zentralbanken das **Europäische System der Zentralbanken** (ESZB) (s. auch Kapitel 7.3.2 Währungsunion).

Mitten in der größten Bewährungsprobe ihrer 45-jährigen Geschichte wurde die EU im Oktober 2012 mit dem **Friedensnobelpreis** geehrt. Das norwegische Nobelpreis-Komitee würdigte mit seiner einstimmigen Entscheidung die Jahrzehnte während Rolle der EU als Stifterin von Frieden und Versöhnung, von Demokratie und Menschenrechten in Europa.
Die Juroren hoben besonders die Aussöhnung zwischen Deutschland und Frankreich nach drei Kriegen hervor. Weiter würdigte das vom norwegischen Parlament eingesetzte fünfköpfige Komitee die Demokratisierung in Spanien und Portugal sowie die Osterweiterung der EU nach dem Fall der Mauer. Die Teilung in Ost und West sei zum großen Teil beendet, die Demokratie gestärkt und manch ethnisch begründeter nationaler Konflikt beigelegt worden.
Den Nobelpreis nahmen stellvertretend für die EU der Kommissionspräsident, der Ratspräsident und der Parlamentspräsident entgegen.

So begründete das Nobel-Komitee seine Wahl

Oslo – In der am Freitag in Oslo veröffentlichten Begründung des fünfköpfigen Nobelpreis-Komitees heißt es: „Das Norwegische Nobelkomitee hat entschieden, dass der Friedensnobelpreis 2012 an die Europäische Union (EU) vergeben wird. Die Union und ihre Vorgänger haben über sechs Jahrzehnte zur Förderung von Frieden und Versöhnung beigetragen. Seit 1945 ist diese Versöhnung Wirklichkeit geworden. Das furchtbare Leiden im Zweiten Weltkrieg zeigte die Notwendigkeit eines neuen Europa. Über 70 Jahre hatten Deutschland und Frankreich drei Kriege ausgefochten. Heute ist Krieg zwischen Deutschland und Frankreich undenkbar. Das zeigt, wie historische Feinde durch gut ausgerichtete Anstrengungen und den Aufbau gegenseitigen Vertrauens enge Partner werden können.

In den 80er-Jahren sind Griechenland, Spanien und Portugal der EU beigetreten. Die Einführung der Demokratie war Voraussetzung für ihre Mitgliedschaft. Der Fall der

Berliner Mauer machte den Beitritt möglich für mehrere zentral- und osteuropäische Staaten. Dadurch wurde eine neue Ära der europäischen Geschichte eingeleitet. Die Teilung zwischen Ost und West ist in weiten Teilen beendet. Die Demokratie wurde gestärkt. Viele ethnisch bedingten Konflikte wurden gelöst.

Die Aufnahme von Kroatien als Mitglied im nächsten Jahr, die Einleitung von Aufnahmeverhandlungen mit Montenegro und die Erteilung des Kandidatenstatus an Serbien wird den Prozess der Aussöhnung auf dem Balkan voranbringen. [...]

Die EU erlebt derzeit ernste wirtschaftliche Schwierigkeiten und beachtliche soziale Unruhen. Das Norwegische Nobelkomitee wünscht den Blick auf das zu lenken, was es als wichtigste Errungenschaft der EU sieht: den erfolgreichen Kampf für Frieden und Versöhnung und für Demokratie sowie die Menschenrechte; die stabilisierende Rolle der EU bei der Verwandlung Europas von einem Kontinent der Kriege zu einem des Friedens. Die Arbeit der EU repräsentiert „Bruderschaft zwischen den Nationen" und entspricht einer Form von „Friedenskongress", wie Alfred Nobel dies als Kriterium für den Friedenspreis in seinem Testament umschrieben hat."   *dpa*

dpa-Meldung: So begründete das Nobel-Komitee seine Wahl, in: Saale Zeitung vom 13.10.2012, S. 28

Arbeitsvorschläge

1 a Erläutern Sie, was man unter Subsidiarität versteht.
*   b Führen Sie drei Beispiele dafür an, dass EU-Recht Vorrang vor nationalem Recht hat.*

2 Wie heißen die aktuellen Präsidenten des Europäischen Rats, der Europäischen Kommission, des Europäischen Parlaments und der Europäischen Zentralbank?

3 Im Europäischen Parlament haben sich die nationalen Parteien mit ähnlichen Weltanschauungen zu Fraktionen zusammengeschlossen. Benennen Sie die aktuell zwei stärksten Fraktionen. Wie viele Mitglieder haben sie jeweils?

4 Nach der nächsten Europawahl 2014 wird das Europäische Parlament insgesamt 751 Abgeordnete haben.

*   a Wenn sich die Zahl der Abgeordneten pro Land ausschließlich nach der Bevölkerungszahl richten würde, wie viele deutsche Abgeordnete hätte dann das Parlament?*
*   b Welche Argumente sprechen dafür, dass kleinere Länder überproportional im Parlament vertreten sind?*

5 Interpretieren Sie die Karikatur auf S. 167 (siehe Kompetenzbaustein K10).

6 Nehmen Sie Stellung zur Aussage von Frankreichs Staatspräsidenten als Reaktion auf die Verleihung des Friedensnobelpreises an die EU: „Diese Auszeichnung verpflichtet uns alle, den Weg zu einem Europa fortzusetzen, das noch vereinter, noch stärker und noch friedensstiftender ist."

7.3 Wirtschafts- und Währungsunion

7.3.1 Wirtschaftsunion

Die Geschichte der europäischen Einigung ist geprägt vom hohen Stellenwert wirtschaftlicher Integrationsschritte: Ausgangspunkt war 1952 die Vergemeinschaftung des Kohle- und Stahlsektors, die 1957 mit der Schaffung von EWG und EURATOM fortgeführt wurde, gefolgt von der Vollendung des Binnenmarktes 1993 und letztlich 2002 der Einführung des Euro als gemeinsamer Währung.

Die 28 Länder der Europäischen Union haben weltweit eine hohe wirtschaftliche Bedeutung. Zwar sind nur 7 % der Weltbevölkerung EU-Europäer; sie erarbeiten aber über ein Viertel der **Weltwirtschaftsleistung** und haben damit die USA als Nummer eins der Weltwirtschaft abgelöst (USA: 23 %). Überragend ist auch die Bedeutung der Union im **Welthandel**: 15 % aller Exporte gehen auf das Konto der EU (dabei ist der Handel untereinander herausgerechnet), auf China – der Nummer zwei – entfallen 13 %, auf die USA 10 %.

Die wirtschaftliche Stellung in der Welt bringt aber auch Verpflichtungen mit sich, denen sich die EU-Länder nicht entziehen wollen: So stammt mehr als die Hälfte der gesamten öffentlichen Hilfe für die Entwicklungsstaaten aus ihren Kassen.

Kennzeichen dieses weltgrößten Marktes sind seit 1993 folgende **vier Freiheiten für den EU-Binnenmarkt**:

Freier Personenverkehr	Freier Dienstleistungsverkehr
– Wegfall der Grenzkontrollen – Niederlassungs- und Beschäftigungsfreiheit – Harmonisierung übergreifender Gesetze – Verstärkte Außenkontrollen	– Harmonisierung der Aufsicht für Banken und Versicherungen – Öffnung der Transport- und Kommunikationsmärkte – Finanzdienste ohne Einschränkungen
Freier Warenverkehr	Freier Kapitalverkehr
– Wegfall der Grenzkontrollen – Steuerharmonisierung – Gegenseitige Anerkennung der Normen	– Aufbau eines gemeinsamen Marktes für Finanzleistungen – Freizügigkeit für Kapitalbewegungen – Offener Wertpapierverkehr

Beispiele für die Freiheiten des Binnenmarktes

Reiseverkehr
Bei der Reise von einem Staat in einen anderen gibt es grundsätzlich keine Begrenzung mehr, sofern für die Mengen der mitgeführten Waren der private Verbrauch angenommen werden kann.

Leben und Arbeiten

Benachteiligung von Unionsbürgern aufgrund der Staatsangehörigkeit ist im Binnenmarkt verboten. So gelten z. B. Fußballspieler aus Mitgliedsländern der EU als Inländer und fallen nicht unter die Begrenzung der Ausländerregel (nur drei Spieler auf dem Platz).

Wer eine Berufserfahrung von sechs Jahren in einem EU-Land nachweisen kann, darf diesen Beruf in jedem anderen EU-Staat ausüben.

Arbeitslose dürfen in anderen Mitgliedstaaten einen Arbeitsplatz suchen, ohne ihre Leistungsansprüche aus der Sozialversicherung zu verlieren.

Jeder Arbeitnehmer, Student, Rentner oder Selbstständige, der länger als ein Jahr in einem anderen EU-Land wohnen möchte, braucht jedoch eine Aufenthaltserlaubnis. Hierauf hat er einen Rechtsanspruch, der nur aus schwerwiegenden Gründen verweigert werden darf.

Dienstleistungen

Spediteuren aus allen EU-Ländern muss z. B. der gewerbliche Gütertransport im Binnenmarkt erlaubt sein.

Versicherungsunternehmen können im ganzen Binnenmarkt Policen anbieten, auch wenn sie im Land keine Tochterunternehmen haben.

Mit der Einführung des Binnenmarkts wurden viele rechtliche Hemmnisse abgebaut. Eine Rechtsangleichung bedeutet jedoch nicht immer völlige Harmonisierung, sondern es werden vielmehr nationale Vorschriften und Normen gegenseitig anerkannt. Findet eine entsprechende Kontrolle im Herkunftsland statt, dürfen die Produkte in jedem EU-Land angeboten werden. Dieser Wettbewerb hat bereits viele Standards angeglichen.

Obwohl der EU-Binnenmarkt im Laufe der Jahre eine außerordentliche Stärke und Dynamik entwickelt hat, gibt es doch innerhalb der EU ein großes **Wohlstandsgefälle**.

Als Kennziffer wird der tatsächliche Individualverbrauch je Einwohner berechnet. Dieser Indikator spiegelt den materiellen Wohlstand der privaten Haushalte besser wider als die Kennziffer Bruttoinlandsprodukt je Einwohner. Nach jüngsten Berechnungen liegen z. B. die Luxemburger mit 40 % über dem EU-Durchschnitt, gefolgt von Deutschen und Österreichern mit 20 bzw. 19 %. Am unteren Ende der Wohlstandsskala liegen die rumänischen und bulgarischen Haushalte (-53 bzw. -55 %).

In der gesamten EU sind rund 8 % der Bevölkerung von erheblicher materieller Entbehrung betroffen. Ihre Lebensbedingungen sind aus finanziellen Gründen stark eingeschränkt. Sie können beispielsweise ihre Wohnung nicht ausreichend heizen oder sich notwendige Anschaffungen nicht leisten.

Parallel zum Wohlstandsgefälle verläuft auch das sehr unterschiedliche **Beschäftigungsniveau in der EU**. Von den ca. 420 Mio. Menschen in der EU (älter als 15 Jahre) sind ca. 220 Mio. erwerbstätig, davon 80 % in Vollzeit, 20 % in Teilzeit. Allerdings hat jeder siebte Arbeitnehmer nur einen **befristeten Arbeitsvertrag** (in Polen und Spanien sogar jeder Vierte). Die **Arbeitslosigkeit** in der EU erreichte Ende 2012 mit über 25 Mio. Menschen ein neues Rekordhoch (Arbeitslosenquote über 11 %). Besonders hoch war die Arbeitslosigkeit in Ländern, die wegen ihrer Staatsverschuldung und anderer wirtschaftlicher Probleme ins Trudeln geraten sind wie Griechenland und Spanien. So ist auch zu erklären, dass im September 2012 ca. 32 000 Italiener, Portugiesen, Spanier und Griechen mehr in Deutschland arbeiteten als im Jahr zuvor.

Das Wohlstandsgefälle in der EU

Um so viel Prozent liegt der tatsächliche Individualverbrauch* je Einwohner über (+) bzw. unter (-) dem EU-Durchschnitt

*Gesamtkonsum, inkl. Güter und Dienstleistungen, die vom Staat u.a. finanziert werden

Luxemburg	+ 40 %
Deutschland	+ 20
Österreich	+ 19
Großbritannien	+ 18
Schweden	+ 16
Niederlande	+ 13
Frankreich	+ 13
Dänemark	+ 13
Finnland	+ 12
Belgien	+ 11
Italien	+ 1
Irland	+ 1
Zypern	- 2
Spanien	- 6
Griechenland	- 9
Malta	- 16
Portugal	- 19
Slowenien	- 19
Tschechien	- 29
Litauen	-30
Slowakei	- 30
Polen	- 31
Ungarn	- 39
Estland	- 42
Lettland	- 43
Rumänien	- 53
Bulgarien	- 55 %

Quelle: Eurostat   Stand 2011

© Globus 5427

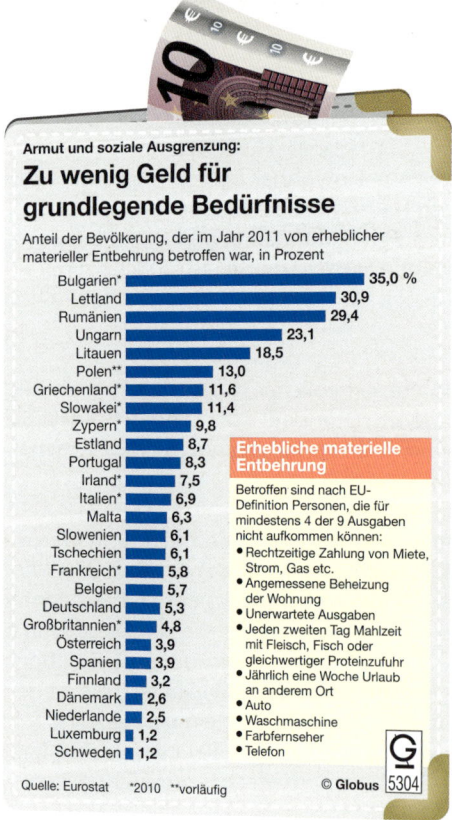

Armut und soziale Ausgrenzung:

Zu wenig Geld für grundlegende Bedürfnisse

Anteil der Bevölkerung, der im Jahr 2011 von erheblicher materieller Entbehrung betroffen war, in Prozent

Land	Prozent
Bulgarien*	35,0 %
Lettland	30,9
Rumänien	29,4
Ungarn	23,1
Litauen	18,5
Polen**	13,0
Griechenland*	11,6
Slowakei*	11,4
Zypern*	9,8
Estland	8,7
Portugal	8,3
Irland*	7,5
Italien*	6,9
Malta	6,3
Slowenien	6,1
Tschechien	6,1
Frankreich*	5,8
Belgien	5,7
Deutschland	5,3
Großbritannien*	4,8
Österreich	3,9
Spanien	3,9
Finnland	3,2
Dänemark	2,6
Niederlande	2,5
Luxemburg	1,2
Schweden	1,2

Erhebliche materielle Entbehrung

Betroffen sind nach EU-Definition Personen, die für mindestens 4 der 9 Ausgaben nicht aufkommen können:
- Rechtzeitige Zahlung von Miete, Strom, Gas etc.
- Angemessene Beheizung der Wohnung
- Unerwartete Ausgaben
- Jeden zweiten Tag Mahlzeit mit Fleisch, Fisch oder gleichwertiger Proteinzufuhr
- Jährlich eine Woche Urlaub an anderem Ort
- Auto
- Waschmaschine
- Farbfernseher
- Telefon

Quelle: Eurostat   *2010 **vorläufig   © Globus 5304

Auch die **Jugendarbeitslosigkeit**, also die Arbeitslosigkeit der 15- bis 24-Jährigen, ist besonders in den EU-Krisenländern extrem hoch. Mehr als 7,5 Mio. Jugendliche in der EU sind ohne Arbeit, insbesondere in Griechenland und Spanien. Deshalb will die EU den Kampf gegen die Jugendarbeitslosigkeit verstärken. So sollen den betroffenen Krisenländern verstärkt finanzielle Mittel zur Verfügung gestellt werden. Der Aufbau eines dualen Systems der Berufsausbildung wie in Deutschland und weitere Investitionen in die Bildung sind geplant. Geplant ist auch eine **Beschäftigungsgarantie** für junge Menschen. Diese sollen vier Monate nach Beendigung ihrer Beschäftigung ein Angebot erhalten: eine Arbeitsstelle, einen Ausbildungsplatz oder die Möglichkeit zur Weiterbildung. Verhindert werden sollen damit soziale Spannungen, die entstehen können, wenn eine ganze Generation ohne Zukunft ist. Allerdings ist die Umsetzung der Beschäftigungsgarantie den einzelnen Staaten selbst überlassen.

Auch die sehr unterschiedlichen **Arbeitskosten** innerhalb der EU sind ein Beleg dafür, dass es noch ein weiter Weg zu einem harmonischen Wirtschaftsgefüge ist. Im EU-Durchschnitt zahlten die Arbeitgeber 22,80 Euro für eine Arbeitsstunde. Am geringsten sind die Arbeitskosten, die sich aus dem Bruttolohn plus Nebenkosten ergeben, in Rumänien und Bulgarien, am teuersten in Schweden und Belgien. Deutschland liegt rund ein Drittel über dem Durchschnittswert, allerdings auch fast ein Drittel unter den Kosten in Schweden und Belgien. Interessant ist auch die längerfristige Entwicklung: So hatte Deutschland zwischen den Jahren 2001 und 2011 mit einem Plus von knapp 20 % den mit Abstand geringsten Anstieg innerhalb der EU. Allerdings steigen zz. (2013) die Arbeitskosten auch in der Bundesrepublik Deutschland wieder an – u. a. eine Folge steigender Lohnnebenkosten und höherer Tarifabschlüsse.

Im **Haushalt** der Europäischen Union werden die Einnahmen und Ausgaben jährlich für das folgende EU-Haushaltsjahr festgelegt, allerdings eingebunden in einen siebenjährigen Finanzrahmen (von 2007 bis 2013 und anschließend von 2014 bis 2020). Dieser wird auf Grundlage eines Vorschlags der Europäischen Kommission vom Rat gemeinsam mit dem Europäischen Parlament vereinbart.

Zur Finanzierung ihrer Ausgaben verfügt die EU über sogenannte Eigenmittel, die sich aus Beiträgen der Mitgliedstaaten sowie zum ge-

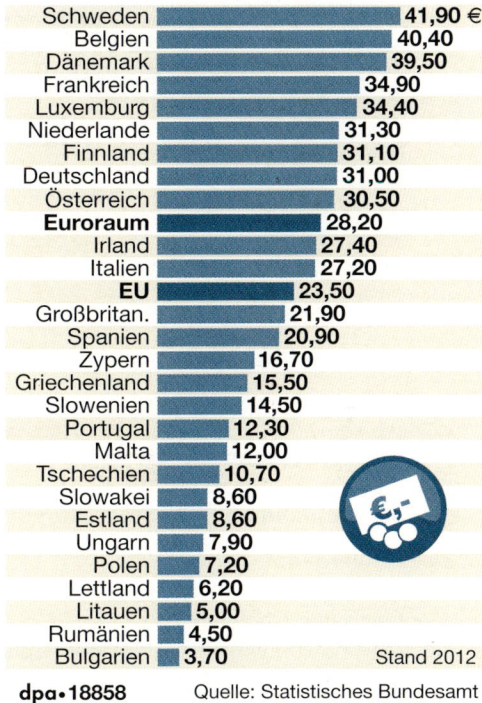

Lohnkosten in Europa

Durchschnittliche Arbeitskosten (Bruttoverdienst + Lohnnebenkosten) in der Privatwirtschaft pro Stunde in Euro

Schweden	41,90 €
Belgien	40,40
Dänemark	39,50
Frankreich	34,90
Luxemburg	34,40
Niederlande	31,30
Finnland	31,10
Deutschland	31,00
Österreich	30,50
Euroraum	28,20
Irland	27,40
Italien	27,20
EU	23,50
Großbritan.	21,90
Spanien	20,90
Zypern	16,70
Griechenland	15,50
Slowenien	14,50
Portugal	12,30
Malta	12,00
Tschechien	10,70
Slowakei	8,60
Estland	8,60
Ungarn	7,90
Polen	7,20
Lettland	6,20
Litauen	5,00
Rumänien	4,50
Bulgarien	3,70

Stand 2012

dpa•18858   Quelle: Statistisches Bundesamt

ringeren Teil aus den Importzöllen an den Außengrenzen zusammensetzen. Die Beiträge der Mitgliedstaaten resultieren zum einen aus einem Anteil der Umsatzsteuer („Mehrwertsteuer"), der an die EU abzuführen ist, zum anderen aus Beiträgen, die sich proportional aus dem Bruttonationaleinkommen der Staaten ergeben.

Der Haushalt der EU und die Höhe der von den Mitgliedstaaten zu leistenden Beiträge sind Gegenstand vielfältiger Auseinandersetzungen und mühsamen Kompromisse, zumal die Rückflüsse von Finanzmitteln der EU in die einzelnen Mitgliedstaaten unterschiedlich hoch ausfallen. Im Europäischen Rat stehen sich Nettozahler- und Nettoempfängerstaaten gegenüber. Deshalb ist auch die Ausgabenseite des Haushalts umstritten, obwohl dieser zu über 90 % an die Mitglieder zurückfließt.

Deutschland als größter Nettozahler musste im Jahr 2011 ca. 9 Mrd. Euro mehr in die EU-Kasse einzahlen, als es an Mitteln aus Brüssel erhielt. Polen hingegen bezog als größter Nettoempfänger fast 11 Mrd. Euro aus der EU-Kasse.

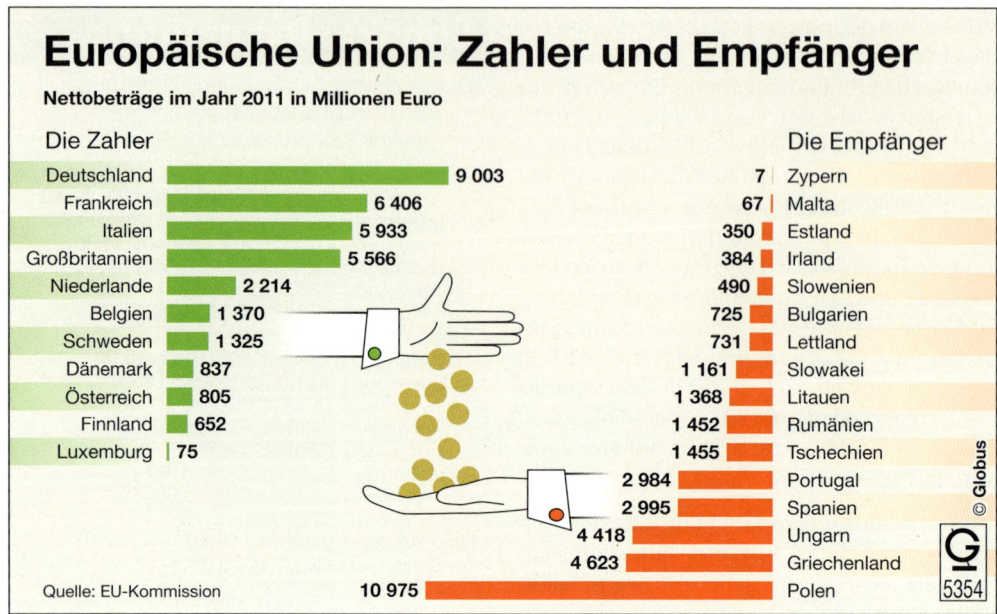

Europäische Union: Zahler und Empfänger

Nettobeträge im Jahr 2011 in Millionen Euro

Die Zahler		Die Empfänger	
Deutschland	9 003	7	Zypern
Frankreich	6 406	67	Malta
Italien	5 933	350	Estland
Großbritannien	5 566	384	Irland
Niederlande	2 214	490	Slowenien
Belgien	1 370	725	Bulgarien
Schweden	1 325	731	Lettland
Dänemark	837	1 161	Slowakei
Österreich	805	1 368	Litauen
Finnland	652	1 452	Rumänien
Luxemburg	75	1 455	Tschechien
		2 984	Portugal
		2 995	Spanien
		4 418	Ungarn
		4 623	Griechenland
Quelle: EU-Kommission	10 975		Polen

© Globus
5354

Die **Fördermaßnahmen** der EU (Strukturpolitik) haben folgende Ziele und Mittel:

■ Ziel **Konvergenz**:
– Förderung des Wachstums und der Schaffung von Arbeitsplätzen in den am wenigsten entwickelten Gebieten
– Förderung von Verkehrs- und Umweltprojekten in Mitgliedstaaten, deren Bruttonational-einkommen pro Kopf weniger als 90 % des EU-Durchschnitts beträgt
Für dieses Ziel stehen etwa vier Fünftel der gesamten Strukturmittel zur Verfügung.

■ Ziel **Regionale Wettbewerbsfähigkeit und Beschäftigung**:
Hilfen zur Bewältigung des wirtschaftlichen und sozialen Wandels, Förderung von Ausbil-dung, Innovation, Beschäftigung und Unternehmertum in den übrigen Gebieten der EU

■ Ziel **Europäische territoriale Zusammenarbeit**:
Unterstützung grenzüberschreitender und interregionaler Projekte

Die **Zukunft** der Europäischen Wirtschaftsunion könnte durch eine **Freihandelszone mit den USA** geprägt sein. So wird zz. (Stand Juli 2013) zwischen der EU und den USA über einen Pakt zum Abbau von Zöllen und Handelsschranken verhandelt. Die USA und Europa stehen bisher für etwa die Hälfte der weltweiten Wirtschaftsleistung und ein Drittel des Welthandels. Jeden Tag werden zwischen der EU und den USA Güter und Dienstleistungen im Wert von zwei Mrd. Euro gehandelt. Käme ein Abkommen zustande, so entstünde die **größte Freihandels-zone der Welt** und vor allem ein Gegengewicht zu den aufstrebenden Volkswirtschaften in Asien.

Die EU-Kommission hegt große Erwartungen an ein Freihandelsabkommen mit den USA: günstigere Waren aus den USA, bessere Produktionschancen für Europas Unternehmen und Impulse für die flaue Wirtschaft – und das alles ohne Kosten für die Steuerzahler.

EU-Experten schätzen, dass der Abbau von Handelshindernissen Europas Wirtschaftsleistung bis 2027 jährlich um 0,5 % erhöhen könnte, das entspräche zusätzlich 86 Mrd. Euro je Jahr. Die US-Wirtschaft dürfte um jährlich 0,4 % steigen, also im Schnitt um 65 Mrd. Euro.

Die deutsche Automobilindustrie schätzt, dass bisher allein in der Autoindustrie jährlich eine Mrd. Euro an Zöllen zwischen Europa und den USA anfallen, eine Freihandelszone hingegen für ihre Industrie ein zusätzliches Wachstum im transatlantischen Raum von 1,5 % schaffen könnte. Der Deutsche Industrie- und Handelskammertag (DIHK) erwartet, dass sich deutsche Exporte in die USA um jährlich drei bis fünf Mrd. Euro erhöhen könnten.

Allerdings beträfe ein transatlantisches Abkommen auch heikle Handelsthemen wie z. B. Regelungen, welche die Rüstungsindustrie beträfen. Besonders betroffen wäre darüber hinaus die Landwirtschaft. So sind die Europäer zurückhaltender als die Amerikaner, was gentechnisch veränderte Lebensmittel (wie Klonfleisch) und Pflanzen angeht.

Beispiel
Europäer möchten mit Chlor desinfizierte Hühnchen aus den USA nicht in die EU einführen.

Zudem gelten in Europa und den USA unterschiedliche Standards sowie Sicherheits- und Technikanforderungen. Außerdem gibt es auf beiden Seiten des Atlantiks mächtige Industrien, die ein Interesse daran haben, ihre Märkte vor zu großer Konkurrenz zu schützen.

So mehren sich verstärkt kritische Stimmen in Deutschland und Europa, die sich wie folgt zusammenfassen lassen: „Europa darf seine Umwelt- und Verbraucherpolitik nicht auf dem Altar falsch verstandener Handelsinteressen opfern."

Arbeitsvorschläge

1   *Erläutern Sie mithilfe von Beispielen, welche Vorteile die vier Freiheiten für den EU-Binnenmarkt haben, gehen Sie ggf. auch auf mögliche Problembereiche ein.*

2   *Welche Schwierigkeiten ergeben sich für die Politik aufgrund des starken Wohlstandsgefälles in der EU?*

3   *In der EU sind laut EU-Definition 40 Mio. Menschen von erheblicher materieller Entbehrung betroffen. Nehmen Sie zur EU-Definition Stellung. Welche ihrer Bestandteile würden Sie ggf. korrigieren?*

4   *Kann man die Nettozahler in der EU als Verlierer und die Nettoempfänger als Gewinner der Wirtschaftsunion bezeichnen (siehe Kompetenzbaustein K18)?*

5   *Die EU verstärkt den Kampf gegen die teilweise sehr hohe Jugendarbeitslosigkeit mit Beschäftigungsgarantien. Für die praktische Umsetzung der beschlossenen Maßnahmen sind jedoch die einzelnen Regierungen verantwortlich. Halten Sie dies für sinnvoll? Begründen Sie Ihre Meinung.*

6   *Welche Vor- und Nachteile sehen Sie in der geplanten Freihandelszone mit den USA?*

7.3.2 Währungsunion

Eine Währungsunion ist ein Zusammenschluss von Staaten mit unterschiedlichen Währungen zu einem einheitlichen Währungsraum. Im Gegensatz zu einer Währungsreform bleibt bei der Währungsunion der Wert des Geldes voll erhalten. Die beteiligten Währungen werden lediglich nach einem bestimmten Austauschverhältnis in die neue Währung umgerechnet, z. B. 1,95583 DM = 1,00 EUR.

Die Einführung einer gemeinsamen europäischen Währung war bereits in den 1970er-Jahren ein Diskussionsthema in der Europäischen Wirtschaftsgemeinschaft. Aber erst am 01.01.1999 wurde der Euro auf der Grundlage des Vertrags von Maastricht als gemeinsame Währung eingeführt: zunächst als **Buchgeld (Recheneinheit)** für die Zentral- und Geschäftsbanken, aber auch für alle Bürger in den Euro-Ländern, die sich so an den jeweiligen nationalen Umtauschkurs gewöhnen konnten. An diesem Tag wurden alle nationalen Währungen unwiderruflich zu einem festen Kurs in Euro umgewandelt (für die DM galt: 1,95583 DM = 1,00 EUR). Erst drei Jahre später – am **01.01.2002** – wurde der Euro als **Bargeld** eingeführt.

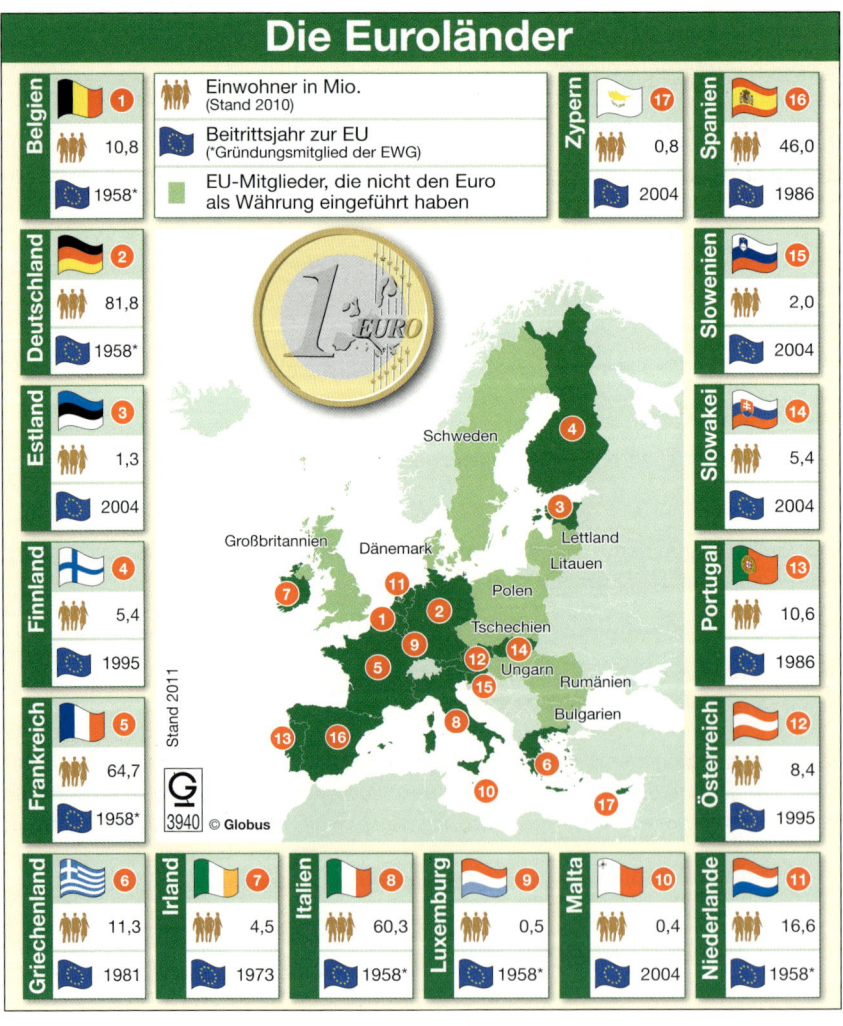

Die Euroländer

Belgien 1	Einwohner in Mio. (Stand 2010)	**Zypern** 17
10,8	Beitrittsjahr zur EU (*Gründungsmitglied der EWG)	0,8
1958*	EU-Mitglieder, die nicht den Euro als Währung eingeführt haben	2004

Spanien 16 — 46,0 — 1986

Deutschland 2 — 81,8 — 1958*

Slowenien 15 — 2,0 — 2004

Estland 3 — 1,3 — 2004

Slowakei 14 — 5,4 — 2004

Finnland 4 — 5,4 — 1995

Portugal 13 — 10,6 — 1986

Frankreich 5 — 64,7 — 1958*

Österreich 12 — 8,4 — 1995

Stand 2011

G 3940 © Globus

Schweden, Großbritannien, Dänemark, Lettland, Litauen, Polen, Tschechien, Ungarn, Rumänien, Bulgarien

Griechenland 6 — 11,3 — 1981

Irland 7 — 4,5 — 1973

Italien 8 — 60,3 — 1958*

Luxemburg 9 — 0,5 — 1958*

Malta 10 — 0,4 — 2004

Niederlande 11 — 16,6 — 1958*

Nicht alle Staaten der EU sind auch Mitglieder der Währungsunion. Großbritannien und Dänemark haben bei den Verhandlungen für sich die Möglichkeit der Nichtteilnahme vorbehalten, von der sie bisher auch Gebrauch machen. Alle anderen Staaten sind grundsätzlich zur Teilnahme verpflichtet, Voraussetzung hierfür ist aber die Erreichung bestimmter Bedingungen, die als maßgeblich für die Geldwertstabilität angesehen werden. Diese sogenannten **Konvergenzkriterien** beziehen sich auf die Staatsverschuldung, das Zinsniveau und die Inflationsrate. Schweden vermeidet derzeit durch gezielte Nichteinhaltung dieser Konvergenzkriterien die Teilnahme an der Währungsunion, da eine Volksabstimmung 2003 gegen den Eurobeitritt entschied.

Zurzeit ist der Euro alleiniges Zahlungsmittel für mittlerweile mehr als 320 Mio. Menschen in 17 Staaten der EU (Stand 2013). Am 01.01.2014 wird Lettland, das die Konvergenzbedingungen erfüllt, das 18. Euro-Land sein.

Voraussetzung für den Beitritt zur Währungsunion sind folgende Stabilitätskriterien:

- **Preisstabilität:** Preisanstieg höchstens 1,5 % über dem Preisanstieg der drei stabilsten Länder

- **Haushaltsdisziplin:** Haushaltsdefizit des Staates dauerhaft höchstens 3 % des Bruttoinlandsprodukts (BIP), Staatsverschuldung höchstens 60 % des BIP

- **Langfristiger Zinssatz:** höchstens 2 % über jenem der drei preisstabilsten Länder

- **Währungsstabilität:** Währung in den letzten zwei Jahren stabil gegenüber den anderen Währungen (+/–2,5 %)

Griechenland wurde allerdings im Jahr 2001 in die Euro-Zone aufgenommen – wie man heute weiß, ohne die Bedingungen tatsächlich erfüllt zu haben.

Die Währungsunion schafft für den EU-Binnenmarkt folgende **Vorteile**:

- Zwischen den teilnehmenden Staaten gibt es keine Wechselkursrisiken mehr, was den Handel über die Grenzen hinweg erleichtert.

- Die Geld- und Kapitalmärkte werden durchlässiger.

- Grenzüberschreitende Bankgeschäfte können günstiger und schneller abgewickelt werden.

- Es gibt mehr Preistransparenz und Wettbewerb, da sich die Güter- und Dienstleistungsangebote verschiedener Länder anhand der Euro-Preise unmittelbar vergleichen lassen.

Insgesamt führt dies langfristig zu einem stärkeren Wirtschaftswachstum in der Euro-Zone. Zudem wird auch durch die weltweit bedeutende Währung Euro (neben den Leitwährungen US-Dollar und Yen) die wirtschaftspolitische Stärkung Europas vorangetrieben.

Über die Stabilität des Euro wacht die **Europäische Zentralbank (EZB)** mit Sitz in Frankfurt am Main. Die EZB ist unabhängig von den Regierungen der EU-Staaten und den Organen der EU. Außer der Gewährleistung der Preisstabilität als vorrangiger Aufgabe soll sie aber auch die Wirtschaftspolitik der EU-Gemeinschaft unterstützen. Preisstabilität definiert die EZB als einen Preisanstieg unter bzw. nahe 2 %.

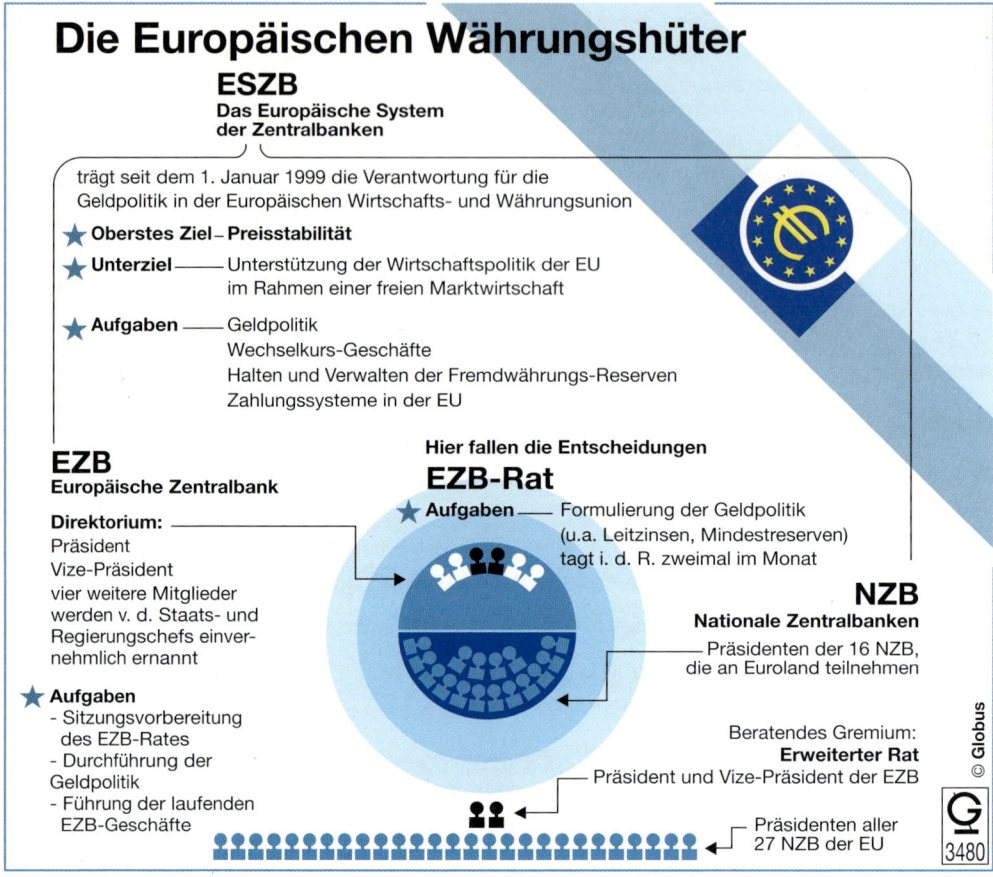

Die Europäischen Währungshüter

ESZB
Das Europäische System der Zentralbanken

trägt seit dem 1. Januar 1999 die Verantwortung für die
Geldpolitik in der Europäischen Wirtschafts- und Währungsunion

★ **Oberstes Ziel** – **Preisstabilität**

★ **Unterziel** —— Unterstützung der Wirtschaftspolitik der EU
im Rahmen einer freien Marktwirtschaft

★ **Aufgaben** —— Geldpolitik
Wechselkurs-Geschäfte
Halten und Verwalten der Fremdwährungs-Reserven
Zahlungssysteme in der EU

EZB
Europäische Zentralbank

Direktorium:
Präsident
Vize-Präsident
vier weitere Mitglieder
werden v. d. Staats- und
Regierungschefs einver-
nehmlich ernannt

★ **Aufgaben**
- Sitzungsvorbereitung
  des EZB-Rates
- Durchführung der
  Geldpolitik
- Führung der laufenden
  EZB-Geschäfte

Hier fallen die Entscheidungen
EZB-Rat

★ **Aufgaben** —— Formulierung der Geldpolitik
(u.a. Leitzinsen, Mindestreserven)
tagt i. d. R. zweimal im Monat

NZB
Nationale Zentralbanken
Präsidenten der 16 NZB,
die an Euroland teilnehmen

Beratendes Gremium:
Erweiterter Rat
Präsident und Vize-Präsident der EZB

Präsidenten aller
27 NZB der EU

© Globus

3480

Um das geldpolitische Ziel der Preisstabilität zu erreichen, verfolgt die EZB eine Zwei-Säulen-Strategie: In der **wirtschaftlichen Analyse** beobachtet die EZB die Inflationsentwicklung und die Größen, die Einfluss auf die Inflation haben. Hierzu gehören u. a. Löhne und Gehälter, die Wechselkursentwicklung und langfristige Zinssätze. In der **monetären Analyse** geht es um einen Referenzwert für die wünschenswerte Geldmengenentwicklung (z. B. Zunahme von 4 bis 5 %). Ziel ist es, mittelfristig Gefahren für die Preisstabilität zu erkennen.

Eine Politik des stabilen Euro durch die EZB ist die eine Seite, aber was ist, wenn die meisten Teilnehmerstaaten aus der Stabilitätsgemeinschaft ausbrechen und eine stark defizitäre Haushaltspolitik betreiben? So erfüllten im Jahr 2012 zehn der 17 Eurostaaten das Stabilitätskriterium „Haushaltsdefizit max. 3 %" nicht; Irland, Spanien und Griechenland lagen sogar weit darüber. Das Stabilitätskriterium „Staatsverschuldung max. 60 %" wurde sogar von elf Eurostaaten nicht erfüllt. Griechenland hatte Schulden in Höhe von fast 180 % des BIP aufgetürmt, Italien drückte eine Schuldenlast von fast 130 % und selbst Deutschland eine Schuldenlast von mehr als 80 %.

Bei **Nichteinhaltung der Stabilitätskriterien** sieht der EU-Vertrag feste Spielregeln vor: Die EZB darf keine Kredite an einzelne Länder vergeben, um Haushaltslöcher zu stopfen. Für die Schulden eines Mitgliedslandes darf weder die EU noch ein einzelnes EU-Land haften. Die Einhaltung der Stabilitätskriterien wird regelmäßig von der EZB und der Europäischen Kommission überwacht. Bei Verstößen sieht der Vertrag ein abgestuftes System von Sanktionen vor (s. Abbildung „Stabilitätspakt").

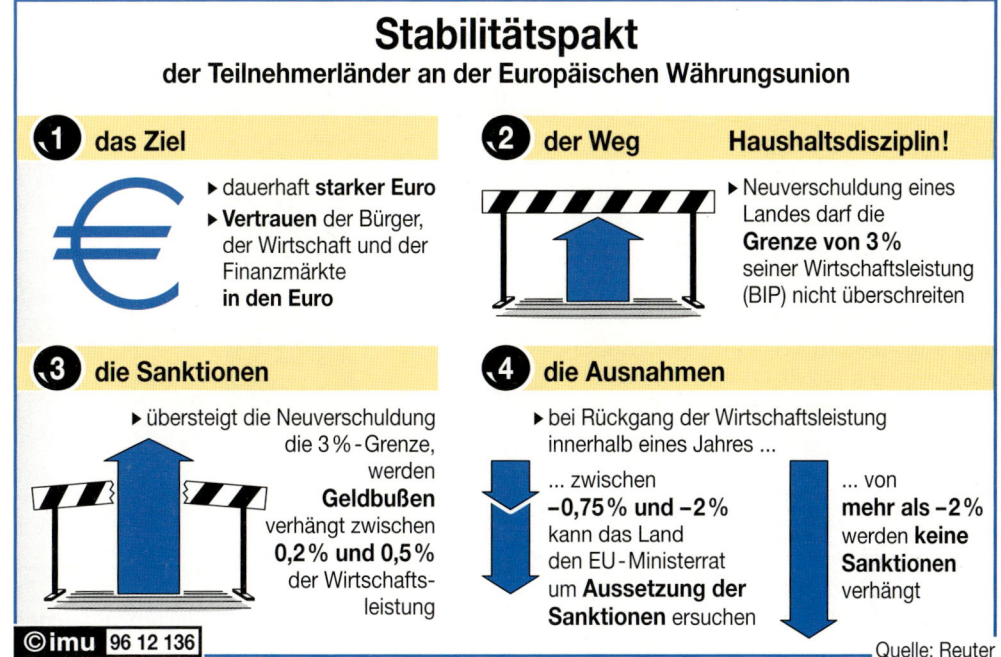

Stabilitätspakt
der Teilnehmerländer an der Europäischen Währungsunion

1 das Ziel

- dauerhaft **starker Euro**
- **Vertrauen** der Bürger, der Wirtschaft und der Finanzmärkte **in den Euro**

2 der Weg   Haushaltsdisziplin!

- Neuverschuldung eines Landes darf die **Grenze von 3 %** seiner Wirtschaftsleistung (BIP) nicht überschreiten

3 die Sanktionen

- übersteigt die Neuverschuldung die 3 %-Grenze, werden **Geldbußen** verhängt zwischen **0,2 % und 0,5 %** der Wirtschaftsleistung

4 die Ausnahmen

- bei Rückgang der Wirtschaftsleistung innerhalb eines Jahres ...

... zwischen **−0,75 % und −2 %** kann das Land den EU-Ministerrat um **Aussetzung der Sanktionen** ersuchen

... von **mehr als −2 %** werden **keine Sanktionen** verhängt

©imu 96 12 136

Quelle: Reuter

Deutschland und Frankreich sind die wirtschaftlich stärksten Staaten in der EU, aber auch Italien und Spanien sind trotz ihrer starken Verschuldung wichtige Volkswirtschaften. Zusammen repräsentieren sie drei Viertel der Wirtschaftskraft der 17 Euro-Länder. Allein Deutschland erwirtschaftet mit 26,7 % über ein Viertel des Bruttoinlandsprodukts der Euro-Länder, gut ein Fünftel (21,3 %) trägt Frankreich bei, Italien 17 %, Spanien 11,7 %.

Griechenland, das wegen seiner ausufernden Staatsverschuldung die Euro-Krise mit ausgelöst hat, hat in der Euro-Gruppe nur ein Gewicht von 2,6 %, die ebenfalls stark verschuldeten Staaten Portugal und Irland sogar nur 1,8 %.

Arbeitsvorschläge

1 Nennen Sie Vorteile bzw. Nachteile einer einheitlichen europäischen Währung.

2 Beschreiben Sie Zielsetzung und Verfahrensweise des europäischen Währungssystems.

3 Machen Sie mithilfe eines Beispiels deutlich, welche Auswirkungen ein starker Euro auf exportierte Waren hat.

4 a Inwieweit erfüllen die EU-Staaten die Stabilitätskriterien der Währungsunion?
*   b Begründen Sie, warum bei einigen Ländern die Werte problematisch sind.*

5 Im EG-Vertrag wird der EZB die Unabhängigkeit von Weisungen der nationalen und europäischen Politik zugesichert. Führen Sie mögliche Gründe für diese Unabhängigkeit an.

6 Sollen Staaten, die einen extrem hohen Schuldenberg haben (wie z. B. Griechenland) auch
*   weiterhin durch die massive finanzielle Unterstützung der Euro-Länder und des Internationalen Währungsfonds vor der Pleite gerettet werden? Schreiben Sie zu diesem Thema einen Kommentar (siehe Kompetenzbaustein K13).*

7.3.3 Schuldenkrise

Nach dem Ausbruch der europäischen Staatsschuldenkrise sahen sich die Länder der EU bzw. der Euro-Zone gezwungen, weitreichende Schritte zur Bewältigung der Schulden- und Finanzkrise zu unternehmen. Denn letztlich stand nicht nur die Kreditwürdigkeit einzelner Länder, sondern auch der Fortbestand der gemeinsamen Währung auf dem Spiel. Ihre Beschlüsse gipfelten einerseits im sogenannten **Europäischen Fiskalpakt**, der die 25 teilnehmenden EU-Staaten – ohne Großbritannien und Tschechien – vorbeugend zu verbindlichen Haushaltsregeln und zur Einführung einer Schuldenbremse in ihr nationales Recht verpflichtet, andererseits im **Europäischen Stabilitätsmechanismus (ESM)**, der einem in finanzielle Schwierigkeiten geratenen Staat Hilfe leisten soll, wenn dessen Krise die gesamte Währungsunion gefährden könnte.

Der Fiskalpakt

Der „Vertrag für Stabilität, Koordination und Regierungsführung", kurz Fiskalpakt, verpflichtet seine Unterzeichner zu strenger Haushaltsdisziplin. Das sind die Kernpunkte der internationalen Vereinbarung:

ausgeglichene Haushalte
- jährliches Defizit von max. 0,5 % des Bruttoinlandsprodukts* (BIP)

Sanktionen
- autom. Defizitverfahren bei zu hohen Schulden
- Staatsschulden über 60 % des BIP müssen jährlich um $1/20$ verringert werden

Schuldenbremsen
- nationale Schuldenbremsen
- Europäischer Gerichtshof kontrolliert Umsetzung, verhängt Bußgelder bei Nichteinführung

Verknüpfung mit ESM
- Hilfen aus dem Europäischen Stabilitätsmechanismus (ESM) nur für Pakt-Unterzeichner

dpa•16972   *bereinigt um Konjunktur- und Einmaleffekte   Quelle: dpa

Der Europäische Stabilitätsmechanismus **(ESM)**, an dem alle 17 Euroländer beteiligt sind, bietet denjenigen Euro-Staaten Hilfe, die in großen finanziellen Schwierigkeiten stecken. Dies ist dann der Fall, wenn sich ein verschuldeter Staat auf den Finanzmärkten keine Kredite mehr beschaffen kann. Der ESM ist nicht zeitlich begrenzt, sondern dauerhaft angelegt.

Um 500 Mrd. Euro Kredite verleihen zu können, verfügt der ESM über ein Stammkapital von 700 Mrd. Euro. Das ist notwendig als Sicherungsreserve, damit der Fonds von den internationalen Ratingagenturen die Spitzennote für seine Kreditwürdigkeit erhält. Die Bundesrepublik Deutschland stellt 168 Mrd. Euro Garantien bereit und zahlt 22 Mrd. Euro in die Bareinlage ein, d. h., der gesamte Finanzierungsanteil Deutschlands am Stammkapital des EMS beträgt 27,15 %.

Der Fonds kann auch Anleihen der Krisenländer kaufen oder maroden Banken direkt unter die Arme greifen. Dies ist aber erst ab 2014 erlaubt, wenn es eine europäische Bankenaufsicht gibt.

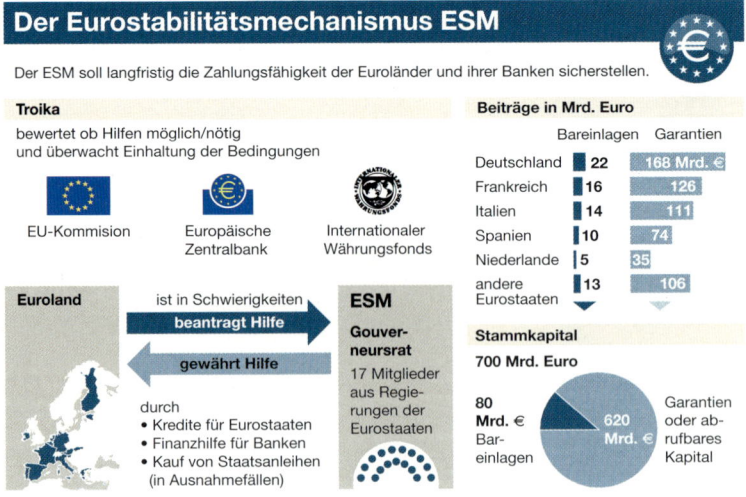

Der Eurostabilitätsmechanismus ESM

Der ESM soll langfristig die Zahlungsfähigkeit der Euroländer und ihrer Banken sicherstellen.

Troika
bewertet ob Hilfen möglich/nötig und überwacht Einhaltung der Bedingungen

EU-Kommision   Europäische Zentralbank   Internationaler Währungsfonds

Euroland — ist in Schwierigkeiten — **beantragt Hilfe** → **ESM**
← **gewährt Hilfe**

durch
- Kredite für Eurostaaten
- Finanzhilfe für Banken
- Kauf von Staatsanleihen (in Ausnahmefällen)

ESM
Gouverneursrat
17 Mitglieder aus Regierungen der Eurostaaten

Beiträge in Mrd. Euro

	Bareinlagen	Garantien
Deutschland	22	168 Mrd. €
Frankreich	16	126
Italien	14	111
Spanien	10	74
Niederlande	5	35
andere Eurostaaten	13	106

Stammkapital
700 Mrd. Euro

80 Mrd. € Bareinlagen   620 Mrd. €   Garantien oder abrufbares Kapital

dpa•17028   Quelle: Finanzministerium, EU-Kommission, EZB

Für den am stärksten verschuldeten Euro-Staat **Griechenland** sahen die EU-Hilfen wie folgt aus:

Neben neuen Hilfszahlungen wollen die Euro-Länder Griechenland auch mit folgenden Maßnahmen unterstützen:

- **Schuldenrückkauf:** Griechenland soll mit geliehenem Geld bis zu 10,2 Mrd. Euro eigene Schuldtitel günstig aufkaufen und so die Schuldenquote drücken.
- **Zinserleichterungen:** Kreditzinsen aus dem ersten Hilfspaket sollen um 1 % gesenkt werden.
- **Längere Laufzeiten für Hilfskredite:** Laufzeiten für Kredite sollen um 15 Jahre verlängert werden.
- Für Hilfen aus dem zweiten Rettungspaket soll Griechenland zehn Jahre lang keine Zinsen zahlen.
- **Notenbank-Gewinne:** Bestimmte Zinsgewinne der Notenbanken aus griechischen Staatsanleihen sollen den griechischen Haushalt um rund 10 Mrd. Euro bis 2030 entlasten.

Bei einer sofortigen Pleite Griechenlands mit vollständigem Zahlungsausfall müsste allein Deutschland nach Schätzungen mit rund 100 Mrd. Euro Verlusten rechnen.

Für alle Maßnahmen zur Euro-Rettung – d. h. für bereits ausgezahlte Hilfen an die überschuldeten Länder Griechenland, Portugal und Irland sowie für weitere schon verplante oder mögliche Hilfen – **haftet Deutschland insgesamt mit mehr als 310 Mrd. Euro.**

Die Sanierungsprogramme für die überschuldeten EU-Staaten, immer neue Schreckensmeldungen über noch größere Schuldenberge und drohende Zahlungsunfähigkeiten, immer neu bekannt werdende Haftungs- und Stabilitätsrisiken lassen die **Kritik an den Hilfsprogrammen** immer stärker werden.

Häufig werden folgende **Kritikpunkte** genannt:

- Im Vertrag von Maastricht (Art. 125 AEU-Vertrag) wurde ausdrücklich verankert, dass finanzielle Unterstützungen für überschuldete Mitgliedstaaten ausgeschlossen sein sollen. Damit sollte die Eigenverantwortung und Finanzdisziplin der einzelnen Staaten gewährleistet werden. Zudem sollte die Gefahr verhindert werden, die darin liegen kann, dass Mitgliedstaaten erwarten, bei ungenügender eigener Haushalts- und Verschuldungsdisziplin darauf hoffen zu dürfen, dass andere Staaten für ihre Schulden eintreten.

- In Deutschland wird kritisiert, dass der Bundestag Zuständigkeiten im Bereich des Bundeshaushalts an nicht durch direkte Wahlen legitimierte Gremien auf europäischer Ebene abgibt.

- Es wird kritisiert, dass der ESM auf Dauer angelegt ist und es kein Austrittsrecht für ESM-Mitgliedstaaten gibt. Das ESM-Kapital beträgt zunächst 700 Mrd. Euro, kann aber unbegrenzt erhöht werden. Das ginge zwar nur mit der Stimme des deutschen Vertreters, der allerdings an Weisungen des Parlaments nicht gebunden ist.

- Das ESM-Management kann restliches Haftungskapital (derzeit bis zu 620 Mrd. Euro) schon mit einfacher Mehrheit nachfordern.

- Internationale Organisationen (z. B. Internationaler Währungsfonds) haben wiederholt gewarnt, dass die bisher geplanten Maßnahmen des Euro-Rettungsschirms nicht ausreichen, falls große Staaten in Schieflage geraten.

- Die Schadensbeteiligungspflichten privater Gläubiger sind z. B. dem Bund der Steuerzahler viel zu vage. In der ESM-Vertragsampel ist lediglich von einer Beteiligung in „Ausnahmefällen" die Rede.

- Die EZB bricht mit dem Gesetz, dass sie in erster Linie dem stabilen Geldwert verpflichtet ist, und mit dem Tabu, wonach sich die Notenbank aus einer Staatenfinanzierung herauszuhalten hat. (Im Rahmen der ESM-Troika kann die EZB Staatsanleihen kaufen, um finanziell stark angeschlagene Staaten zu schützen.

- Bei den nationalen Sanierungsprogrammen der überschuldeten Staaten werden einkommensstarke Bevölkerungsschichten verhältnismäßig weniger belastet als einkommensschwache.

- Nur mit drastischen Einsparungen in den überschuldeten Staaten sind drohende nationale Finanzpleiten nicht abzuwenden.

Die Auswirkungen und Probleme von bisherigen Unterstützungs- und Sanierungsprogrammen machen folgende zwei Artikel deutlich:

Sparen allein ist kein Konzept

Die Dauerkrise der Euro-Länder treibt auf einen neuen Höhepunkt zu. 90 % der Griechen lehnen die Einsparungen als ungerecht ab. Die Regierung bittet fast täglich um neue Gnadenfristen, die Europa in Form der Troika dem Land kaum gewähren kann. Zypern steht unmittelbar vor dem Staatsbankrott. Spanien zögert den Eintritt unter den Rettungsschirm wegen der damit verbundenen harten Einschnitte heraus. Demonstranten vor dem Präsidentenpalast ließen die portugiesische Regierung drastische Erhöhungen der Sozialabgaben zurücknehmen. Portugals Gläubiger hatten dem strukturschwachen Land ein Jahr Aufschub für die Sanierung gewährt. Seitdem ist die Wirtschaft eingebrochen und die Arbeitslosenquote explodierte auf 15 %. Sanierung wird so unmöglich.

Sparen allein ist eben kein Konzept, das gilt auch für Volkswirtschaften. Was den Krisenländern helfen könnte, sind Investitionen in ihre bessere internationale Wettbewerbsfähigkeit und in funktionierende staatliche Strukturen. Mit Feuerwehreinsätzen allein wird die Dauerkrise nicht eingedämmt.

Heidecke, Gerd: Sparen allein ist kein Konzept, in: Westdeutsche Allgemeine Zeitung vom 24.09.2012

Viele Griechen können nicht mehr heizen
Haushalte klagen über Einkommenseinbußen

Hamburg. Neun von zehn griechischen Privathaushalten haben seit Beginn der Krise 2010 Einkommenseinbußen erlitten, die sich im Schnitt auf 38 % belaufen. Das geht aus einer Untersuchung im Auftrag des griechischen Verbandes des Groß- und Einzelhandels hervor. In vier von zehn Haushalten ist mindestens ein Mitglied arbeitslos, und Arbeitslosenhilfe wird höchstens ein Jahr lang gezahlt. Unter den bis zu 24-Jährigen sind sogar sechs von zehn ohne Job. Die meisten von ihnen erhalten gar keine Unterstützung, weil sie nie gearbeitet haben.

Entsprechend stark müssen sich die meisten Familien einschränken. Sieben von zehn Befragten erklärten, dass sie beim Lebensmitteleinkauf Abstriche machen. 83 % sagten, dass sie bei den Heizkosten sparen – in vielen Mietshäusern werden in diesem Winter die Zentralheizungen gar nicht in Betrieb genommen, weil sich das Heizöl dank drastischer Steuererhöhungen gegenüber dem Vorjahr um fast die Hälfte verteuert hat. Vier von zehn Haushalten sind mit der Zahlung ihrer Steuern, mit Strom-, Wasser- und Gasrechnungen im Rückstand.

Nach Angaben der Statistikbehörde Elstat leben inzwischen 23 % der Griechinnen und Griechen unter der Armutsschwelle.

G.H.

G. H.: Viele Griechen können nicht heizen, in: Westdeutsche Allgemeine Zeitung vom 09.02.2013, S. WPL1

Für die Bewältigung der Wirtschaftskrise im Euro-Raum und in der gesamten EU ist es nicht nur wichtig, die Staatsfinanzen der Mitgliedstaaten zu sanieren, sondern auch die Finanzmärkte mit ihren Großbanken zu regulieren. Denn das teilweise skrupellose und hochspekulative Gewinnstreben einiger Banken hatte erst die jüngste Weltfinanzkrise heraufbeschworen. Die Politik musste daraufhin mit Steuergeldern in Milliardenhöhe einzelne Institute retten, um nicht selbst finanziell und wirtschaftlich ins Straucheln zu geraten.

Deshalb beabsichtigen die Euroländer u. a. folgende **Maßnahmen zur Regulierung der Banken und Finanzmärkte** zu ergreifen:

Armut in Griechenland

Am 1. März 2013 erhält die Euro-Zone eine gemeinsame **Bankenaufsicht** durch die EZB. Diese Aufsicht ist Voraussetzung für direkte Finanzspritzen an marode Banken aus dem Rettungsschirm ESM.

Die EZB soll nur für Geldhäuser mit mehr als 30 Mrd. Euro Bilanzsumme zuständig sein. Sie prüft die Bilanzen, verhängt ggf. Geldstrafen und entzieht, wenn notwendig, Lizenzen. Sie soll aber auch das Recht haben, notfalls bei jeder der 6 000 Banken im gemeinsamen Währungsgebiet durchzugreifen.

Deutschland und zehn EU-Länder wollen Finanzgeschäfte mit einer Umsatzsteuer belasten, der **Finanztransaktionssteuer**, und so die Banken an den Kosten der Finanzkrise beteiligen. Zudem werden so Spekulationsgeschäfte verteuert. Der Vorschlag der EU-Kommission: Jeder Kauf oder Verkauf von Aktien, Anleihen oder Fondsanleihen würde mit 0,1 % des Preises belastet, bei Termingeschäften wären es 0,01 %. Insgesamt soll diese Transaktionssteuer jährlich 35 Mrd. Euro bringen.

Um Banken widerstandsfähiger gegen Turbulenzen zu machen, schlagen EU-Experten eine **mögliche Bankenaufspaltung** vor. Innerhalb einer Bank sollen risikoreichere Geschäfte wie der Handel mit Wertpapieren strikt vom Privatkundengeschäft getrennt werden. Jeder Bereich wäre dann für sich selbst verantwortlich. Gerät ein Bereich in Schieflage, zieht er den anderen nicht mit hinab. Auch würden Spareinlagen von Kunden dann nicht mehr als Sicherheiten für riskante Geschäfte dienen.

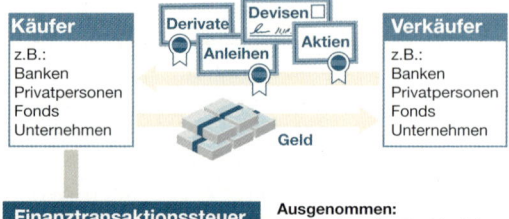

Die Finanztransaktionssteuer

Nach dem Vorschlag der EU-Kommission sollen alle Finanzgeschäfte, bei denen mindestens eine beteiligte Partei in der EU ansässig ist, künftig besteuert werden. 11 EU-Länder, darunter Deutschland, wollen mitmachen.

Käufer
z.B.:
Banken
Privatpersonen
Fonds
Unternehmen

Derivate   Devisen☐   Anleihen   Aktien

Verkäufer
z.B.:
Banken
Privatpersonen
Fonds
Unternehmen

Geld

Finanztransaktionssteuer
auf Aktien und Anleihen 0,1 %,
Derivate 0,01 % des Kaufpreises

Ausgenommen:
Hypotheken, Kredite, Versicherungen von Privatpersonen und kleinen Unternehmen

EU und Staatshaushalte

erwartete Einnahmen: 30 - 35 Mrd. Euro jährlich

Vorteile
• Finanzmärkte werden an derzeitiger Krisenbewältigung beteiligt
• zusätzliche Einnahmequelle für EU und Mitgliedsstaaten
• Spekulationen werden teurer und damit eingedämmt

Nachteile
• wenn nicht alle EU-Staaten mitmachen, droht eine Abwanderung von Finanzgeschäften
• finanzielle Vorteile für Finanzakteure und Finanzplätze außerhalb der EU
• Banken/Finanzakteure geben Kosten an Verbraucher weiter

dpa • 16030   Quelle: EU-Kommission, dpa

Arbeitsvorschläge

1   a   Welche Euro-Staaten haben aktuell große finanzielle Schwierigkeiten?
*   b   Begründen Sie Ihre Auswahl mit den wirtschaftlichen Kennzahlen Wirtschaftswachstum, Arbeitslosenquote, Haushaltsdefizit, Schuldenstand.*

2   Kritiker des Fiskalpakts und des Europäischen Stabilitätsmechanismus sagen, dass diese Verträge die Rechte des Bundestags beschneiden. Führen Sie jeweils drei Argumente für und gegen diese Ansicht an.

3   Nehmen Sie Stellung zu der Ansicht, dass Sparen allein kein Konzept ist, überschuldeten Staaten dauerhaft zu helfen.

4   Erstellen Sie einen Leserbrief an die Redaktion Ihrer Tageszeitung zur Notwendigkeit europäischer Hilfsprogramme für stark überschuldete Euro-Staaten (siehe Kompetenzbaustein K14).

Anforderungssituation 8

Friedenssicherung und Globalisierung als politische Herausforderung – Globale Verteilung von Armut und Reichtum: Zur
Kritik entwicklungspolitischer Handlungsstrategien

Kompetenzen

In diesem Kapitel vergleichen Sie nationale Interessen und
Durchsetzungsstrategien, um anschließend die sich daraus
ergebenden Interessenkonflikte zu erläutern. Sie ermitteln
selbstständig die Faktoren, die globale Krisen begünstigen
und setzen sich mit den Strategien zur internationalen Kon-
fliktlösung auseinander. Sie reflektieren vor diesem Hintergrund Ihre persönliche Haltung zum Umgang mit Armut in
der Welt. Darüber hinaus beurteilen Sie die Einflüsse internationaler Entwicklungspolitik auf den Prozess der Friedenssicherung.

Die Modelüge

Viele Modekonzerne produzieren heute nicht mehr in China, sondern im billigeren Bangladesch. Angeblich unter fairen Bedingungen.

In den mehr als 5 000 Textilfabriken des Landes läuft die Winterware von den Bändern, die Frühlingskollektion hängt noch am Reißbrett der Designer.

Riesen wie C&A oder H&M ordern Containerschiffe voll mit Klamotten aus der Großregion um Dhaka mit ihren 40 Millionen Einwohnern.

Alle Modeketten haben die gleichen Sorgen. Wie China vor 20 Jahren leidet Bangladesch unter frühkapitalistischen Geburtswehen. Die soziale Verantwortung des Fabrikanten erschöpft sich darin, Jobs zu schaffen.

Markenklamotten entstehen zuweilen in abbruchreifen Fabriken, genäht von dürren Mädchen mit blutigen Fingern, die die Nächte auf verlausten Matratzen in Slums verbringen. Die Armut des Alltags zeigt sich z. B. im Slum der Siedlung Kunipara, deren Straßen aus kippligen Holzbohlen bestehen, unter denen die Abwässer abwechselnd fließen oder stehen. In einer der Hütten haust die 15-jährige Sumi. Die Näherin teilt sich den Verhau mit ihrem 18-jährigen Bruder Hassan und drei Fremden. Zwei dürfen abwechselnd in einem Bett ohne Matratze schlafen, die anderen liegen auf dem Holzboden. Sumi verdient als ungelernte Kraft monatlich 3 000 Taka, knapp 30,00 Euro. Allein könnte sie dem Slumbesit-

zer die Miete nicht bezahlen: Zwölf Quadratmeter Wellblech kosten 2.400 Taka im Monat.

Aber an Bangladesch kommt die Textilbranche nicht mehr vorbei: Das Land ist in zehn Jahren vom zehnt- zum zweitgrößten Schneider für Europa geworden – gleich nach China. Deutsche Modelabel importieren von dort bald mehr als aus der Türkei.

Die Frage drängt sich auf: Wie sozialverträglich kann ein Modelabel dort produzieren lassen? Wie viel Fairness kann ein Markenhändler Lieferanten aufzwingen, ohne ihn zu verprellen – und sich so im harten Preiskampf selbst ins Knie zu schießen?

Einerseits kaufen deutsche Verbraucher Klamotten gern zu Schleuderpreisen: Zwei Drittel aller Textilien gehen über die Wühltische der Discounter. Andererseits verlangt König Kunde, dass sein T-Shirt fair und sauber hergestellt wird. Groß ist der Aufschrei, wenn im Fernsehen grausame Bilder laufen wie die von der Fabrik in Pakistan, in der vor wenigen Tagen fast 300 Arbeiter verbrannten. Auch der deutsche Discounter Kik ließ dort Jeans nähen. Laut Dienstleistungsgesellschaft Verdi, die gerade eine internationale Kampagne für höhere Löhne in den Zulieferländern startet, kamen mehr als 550 Beschäftigte bei Fabrikbränden ums Leben. Aber für die Hose mehr zu bezahlen, damit die Standards in den Fabriken besser werden? So groß ist das schlechte Gewissen der Kunden nicht.

Willershausen, Florian: Die Modelüge, in: Wirtschaftswoche vom 28.09.2012, abgerufen unter: www.wiwo.de/ unternehmen/handel/bangladesch-warum-menschen-weiter-fuer-unsere-kleidung-sterben-werden/7439488. html [17.10.2013] (Auszug)

Arbeitsvorschlag

1 *Zeigen Sie mithilfe einer Mindmap die unterschiedlichen Dimensionen einer sozial verträglichen Herstellung von Kleidung in sogenannten Billiglohnländern auf (siehe Kompetenzbaustein K15).*

8.1 Globalisierung

8.1.1 Erscheinungsformen

Globalisierung

- „Globalisierung bedeutet für mich, dass Firmen und Arbeitskräfte, Kapital und Verstand, Güter und Dienstleistungen vermehrt Grenzen passieren, ohne dass Politik, Gesetze und Regulierungen sie daran hindern" (Themba Sono, Professor für Ökonomie, Pretoria).
  zitiert nach: GLOBALisierung, Das Zeitbild, März 2003, herausgegeben vom Zeitbild Verlag GmbH, S. 3

- „Globalisierung bedeutet für mich, dass niemand verschont bleibt, seine Haut weltweit zu Markte zu tragen. Der Wettlauf um niedrigste Löhne und übelste Arbeitsbedingungen spielt Menschen gnadenlos gegeneinander aus" (Cornelia Füllkrug-Weizel, Brot für die Welt).
  zitiert nach: GLOBALisierung, Das Zeitbild, März 2003, herausgegeben vom Zeitbild Verlag GmbH, S. 4

- „Globalisierung ist das, was wir in der Dritten Welt einige Jahrhunderte Kolonisierung genannt haben" (Martin Khor, 1995).
  zitiert nach: Franz Nuscheler: Entwicklungspolitik, Bonn: Bundeszentrale für Politische Bildung 2005, S. 53

Wenn man in Finnland Bananen aus Ecuador kaufen kann, in Ecuador Maschinen aus Deutschland, in Deutschland Kaffee aus Vietnam, in Vietnam Fernsehgeräte aus Japan und in Japan Wodka aus Russland, dann zeigt dies: Die Volkswirtschaften der Welt wachsen zu einer weltumspannenden Wirtschaft zusammen. In diesem Zusammenhang spricht man von Globalisierung.

Der Begriff „Globalisierung" ist allerdings umfassender und hat unterschiedliche **Dimensionen**, die sich nicht klar voneinander trennen lassen. Bildlich betrachtet ergeben die verschiedenen Dimensionen der Globalisierung unterschiedlich große Schnittmengen.

Dimension Wirtschaft

Sie ist Ursprung und wichtige Triebkraft der Globalisierung und steht meistens im Vordergrund. Sie zeigt sich in einer neuen Qualität internationaler Verflechtungen in Handel und Produktion, in der enormen Zunahme der Direktinvestitionen, in der Globalisierung der Finanzmärkte, in einer transnational integrierten Produktion, in der enormen Machtfülle transnationaler Unternehmen und im Ende der Nationalökonomien (Volkswirtschaften).

Diese Art der Globalisierung ist allerdings kein Phänomen der jüngsten Geschichte. Der Handel über die Grenzen wird vielmehr seit Jahrtausenden praktiziert. Damals waren es edle Stoffe und Metalle, die von reisenden Händlern auf manchmal abenteuerlichen Wegen in andere Teile der Welt transportiert wurden. Heute ist das Spektrum der weltweit angebotenen Produkte kaum noch überschaubar.

Hauptakteure der Globalisierung sind transnationale Unternehmen (TNU), die mit ihren Investitions-, Produktions- und Produktstrategien zunehmend Umfang und Formen des internationalen Handels und der Investitionen bestimmen. Mehr als zwei Drittel der weltweiten Warenströme werden durch sie verursacht.

Globale Handelsströme

Warenhandel 2011 in Milliarden Dollar

→ interregionale Handelsströme (ab 50 Mrd. Dollar)

↻ intraregionaler Handel (innerhalb der jeweiligen Region)

Russland/GUS 154

Europa 4 667

409

234   117

110

Nordamerika 1 103

158

138   194   242

107   199   205

Nah-ost 110

Asien/Pazifik 2 926

201   102

63

181   119

146

Afrika 77

152

Lateinamerika 200

169

189

Anstieg der Exporte 2011 gegenüber 2010 in %

Region	Anstieg
Nahost	+ 37,4 %
GUS/Russland	+ 33,9
Lateinamerika	+ 27,4
Asien/Pazifik	+ 18,0
Europa	+ 17,4
Afrika	+ 16,8
Nordamerika	+ 16,2
Welt	+ 19,7

WTO

Quelle: World Trade Organization   © Globus 5443

Sieben Milliarden Menschen leben heute auf unserer Erde, 85 % davon in den 150 Reform- und Entwicklungsländern. Diese Menschen haben aber nur einen Anteil von knapp 48 % an der Weltwirtschaftsleistung und nur gut 36 % Anteil am Welthandel. Ganz anders die 34 wohlhabenden Industrieländer: Sie stellen 15 % der Weltbevölkerung, produzieren mit aber 52 % über die Hälfte der Weltwirtschaftsleistung und beherrschen den weltweiten Handel mit einem Anteil von 64 %. Diese Zahlen machen deutlich, wie ungleich der Wohlstand zwischen den einzelnen Staaten verteilt ist.

Dimension Umwelt

Im Industriezeitalter hat der Mensch die Fähigkeit erlangt, das Ökosystem Erde insgesamt zu verändern. Die menschliche Bevölkerung, die technischen Möglichkeiten und die materiellen Ansprüche der reichen Menschen bewirken Umweltveränderungen, die auf die natürlichen Regelkreise einwirken, die das Ökosystem steuern.

So entstehen globale Veränderungen der Umwelt wie
- globale Erwärmung, Treibhauseffekt, Umweltkatastrophen,
- Gewässer-, Boden-, Luftverschmutzung, Smog, saurer Regen, Ozonloch,
- Ressourcenausbeutung, Wassermangel, Bodenerosion, umweltbedingter Hunger,
- Lärm, Müll,
- Biodiversitätsverlust (Artensterben), Waldsterben.

Diese Probleme veranschaulichen Globalisierung am eindrucksvollsten, da es sich hier unbestritten um globale Probleme handelt, die auch einer globalen Lösung bedürfen.

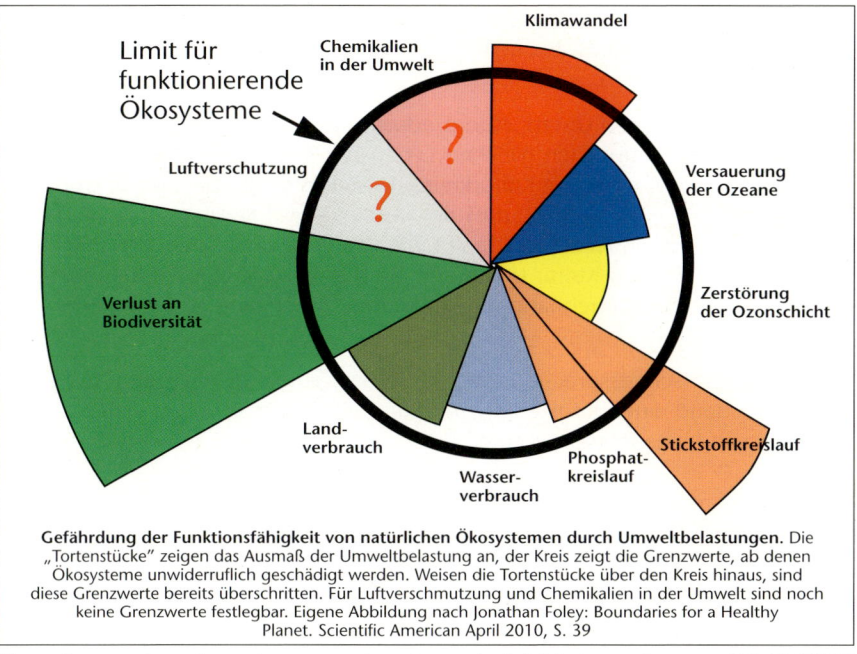

Gefährdung der Funktionsfähigkeit von natürlichen Ökosystemen durch Umweltbelastungen. Die „Tortenstücke" zeigen das Ausmaß der Umweltbelastung an, der Kreis zeigt die Grenzwerte, ab denen Ökosysteme unwiderruflich geschädigt werden. Weisen die Tortenstücke über den Kreis hinaus, sind diese Grenzwerte bereits überschritten. Für Luftverschmutzung und Chemikalien in der Umwelt sind noch keine Grenzwerte festlegbar. Eigene Abbildung nach Jonathan Foley: Boundaries for a Healthy Planet. Scientific American April 2010, S. 39

Jürgen Paeger, abgerufen unter: www.oekosystem-erde.de/globale-aenderungen [01.09.2013]

Dimension Gesellschaft

Die globale Gesellschaft wächst zusammen – insbesondere durch das Internet. Denn Menschen an entfernten Orten der Welt trennen nur wenige Mausklicks. Das bietet außerordentliche Möglichkeiten der Begegnung, des wechselseitigen Lernens, des Handelns und der Zusammenarbeit.

Die Welt wird zum „global village", neue Möglichkeiten der Kommunikation (Chat, E-Mail, SMS, Facebook) über große Entfernungen hinweg ermöglichen digitale Gemeinschaften, die traditionelle Gemeinschaften wie Familie und Nachbarschaft ergänzen.

Die **technisch-wissenschaftliche Umwälzung**, die der Globalisierung zugrunde liegt, ist nach der Agrarrevolution und der industriellen Revolution die dritte existentielle Revolution in der Geschichte der Menschen. Ein globales Informations- und Kommunikationsnetzwerk (Internet, Satellitenfernsehen usw.) verbindet heute die Gesellschaften und Kulturen der Länder über alle nationalstaatlichen und geografischen Grenzen hinweg. Die früher herrschende nationalstaatliche Informationssouveränität ist damit weitgehend außer Kraft gesetzt. Ereignisse werden rund um die Welt sofort vermittelt und immer schneller behandelt. Die Informationsrevolution durchbricht die dem Menschen auferlegten Schranken von Raum und Zeit. Doch die Bauherren der globalen Gesellschaft sind nicht die Völker der Welt, sondern die transnationalen Konzerne, die Banken und politische Eliten der Metropolen – ihre Entscheidungen werden oft hinter dem Rücken der Betroffenen getroffen.

Dimension Kultur

Die häufig diskutierte **multikulturelle Gesellschaft** ist ein Aspekt der kulturellen und gesellschaftlichen Globalisierung. Migrationsbewegungen über den ganzen Globus führen Menschen unterschiedlicher Kulturen und aus den unterschiedlichsten geistigen und religiösen Traditionen an einen Ort zusammen.

Mithilfe der Produkte der modernen Unterhaltungsindustrie propagieren Film und Fernsehen oft weltweit die gleichen Ideen und den gleichen Lebensstil; insbesondere westliche Werte erreichen in zunehmenden Maße fremde Kulturkreise. Es stellt sich hierbei allerdings die berechtigte Frage, ob es überhaupt legitim ist, dass die westliche Welt versucht, ihre Werte und Moralvorstellungen auf andere Länder zu übertragen. Man befürchtet vor allem den mächtigen Einfluss exportierter amerikanischer Kultur und damit auch amerikanischer Weltanschauung. Schlagworte sind in diesem Zusammenhang die befürchtete Amerikanisierung und die „McDonaldisierung" der Welt.

Weltweit dominiert die Wirtschaftssprache Englisch, deren Gebrauch sich stetig ausbreitet. Englisch erhält entsprechend einen immer höheren Rang als Zweitsprache in vielen Staaten und deren Schulsystemen (erste Fremdsprache).

Dimension Politik

Globalisierung und Standortwettbewerb schränken den Handlungsspielraum für nationale Politik ein, denn viele Probleme wie Flüchtlingsströme, Entwicklungs- und Welthungerhilfe können nur noch angemessen international bzw. global bearbeitet werden. Zudem droht die sozialstaatliche Einbettung eines sich z. T. hemmungslos ausweitenden Kapitalismus zu scheitern. Viele Staaten sehen in immer stärker werdendem Maß ihre Aufgabe nur noch darin, durch die Schaffung investitionsgünstiger Standortbedingungen international agierende Unternehmen für Investitionen und damit für die Schaffung von Arbeitsplätzen zu gewinnen.

Die globalisierte Welt insgesamt versucht man mit Instrumentarien wie der Welthandelsorganisation (WTO), dem Internationalen Währungsfonds (IWF), der Weltbank und Weltwirtschaftsgipfeln (G8/G20) zu regieren.

Arbeitsvorschläge

1   a   Was versteht man unter Globalisierung?
b   Welche Faktoren treiben den Globalisierungsprozess voran?

2   Was veranlasst insbesondere Bekleidungsfirmen zur Produktion in Entwicklungsländern?

3   Warum ist es vielen Entwicklungsländern, insbesondere den Staaten Afrikas nicht gelungen, sich stärker in den Welthandel zu integrieren?

4   Führen Sie eine Pro-und-Kontra-Debatte zum globalen Wirken der transnationalen Unternehmen (siehe Kompetenzbaustein K18).

5   Erläutern Sie anhand von Beispielen, warum die sozialstaatliche „Einbettung" eines sich z. T. hemmungslos ausweitenden Kapitalismus zu scheitern droht.

6   a   Recherchieren Sie (z. B. im Internet) die Zusammensetzung und Aufgabenbereiche von WTO und G8 bzw. G20.
b   Nehmen Sie kritisch Stellung zur Wirkungsweise dieser Instrumentarien.

8.1.2 Ursachen

Komplexe Phänomene lassen sich nur multikausal erklären. Darüber herrscht Einigkeit in der Globalisierungsdebatte. Je nachdem, welches Verständnis von Globalisierung zugrunde gelegt wird, kommen andere Ursachen und Triebkräfte in den Blick. Jeder dieser Punkte würde für sich allein genommen schon einen tief greifenden Wandel bedeuten. In ihrer Gleichzeitigkeit und ihrem Ineinandergreifen bedeuten sie aber mehr als bloß eine Periode rascher Veränderungen, sondern sind Kennzeichen eines grundlegenden Strukturwandels.

Ursachen der Globalisierung

Politische Ursachen	Technologische Ursachen
– Veränderungen der Wirtschaftsordnungen in Osteuropa und Asien – Neue Wachstumszentren in Asien und Südamerika – EU-Erweiterung	– Weltumspannendes Kommunikationsnetz – Gesunkene Transportkosten durch moderne Verkehrs- und Kommunikationsmittel – Innovative Produktionsmethoden
Ökonomische Ursachen	**Soziokulturelle Ursachen**
– Abbau von Handelshemmnissen – Abbau von staatlichen Regelungen auf Güter- und Faktormärkten – Abbau von Devisen- und Kapitalbeschränkungen – Marktmacht transnationaler Unternehmen – Steigende Direktinvestitionen von Unternehmen ins Ausland – Zunehmende Produktvielfalt und damit verändertes Konsumverhalten – Zunahme der Mobilität von Kapital und Wissen	– Zunehmende Mobilität der Menschen – Zunehmende Einforderung und steigende Existenz globaler Produkte – Zunehmende Angleichung von Wertvorstellungen, Normen und Lebensstilen

Politische Ursachen

Nach dem Ende des Kalten Kriegs hat sich die Marktwirtschaft in weiten Teilen der Welt als effektivste Wirtschaftsordnung durchgesetzt. War die Welt im Ost-West-Konflikt in zwei Lager geteilt, die wenig Beziehungen zueinander unterhielten, ist diese Grenze – der sogenannte Eiserne Vorhang – in den Jahren seit 1989/90 gefallen. Die ehemaligen Staaten des Ostblocks haben sich dem Weltmarkt geöffnet. Immer mehr Staaten vertrauen einer liberalen Wirtschafts- und Gesellschaftsordnung.

Zum ersten Mal seit 200 Jahren gibt es in der Welt keine eindeutig dominierende Wirtschaftsmacht mehr, wie sie im 19. Jahrhundert das britische Empire oder im 20. Jahrhundert die USA waren. Im 21. Jahrhundert beteiligen sich – neben den traditionellen Industrienationen – vor allem zwei Staatengruppen aktiv an der Weltwirtschaft, die noch vor drei Jahrzehnten nur eine marginale Rolle im Welthandel spielten: zum einen die neu industrialisierten Staaten Ost- und Südostasiens (z. B. China, Indien und Südkorea) und neuerdings auch Lateinamerikas (z. B. Brasilien) sowie zum anderen die Transformationsländer[1] Osteuropas und die Staaten der ehemaligen Sowjetunion.

---

[1] *Transformationsländer: osteuropäische Staaten im Übergang von einer Zentralverwaltungswirtschaft zu einer Marktwirtschaft*

Technologische Ursachen

Früher waren die Strecken auf und zwischen den Kontinenten große Hürden für die Kommunikation und den Warentransport. Doch im Laufe der Zeit wurden die Transportmittel (Eisenbahnen, Flugzeuge und Schiffe) immer größer, schneller und sicherer. Neue Verkehrswege und Transporttechnologien (z. B. Containersysteme, Hubwagen) ließen den Transport von Gütern auf einen sehr niedrigen Preis fallen. Heutzutage lohnt sich der Transport von Billigprodukten über weite Strecken.

Beispiel
In China hergestelltes Plastikspielzeug wird nach Deutschland eingeführt.

Neben dem Transport entwickelte sich auch die Kommunikationstechnologie rasant weiter. Mittlerweile ist es selbstverständlich, mit modernen Informations- und Kommunikationsmitteln große Datenmengen zu senden und zu empfangen – und dies ohne Zeitverlust und zu extrem niedrigen Preisen.

Beispiel
Eine Tiefsee-Glasfaserleitung durch den Atlantik ermöglicht 40 000 Gespräche zur gleichen Zeit.

Die entscheidende Triebkraft der Globalisierung liegt aber in technischen Innovationen. Gemeint sind hiermit nicht nur die Produkte selbst, sondern insbesondere ihre Herstellung. Die Verbesserungen der Produktionsmethoden ermöglichen erhebliche Produktionssteigerungen, die wiederum Innovationen in anderen Wirtschaftsbereichen auslösen.

Durch die Innovationen und die Entwicklung in den Bereichen Kommunikation und Warentransport ist es heute überhaupt kein Problem mehr, Arbeitsprozesse zu teilen und auf verschiedenen Kontinenten zu koordinieren.

Beispiel
Herstellung einer elektrischen Zahnbürste (Produktions- und Zulieferorte)

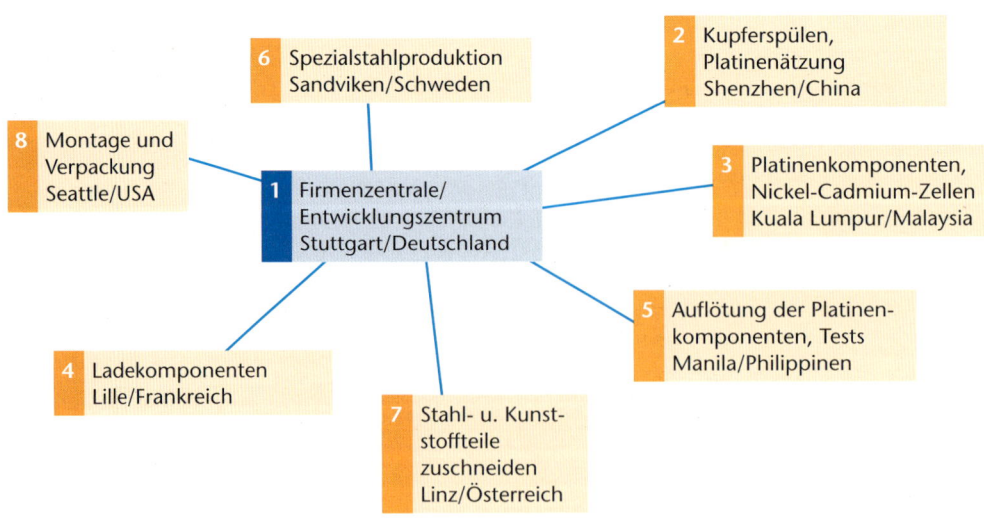

6 Spezialstahlproduktion Sandviken/Schweden

2 Kupferspülen, Platinenätzung Shenzhen/China

8 Montage und Verpackung Seattle/USA

1 Firmenzentrale/ Entwicklungszentrum Stuttgart/Deutschland

3 Platinenkomponenten, Nickel-Cadmium-Zellen Kuala Lumpur/Malaysia

5 Auflötung der Platinenkomponenten, Tests Manila/Philippinen

4 Ladekomponenten Lille/Frankreich

7 Stahl- u. Kunststoffteile zuschneiden Linz/Österreich

Ökonomische Ursachen

Insbesondere die **Liberalisierung** und **Deregulierung** vieler internationaler Märkte war eine wichtige Voraussetzung für die heutige Globalisierung. Dies betrifft einerseits Güter und Dienstleistungen, aber auch das Kapital.

So wurden die **Zölle**, die die ungleichen Standortbedingungen zuvor ausgeglichen hatten, entweder stark gesenkt (von durchschnittlich 40 auf 5 %) oder gänzlich abgebaut. Für die Unternehmen, die nun global agieren können, entstand ein neuer, weltweiter Konkurrenzdruck. Von nun an galt für Investoren oftmals die Devise: „Wer arbeitet noch billiger, wer verzichtet auf Sozial- und Umweltstandards, wer bietet die niedrigsten Unternehmenssteuern und höchsten Subventionen?"

Parallel zu den Zöllen wurden auch die **Handelsbarrieren** abgebaut, wie zum z. B. Importbeschränkungen und schwer beherrschbare bürokratische Einfuhrbestimmungen (geplantes Freihandelsabkommen zwischen der USA und der Europäischen Union, s. Kap. 7.3.1).

Schließlich wurden auch noch die **Finanzmärkte** dereguliert. Inzwischen dient ein Großteil des weltweiten Geldverkehrs der reinen Spekulation.

Um den eigenen Export weiter anzukurbeln, gewähren viele Staaten **Exportzuschüsse** und **Steuerbefreiungen** (z. B. gänzliche Erstattung der Mehrwertsteuer), subventionieren die Transporte (z. B. keine Steuern auf Flugkerosin und Schiffsdiesel) oder unterstützen massiv bestimmte Branchen (z. B. Werften). Würde der Export nicht künstlich über Subventionen angeheizt und die Warentransporte entsprechend der Umweltschädigung besteuert (ein 40-Tonnen-Lkw schädigt die Straßen so viel wie 50 000 Pkws), würde der Welthandel – so Experten – um mindestens 50 % einbrechen.

Transnationale Unternehmen (TNU) können als treibende Kraft der Globalisierung betrachtet werden, da sie über die entsprechenden organisatorischen, technischen und finanziellen Ressourcen verfügen. Weltweit gibt es ca. 85 000 TNU, mit ca. 820 000 Tochterunternehmen und 80 Mio. Beschäftigten (etwa 4 % aller Beschäftigten weltweit). Zwischen 1990 und 2009 gab es rund 2 200 Megafusionen, jeweils mit einem Wert von mehr als einer Milliarde US-Dollar. Innerhalb der Gruppe der TNU kommt dabei den größten 100, die nicht zur Finanzbranche gehören, eine nochmals höhere Bedeutung zu: Sie haben einen Anteil von schätzungsweise 9 % an den Vermögenswerten im Ausland, von 16 % am Auslandsumsatz und von 11 % an den im Ausland Beschäftigten. Zudem entfielen auf die 100 größten TNU etwa 4 % des Welt-Bruttoinlandsprodukts (BIP).

Nicht alle Ressourcen dieser Erde dienen dazu, die Grundbedürfnisse der Menschen nach Ernährung, Wohnen oder Kleidung abzudecken. Der größte Teil des menschlichen Ressourcen- und Energieverbrauchs deckt die Nachfrage nach Gütern, die den Lebensstil der reichen Industrieländer ermöglichen: eine Vielzahl elektrischer Geräte, Autos, Textilien, Urlaubsreisen und Lebensmittel, die längst selbstverständlich geworden sind. Die aufstrebenden Schwellenländer (wie China, Südkorea) wollen wiederum nachholen, was der Westen immer vormachte: Konsum und Wachstum, koste es, was es wolle.

Beispiel für die zunehmend verlangte Produktvielfalt in reichen Industrieländern

Obst- und Gemüseangebot eines Marken-Discounters in Deutschland am 24.06.2013

Soziokulturelle Ursachen

Rund um die Uhr und unaufhörlich werden weltweit Waren und Dienstleistungen ausgetauscht. Ein digitales Kommunikationsnetz verbreitet einen unablässigen Strom von Nachrichten, Daten, Fakten und Informationen. 24 Stunden am Tag kann in alle und aus allen Winkeln der Erde kommuniziert werden. Gleichzeitig werden die wirtschaftlichen und kulturellen Zentren der westlichen Welt für viele Menschen in ärmeren und armen Regionen zum Inbegriff von Wohlstand, Fortschritt und Entwicklung. Die soziokulturellen Auswirkungen dieser Entwicklung sind vielfältig und umfassen mittlerweile alle Aspekte des menschlichen Miteinanders.

Ein wesentliches Problem soziokultureller Globalisierung besteht darin, dass Begegnung und gegenseitiger Einfluss der Kulturen nicht gleichberechtigt stattfinden. Die wirtschaftliche und kulturelle Dominanz der Industriestaaten, ihrer Wertvorstellungen, Lebensformen und ihrer Warenwelt birgt die Gefahr einer weltweiten Standardisierung des soziokulturellen Lebens.

Arbeitsvorschläge

1   *Erläutern Sie, warum in den letzten 25 Jahren immer mehr Staaten einer liberalen Wirtschafts- und Gesellschaftsordnung vertrauen.*

2   *Untersuchen Sie das Produktpuzzle für die elektrische Zahnbürste (siehe S. 194).*
    a   In wie vielen Ländern und Kontinenten mit wie vielen Zeitzonen wird produziert?
    b   Welche Gründe für die Wahl der unterschiedlichen Produktionsstandorte spielen Ihrer Meinung nach eine Rolle?

3   *Formulieren Sie jeweils drei Pro-und-Kontra-Argumente zum Wirken transnationaler Unternehmen.*

4   *Erstellen Sie einen Leserbrief zum Stellenwert einer zunehmend verlangten Produktvielfalt in reichen Industrieländern am Beispiel eines international breit gefächerten Obst- und Gemüseangebots (siehe Kompetenzbaustein K14).*

8.1.3 Auswirkungen

Auswirkungen der Globalisierung auf die Wirtschaft

Hierzulande sind unzählige Produkte das direkte Resultat der Globalisierung: Günstige Textilien aus Bangladesch, Gemüse aus der Türkei, Wein aus Südafrika und erschwingliche Elektrogeräte aus China. Diese und zahlreiche weitere Produkte entsprechen durch ihre günstige Preisstruktur optimal der Billig-Mentalität der deutschen und europäischen Konsumenten.

Beispiel

Musste 1960 ein Durchschnittsbürger noch über 350 Stunden arbeiten, um von seinem Lohn ein Fernsehgerät zu erwerben, sind heute hierfür keine 30 Stunden mehr notwendig, und das gleichzeitig bei technologisch enorm verbesserten Endgeräten.

Es stellt sich allerdings die Frage, ob – unter Abwägung aller Kosten und Folgekosten – diese Form der Globalisierung wirklich ein Gewinn für Deutschland und allgemein für Industrienationen ist.

Auswirkungen der Globalisierung auf die Arbeitswelt

Viele Menschen – auch in den Industrienationen – sehen die Globalisierung als eine Gefährdung ihrer sozialen Sicherheit und ihrer Zukunftschancen an. Der Abbau zwischenstaatlicher Hindernisse erleichtert es besonders großen, kapitalkräftigen Unternehmen, die ihre Produktionskosten verringern wollen, sich in Ländern mit niedrigen Lohnkosten, minimalen umweltpolitischen Auflagen sowie schwachen sozialen Sicherungssystemen niederzulassen. Die Ökonomie kennt diese Entwicklung schon lange unter dem Begriff **Outsourcing**. Für einfache Tätigkeiten wird in manchen Ländern so wenig bezahlt, dass die dort hergestellten Produkte ungeachtet der Transportkosten und Zölle immer noch billiger sind als solche, die in Deutschland produziert wurden.

Beispiel

Deutsche Erzeuger können den heimischen Erdbeerbedarf nur während der Saison, also von Mai bis Oktober, decken. Während des übrigen Jahres sind Importe notwendig. Wegen der hohen Lohnkosten, die bei der Ernte anfallen, wird keine deutsche Erdbeere mehr tiefgefroren. Der Tiefkühlmarkt ist ein Weltmarkt. Mittlerweile importiert Deutschland die meisten Erdbeeren aus China. Trotz der langen Transportwege und der 4 500,00 Euro Zollgebühren pro Container sind chinesische Erdbeeren 67 % günstiger.

Problematisch ist diese Entwicklung nicht nur, weil Arbeitsplätze abgebaut werden oder erst gar nicht entstehen und so das deutsche Sozialsystem nachhaltig belastet wird, sondern auch weil multinationale Firmen entstehen, die von Deutschland aus kontrolliert werden, deren Steuern und Gewinne aber im Ausland anfallen. Viele Konzerne sichern durch die inländische Verwaltung in der Bundesrepublik Deutschland das Qualitätsniveau und generieren (erzeugen) durch diverse Sparmodelle sogar hierzulande Verluste, obwohl eigentlich hohe Gewinne erwirtschaftet werden. Hierdurch wiederum erhalten sie Subventionen durch die Bundesrepublik Deutschland oder die EU und profitieren durch geschicktes Wirtschaften gleich mehrfach und international von ihren Outsourcing-Konstrukten.

Blut an der Kleidung

BANGLADESCH. *Wieder ein schweres Unglück in Textilfabriken. „ExChains"-Kampagne fordert Veränderungen*

Mehr als 100 000 Textilarbeiter/-innen haben am letzten Aprilwochenende gegen die lebensgefährlichen Arbeitsbedingungen in der Textilindustrie Bangladeschs protestiert. Seit Ende April blieben viele Textilfabriken geschlossen.

Anlass für die Proteste war – nach tödlichen Bränden in mehreren Fabriken im Herbst – erneut ein schweres Unglück. Bis Anfang Mai wurden 413 Arbeiterinnen und Arbeiter aus einem achtstöckigen, eingestürzten Gebäude tot geborgen. Das Gebäude war am 24. April in Savar in sich zusammengefallen, als sich tausende Menschen darin befanden, allein in den oberen Etagen des Gebäudes 3 100 Arbeiter/-innen von fünf Bekleidungsfabriken. Sie produzieren Textilien für Billigmarken wie Primark, möglicherweise auch für KiK und C&A.

Zwölf Cent mehr für eine Shirt

Bis Ende April konnten Retter 2 436 Verschüttete lebend aus den Trümmern bergen, viele schwer verletzt. Einen Tag vor dem Einsturz hatte es eine Warnung gegeben; ein Ruck war durch das Gebäude gegangen, in den Wänden waren Risse zu sehen. Die Läden in den unteren Etagen schlossen daraufhin. Die Näher/-innen wurden am Tag des Einsturzes jedoch gezwungen, weiterzuarbeiten. [...]

Die Arbeiter/-innen nähen in Bangladesch für rund 52 Euro Monatslohn für große Textil- und Handelsketten aus den USA und Europa. „Wenn die deutschen Textilhändler in ihrer Kalkulation für jede Näherin im Monat 50 Euro zusätzlich berücksichtigen, würde das einzelne Produkt wie etwa ein T-Shirt nur zwölf Cent mehr kosten", sagte ein Gewerkschaftsvertreter. „Für die Händler ein lächerlicher Betrag, für die Beschäftigten aber ein großer Schritt aus der Armut." [...]

Zglinicki von, Claudia: Blut an der Kleidung. Bangladesch. Wieder ein schweres Unglück in Textilfabriken. „Ex Chains"-Kampagne fordert Veränderungen, in: Verdi Publik von 3/2013, S. 15 (gekürzt)

Auswirkungen der Globalisierung auf den Wertzuwachs der Aktien

Den Marktwert des Eigenkapitals, also den Unternehmenswert und den davon abhängigen Wertzuwachs einer Aktie, bezeichnet man als **Shareholder Value**. Der Kurs der Aktie muss steigen, da sonst der Anleger zu einer Anlageform wechselt, die einen größeren Gewinn verspricht. Der Unternehmenserfolg ist auf eine einzige Messgröße – die **Aktienrendite** – reduziert. Die Konzentration auf den Shareholder Value sichert dem Topmanagement nicht nur das Wohlwollen des Aufsichtsrats und der Aktionäre. Sie liefert der Führungsregie auch gute Gründe dafür, ertragsschwache Unternehmensbereiche abzustoßen. Dem Management gibt sie Gründe in die Hand, Forderungen des Betriebsrats nach Lohnerhöhungen und verbesserten Arbeitsbedingungen abzulehnen. Um mehr Druck zu machen, werden die Managerbezüge an den Aktienkurs gekoppelt.

Im Zuge der Globalisierung der Finanzmärkte haben sich insbesondere amerikanische und britische Renten- bzw. Hedgefonds weltweit (so auch in Deutschland) in Unternehmen eingekauft und erwarten von diesen Unternehmen eine Rendite, die sie bislang nicht erwirtschaftet haben. Daraus resultiert ein ungeheurer Zwang zur Rationalisierung und zum Abbau von Arbeitskräften.

Auswirkungen der Globalisierung auf die Entwicklungsländer

Staaten, die erst am Anfang einer industriellen Entwicklung stehen und die notwendigen Voraussetzungen für eine Marktwirtschaft wie eine rechtsstaatliche Ordnung und funktionierende Institutionen allenfalls ansatzweise bieten können, haben es schwer, sich gegenüber der Konkurrenz entwickelter Industrieländer zu behaupten. Sie drohen weltwirtschaftlich an den Rand gedrängt zu werden. Die Gefahr besteht, dass sich die ohnehin schon bestehende wirtschaftliche Kluft zwischen den Industriestaaten im Norden und vielen Entwicklungsländern im Süden (z. B. in Afrika) weiter vergrößert.

Die verstärkte Integration in den Welthandel ist nur einigen wenigen Schwellenländern, wie der VR China, Südkorea und Mexiko, gelungen. An Afrika ist diese Entwicklung bisher weitestgehend vorbeigegangen. Das hat naheliegende Gründe: Um ihre eigenen verarbeitenden Betriebe vor Billigkonkurrenz aus Entwicklungsländern zu schützen, erhebt die EU Schutzzölle. Solange es um Rohstoffe wie Kaffee, Kakao usw. geht, können diese zollfrei eingeführt werden. Sobald diese Rohstoffe verarbeitet sind, werden Zölle fällig. Auf diese Weise haben die Entwicklungsländer keinerlei finanziellen Anreiz, eine verarbeitende Industrie aufzubauen. Sie werden auf die Rolle reiner Rohstofflieferanten beschränkt. Dem Aufbau einer international konkurrenzfähigen weiterverarbeitenden Industrie stehen diesen Ländern aber auch folgende Hindernisse im Weg:

- Mangelnde Transportwege
- Fehlende Kommunikationsverbindungen
- Politische Instabilität
- Bürokratische Hindernisse, vor allem beim Zoll
- Kaum konvertierbare Währungen
- Sprachprobleme

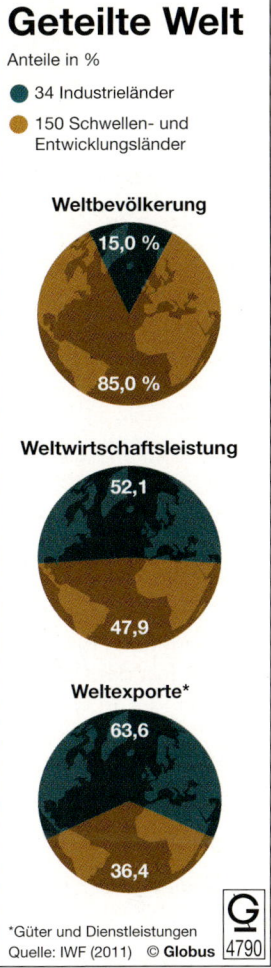

Geteilte Welt
Anteile in %

● 34 Industrieländer
● 150 Schwellen- und Entwicklungsländer

Weltbevölkerung
15,0 %
85,0 %

Weltwirtschaftsleistung
52,1
47,9

Weltexporte*
63,6
36,4

*Güter und Dienstleistungen
Quelle: IWF (2011) © Globus 4790

Auswirkungen der Globalisierung auf das Ökosystem

Heute wissen wir, dass Ozeane, Luft und Festland und das Leben durch eine Vielzahl von Verbindungen und Rückkopplungen miteinander verbunden sind und sich gegenseitig beeinflussen. Die intensive Erforschung globaler Umweltprobleme – wie Klimawandel, Wasser- und Luftverschmutzung und der Rückgang der Artenvielfalt – hat gezeigt, wie die Folgen menschlicher Aktivitäten in natürliche Regelkreise eingreifen und das Ökosystem Erde insgesamt verändern können, und zwar in einem Ausmaß, das bei unverändertem Tempo den Fortbestand der menschlichen Zivilisation gefährden könnte.

Der größte Teil des menschlichen Ressourcen- und Energieverbrauchs deckt die Nachfrage nach Gütern, die den Lebensstil der reichen Industrieländer ermöglichen. Zudem befinden sich die beiden bevölkerungsreichsten Länder dieser Erde, China und Indien, auf dem Weg der Industrialisierung, und zwar mit einem Ressourcenverbrauch, der dem der reichsten Industrieländer entspricht.

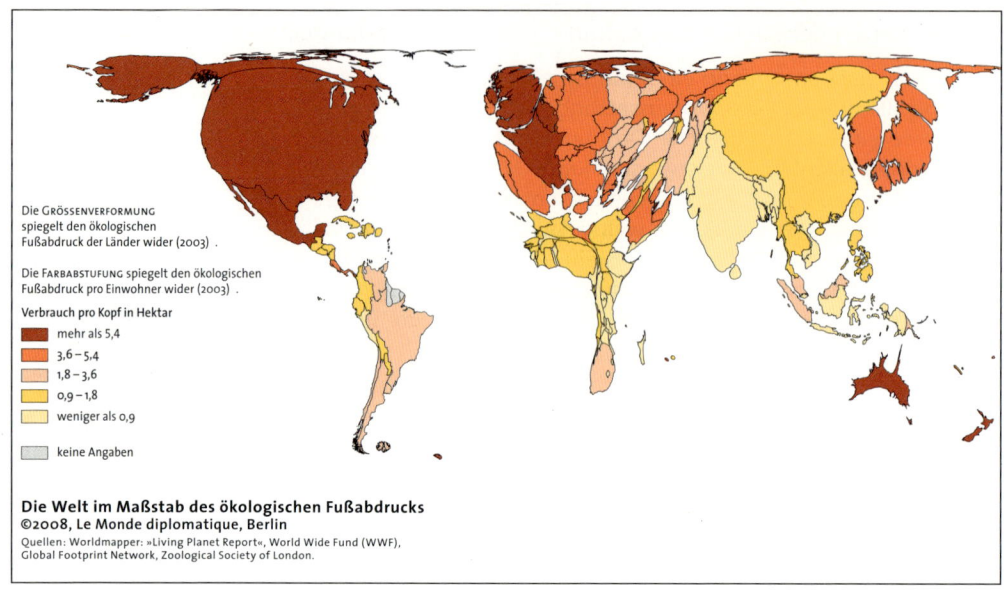

Die GRÖSSENVERFORMUNG
spiegelt den ökologischen
Fußabdruck der Länder wider (2003) .

Die FARBABSTUFUNG spiegelt den ökologischen
Fußabdruck pro Einwohner wider (2003) .

Verbrauch pro Kopf in Hektar

mehr als 5,4

3,6 – 5,4

1,8 – 3,6

0,9 – 1,8

weniger als 0,9

keine Angaben

Die Welt im Maßstab des ökologischen Fußabdrucks
©2008, Le Monde diplomatique, Berlin
Quellen: Worldmapper: »Living Planet Report«, World Wide Fund (WWF),
Global Footprint Network, Zoological Society of London.

Auswirkungen der Globalisierung auf die Nahrungsmittelmärkte

Nach Angaben der UN-Welternährungsorganisation (FAO) könnte die globale Landwirtschaft beim heutigen Entwicklungsstand der Produktion problemlos 12 Milliarden Menschen ernähren, also fast das Doppelte der derzeitigen Weltbevölkerung. Das heißt, es gäbe keinen objektiven Mangel an Nahrungsmitteln mehr.

Trotzdem verhungert nach Angaben der FAO immer noch alle fünf Sekunden ein Kind unter zehn Jahren. Rund 57 000 Menschen sterben jeden Tag an Hunger. Eine Milliarde von uns sieben Milliarden Menschen sind permanent in schwerstem Maße unterernährt und dadurch oft verkrüppelt, verstümmelt oder invalid. Und die Zahlen steigen.

Wie ist diese Diskrepanz zu erklären? Zur Beantwortung dieser Frage muss man folgende vier Mechanismen berücksichtigen:

1. 85 % aller gehandelten Grundnahrungsmittel in der Welt – dabei geht es meist um Mais, Getreide und Reis, die gut drei Viertel des Konsums abdecken – werden von zehn transnationalen Unternehmen (TNU) kontrolliert. Diese Unternehmen funktionieren wie alle TNU nach dem Prinzip der Profitmaximierung. Sie beherrschen den Transport, die Silos zur Lagerung und die Preisbildung an den Nahrungsmittelbörsen.

2. Nach dem Zusammenbruch der Finanzbörsen sind große Hedgefonds und Großbanken als Finanzspekulanten auf die Nahrungsmittelbörsen umgestiegen und machen dort sehr hohe Gewinne. Einer Oxfam-Studie zufolge hatten Anleger im Jahr 2011 fast 70 Mrd. Euro in Agrar-Anlagen gesteckt. Deutsche Konzerne mischten dabei kräftig mit, ihr Engagement betrug 11,4 Mrd. Euro. Wer jedoch Nahrungsmittel importieren muss – und das sind die meisten Länder Afrikas –, der muss zahlen. Im Jahr 2012 haben 54 Länder des afrikanischen Kontinents für 28 Mrd. US-Dollar Nahrungsmittel importiert, wobei 38 dieser 54 Länder reine Agrarstaaten mit gutem Boden und Bauernhochkulturen sind.

3. Ein weiterer Mechanismus ist der Landraub. Rund 85 % der landwirtschaftlichen Betriebe in den Entwicklungsländern sind kleiner als zwei Hektar, eine sehr kleine Fläche, um davon leben zu können. Dennoch produzieren Kleinbauern dort 70 % der einheimischen Nah-

rungsmittelversorgung. Doch schon seit Langem vollzieht sich eine Konzentration großer Agrarflächen in den Händen weniger.

Beispiele

- In Guatemala besitzen 8 % der landwirtschaftlichen Produzenten nahezu 80 % der Landflächen.

- In Brasilien, einem der größten Agrarexporteure der Welt, gehört 1 % der Bevölkerung fast die Hälfte des riesigen Landes.

- 2012 haben sich transnationale Unternehmen allein in Afrika 41 Mio. Hektar Land angeeignet. Laut einer Oxfam-Studie würde das verkaufte oder verpachtete Land ausreichen, um mit der auf ihm möglichen Agrarproduktion mehr als eine Milliarde Menschen zu ernähren.

- Allein in Mali sind 1,8 Mio. Hektar an ausländische Investoren gegangen, vor allem im fruchtbaren Nigertal. Die Bauern wurden verjagt und Wanderarbeiter, z. B. aus Sri Lanka, geholt, damit sie Agrarkonsumgüter zum Export in kaufkräftige Länder wie Saudi-Arabien, nach Westeuropa oder Nordamerika anbauen.

4. Ein weiterer Aspekt sind die Agrartreibstoffe. Die USA, mit Abstand größter Maisexporteur, haben im Jahr 2012 rund 138 Mio. Tonnen Mais und hunderte Mio. Tonnen Getreide verbrannt, um Bio-Ethanol und Bio-Diesel herzustellen. In den USA landen 40 % der Maisernte im Tank statt auf dem Teller. Zwei Drittel der weltweit erzeugten 68 Mio. Tonnen Ethanol werden in den USA hergestellt, vorwiegend aus Mais.

Arbeitsvorschläge

1   *Ist die Globalisierung – nach Abwägung aller Kosten und Folgekosten – ein Gewinn für Deutschland und allgemein für Industrienationen?*

2   *Erläutern Sie die Vor- und Nachteile von Outsourcing für die Arbeitswelt.*

3   *Lesen Sie den Bericht „Blut an der Kleidung". Was muss Ihrer Meinung nach geschehen, damit sich die Produktionsbedingungen in den Entwicklungsländern verbessern? Würde ein Boykott der Firmen, die den Weltmarktfabriken Aufträge geben, helfen? Begründen Sie Ihre Meinung.*

4   a   *Was versteht man unter Shareholder Value?*
    b   *Welche Konsequenzen bzw. Gefährdungen können sich hieraus ergeben? Nennen Sie drei Beispiele.*

5   *Wie wirkt sich die Drohung, Arbeitsplätze ins Ausland zu verlegen, auf die Tarifverhandlungen in Deutschland aus?*

6   *Warum können sich viele Entwicklungsländer nicht aus der Rolle der Rohstofflieferanten lösen?*

7   *Nehmen Sie zu folgender Erklärung eines Mitglieds des UNO-Menschenrechtsrats kritisch Stellung: „Es ist ein Verbrechen gegen die Menschheit, dass auf unserem Planeten alle fünf Sekunden ein Kind verhungert" (Jean Ziegler, in: Ver.di Publik 03/2013, S. 4).*

8   *Erstellen Sie eine Wandzeitung mit Antworten auf folgende Fragestellung: Weshalb ist die Politik der Vereinten Nationen gegen den Hunger bislang ins Leere gelaufen (siehe Kompetenzbaustein K26)?*

8.1.4 Lösungsansätze

Die Globalisierung hat die Gesellschaften nahezu aller Staaten stark verändert und bietet diesen viele Chancen, birgt aber auch Risiken. Sie hat die Vorstellungen der Menschen nachhaltig verändert und viele zu einem Umdenken gebracht. Die Globalisierung wird nicht mehr nur als ein Zustand, eine Tatsache hingenommen, sondern vielmehr auch als ein Prozess gesehen, der nicht mehr aufzuhalten ist, aber zunehmend hinterfragt wird und gestaltet werden muss.

Das internationale Zusammenrücken bietet die Möglichkeit, viele globale Probleme gemeinsam zu lösen, bringt aber auch das Risiko einer Blockbildung und Aufteilung der Welt, wie dies in den Zeiten des Kalten Kriegs der Fall war.

Fest steht, dass die Lösung der durch die Globalisierung entstandenen Probleme ein gemeinschaftliches Handeln von Regierungen, Unternehmen und Organisationen verlangt. Allerdings braucht ein solches konzertiertes Handeln gemeinsame Orientierungspunkte und Maßstäbe. Und diese müssen angepasst sein an die unterschiedlichen Weltanschauungen, Religionen und Kulturen der Menschen, um Akzeptanz zu finden.

Um eine sozial gerechtere, ökologisch nachhaltige und demokratisch globalisierte Welt zu realisieren, müssen viele Bausteine gesetzt werden. Die Möglichkeiten sind gegeben, sie müssen aber politisch umgesetzt werden.

Hier einige **Lösungsbausteine**:

- Ungleiche Verteilung der Gewinne, immense (staatlich nicht mehr kontrollierbare) Finanzströme, ruinöser Standortwettbewerb aufgrund des Drohpotenzials transnationaler Unternehmen, Klimawandel, Raubbau der Ressourcen, internationale Kriminalität, Flüchtlingsströme, Verbreitung bestimmter Waffensysteme usw. – derartig gravierende Probleme lassen sich nur im globalen Rahmen angemessen bearbeiten, wobei Akteure auf allen Ebenen zusammenarbeiten müssen. Für die Lösung dieser und anderer globaler Probleme ist der Nationalstaat zu klein, er kann wichtige Staatsfunktionen nicht mehr allein erbringen. Der Nationalstaat verschwindet jedoch nicht oder wird überflüssig, sondern die Grenzen von Staatsgebiet, Staatsmacht und -volk werden durchlässiger. In diesem Zusammenhang spricht man von der **Erosion des Nationalstaats**.

  Doch die Regierungen tun sich schwer, gemeinsame Lösungen zu finden.

Beispiele

Auf den weltumspannenden Gipfeltreffen der Regierungschefs zeigte sich, dass sich die Amerikaner erfolgreich gegen die globale Besteuerung der Börsen wehrten, die Briten eine strengere europäische Bankenaufsicht verhinderten, die Franzosen sich einer europäischen Agrarpolitik verweigerten, die den Entwicklungsländern weniger schaden würde, und die Chinesen keinen bindenden Klimaziele zustimmen wollten.

Um diesen Problemen entgegenzuwirken, müsste eine Strategie des **Global Governance** entwickelt werden, d. h. die demokratisch legitimierte, sozial und umweltverträgliche Gestaltung des aktuellen Globalisierungsprozesses.

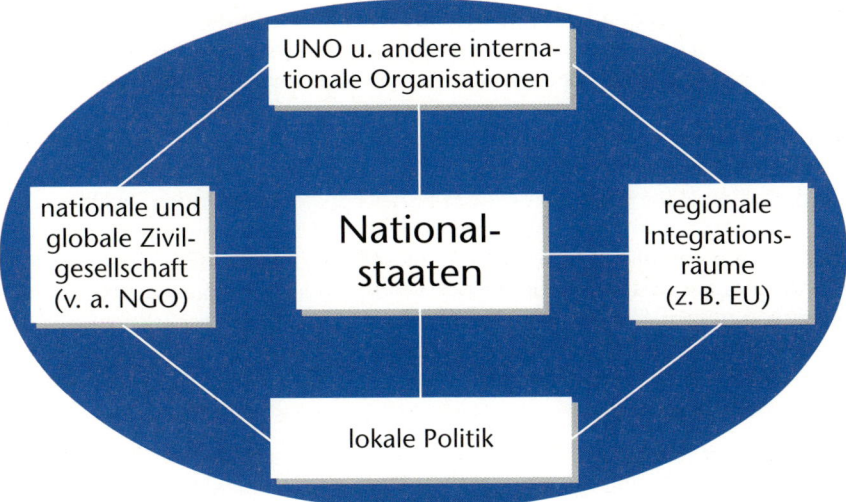

Müller, Ragnar: Globalisierung, abgerufen unter: www.dadalos-d.org/globalisierung/grundkurs_5.htm [25.07.2013]

Hinsichtlich der globalen Nahrungsmittelmärkte und Millionen hungernder Menschen in vielen Entwicklungsländern erläutert der Soziologe Jean Ziegler in einem Interview mit der Zeitschrift „VER.Di PUBLIK" seine Vorstellungen einer möglichen Lösung dieses globalen Problems. Ziegler ist Vizepräsident des Beratenden Ausschusses des UNO-Menschenrechtsrats. Von 2000 bis 2008 war er UNO-Sonderberichterstatter für das Recht auf Nahrung.

ZIEGLER. Die Demokratien könnten jeden dieser Mechanismen beseitigen: die Börsenspekulation auf Grundnahrungsmittel, die Verwendung von Hunderten Millionen Tonnen von Nahrungsmitteln zur Herstellung von Agrartreibstoffen, den permanenten Landraub, also die gewaltsame Enteignung von Bauern in Afrika, Südasien und Lateinamerika durch korrupte Regierungen in Allianz mit Finanzoligarchien, und die Auslandsverschuldung der Länder der Dritten Welt, die jede Investition in die Landwirtschaft verhindert. Sie könnten jeden Mechanismus beseitigen, der den Hunger verursacht, denn all diese Mechanismen sind von Menschen gemacht. Vor allem in einer lebendigen Demokratie wie Deutschland, das zudem die drittgrößte Wirtschaftsmacht der Welt ist, könnten diese Mechanismen schon morgen demokratisch und friedlich beseitigt werden.

ver.di PUBLIK. *Wie?*

ZIEGLER. Der Bundestag kann das Börsengesetz revidieren und den Börsenhandel mit Grundnahrungsmitteln verbieten. Er kann den Import von Agrartreibstoffen durch eine Änderung des Zolltarifs unterbinden und Finanzminister Schäuble zwingen, bei der nächsten Versammlung des Weltwährungsfonds nicht mehr für die Gläubigerbanken in Frankfurt am Main zu stimmen, sondern für die hungernden Kinder in Äthiopien, in Somalia, in Bangladesch und anderswo einzutreten. Er kann sich für die Entschuldung der ärmsten Länder einsetzen und den Landraub verbieten, sofern er durch multinationale Gesellschaften mit Sitz in Deutschland gedeckt wird. Sie können mir keinen mörderischen Mechanismus nennen, der nicht schon morgen durch die demokratische Öffentlichkeit durchbrochen werden könnte. Es gibt keine Ohnmacht der Demokratie. Alles, was es braucht, ist der Aufstand des Gewissens.

INTERVIEW: *Harald Neuber*

Ziegler, Jean: Der Hunger ist von Menschen gemacht, Interview mit Harald Neuber, in: VER.DI PUBLIK 03/2013, S. 3f. (Auszug)

■ Der Nobelpreisträger für Wirtschaft, Joseph Stieglitz, tritt für eine **Änderung der Welthandelsbedingungen durch gerechtere internationale Regelungen** ein, denn die Regeln des Welthandels bestimmen die Lebensbedingungen auf dem ganzen Planeten. Als Beleg führt er u. a. die Tatsache an, dass jährlich rund 100 Mrd. US-Dollar an Entwicklungshilfe vom Norden in den Süden fließen, die protektionistische (mit Schutzzöllen und Subventionen versehene) Handelspolitik der Industriestaaten jedoch gleichzeitig die Länder des Südens mit Kosten in dreifacher Höhe belastet. Wenn es bisher Entwicklungsländern gelungen ist, größere Weltmarktanteile zu erzielen – z. B. in der Textil- und Spielwarenindustrie –, ist das meist ein Ergebnis unmenschlicher Arbeitsbedingungen. Für Stieglitz sind nicht nur wirtschaftspolitische Systemänderungen notwendig, sondern auch eine Neuausrichtung des von wenigen reichen Industriestaaten gelenkten Weltwährungsfonds, der Weltbank und der Welthandelsorganisation. Die Frage ist für viele Politiker und Wissenschaftler nur, ob diese Änderungen mit Blick auf die Machtverteilung in der Welt und die jeweiligen Eigeninteressen kurzfristig möglich ist.

■ In den vergangenen Jahrzehnten hat sich unter der Bezeichnung **Fairer Handel** eine weltweite Bewegung entwickelt, die dem Prinzip der Gewinnmaximierung ein alternatives Modell entgegensetzt. Heute profitieren mehr als fünf Mio. Produzenten in den Entwicklungsländern von dieser Bewegung. Vom Europaparlament wurde der faire Handel – Fair Trade – als **effizienteste Art der Entwicklungsförderung** bezeichnet. Er leistet einen Beitrag zur nachhaltigen Entwicklung, indem er bessere Handelsbedingungen bietet und Rechte benachteiligter Produzenten und Arbeiter – speziell in den Ländern des Südens – sichert.

Was wirklich als fairer Handel bezeichnet werden darf, wird in einem **Kriterienkatalog** detailliert festgelegt. **Kontrollinstanzen** wachen über diese Kriterien, zu denen ein gerechter Ankauf, ein gerechter Preis, Preistransparenz, langfristige Lieferbeziehungen, Einhaltung der Standards der Internationalen Arbeitsorganisation und Entwicklungsgerechtigkeit ebenso gehören wie der Respekt vor der Umwelt.

FAIRTRADE – eine Chance

- Politische unabhängige und demokratische Produktionsgenossenschaften
- Gleichberechtigte Beteiligung von Frauen und Männern
- Soziale Absicherung und faire Löhne für Arbeiterinnen und Arbeiter
- Verbot von Kinder- und Zwangsarbeit
- Nachhaltige Entwicklung von Ökologie, Bildung und Frauenförderung
- FAIRTRADE-Aufschlag für Sozialprojekte
- Produktion im Einklang mit der Natur und der Gesundheit der Menschen
- Umweltverträgliche und schonende Anbau- und Verarbeitungsmethoden

FAIRTRADE-Bio-Produkte

Verzicht auf synthetischen Dünger und chemischen Pflanzenschutz
- Ernährungssicherheit
- Kleinbauern kontrollieren ihre eigenen Ressourcen

Attac Deutschland (Hg.): Bildungsbaustein 10, Fairtrade, S. 14, 29.08.2007, abgerufen unter: www.attac.de/uploads/media/Bildungsbaustein10.pdf [15.09.2013] (Auszug)

H&M. Der Chef der schwedischen Textilkette Hennes & Mauritz, Karl-Johan Persson, strebt ein Gütezeichen für fair produzierte Mode an. „Mit schwebt ein weltweit gültiges Siegel für die Branche vor, ähnlich wie das Fair-Trade-Siegel beim Kaffee", sagte Persson dem Magazin „Der Spiegel".

Kurzmeldung, in: Westdeutsche Allgemein Zeitung vom 8.07.2013

Arbeitsvorschläge

1 *Erläutern Sie, warum die Lösung der durch die Globalisierung entstandenen Probleme ein gemeinschaftliches Handeln von Regierungen, Unternehmen und Organisationen notwendig macht.*

2 *Was versteht man unter der Erosion des Nationalstaats?*

3 a *Erläutern Sie anhand zweier Beispiele, warum eine Strategie der Global Governance schwierig umzusetzen ist.*
   b *Lässt sich mit Recht behaupten, dass die Global Governance eine Utopie sei?*

4 *Nehmen Sie kritisch Stellung zu Jean Zieglers Vorstellungen, wie der Hunger von diesem Globus verbannt werden könnte.*

5 *Der Nobelpreisträger Joseph Stieglitz tritt für gerechtere internationale Welthandelsbedingungen ein. Führen Sie drei mögliche Maßnahmen an, wie dieses Ziel erreicht werden könnte.*

6 a *Nehmen Sie kritisch Stellung zu den Kriterien eines fairen Handels.*
   b *Fairer Handel bedeutet nicht automatisch einen Handel mit FAIRTRADE-Bio-Produkten und umgekehrt. Beschreiben Sie die Vorteile, die sich aus der Kombination beider Zertifikate ergeben.*
   c *Gestalten Sie ein Werbeplakat für Produkte aus fairem Handel (siehe Kompetenzbaustein K16).*

8.2 Friedenssicherung

8.2.1 Bedrohung des Weltfriedens

Probleme wie Bevölkerungswachstum, ungleiche Verteilung von Reichtum und Armut, Flucht und Vertreibung, Ressourcenvergeudung oder Kriege und Terrorismus haben heute weltweite Ausmaße. Sie betreffen nicht nur ein Land oder einen Kontinent, sondern stehen vielmehr weltweit in Wechselwirkung zueinander. So kann die Armut in den Entwicklungsländern den Lebensstandard in den reichen Industrieländern auf unterschiedliche Art und Weise weiter anheben, auf der anderen Seite können die Konsumgewohnheiten der Reichen den ohnehin geringen Lebensstandard der Armen weiter schmälern.

Folgende **Problembereiche** stellen eine Gefahr für den Frieden auf dieser Welt dar:

Bevölkerungswachstum

Nie wuchs die Menschheit so schnell wie heute: Die Weltbevölkerung nimmt jährlich um 1,33 % zu, das sind ca. 80 Mio. Menschen, für die zusätzlich Nahrung bereitgestellt werden muss. Zwar ist das Wachstum geringer als noch vor Jahren prognostiziert, doch hoch genug, um die Menschheit bis zum Jahr 2050 von zurzeit rund 7,2 Mrd. Menschen auf ca. 10,1 Milliarden anwachsen zu lassen.

Die Bevölkerungsentwicklung stellt sich jedoch global unterschiedlich dar. Nach Prognosen der Vereinten Nationen wird das Bevölkerungswachstum fast ausschließlich in den Entwicklungsländern stattfinden. Allein in Afrika soll sich die Bevölkerung von heute 1,1 Mrd. Menschen auf knapp 4,2 Mrd. erhöhen, während sich viele Industrieländer auf sinkende Einwohnerzahlen einstellen müssen.

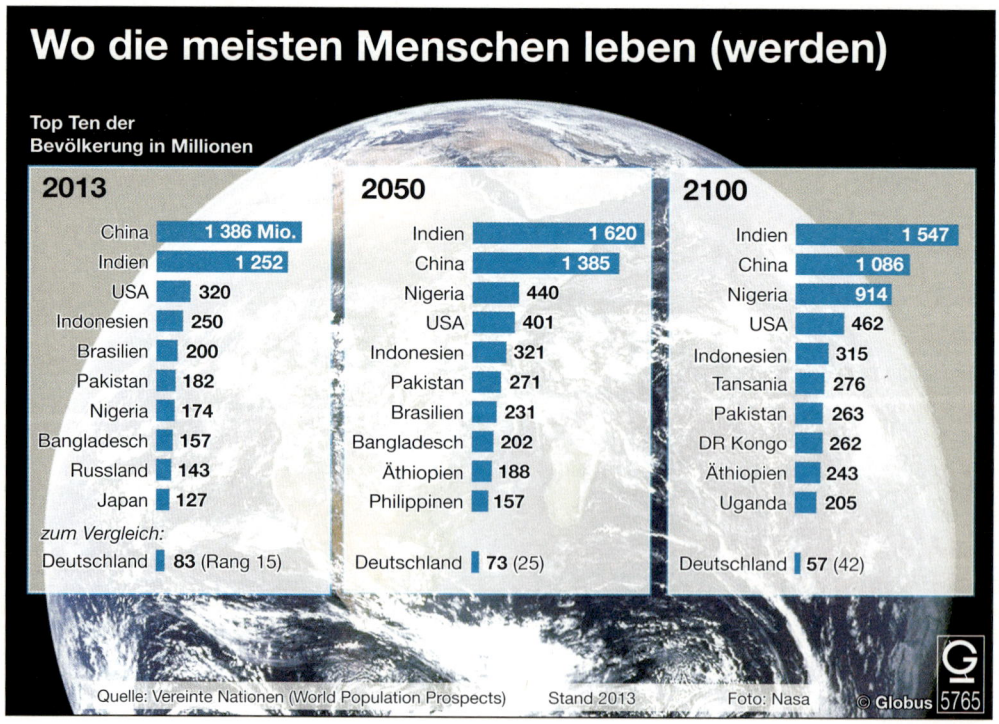

Wo die meisten Menschen leben (werden)

Top Ten der Bevölkerung in Millionen

2013		2050		2100	
China	1 386 Mio.	Indien	1 620	Indien	1 547
Indien	1 252	China	1 385	China	1 086
USA	320	Nigeria	440	Nigeria	914
Indonesien	250	USA	401	USA	462
Brasilien	200	Indonesien	321	Indonesien	315
Pakistan	182	Pakistan	271	Tansania	276
Nigeria	174	Brasilien	231	Pakistan	263
Bangladesch	157	Bangladesch	202	DR Kongo	262
Russland	143	Äthiopien	188	Äthiopien	243
Japan	127	Philippinen	157	Uganda	205

zum Vergleich:

Deutschland	83 (Rang 15)	Deutschland	73 (25)	Deutschland	57 (42)

Quelle: Vereinte Nationen (World Population Prospects)   Stand 2013   Foto: Nasa   © Globus 5765

Wenn die Bevölkerung in den Entwicklungsländern wie prognostiziert wächst, wird dies die Armutsbekämpfung und die Entwicklungschancen in diesen Ländern erheblich erschweren.

Ungleiche Verteilung von Reichtum und Armut

Die Kluft zwischen den reichsten und ärmsten Ländern ist tief. Ein Luxemburger hat beispielsweise an nur einem Tag ein höheres Einkommen als ein Äthiopier im ganzen Jahr. Die Weltbank zählt insgesamt 31 Länder, deren Einwohner mit weniger als einem Dollar pro Tag auskommen müssen. Deutschland hat nach der Weltbankstatistik das zwölftgrößte Pro-Kopf-Einkommen der Welt. Von diesem Einkommen gönnen sich die wohlhabenden Staaten ein umfassendes Sozial- und Bildungssystem, eine aufwendige Gesundheitsversorgung und eine gut funktionierende Infrastruktur.

Auf all dies müssen die Menschen in den ärmsten Ländern verzichten. Oft steht nur das Allernotwendigste zur Verfügung, und auch das meistens nicht für alle. Zudem ist der **Schuldenberg der Entwicklungsländer** enorm. Er hat sich in den letzten 30 Jahren verdreifacht. Bis heute ist der Schuldendienst (Zinsen und Tilgung) weitaus höher als die gesamte Entwicklungshilfe, die den Staaten der Dritten Welt in diesen Jahren zugeflossen ist.

Beispiele

- Uganda muss die Hälfte seiner Exporteinnahmen aufwenden, um Zinsen und Tilgungsraten bezahlen zu können.

- Indien, das jeden dritten Armen dieser Erde beheimatet, zahlt eine Milliarde US-Dollar mehr, als es an finanzieller Unterstützung von den Industrieländern erhalten hat.

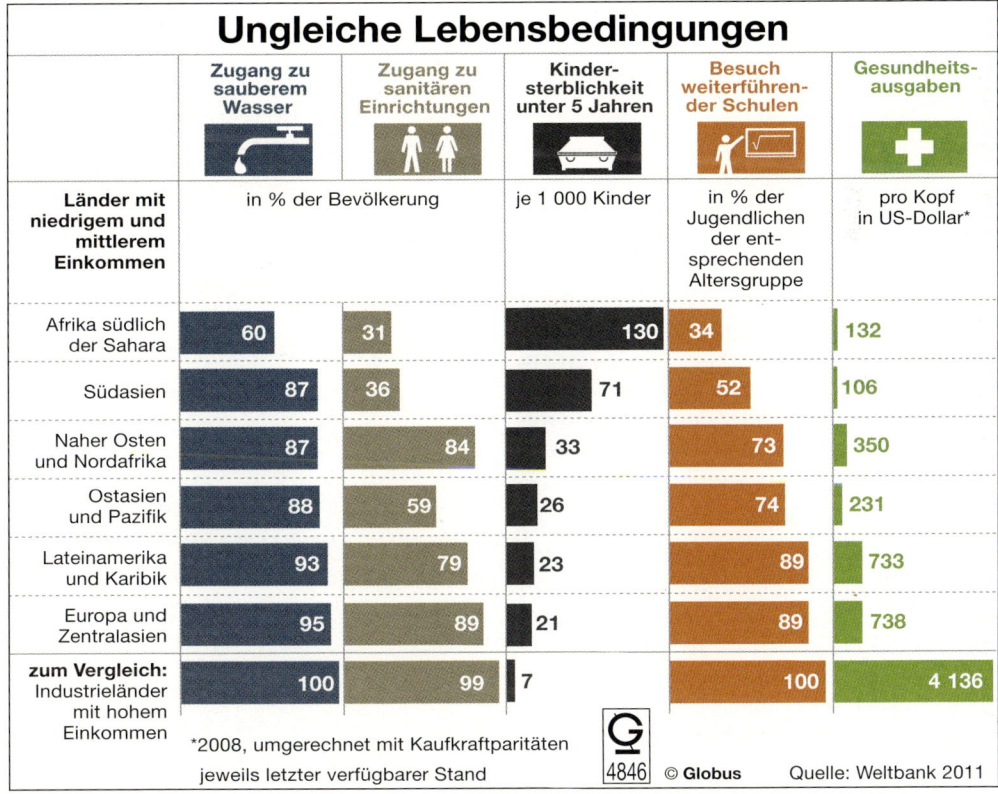

Ungleiche Lebensbedingungen

	Zugang zu sauberem Wasser	Zugang zu sanitären Einrichtungen	Kinder-sterblichkeit unter 5 Jahren	Besuch weiterführen-der Schulen	Gesundheits-ausgaben
Länder mit niedrigem und mittlerem Einkommen	in % der Bevölkerung		je 1 000 Kinder	in % der Jugendlichen der ent-sprechenden Altersgruppe	pro Kopf in US-Dollar*
Afrika südlich der Sahara	60	31	130	34	132
Südasien	87	36	71	52	106
Naher Osten und Nordafrika	87	84	33	73	350
Ostasien und Pazifik	88	59	26	74	231
Lateinamerika und Karibik	93	79	23	89	733
Europa und Zentralasien	95	89	21	89	738
zum Vergleich: Industrieländer mit hohem Einkommen	100	99	7	100	4 136

*2008, umgerechnet mit Kaufkraftparitäten jeweils letzter verfügbarer Stand

4846 © Globus   Quelle: Weltbank 2011

In der **Kluft zwischen Arm und Reich** liegt ein Sprengstoff, der den Weltfrieden gefährdet. Ein direkter Klassenkampf zwischen Arm und Reich droht nicht, doch Armut verträgt sich nicht mit wirtschaftlicher und politischer Stabilität.

Umstürze, Eingriffe von außen, die Einbeziehung und Einmischung der Großmächte in diese Konflikte sind es, die die Armut zu einem Risikofaktor für den Weltfrieden machen.

Internationale Konflikte

Weltweit fanden im Jahr 2012 34 Kriege und sogenannte bewaffnete Konflikte statt, davon allein 13 in Afrika. Dabei handelt es sich vor allem um innerstaatliche Bürgerkriege zwischen einer Regierung und verschiedenen bewaffneten Konfliktparteien.

Stark zugenommen haben allerdings seit Mitte der 1990er-Jahre Konflikte, die unterhalb der Kriegsschwelle angesiedelt werden, jedoch auch durch immer wiederkehrende Gewalt gekennzeichnet sind. Auch sie sind von massiven Menschenrechtsverletzungen und Gewalt bis hin zu Massakern und Völkermord geprägt.

Eine Folge der häufig **gewaltsam** ausgetragenen Konflikte in der Dritten Welt ist die hohe Zahl von **Flüchtlingen**. Nach Angaben des Flüchtlingshilfswerks der Vereinten Nationen waren Ende 2012 mehr als 45 Mio. Menschen auf der Flucht, das ist der höchste Stand seit 1994. Die meisten kamen aus Afghanistan, Somalia und dem Irak, dann folgen Syrien, Sudan und die Demokratische Republik Kongo. Hauptaufnahmeländer für Flüchtlinge waren Pakistan, Iran und Deutschland. Hauptursache für Flüchtlingsströme waren Kriege.

Häufig waren an den Konflikten direkt oder zumindest indirekt auch die Industriestaaten beteiligt. Direkte Beteiligungen gab es z. B. im Irak, in Afghanistan und im Sudan. Eine indirekte Beteiligungsform ist der **Rüstungsexport** der westlichen und östlichen Industrieländer in die Entwicklungsländer, wobei etwa die Hälfte der weltweiten Waffenexporte in den konfliktintensiven Nahen Osten fließt.

Kriege und Konflikte 2012

■ Kriege   ■ weitere hochgewaltsame Konflikte

Kriege	Konfliktparteien
1 Mexiko	Drogenkartelle – Armee
2 Mali	Islamistische Aufständische – Armee
3 Nigeria*	Islamistische Sekte Boko Haram; Bauern – Nomaden
4 Sudan*	Darfur: Rebellen – Reitermilizen – Armee; Kurdufan, Blauer Nil: Widerstandsbew. PLM; Sudan – Südsudan
5 Südsudan	Interethnische Konflikte
6 Dem. Rep. Kongo	Rebellengruppen im Nordosten – Armee
7 Somalia	Islamistische Aufständische – Armee
8 Türkei	PKK – Armee
9 Syrien	Opposition – Regierungstruppen
10 Irak	Sunnitische Aufständische
11 Jemen	Al Kaida auf der arabischen Halbinsel
12 Afghanistan	Taliban, Aufständische – Armee
13 Pakistan	Islamistische Aufständische
14 Indien	Separatisten in Assam (ULFA und andere) – Armee
15 Birma	Unabhängigkeitsbewegung der Kachin – Militärregime

Quelle: Heidelberger Institut für Internationale Konfliktforschung   *mehrere interne Konflikte   © Globus 5539

Die fünf größten Waffenexportländer und ihre Hauptabnehmer

Waffen-lieferanten	Anteil am weltweiten Waffenexport	Hauptabnehmer (Anteil am Exportvolumen des Lieferanten)		
		1.	2.	3.
USA	30 %	Südkorea (14 %)	Australien (9 %)	Vereinigte Arabische Emirate (8 %)
Russland	23 %	Indien (33 %)	Volksrepublik China (23 %)	Algerien (13 %)
Deutschland	11 %	Griechenland (15 %)	Südafrika (11 %)	Türkei (10 %)
Frankreich	7 %	Singapur (23 %)	Vereinigte Arabische Emirate (16 %)	Griechenland (12 %)
Großbritannien	4 %	USA (23 %)	Saudi-Arabien (19 %)	Indien (13 %)
Daten aus dem Zeitraum 2006–2010				

Wikipedia: Rüstungsindustrie, abgerufen unter: http://de.wikipedia.org/wiki/Rüstungsindustrie [17.09.2013]

Internationaler Terrorismus

Terroristische Aktionen erzeugen Angst und Schrecken durch Gewalt oder durch die Androhung von Gewalt, um so politische Veränderungen realisieren zu können. Der Terrorismus ist speziell darauf ausgerichtet, über die unmittelbaren Opfer oder Ziele des Angriffs hinaus weitreichende psychologische Effekte zu erreichen, und das mit relativ geringem Aufwand: z.B. durch eine Autobombe, die Entführung und Ermordung eines Politikers oder einer Gruppe von Touristen.

Durch die Medienwirksamkeit und Publizität ihrer Gewaltakte versuchen Terroristen, den politischen Einfluss und die Macht zu erlangen, über die sie ansonsten nicht verfügen würden.

Die Beweggründe terroristischer Aktivisten und Vereinigungen entstammen hauptsächlich aus drei Bereichen, die sich in der Regel jedoch überlappen:

- Der Wille zur revolutionären Veränderung der gesellschaftlichen und politischen Strukturen motiviert Terroristen, die oft akademischen Mittelschichten entstammen, wie z.B. die ehemalige deutsche RAF. Sie setzen sich für die in ihren Augen benachteiligten Gruppen ein, die Arbeiterklasse oder soziale Gruppen in der Dritten Welt.

- Ethnische Minderheiten und unterdrückte Völker streben einen eigenen Staat oder zumindest politische Autonomierechte an. Diesen Terroristen, wie z.B. der nordirischen IRA oder der baskischen ETA, geht es vor allem um die Verteidigung ihrer eigenen Minderheit, die sie für gefährdet halten.

■ Religiös motivierte Terroristen, wie die islamistischen Anhänger des Terrornetzwerks El Kaida, haben weniger das Los bestimmter Gruppen als vielmehr den heiligen Krieg gegen die vermeintlichen Feinde des Islams im Auge. Islamistische Terroristen begehen ihre Taten oftmals in der Hoffnung, durch den terroristischen Akt direkt ins Paradies zu kommen.

Egal ob religiös oder politisch motiviert – allen international operierenden Terrorgruppen ist eines gemeinsam: Sie werden immer gefährlicher. Viele der Gruppen halten engen Kontakt zueinander, bilden gemeinsame Kampfgruppen aus, helfen sich gegenseitig mit Waffen und Terror-Know-how. Einige der Terrorgruppen entstanden durch Abspaltung von bereits bestehenden Organisationen. Dies geschah immer dann, wenn Teilen einer Gruppe das Vorgehen der anderen nicht radikal genug war. So lässt sich feststellen, dass Splittergruppen häufig noch unberechenbarer sind als ihre Stammorganisation.

Der Schwerpunkt des Wirkens solcher Kommandos befindet sich im Nahen und Mittleren Osten. Libanon, Syrien, Irak, Pakistan und Afghanistan sind Staaten, von denen aus besonders leicht operiert werden kann.

Arbeitsvorschläge

1   *Wieso stellt die Armut in den Entwicklungsländern eine Gefährdung des Friedens dar? Schreiben Sie einen Leserbrief (siehe Kompetenzbaustein K14).*

2   *Nennen Sie Beweggründe, warum immer mehr Menschen ihr Heimatland verlassen. Erstellen Sie hierzu eine Mindmap (siehe Kompetenzbaustein K15).*

3   *Interpretieren Sie die Karikatur „Stopp Terror – Stopp Hunger" auf S. 208 (siehe Kompetenzbaustein K10).*

4   *Deutschland ist der drittgrößte Waffenexporteur weltweit. Welche Vorteile und Probleme sehen Sie bei einer Ausweitung der Rüstungsexporte?*

5   *Um den Terrorismus zu bekämpfen, wurden unter Führung der USA Kriege gegen den Irak und Afghanistan geführt. Halten Sie diese kriegerischen Maßnahmen für ein geeignetes Mittel, den internationalen Terrorismus zu bekämpfen? Begründen Sie Ihre Meinung.*

6   *Ein von der Bundesregierung 2011 geplanter Export von 200 Leopard-Panzern nach Saudi-Arabien erregte viel öffentliche Kritik, weil Saudi-Arabien im benachbarten Bahrain kurz zuvor mit Panzern an der Unterdrückung von Demonstrationen teilgenommen hatte. Nehmen auch Sie kritisch Stellung zu diesem Sachverhalt.*

8.2.2 Friede als Entwicklungsprozess

Frieden ist im heutigen Sprachgebrauch der allgemeine Zustand zwischen Menschen, sozialen Gruppen oder Staaten, in dem bestehende Konflikte in rechtlich festgelegten Normen ohne Gewalt ausgetragen werden. Der Begriff bezeichnet einen Zustand in der Beziehung zwischen Völkern und Staaten, der den Krieg zur Durchsetzung von Politik ausschließt.

Definition „Frieden", abgerufen unter: http://de.wikipedia.org/wiki/Frieden [24.07.2013]

So verstanden bedeutet Frieden, dass nicht nur keine Kriege geführt werden, sondern auch dass keine direkte, menschenverachtende Gewalt (wie z. B. in Militärdiktaturen) ausgeübt wird. Ein weiter gefasster Friedensbegriff definiert Frieden darüber hinaus als Fehlen von indirekter Gewalt. Diese ist dort anzutreffen, wo die Menschen sich z. B. aufgrund von Armut, Hunger, Krankheit und Analphabetismus nicht verwirklichen können.

FRIEDE als Entwicklungsprozess

Ideal

Sicherheit ohne Waffen, in einem Leben mit Freiheit und sozialer Gerechtigkeit in einer geordneten Welt

3. Stufe
Verminderung von Gewalt, Not und Angriffslust

2. Stufe
Nicht-Krieg durch Abschreckung

1. Stufe
Krieg / Not / Gewalt

Jetzt

Die Bedingungen für notwendige Friedensschritte sind deshalb auf folgenden Ebenen zu finden:

- Individuell: Beseitigung der Ursachen von Aggressionen

- Gesellschaftlich: soziale Gerechtigkeit und menschenwürdige Umwelt

- International: Verhinderung von Kriegen durch Abschreckung und Abrüstung

Über vier Jahrzehnte beherrschte der Ost-West-Konflikt die **Außen- und Sicherheitspolitik** Deutschlands, Europas und der Welt. Erst im November 1990 erklärten die Staaten der **NATO** (Nordatlantikpakt – s. auch Kleine Institutionenkunde) und des **Warschauer Pakts** (bis 1991 Verteidigungsbündnis des „Ostblocks") in einer Art Friedensvertrag zum Kalten Krieg, dass sie sich fortan nicht mehr als Gegner, sondern als Partner ansähen.

Trotz der vielen Verbesserungen im Ost-West-Verhältnis bleibt bis heute die grundsätzliche Frage, inwieweit eine verantwortungsbewusste Friedens- und Sicherheitspolitik auf militärische Vorsorgemaßnahmen zurückgreifen will und muss. Frieden entsteht nämlich nicht nur freiwillig, wenn potenzielle Streitparteien sich entschließen, auf Störung des Friedens zu verzichten. Er kann vielmehr auch erzwungen sein, indem durch Sanktionen, die im Völkerrecht vorgesehen sind, potenzielle Aggressoren abgeschreckt bzw. in Schach gehalten werden. Deshalb stehen die Begriffe **Rüstung** und **Abrüstung** weiterhin im Mittelpunkt sicherheitspolitischer Diskussionen.

So stellte sich nach der Auflösung des Warschauer Pakts und der Beendigung des Kalten Kriegs auch für die **Bundeswehr** die Frage nach ihrem Auftrag neu.

Losgelöst vom bisherigen, im Artikel 87a Grundgesetz (GG) vorgeschriebenen Verteidigungs-auftrag soll die Bundeswehr gemeinsam mit der NATO überall auf der Welt die politische und wirtschaftliche Stabilität sichern helfen. Begründet wird diese Aufgabe mit der **gestiegenen internationalen Verantwortung der Bundesrepublik Deutschland** seit der Wiedervereini-gung.

Grundgesetz

Artikel 24

(1) [...]

(2) Der Bund kann sich zur Wahrung des Friedens einem System gegenseitiger kollektiver Sicherheit einordnen; er wird hierbei in die Beschränkungen seiner Hoheitsrechte einwilligen, die eine friedliche und dauerhafte Ordnung in Europa und zwischen den Völkern der Welt herbeiführen und sichern.

Artikel 87a

(1) [...]

(2) Außer zur Verkündigung dürfen die Streitkräfte nur eingesetzt werden, soweit dieses Grundgesetz es ausdrücklich zulässt.

(3) Zur Abwehr einer drohenden Gefahr für den Bestand oder die freiheitliche demokra-tische Grundordnung des Bundes oder eines Landes kann die Bundesregierung, wenn die Voraussetzungen des Artikels 91 Abs. 2 vorliegen und die Polizeikräfte sowie der Bundesgrenzschutz nicht ausreichen, Streitkräfte zur Unterstützung der Polizei und des Bundesgrenzschutzes beim Schutze von zivilen Objekten und bei der Bekämpfung organisierter und militärisch bewaffneter Aufständischer einsetzen. Der Einsatz von Streitkräften ist einzustellen, wenn der Bundestag oder der Bundesrat es verlangen.

Nach einer Parteienklage vor dem Bundesverfassungsgericht gegen die Bundeswehreinsätze im Jugoslawienkonflikt und in Somalia billigte 1994 das Gericht den Einsatz. In seinem Urteil stellte das Bundesverfassungsgericht fest, dass sowohl die UN als auch die NATO als System gegenseitiger kollektiver Sicherheit im Sinne des Artikels 24 (2) GG zu bewerten seien.

Deshalb ist eine Beteiligung der Bundeswehr an friedenserhaltenden Blauhelmeinsätzen und an friedensschaffenden Kampfeinsätzen unter dem Dach der NATO möglich. Für einen Einsatz der Streitkräfte ist nach diesem Urteil allerdings die vorherige Zustimmung des Bundestags erforderlich.

Die Vereinten Nationen **(UNO, auch UN)** wurden 1945 mit dem Ziel gegründet, Sicherheit und Frieden zwischen den Staaten zu gewährleisten und die kulturelle, wirtschaftliche und soziale Zusammenarbeit der Völker zu fördern. Das wichtigste Gremium der Vereinten Natio-nen, der **Weltsicherheitsrat**, traf zum ersten Mal im Januar 1946 zusammen.

Obwohl der Weltfrieden und die nationale Sicherheit vieler Staaten in der Vergangenheit ständig bedroht waren, war der Sicherheitsrat bis zur Beendigung des Kalten Kriegs ein ohn-mächtiges Gremium. Nach dem Zusammenbruch der Sowjetunion übernahm **Russland** einen ständigen Sitz im Sicherheitsrat. Von nun an war die Sicherheit nicht mehr grundsätzlich blockiert, und demzufolge wurden eine Reihe von Beschlüssen gefasst, einschließlich der Ent-sendung von UNO-Friedenstruppen (sogenannten Blauhelmen). Die einzelnen UNO-Mitglied-staaten stellen der Organisation auf Anfrage des Generalsekretärs, der von der UNO-Vollver-sammlung für fünf Jahre gewählt wird, Truppen zur Verfügung.

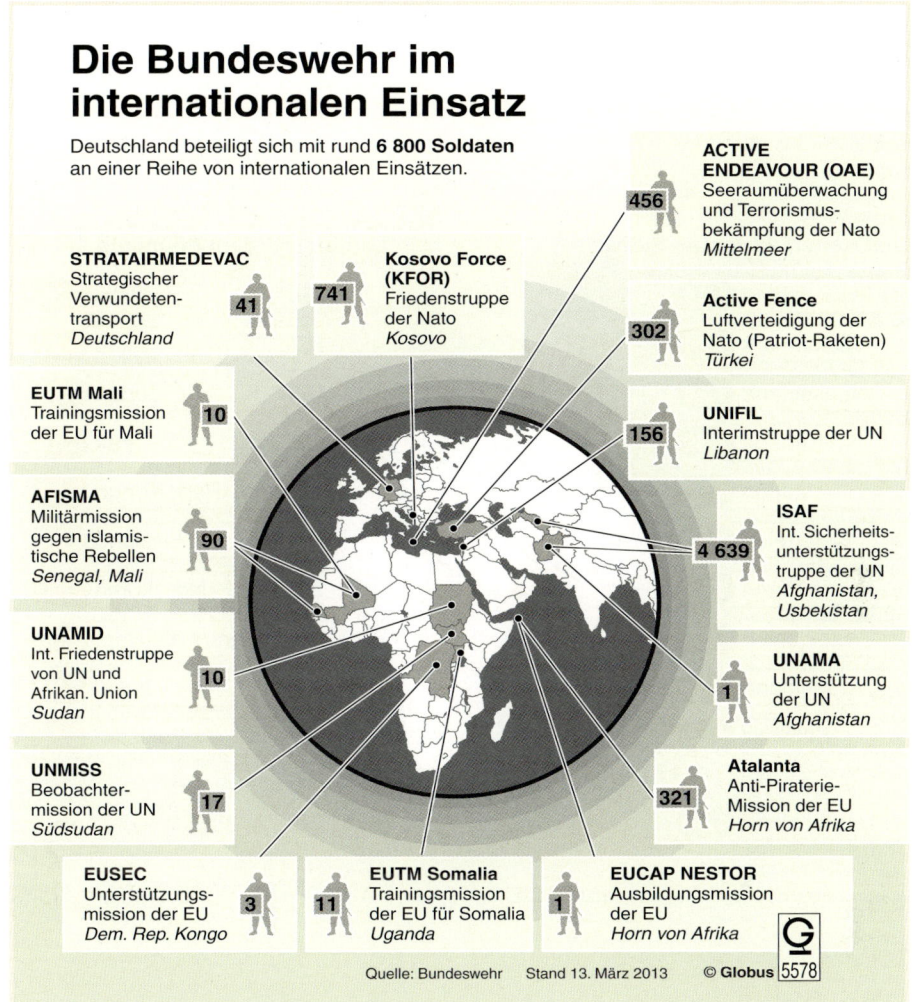

Die Bundeswehr im internationalen Einsatz

Deutschland beteiligt sich mit rund **6 800 Soldaten** an einer Reihe von internationalen Einsätzen.

ACTIVE ENDEAVOUR (OAE)
Seeraumüberwachung und Terrorismus-bekämpfung der Nato
Mittelmeer
456

STRATAIRMEDEVAC
Strategischer Verwundeten-transport
Deutschland
41

741

Kosovo Force (KFOR)
Friedenstruppe der Nato
Kosovo

Active Fence
Luftverteidigung der Nato (Patriot-Raketen)
Türkei
302

EUTM Mali
Trainingsmission der EU für Mali
10

UNIFIL
Interimstruppe der UN
Libanon
156

AFISMA
Militärmission gegen islamis-tische Rebellen
Senegal, Mali
90

ISAF
Int. Sicherheits-unterstützungs-truppe der UN
Afghanistan, Usbekistan
4 639

UNAMID
Int. Friedenstruppe von UN und Afrikan. Union
Sudan
10

UNAMA
Unterstützung der UN
Afghanistan
1

UNMISS
Beobachter-mission der UN
Südsudan
17

Atalanta
Anti-Piraterie-Mission der EU
Horn von Afrika
321

EUSEC
Unterstützungs-mission der EU
Dem. Rep. Kongo
3

EUTM Somalia
Trainingsmission der EU für Somalia
Uganda
11

EUCAP NESTOR
Ausbildungsmission der EU
Horn von Afrika
1

Quelle: Bundeswehr   Stand 13. März 2013   © Globus 5578

Die UNO-Friedenstruppen werden vom Sicherheitsrat für sogenannte **friedenssichernde Operationen** entsandt. Nur zur Selbstverteidigung und zur Sicherung ihrer eigenen Arbeit dürfen diese Soldaten Gewalt anwenden.

Wenn aber alle friedlichen Mittel versagen, können auch militärische Mittel eingesetzt werden, um bestimmte Beschlüsse durchzusetzen. In einem solchen Falle spricht man von **friedens-schaffenden Maßnahmen** der UNO.

Die UNO-Charta gibt in solchen Fällen eine detaillierte Vorgehensweise vor. Die **Zulässigkeit der Gewaltanwendung** beruht auf folgender Überlegung: Wenn die UNO als Garant der internationalen Sicherheit einstehen soll, dann müssen als letzte Möglichkeit militärische Aktionen glaubhaft sein. Allein die Tatsache, dass bereitstehende Streitkräfte jederzeit verfügbar sind, könnte als Abschreckungsmittel für Friedensbrüche dienen. Diese Streitkräfte sollten sich aus Freiwilligen zusammensetzen und unter dem Oberbefehl des UNO-Generalsekretärs stehen.

Weltfriedens-Index

Der Index zeigt die Friedfertigkeit eines Landes. Die Länder werden anhand von 23 Faktoren bewertet, u.a. hinsichtlich der Anzahl der geführten Kriege im In- und Ausland, der politischen Stabilität und der Anzahl an schweren Waffen.

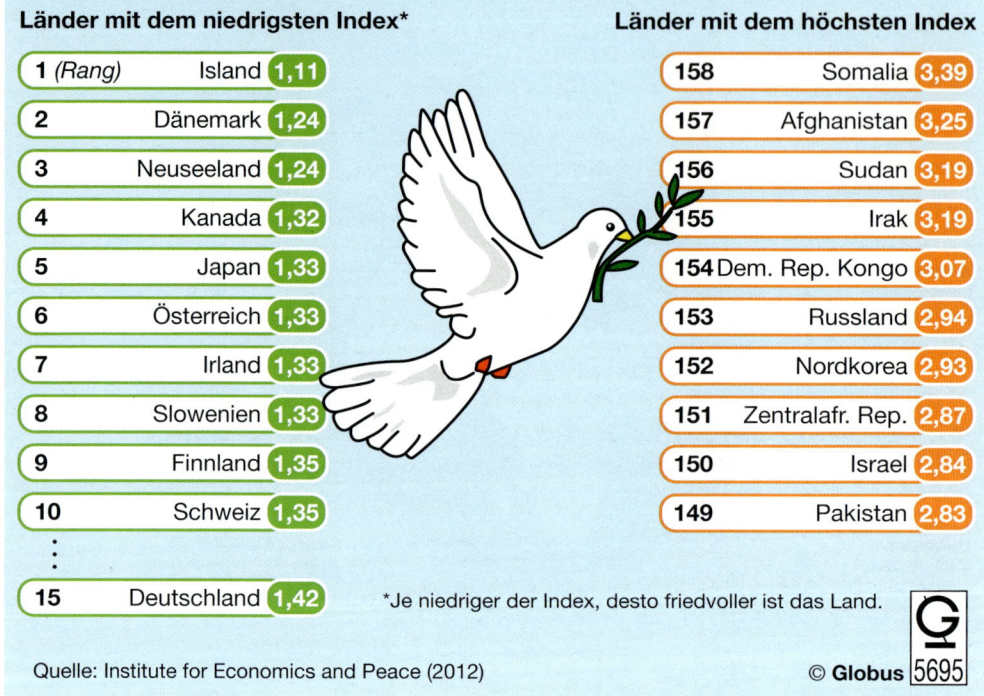

Länder mit dem niedrigsten Index*		
1 *(Rang)*	Island	1,11
2	Dänemark	1,24
3	Neuseeland	1,24
4	Kanada	1,32
5	Japan	1,33
6	Österreich	1,33
7	Irland	1,33
8	Slowenien	1,33
9	Finnland	1,35
10	Schweiz	1,35
⋮		
15	Deutschland	1,42

Länder mit dem höchsten Index		
158	Somalia	3,39
157	Afghanistan	3,25
156	Sudan	3,19
155	Irak	3,19
154	Dem. Rep. Kongo	3,07
153	Russland	2,94
152	Nordkorea	2,93
151	Zentralafr. Rep.	2,87
150	Israel	2,84
149	Pakistan	2,83

*Je niedriger der Index, desto friedvoller ist das Land.

Quelle: Institute for Economics and Peace (2012)

© **Globus** 5695

Arbeitsvorschläge

1 Was verstehen Sie unter Frieden? Umreißen Sie den Begriff in Stichworten.

2 Nach einem Urteil des Bundesverfassungsgerichts ist eine Beteiligung der Bundeswehr an friedenserhaltenden Blauhelmeinsätzen sowie friedensschaffenden Kampfeinsätzen unter dem Dach der UNO möglich.
Formulieren Sie Ihre Meinung zu diesem Urteil.

3 Inwieweit korrespondieren die deutschen Sicherheitsinteressen mit den derzeitigen Auslandseinsätzen der Bundeswehr?

4 Warum glaubt die UNO, auf den Einsatz militärischer Mittel letztlich nicht verzichten zu können?

5 Führen Sie eine Pro-und-Kontra-Debatte zum Thema „Einsatz der Bundeswehr weltweit" (siehe Kompetenzbaustein K18).

Kompetenzbaustein K1

Arbeiten mit Gesetzestexten

Der Fall

Einige EU-Mitgliedstaaten verstoßen gegen die Stabilitätskriterien, indem sie z. B. eine Neuverschuldung von 3,8 % des Bruttoinlandsprodukts aufweisen.

Aufbau von Rechtsvorschriften (Rechtsnormen)

Rechtsnormen sind nach ihrem Zweck verschiedenartig gestaltet:

1. **Vollständige Rechtsnormen** regeln, dass unter bestimmten Voraussetzungen bestimmte Folgen eintreten, z. B. EG-Vertrag Art. 104c Abs. 2–11 („Wenn-dann-Schema").

   #### Beispiel

Wenn (Art. 104c Abs. 9 EG-Vertrag) (Falls) ein Mitgliedstaat den Empfehlungen des Rats nicht Folge leistet, ...	Der erste Satzteil nennt die **Tatbestandsmerkmale**.
dann (...) kann der Rat den Mitgliedstaat in Verzug setzen, innerhalb einer bestimmten Frist Maßnahmen, (...) zur Sanierung des erforderlichen Defizitabbaus zu treffen.	Der zweite Satzteil gibt an, was geschehen soll, wenn die Tatbestandsmerkmale erfüllt sind; er enthält die **Rechtsfolge**.

2. **Hilfsnormen** können z. B. Begriffsbestimmungen enthalten oder eine Vorschrift näher erläutern.

3. Es gibt auch Rechtsnormen, die nur **allgemeine Ziele** vorschreiben, so etwa in Artikel 104c Abs. 1 des EG-Vertrags.

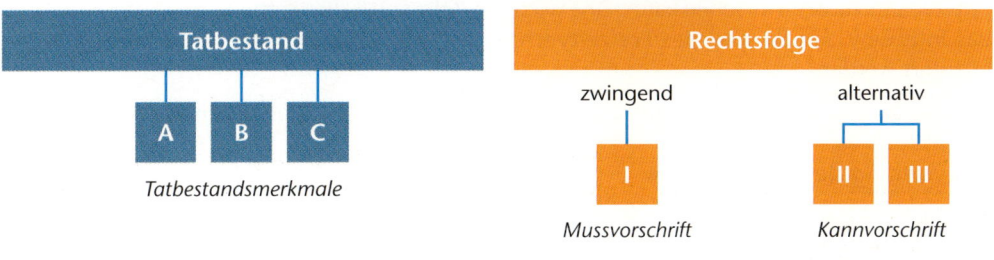

Wir wollen uns nur mit den **vollständigen Rechtsnormen** befassen; sie sind nach dem **Wenn-dann-Schema** aufgebaut.

Tatbestand und Rechtsfolge können auch in umgekehrter Reihenfolge formuliert werden. Sie können auch auf unterschiedliche Weise miteinander verbunden sein. Zu unterscheiden sind hierbei Muss-, Soll- und Kannbestimmungen.

■ Eine „Mussbestimmung" schreibt die Reihenfolge zwingend vor.

■ Eine „Sollbestimmung" ist grundsätzlich wie eine Mussbestimmung anzuwenden, es sei denn, dass der vorgeschriebenen Verfahrensweise ausnahmsweise ein wichtiger Grund entgegensteht.

■ Eine „Kannbestimmung" eröffnet einen begrenzten Handlungsfreiraum für eine Ermessensentscheidung; hier gilt das Zweckmäßigkeitsprinzip. Beispiel: Art. 104 Abs. 9 (siehe oben) des EG-Vertrags.

Anwendung von Rechtsnormen

Beim Anwenden einer vollständigen Rechtsnorm ist es meistens sinnvoll, nacheinander mehrere Fragen zu klären. Es empfiehlt sich folgende Vorgehensweise:

Schritte bei der Anwendung von Rechtsnormen

1. Welche (Teil-)Frage soll gelöst werden?
2. Welche Rechtsnorm kommt hierfür in Betracht?
3. Welche Tatbestandsmerkmale enthält die Rechtsnorm?
4. Entspricht der Sachverhalt (tatsächliche Ereignisse) in allen Punkten dem (gesetzlichen) Tatbestand?
5. Wie lautet die Rechtsfolge?

Kompetenzbaustein K2

Befragung

Die Sozialwissenschaft hat eine Reihe von Methoden entwickelt, mit denen sie die Einstellung und die Meinung von bestimmten Bevölkerungskreisen (z.B. Jugendliche von 12–20 Jahren) zu ganz bestimmten Problemstellungen (Einstellung Jugendlicher zu Gewalt oder zum Freizeitverhalten u.a.) erforschen kann. Eine wichtige Rolle spielt die Methode der Befragung bzw. das Interview. Am Beispiel des **Freizeitverhaltens Jugendlicher** soll eine solche Befragung erläutert werden.

Der Prozess der Befragung verläuft in mehreren aufeinanderfolgenden Stufen:

Entwicklung des Fragebogens

Nachdem festgelegt ist, was mit der Umfrage erreicht werden soll, wird die Problemstellung in Teilfragen aufgelöst wie etwa: Wo verbringen Jugendliche ihre Freizeit? Womit beschäftigen sie sich in ihrer Freizeit? Können die Jugendlichen ihre Freizeitwünsche verwirklichen? Wovon ist das abhängig?

Es muss dann überlegt werden, ob die Antworten vorgegeben (geschlossen) oder frei (offen) beantwortet werden sollen. In diesem Beispiel sollen die Freizeitaktivitäten der Jugendlichen näher untersucht werden. Dazu ist es zweckmäßig, zunächst mit einer offenen Fragestellung alle möglichen Freizeittätigkeiten von Jugendlichen zu ermitteln. Die Schüler werden dazu aufgefordert, alle ihre Freizeittätigkeiten aufzuschreiben. Anschließend wird der eigentliche Fragebogen für eine geschlossene Fragestellung erarbeitet, bei der die Antworten dann vorgegeben sind und nur entsprechend angekreuzt werden müssen.

Der Fragebogen könnte dann wie nebenstehend aussehen:

Nachfolgend sind eine Reihe von Freizeitaktivitäten der Jugendlichen aufgelistet. Beziehen Sie diese Aktivitäten auf sich selbst, indem Sie urteilen, ob Sie diesen Aktivitäten sehr gerne, gerne, weniger gerne oder gar nicht nachgehen. Hierbei können Sie folgende Vorgaben benutzen:

4 = tue ich sehr gerne
3 = tue ich gerne
2 = tue ich weniger gerne
1 = tue ich gar nicht

Kreuzen Sie in den Spalten 4 bis 1 an.					
Antwortvorgaben / Freizeitaktivitäten	4	3	2	1	X
Musik hören					
mit Freunden zusammen sein					
Radio hören					
fernsehen					
ins Kino gehen					
selbst Sport treiben					
Bücher lesen					
Zeitschriften/Zeitungen lesen					
Fahrrad fahren					
tanzen gehen/Discos					
Moped/Auto/Motorrad					
basteln, Handarbeit					
chatten/SMS schreiben					
fotografieren					
Freizeitzentren					
selbst musizieren					

Zusammensetzung der Stichprobe (Teilauswahl)

Wenn man mit der Untersuchung brauchbare Ergebnisse erzielen will, kann man sich nicht auf die Befragung von einigen wenigen Jugendlichen beschränken. Andererseits kann man auch nicht alle Jugendlichen befragen. In der Praxis bestimmt man daher eine Stichprobe, die nach ganz bestimmten Gesichtspunkten zusammengesetzt sein muss.

Beispiele
- Bundesland
- Größe des Wohnortes
- Geschlecht
- Lebensalter
- Schulbildung
- Ausbildungs- oder Berufstätigkeit

Konkret heißt das: Wenn z. B. 17 % der Jugendlichen von 12 bis 20 Jahren in Gemeinden unter 5 000 Einwohnern leben, dann muss dies auch in der Stichprobe so sein. Oder wenn 25 % der betreffenden Jugendlichen Auszubildende sind, dann muss ebenfalls die Untersuchungsgruppe 25 % Auszubildende aufweisen.

Auf diese Weise stellt die Untersuchungsgruppe ein verkleinertes Abbild der Gesamtheit dar. Man spricht in diesem Zusammenhang auch von einem **repräsentativen Bevölkerungsquerschnitt**. Die Stichprobe muss ca. 2 000 Personen umfassen, wenn die Ergebnisse eine Fehlerquote von höchstens 2 % aufweisen sollen.

Durchführung der Befragung und Auswertung des Datenmaterials

Eine Untersuchung, die die obigen Kriterien (Maßstäbe) berücksichtigen würde, übersteigt den Rahmen schulischer Möglichkeiten. Zur Übung wird man sich daher in der Regel auf eine Befragung in der Klasse oder der Schule beschränken. Die Befragung wird anonym (ohne Nennung des Namens) durchgeführt. Anschließend wird das Datenmaterial eventuell mithilfe von EDV ausgewertet und ein Abschlussbericht erstellt. Bei der Auswertung des Datenmaterials ist es häufig üblich, **Mittelwerte** (Durchschnittswerte) zu berechnen, die man mit $\bar{x}$ bezeichnet. Die Berechnung dieser Werte kann nach der folgenden Formel erfolgen:

$$\bar{x} = \frac{1 \cdot n_1 + 2 \cdot n_2 + 3 \cdot n_3 + 4 \cdot n_4}{n_1 + n_2 + n_3 + n_4}$$

Antwort 1 wählen 3 Schüler
Antwort 2 wählen 4 Schüler
Antwort 3 wählen 6 Schüler
Antwort 4 wählen 9 Schüler

Beispiel

Eine Klasse besteht aus 22 Schülern.
Für eine Aktivität wählen die Schüler
wie folgt:

$$\bar{x} = \frac{1 \cdot 3 + 2 \cdot 4 + 3 \cdot 6 + 4 \cdot 9}{3 + 4 + 6 + 9} = 2,95$$

Hierbei sind die Größen n_1 bis n_4 jeweils die Zahlen, mit der die möglichen Antworten (Zahlen 1 bis 4) gewählt werden.

Mithilfe dieser Durchschnittswerte kann dann die Reihenfolge der beliebtesten Freizeitbeschäftigungen Jugendlicher festgelegt werden. Das Zahlenmaterial kann für eine Grafik verwendet und damit anschaulich dargestellt werden.

Kompetenzbaustein K3

Bewerbungsschreiben (Geschäftsbrief)

Das Anschreiben sollte auf weißem, unliniertem DIN-A4-Papier ausgedruckt werden. Es sollte rechts und links einen Seitenrand von 2,5 cm haben und am oberen Rand vier Leerzeilen. Das Schreiben sollte nur eine Seite umfassen und die folgende Form haben:

1. Oben links Ihre Anschrift mit Vorname und Nachname, Straße und Hausnummer, Postleitzahl und Wohnort sowie die Telefonnummer

2. Oben rechts das Datum des Briefs

3. Sechs Leerzeilen unter der eigenen Anschrift folgt die Empfängeranschrift: Name und Anschrift der Firma, ggf. der Name des Ansprechpartners. Bei größeren Firmen müssen Sie unbedingt die Abteilung angeben, an die der Brief gerichtet ist (z. B. die Personalabteilung).

4. Die Betreff-Zeile folgt vier Leerzeilen tiefer. Hier ist der Grund des Schreibens anzugeben: „Bewerbung um ...".

5. Nach zwei Leerzeilen erfolgt die Anrede. Diese kann persönlich sein, wenn man den Namen des Ansprechpartners kennt, oder man verwendet die Anrede „Sehr geehrte Damen und Herren". Hinter der Anrede steht ein Komma, danach geht es klein weiter.

6. Nach einer Leerzeile beginnt der eigentliche Brief, in dem zuerst der Grund des Schreibens angegeben wird. Hierbei kann z. B. auf eine Stellenanzeige oder ein Telefonat Bezug genommen werden.

7. Im weiteren Text, der sachlich zu halten ist, wird die derzeitige Tätigkeit bzw. der derzeitige Schulbesuch genannt. Dabei ist auf einen möglichen Abschluss hinzuweisen.

Patrick Klein
Heidestr. 36
49744 Geeste
Tel 05937 22726   25.11.20..

Metallbau Meyer
Personalabteilung
Industriestr. 105
49809 Lingen

Bewerbung um einen Ausbildungsplatz
als Industriemechaniker

Sehr geehrte Damen und Herren,

durch Ihre Stellenanzeige habe ich erfahren, dass Sie für den Beruf Industriemechaniker
zum 01.09.2005 Auszubildende einstellen. Hiermit möchte ich mich um einen
Ausbildungsplatz in Ihrem Betrieb bewerben.

Zurzeit besuche ich die 10. Klasse der Heinrich-Böll-Gesamtschule, die ich voraussichtlich
im Juni 2005 mit der Fachoberschulreife verlassen werde.

Während eines Praktikums in einer Metallbaufirma habe ich mich ausführlich über die
dortigen beruflichen Anforderungen und speziell die Tätigkeit des Industriemechanikers
informiert. Die Metallbearbeitung und der Umgang mit Maschinen und Anlagen liegen mir.

Über die Einladung zu einem Vorstellungsgespräch würde ich mich freuen.

Mit freundlichen Grüßen

Patrick Klein

Anlagen:
Lebenslauf mit Lichtbild
Zeugniskopien
Praktikumsbescheinigung

8. Es folgt eine Begründung für den Berufswunsch, wobei evtl. Praktika angeführt werden
können.

9. Zuletzt sollten Sie den Wunsch nach einem persönlichen Gespräch zum Ausdruck bringen.

10. Nach einer Leerzeile folgt die Grußformel „Mit freundlichen Grüßen".

11. Drei Leerzeilen später beendet Ihre handschriftliche Unterschrift das Bewerbungsschreiben.

12. Ganz unten links steht das Wort „Anlage", um auf die beigefügten Unterlagen hinzuweisen
(Lebenslauf mit Foto, Zeugniskopien, Bescheinigungen).

Kompetenzbaustein K4

Diagramme

Diagramme sind grafische Umsetzungen von Statistiken und Tabellen. Grafische Darstellungen gibt es in vielfältiger Form. Gebräuchlich sind insbesondere Diagrammarten wie Kreis-, Kurven- und Balkendiagramme. Daneben gibt es Schaubilder mit Verwendung figürlicher Darstellungen, denen allerdings in den meisten Fällen das Grundmuster des Balkendiagramms zugrunde liegt. Zu fragen ist, welche Diagrammart am besten geeignet ist, den Sachverhalt möglichst anschaulich darzustellen.

Kreisdiagramm

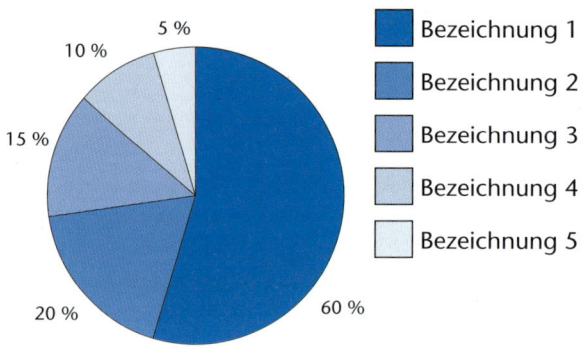

Anwendung:
Wenn Anteile vom Ganzen dargestellt werden sollen, z. B. prozentuale Wählerverteilung auf Parteien, Sitzverteilung, Anteile am Bundeshaushalt, Bevölkerungsanteile etc. ($360° \triangleq 100\%$).

Kurven-/Liniendiagramm

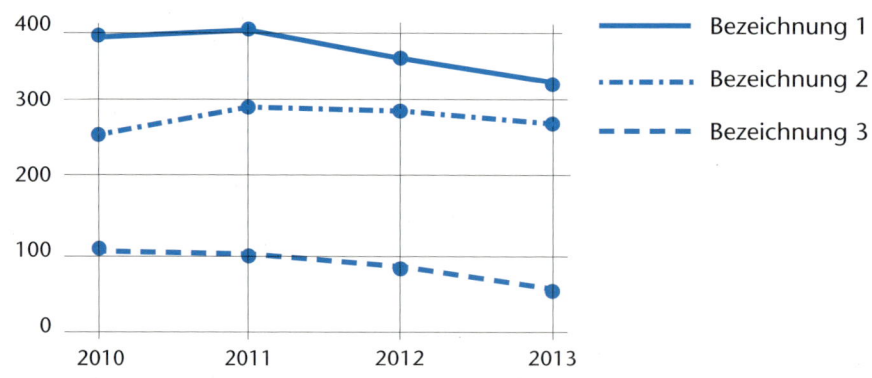

Anwendung:
Wenn über Zeitabläufe eine bestimmte Entwicklung dargestellt werden soll, z. B. Erwerbstätigkeit, Arbeitslosigkeit, Preisanstieg, Bevölkerungsentwicklung. Mehrere Größen können durch verschiedene Kurven verglichen werden.

Säulen-/Balkendiagramm

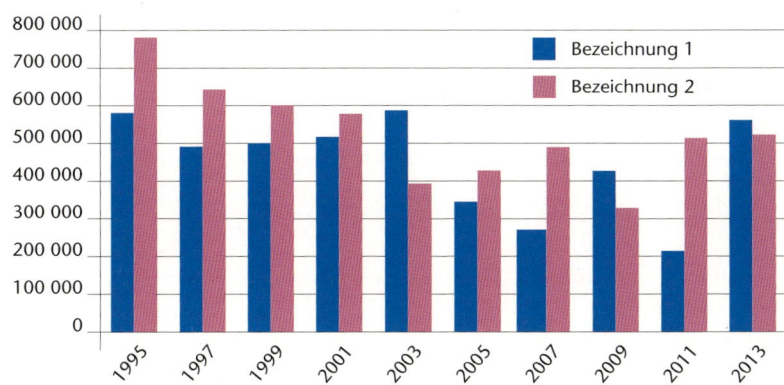

Anwendung:

a) Wenn mehrere Größen verglichen werden sollen, z. B. Wählerstimmenanteil, Einkommen verschiedener Gruppen, Altersgliederung.

b) Wenn Größen, z. B. für bestimmte Zeitabschnitte, verglichen werden sollen.

Bei einer gekonnten grafischen Umsetzung der Zahlen erwecken die anschaulichen Balken und Kurven den Anschein von Objektivität. Allerdings: Je nachdem, ob mit absoluten oder prozentualen Werten gearbeitet wird, ob die Basisgröße 0 oder ein willkürlicher Betrag die Basis ist, mit Diagrammen können Verhältnisse geschönt oder besonders verzerrt werden. Deshalb ist bei der Bearbeitung von grafischen Darstellungen (bzw. generell bei der Statistikanalyse) zu beachten:

1. Verstehen

- Zu welchem Sachverhalt wird etwas ausgesagt (vgl. die Überschrift)?

- Welcher Zeitraum der Betrachtung wurde gewählt? Wie aktuell sind die Daten?

- Was steht auf den Achsen der Diagramme? Was wird in Beziehung gebracht?

- Wird mit absoluten oder mit %-Angaben gearbeitet?

- Welcher Maßstab wird gewählt? Ist die Basisgröße 0 oder zum Beispiel von 50 % oder einem bestimmten Betrag aufwärts?

2. Auslegung

- Gibt es regelhafte Verläufe; lassen sich Entwicklungslinien erkennen? Stimmen diese mit meinen Erfahrungen/Kenntnissen überein?

- Wie könnte eine zusammenfassende Aussage lauten?

- Lässt sich aus der Darstellung eine Absicht erkennen?

Kompetenzbaustein K5

Erkundung

Eine Erkundung ist mehr als nur eine Besichtigung. Die Schüler/-innen sollen sich konkret und aktiv mit der Umwelt auseinandersetzen. Entscheidend für eine Erkundung ist planmäßiges Vorgehen.

1. Vorbereitung
In der Vorbereitungsphase muss zunächst genau festgelegt werden, was erkundet werden soll. Im Einzelnen geht es darum,
- die Örtlichkeit zu erkunden,
- Verantwortliche zu befragen,
- den Fragenkatalog vorzubereiten.

2. Durchführung der Erkundung
Für die Durchführung werden Gruppen gebildet (zwei bis vier Schüler/-innen) und deren Aufgaben festgelegt.

3. Auswertung der Erkundung und Präsentation der Ergebnisse
Die Schülergruppen sichten und werten die Ergebnisse aus. Die Ergebnisse sollten in einem Schaubild (z. B. Wandzeitung) dargestellt werden. In einer anschließenden Diskussion werden die Ergebnisse reflektiert. Was hat die Erkundung gebracht? Wie können die Ergebnisse in einen größeren Zusammenhang eingebracht werden?

Kompetenzbaustein K6

Expertenbefragung

Der Begriff „Expertenbefragung" sagt bereits, worum es geht. Ein Experte, eine zu einem speziellen Thema besonders sachkundige Person, wird von einer Gruppe (z. B. einer Schulklasse) in Form eines Interviews befragt. Da eine Expertenbefragung sowohl für die Gruppe als auch für den Experten mit einem erheblichen Aufwand an Vorbereitungsarbeit verbunden ist, sollte vorher genau überlegt werden, ob sich die Problemfrage für ein solches Gespräch eignet. Es muss weiterhin überlegt werden, wer als Experte infrage kommt, damit die Zuhörer tatsächlich Neues erfahren. Für den Ablauf des Verfahrens lassen sich drei Schritte unterscheiden:

1. Vorbereitung der Befragung
Zunächst geht es um die äußere organisatorische Form, d. h., Ort, Zeitpunkt und Dauer der Befragung müssen geklärt werden. Ebenfalls sind die Gesprächsleitung und Protokollführung festzulegen. Sodann geht es um die inhaltliche Seite des Gesprächs. Die Zuhörer müssen in das Thema eingearbeitet sein. Konkret heißt dies: Die Klasse muss sich mit dem Thema, z. B. „Kosten im Gesundheitswesen", intensiv beschäftigt haben. Auf dieser Grundlage sind dann die entsprechenden Fragen zu formulieren.

Bei der **Festlegung des Fragebogens** kann man in folgenden Schritten vorgehen:
- Fragen nach der aktuellen Situation
- Fragen nach Handlungsmöglichkeiten, z. B. der Politik und der beteiligten Gruppen
- Fragen nach dem Urteil der Beteiligten und Betroffenen und möglichen Reaktionen
- Fragen nach Einschätzung der zukünftigen Entwicklung

2. Durchführung der Befragung

Während der Durchführung der Expertenbefragung lässt es sich nicht vermeiden, dass sich Fragenkomplexe überschneiden. Es kommt daher auf die Geschicklichkeit des Diskussionsleiters an, dies zu berücksichtigen und eventuell Fragen zurückzuziehen.

3. Auswertung der Befragung

In der späteren Auswertung ist das Ergebnis der Befragung daraufhin zu untersuchen, inwieweit der Experte Fakten bzw. Wertungen vorgetragen hat. Ferner sollte ein Abschlussbericht erstellt werden, aus dem deutlich hervorgeht, was an neuen Informationen zum Thema eingebracht wurde.

Kompetenzbaustein K7

Fallstudie

Fallstudie nennt man die simulierende Bearbeitung relativ umfangreicher problembehafteter Vorgänge oder Zustände der Praxis. Hierbei wird aus vorgegebenen Materialien die wesentliche Poblematik herausgearbeitet. Dazu werden alternative Lösungen entwickelt und die bevorzugte Lösung bewertet.

Ablaufschema

1. Erfassen der Problemsituation
2. Analyse des Informationsmaterials und Sammeln zusätzlicher Informationen
3. Ermitteln alternativer Lösungen
4. Treffen der Entscheidung, Abwägen zwischen Alternativen und deren Konsequenzen
5. Verteidigen der von den Einzelnen oder der Gruppe getroffenen Entscheidungen
6. Vergleich der gefundenen Lösung mit der tatsächlichen Entscheidung

Kompetenzbaustein K8

Flugblatt

Ein Flugblatt ist ein Massenkommunikationsmittel, das auch in der heutigen Zeit, in der Radio, Fernsehen und Internet dominieren, noch seine Bedeutung hat. Ein Flugblatt bietet sich dann als Informationsmittel an, wenn ein ganz bestimmter Personenkreis in einer konkreten Angelegenheit angesprochen werden soll, z. B. wenn es um die Schließung eines Kindergartens, die Verkehrsberuhigung einer Straße oder um die Wiedereröffnung eines geschlossenen Freibads geht. Bürgerinitiativen benutzen gerne Flugblätter zur Information, nicht zuletzt deswegen, weil sie ein relativ preiswertes Informationsmittel sind.

Ein Flugblatt fordert die Bürger auf, sich mit einer konkreten politischen Frage auseinanderzusetzen, ggf. auch politisch zu handeln.

Inhaltlich sollte ein Flugblatt nach der AIDA-Regel gestaltet sein, d. h.:

A dressaten klar ansprechen
I nformationen und
D aten zum Verständnis und zur Begründung angeben
A ppell zur Unterstützung formulieren

Die Absenderangabe ist nicht nur aus presserechtlichen Gründen erforderlich, sondern auch, weil die Bürger/-innen wissen wollen, an wen sie sich wenden sollen bzw. wen sie unterstützen.

Ob der Absender mit seinem Flugblatt die gewünschte Wirkung erzielt, ist davon abhängig, inwieweit der Adressat sich mit dem angesprochenen Problem identifiziert und inwieweit die dargebotenen Argumente und Fakten glaubwürdig erscheinen. Daneben ist aber auch die äußere Erscheinung wichtig, damit das Flugblatt überhaupt gelesen und nicht gleich achtlos weggeworfen wird. Mit Grafiken, Bildern und Symbolen, die den Text ergänzen, wird ein Flugblatt ansprechend gestaltet.

Kompetenzbaustein K9

Interview

Bei einem Interview wird eine Person zu einem bestimmten Thema befragt. Interviews gibt es in verschiedenen Formen. Werden Interviews im Rahmen von **Befragungen** durchgeführt, dann werden einer größeren Personenzahl genau dieselben Fragen vorgelegt, die dann zu einem Befragungsergebnis führen. Die übliche Form eines Interviews als Frage- und Antwortspiel läuft in Form eines **Gesprächs** ab, das vorbereitet sein muss, aber in seinem Ablauf nicht genau festliegt.

Die Massenmedien Zeitung, Hörfunk und Fernsehen benutzen häufig die Form des Interviews, um ihre Leser, Hörer oder Zuschauer mit neuen interessanten Informationen zu versorgen. Das Interview ist eine spannende Sache, da sein Verlauf nie völlig vorhersehbar ist. Deshalb sind auch die vielen Talkshows, die teilweise als Interview ablaufen, nach wie vor sehr beliebt.

Je nach Thema kommen die Interviewpartner aus allen Bereichen der Gesellschaft, aus Politik, Sport, Kunst, Wissenschaft usw. Sie werden danach ausgewählt, ob sie als Experten auf ihrem Gebiet dem Publikum etwas Neues, Interessantes, Wissenswertes zu bieten haben bzw. als Sachverständige zu einem aktuellen Problem Stellung nehmen können.

Vorbereitung

- Je nach Thema bezieht sich die Vorbereitung des Interviews auf den Lebenslauf, den Arbeits- und Wirkungsbereich sowie auf Veröffentlichungen der interviewten Person.

- Das Thema, das im Interview angesprochen werden soll, muss gründlich erarbeitet werden (vgl. hierzu die Expertenbefragung).

- Der Interviewer muss sich die Gesprächsführung zurechtlegen. Dazu ist es wichtig, das Gespräch zu strukturieren, d. h. einige Fragenbereiche auszuwählen und zu diesen Bereichen gezielt Fragen zu formulieren.

- Wer in der Führung eines Interviews ungeübt ist, sollte auf jeden Fall die Fragen schriftlich vorliegen haben.

Durchführung

- Die Kunst der Gesprächsführung besteht darin, auf die Antworten des Befragten einzugehen und gleichzeitig das Gespräch durch neue Fragestellungen fortzuführen.

- Unter Umständen ist es erforderlich, von dem vorbereiteten Konzept abzuweichen; dennoch sollte man immer wieder darauf zurückkommen, um den roten Faden nicht zu verlieren.

- Der Interviewer muss erkennen, ob der Interviewte ausweicht. Er muss ggf. nachfragen, aber andererseits auch so viel Taktgefühl besitzen, dass das Interview nicht peinlich wird.

- Die Führung eines Gesprächs ist nur durch praktische Übungen zu erlernen. Deshalb sollte man häufig davon Gebrauch machen.

- Das Interview wird meistens digital aufgezeichnet. Daraus wird dann eine Druckfassung erarbeitet. Diese Druckfassung muss dem Interviewpartner vor der Veröffentlichung vorgelegt werden. Dabei sind dann noch Korrekturen möglich, um Missverständnisse zu vermeiden.

Kompetenzbaustein K10

Karikaturanalyse

Die Karikatur findet man in fast jeder Zeitung oder Zeitschrift an herausgehobener Stelle. Sie ist eine Form kritischer Zeichnung, die beabsichtigt, den Betrachter durch die überspitzte Darstellung eines Themas zum Lachen zu bringen. Im Unterschied zur Witzzeichnung will die politische Karikatur aber nicht nur belustigen, sondern über das Lachen den Betrachter nachdenklich machen und damit Kritik vermitteln. Sie ist parteilicher Kommentar und herausfordernde Stellungnahme des Zeichners zu einem politisch-gesellschaftlichen Missstand. Das Zerr- oder Spottbild – wie man die Karikatur auch nennen kann – soll die gewohnte Wahrnehmung der Wirklichkeit verändern und gerade durch einseitige Übertreibung auf das Wesentliche aufmerksam machen.

Was die Satire in der Literatur, ist die Karikatur in der bildenden Kunst: Durch Überzeichnung ins Grotesk-Komische werden die angegriffenen Personen und Verhältnisse der Lächerlichkeit preisgegeben. Die Mittel der Karikatur sind dabei u. a.:

- Symbole und Zeichen
- Übertreibung in der Abbildung von Personen
- Mensch-Tier-Vergleich
- Typisierung
- Ironie
- Metapher
- Beziehung zwischen Bildunterschrift und Zeichnung

In diesen übertreibenden Verdeutlichungen liegt sowohl die Möglichkeit zu einer plötzlichen überraschenden Einsicht als auch die Gefahr einer Verstärkung vorhandener Vorurteile. Weil die Karikatur ein künstlerisches Bilderrätsel mit einem solchen Doppelgesicht ist, bedarf sie der Entschlüsselung durch Analyse, damit man ihre Aussage richtig erkennt, die kritische Wirklichkeit verstehen lernt und sich eine eigene Meinung dazu bilden kann.

Fragen zur Analyse

- Welche Personen und Sachverhalte sind dargestellt?
- Welche Beziehung besteht zwischen Bild und Text?
- Welche Einzelheiten werden durch bewusste Übertreibung deutlich hervorgehoben?
- Was muss der Betrachter wissen, um die Botschaft der Karikatur zu verstehen?
- Welche Kritik wird durch die Karikatur deutlich?

Am Ende der Analyse steht die persönliche Auseinandersetzung mit der Aussage der Karikatur, die in einer Stellungnahme zusammengefasst wird.

Kompetenzbaustein K11

Karte

Eine Karte ist ein Informationsmaterial, das besonders geeignet ist, flächenhafte Beziehungen grafisch darzustellen. Man unterscheidet Karten nach ihren Inhalten. Während die **physikalische Karte** (bekannt aus dem Erdkundeunterricht) vor allem die Oberflächengestalt von Räumen betont, findet die **thematische Karte** als Informationsträger vielfältiger Art in der Politik Verwendung.

Eine Karte hat immer eine Legende, d. h. eine Erläuterung, wie die unterschiedlichen Farben, Zeichen und Symbole, die eine Karte enthalten kann, zu verstehen sind. Auch ein Maßstab ist angegeben. Eine Karte ist umso besser, je schneller sie vom Leser verstanden werden kann. Dagegen ist es unvorteilhaft, wenn eine Karte mit einer Vielzahl verschiedener Symbole bestückt ist, die das Lesen erschweren. Bei der Herstellung von Karten sollte deshalb der Grundsatz gelten: Weniger ist mehr.

Kompetenzbaustein K12

Kartenabfrage (Pinnwand, Kartentechnik)

Mit der Kartenabfrage soll in kurzer Zeit eine Vielfalt von Ideen, Gedankengängen und Lösungen von einer Gruppe produziert werden. Das individuelle Überlegen, unbeeinflusst von dem schon Gesagten anderer, hilft, verschiedene Aspekte einer Idee oder Lösungsmöglichkeit breiter zu entfalten. Die beweglichen Karten sind hilfreich beim Strukturieren (Ordnen) von Gedanken.

Vorgehen: Die Lehrkraft gibt eine Frage vor. Alle Schüler/-innen erhalten mehrere Karten und Filzstifte. Die Schüler/-innen haben nun Zeit, Ideen, Stichworte und Thesen dazu auf die Karten zu schreiben. Für jede Aussage benutzen die Teilnehmer eine neue Karte. Die Lehrkraft sammelt die Karten ein und heftet sie an die Pinnwand. Dabei kann die Lehrkraft mit der Gruppe die Gedanken strukturieren, indem verwandte Karten nebeneinandergehängt werden. Einzelne Karten können auch durch Kreise zusammengefasst werden.

Kompetenzbaustein K13

Kommentar

Eine Nachricht soll frei von persönlicher Beeinflussung sein, obwohl sie ja von einem Dritten mitgeteilt und damit dessen persönlicher Beeinflussung ausgesetzt ist.

Wünscht der Redakteur die Nachricht durch eigene Vorstellungen zu erläutern, so ist dieser Artikel deutlich von der Nachricht zu trennen. Solche Artikel werden Kommentare genannt. Der Begriff „Kommentar" kommt aus dem Lateinischen und heißt Erläuterung. Der Kommentar wertet den Vorfall und versucht, Hintergründe und mögliche Folgen aufzuzeigen. Der Kommentar ist mit dem – zumeist vollen – Namen des Verfassers unterzeichnet. Im Fernsehen wird der Name eingeblendet, um auch dadurch erkennbar zu machen, dass es sich hier um die Meinung des Verfassers handelt. Der Leitartikel ist ebenfalls ein Meinungsartikel, geschrieben oder angeregt vom Chefredakteur. Journalisten, die sich um objektive Berichterstattung bemühen, haben ihre Meinungsäußerung sorgfältig von der Nachricht zu trennen.

Kompetenzbaustein K14

Leserbrief

Funktion von Leserbriefen

Ein Leserbrief ist die schriftliche Mitteilung eines Lesers an die Redaktion seiner Zeitung, mit der er die Redaktion und die anderen Leser über seine Meinung zu einem Thema informieren will. Mit einem abgedruckten Brief in der Zeitung kann man zur gleichen Zeit auf einfache Weise eine Vielzahl von Menschen erreichen. Bis auf ein eventuelles Briefporto kostet seine Verbreitung nichts. Die Herstellung und Verbreitung eines Flugblatts oder die Organisation einer Versammlung ist dagegen viel aufwendiger und erreicht wahrscheinlich wesentlich weniger Bürger.

Leserbriefe unterliegen in der Zeitungsredaktion keiner Zensur. Sie werden allerdings nach den Kriterien eines Wettbewerbs ausgewählt, d. h. danach, was wahrscheinlich am ehesten die Aufmerksamkeit der Leser/-innen finden wird.

Mit einem Leserbrief kann man wirkliche oder vermeintliche Missstände anprangern bzw. sich mit veröffentlichten Artikeln und Meldungen auseinandersetzen. Gerade die Lokalredaktion ist auf Anregungen und Hinweise aus dem Leserkreis angewiesen und wird in der Regel dem Sachverhalt nachgehen. In allen Zeitungen wird für die Veröffentlichung von Leserbriefen eine ansehnliche Spalte zur Verfügung gestellt.

Auch wenn ein kommentierender **Leserbrief** nicht grundsätzlich in einer ganz klar umrissenen Art und Weise aufgebaut sein muss, ist es hilfreich, sich an die nachfolgenden Prinzipien zu halten:

Einleitung	In der Einleitung soll die Aufmerksamkeit des Lesers geweckt werden. Dazu greift man das aktuelle Ereignis auf und stellt dabei den Bezug zur Textvorlage ausdrücklich her. Außerdem wird der Leser zum Thema hingeführt.
Hauptteil	Im argumentierenden bzw. kommentierenden Hauptteil begründet der Verfasser seine Meinung. Er zeigt dabei Hintergründe zu dem Sachverhalt auf, auf den er Bezug nimmt, bzw. stellt den Sachverhalt in einen größeren/anderen Zusammenhang. Schon in diesem Teil kann ein Verfasser pointierte, mitunter auch provozierende Äußerungen machen oder Bewertungen vornehmen.
Schluss	Im appellierenden Schlussteil werden Schlussfolgerungen gezogen, Forderungen aufgestellt, Appelle ausgesprochen und kritische Bemerkungen gemacht. Im Schlussteil wird ganz eindeutig Stellung genommen.

Tipps zum Abfassen von Leserbriefen

- Schreiben Sie zu Themen, die voraussichtlich auf das Interesse zahlreicher Bürger treffen.
- Private Auseinandersetzungen gehören nicht in die Öffentlichkeit.
- Schreiben Sie kurz und knapp. (Brief kommt von lateinisch „brevis" = kurz.)
- Stellen Sie, deutlich betont, die eigene Meinung heraus.
- Eine provozierende Überschrift kann nicht verkehrt sein. Allerdings sollten Sie durch Sachargumente überzeugen.

Benutzen Sie zur Begründung Ihrer Meinung nur überprüfte und belegbare Informationen. Wenn außer Ihnen mehrere andere schreiben, erhöht sich die Wirkung. Die Leserbriefspalte wird dann zum Forum für eine öffentliche Auseinandersetzung mit einem Thema.

Senden Sie den Leserbrief an die Adresse der Redaktion; sie steht im Impressum jeder Ausgabe.

Kompetenzbaustein K15

Mindmapping

Mindmapping ist eine kreative Arbeitstechnik, die der vernetzten Struktur unseres Gehirns entspricht. Bei einer Mindmap (Gedächtnis-Landkarte) werden zu einem Thema, Problem oder Begriff Gedanken, Ideen, Gefühle, Erinnerungen formuliert.

Praktisch geschieht Mindmapping so: In der Mitte eines Blattes steht das Thema, Problem oder auch nur ein Begriff. Danach werden alle weiteren Einfälle in Form von Wörtern, kleinen Sätzen oder kleinen Grafiken um den Begriff herum angeordnet und mit Strichen verbunden. Jeder einzelne neue Begriff kann durch einen weiteren eine gedankliche Fortführung erfahren. Auf diese Weise entsteht eine Landkarte des Gedachten, Gefühlten, des Erinnerten, des Geplanten oder Erwünschten. Bedeutsame Inhalte können anders dargestellt werden als solche, die weniger wichtig sind.

Ablauf

1. Vereinbarung von Thema und Methode. Es kann sich bei themengleicher Gruppenarbeit anbieten, die Hauptäste in besprechender Form gemeinsam zu erarbeiten.

2. Selbstständige Erarbeitung der Mindmaps in partnerschaftlichen Arbeitsformen

3. Vorbereitung und Durchführung der Mindmap-Präsentation

4. Erörtern der Ergebnisse und ggf. Beschluss von anschließenden Handlungen

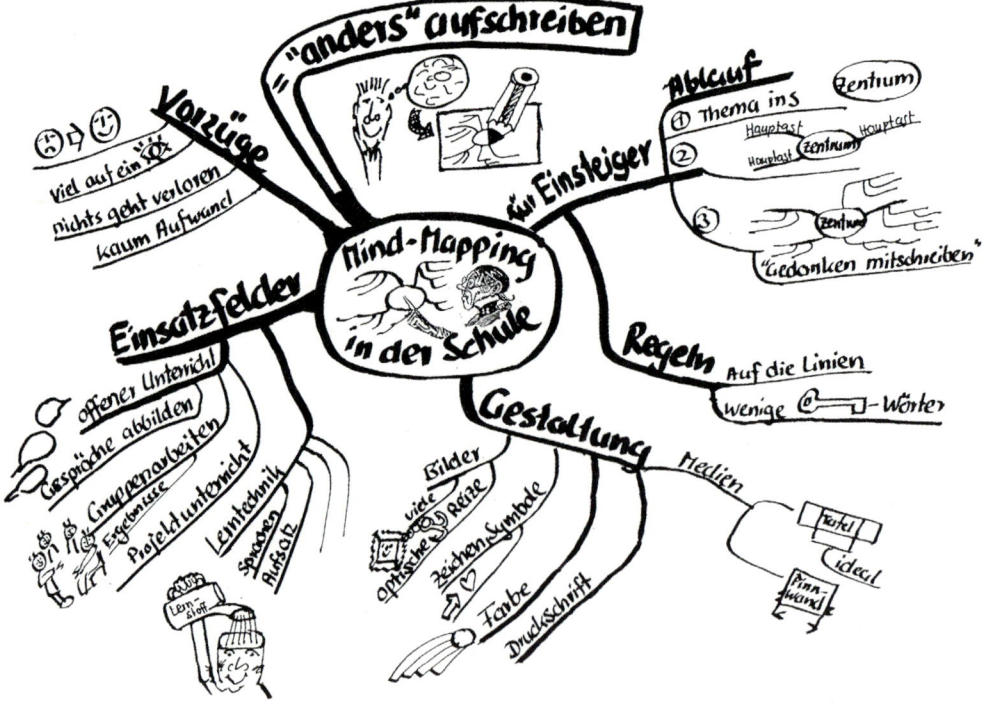

Kompetenzbaustein K16

Plakat

Plakate sind grafisch gestaltete Blätter mit Informationen und Werbesprüchen, die großflächig für die Öffentlichkeit auf Tafeln oder Litfaßsäulen sichtbar angebracht werden. Sie werden in unterschiedlichen Bereichen (Politik, Wirtschaft, Kunst) eingesetzt. Ihr Zweck ist es, die Öffentlichkeit in einer bestimmten Richtung zu beeinflussen. Das gilt für eine Reklame für Waschmittel genauso wie für politische Wahlplakate.

Ein Plakat enthält eine pointierte Botschaft, die z. B. der Autofahrer an der Ampel mit einem Blick erfassen können muss. Deshalb sollte ein Plakat nur eine Botschaft enthalten. Ein Plakat ist darauf angelegt, eher das Gefühl des Betrachters anzusprechen als seinen Verstand. Wenn die Botschaft rüberkommt, kann das Plakat eine positive Einstellung zum angesprochenen Thema beim Betrachter hervorrufen.

Vorbereitung

Es gehört Übung dazu, gute Plakate zu erstellen. Bevor Sie mit der Gestaltung beginnen, sollten Sie

- sich über die zu vermittelnde Botschaft klar werden,
- sich ausreichende Informationen zum Thema beschaffen,
- die entsprechende Problematik in der Gruppe diskutieren,
- Ideen sammeln, wie Sie das Thema auf eine griffige Aussage reduzieren können,
- weitere Gestaltungsmittel festlegen, die die Aussage des Plakats unterstützen.

Aufteilung der Fläche und Schriftgrade

Ein Plakatgestalter muss seine Botschaft auf eine Aussage reduzieren, ohne die Vielschichtigkeit des Themas aufzugeben. Das macht die Aufgabe schwer. Als Faustregel gilt: Fünf Wörter und ein ausgeprägtes Motiv. Der Text muss gut lesbar sein, die Schriftgröße darf nicht zu klein gewählt werden. Bilder bzw. Grafiken müssen deutlich zu erkennen sein.

Farbe

Die Hintergrundfarbe muss zur Schriftfarbe passen: geeignete Kombinationen sind schwarze Schrift auf Gelb, Gelb auf Rot, Rot auf Weiß.

Kompetenzbaustein K17

Präsentation

In der beruflichen Praxis wie auch in der Schule kommt es häufig vor, dass Arbeitsergebnisse oder neue Projekte einem Publikum präsentiert werden müssen. In der Vorbereitung einer solchen Präsentation hat es sich bewährt, die folgenden Fragen vorab zu beantworten. Auf diese Weise gewinnen Sie einen Leitfaden für Ihre Präsentation.

- Wen möchte ich ansprechen?
- Was möchte ich mit meinem Vortrag erreichen?
- Wie möchte ich präsentieren?

Eröffnung

Mit der Einleitung oder Eröffnung der Präsentation nehmen Sie die Zuhörer gewissermaßen an die Leine. Der erste Schritt sollte in jedem Fall die Begrüßung der Zuhörer und die Vorstellung der eigenen Person sein.

Damit die Teilnehmer wissen, wo es langgeht, nennen Sie im zweiten Schritt Anlass, Thema und Ziel der Veranstaltung. Machen Sie die Zuhörer neugierig auf Ihre Präsentation. Denken Sie daran: So wie der Schluss bleibt auch der Anfang einer Repräsentation besonders gut in Erinnerung.

Medien

Durch den Einsatz visueller Medien lassen sich Inhalte veranschaulichen und Zusammenhänge besser verdeutlichen. Als Anschauungsmittel kommen Skizzen, Grafiken, Bilder, ggf. auch kurze Filme infrage. Dadurch gewinnt der Vortrag an Überzeugungskraft. Gleichzeitig wird das Behalten gefördert, weil das Gedächtnis über mehrere Sinne angesprochen wird. Es gibt heute eine große Auswahl technischer Hilfsmittel, die während einer Präsentation eingesetzt werden können: vom Overheadprojektor bis zu Computer-Präsentations-Programmen.

Denken Sie daran: Ein Bild sagt mehr als tausend Worte. Deshalb: Setzen Sie statt abstrakter Zahlen lieber Bilder oder Diagramme ein.

Sprache

Viele Menschen beginnen ihre Sätze mit „man sollte" oder „wir sollten". Verbannen Sie die Worte „man" und „wir" aus Ihrem Wortschatz, wenn Sie von sich selbst sprechen. Sagen Sie lieber: „Ich meine, dass …" Je klarer und authentischer Sie sprechen, umso wirkungsvoller kommt Ihre Botschaft an.

Verzichten Sie auf komplizierte Begriffe und Fremdwörter. Versuchen Sie, frei zu sprechen, und vermeiden Sie ausformulierte Sätze. Das schafft Kontakt zum Publikum. Wer alles vom Blatt abliest, schläfert ein.

Gestik

Halten Sie Blickkontakt zum Publikum. Lassen Sie durch Mimik und Gestik keinen Zweifel aufkommen, dass Sie einen interessanten Vortrag präsentieren.

Die echte Begeisterung des Redners muss der Zuhörer spüren. Nur wer selbst motiviert ist, kann auch andere motivieren.

Kompetenzbaustein K18

Pro-und-Kontra-Debatte

Zum Wesen der Demokratie gehört es, dass Gegensätze nicht verschleiert, sondern offengelegt und ausgetragen werden können. Eine mögliche Form eines solchen Streitgesprächs ist die Pro-und-Kontra-Debatte. In dieser Debatte geht es darum, unterschiedliche Positionen klar herauszuarbeiten, sie einander gegenüberzustellen und anschließend eine Abstimmung herbeizuführen. Die Pro-und-Kontra-Debatte gehört in den Methodenbereich des simulativen Handelns, d. h., in der Debatte werden Rollen gespielt. Es sind folgende Rollen zu verteilen: Moderator, Pro- und Kontra-Anwälte, Sachverständige und Zuschauer. Eine Pro-und-Kontra-Debatte kann nach folgendem Schema ablaufen:

Vorbereitung der Debatte

Für die jeweiligen Positionen werden zwei Gruppen gebildet, die sich anhand von Materialien vertiefend mit den Positionen vertraut machen und die Rollenkarten der Anwälte und der Sachverständigen erarbeiten. Dabei kommt es darauf an, Begründungen für die unterschiedlichen Positionen zu gewinnen. Auch ist es vorteilhaft, sich mit möglichen Argumenten der Gegenseite vertraut zu machen und sich zu überlegen, wie man darauf reagieren kann.

Fragenkatalog zur Vorbereitung
- Welche grundsätzliche Position werde ich vertreten?
- Wie wird die Gegenposition sein?
- Gibt es nur ein Für und Wider, oder sind Kompromisse möglich?
- Könnte es einen Stufenplan zur Umsetzung geben?
- Wie ist die Diskussion bisher in der Öffentlichkeit zum Thema gelaufen (Zeitungen, Fernsehen)?
- Lässt sich meine Meinung durch Statistiken und wissenschaftliche Untersuchungen stützen?
- Wie müssen meine sprachlichen Mittel aussehen, um andere zu überzeugen?

Innerhalb jeder Gruppe werden die Rollen der Sachverständigen und der Anwälte verteilt. Ferner wird die Rolle des Gesprächsmoderators besetzt. Die restlichen Schüler/-innen gehören zum Zuschauerkreis. Bevor die Debatte beginnt, müssen die Verfahrensregeln festgelegt werden: z. B. für die Statements der Anwälte eine maximale Redezeit von einer Minute, für die Befragung der Sachverständigen maximal drei Minuten.

Durchführung der Debatte

Eröffnet wird die Diskussion mit einer kurzen Einführung in das Thema durch den Gesprächsmoderator, der möglichst wertneutral beide Alternativen oder die Thesen beschreibt. Er stellt dann die Anwälte vor und gibt dem Vertreter der Pro-Meinung das Wort. Dieser begründet seine Auffassung. Danach erhält der Kontra-Vertreter das Wort. Es folgt nun die Befragung der Sachverständigen durch den eigenen und den gegnerischen Anwalt. Anschließend halten die Anwälte beider Parteien ihre Schlussplädoyers. Dabei sind die Erkenntnisse aus der Sachverständigenbefragung mit einzubeziehen.

Schlussabstimmung und Auswertung

Das letzte Wort haben die Zuschauer, indem sie über die Ausgangsfrage abstimmen. Sie äußern sich auch darüber, ob Argumente sie derart überzeugt haben, dass sie zu der Debattenfrage eine neue Einstellung gewinnen konnten. Ferner kann hier der Ablauf der Debatte noch einmal kritisch beleuchtet werden: Was war gut, was schlecht? Was könnte man besser machen?

Kompetenzbaustein K19

Rollenspiel

Das Rollenspiel macht es möglich, konkrete oder konstruierte Lebenssituationen und die damit verbundenen Probleme durch Gesprächspartner spielerisch darzustellen.

Ein Rollenspiel besteht aus drei Phasen. Es empfielt sich folgende Vorgehensweise:

1. Vorbereitung

Der Gruppenleiter erläutert die Spielabsichten und das zu spielende Thema. Er gibt einen kurzen Überblick über die wesentlichen Spielregeln, welche die Gruppe zu beachten hat:

- Situationen, ungefährer Gedankengang und Rollen klar herausarbeiten und festlegen

- Abmachen, wer das Spiel beginnt und wer es zu welchem Zeitpunkt wieder abbricht

- Durch spontane Einfälle und Überraschungen gewinnt das Spiel. Es sollte jedoch glaubwürdig sein.

- Keine Proben, keine lange Spieldauer

- Nach Möglichkeit vermeiden, dass Gruppenmitglieder ihre eigene Rolle spielen

- Darauf achten, dass nicht gleichzeitig mehrere Spieler sprechen

- Wenige oder keine Requisiten benutzen

2. Durchführung

Die Gruppe spielt vor den übrigen Teilnehmern die entsprechende Situation. Es ist möglich, das Spiel mit anderen Rollenträgern und veränderter Ausgangslage zu wiederholen. Beim Rollenspiel kommt es nicht auf die schauspielerische Leistung an, sondern auf die Aussagen und die persönlichen Erlebnisse. Eine Spieldauer von drei bis zehn Minuten ist meist ausreichend.

3. Verarbeitung

Für die Verarbeitung des Rollenspiels soll genügend Zeit eingesetzt werden. Die folgenden Gesichtspunkte können dabei dienlich sein:

- Wie haben die Rollenträger das Spiel und ihre eigene Rolle erlebt? Welche Erfahrungen wurden gemacht?

- Wie haben die Zuschauer das Spiel erlebt? Was ist ihnen dabei aufgefallen? Die schauspielerischen Aspekte sollen dabei nicht beurteilt werden.

- Was können wir aus diesem Spiel lernen? Welche Möglichkeiten zeigt uns diese Darstellung in Bezug auf die Lösung des Problems?

Kompetenzbaustein K20

Statistikanalyse

Ähnlich wie bei einer Textanalyse geht es bei der Statistikanalyse um das Verstehen und Auslegen (Interpretieren) der dargestellten Daten. Zur Bearbeitung dieser beiden Schritte helfen die folgenden Fragen.

1. Verstehen

- Zu welchem Sachgebiet sagt die Statistik etwas aus (Überschrift)?
- Für welchen Zeitraum gilt sie? Wie aktuell sind die Daten?
- Was wird miteinander in Beziehung gebracht?
- Was steht in Kopfzeile und Seitenspalte bzw. auf den Achsen von Diagrammen?
- Welche Zahlenarten werden verwendet (z. B. absolute Zahlen oder Prozentwerte)?
- Von welcher Basis wird ausgegangen (Bezugsgrößen)?
- Auf welchen Quellen beruht die Statistik?
- Wer hat sie verfasst bzw. verfassen lassen?

2. Auslegung (Interpretation)

- Lassen sich aus den Daten bestimmte Schwerpunkte (Größt- und Kleinstwerte) ablesen?
- Gibt es regelhafte Verläufe bzw. Entsprechungen, die Entwicklungslinien erkennen lassen?
- Wie könnte eine zusammenfassende Aussage lauten?
- Was müsste man zusätzlich wissen, um die Daten in einem größeren Zusammenhang beurteilen zu können?
- Lässt sich aus der Art der Darstellung eine bestimmte Absicht erkennen?
- Kann die Veröffentlichung jemandem nutzen oder schaden?

Beispiel
Schwierigkeiten bei der Deutung von Daten

Nehmen wir einmal dieses Zitat: „Die Lage einer wachsenden Zahl von Menschen in der Dritten Welt hat sich in den letzten Jahren und Jahrzehnten nicht verbessert, sondern verschlechtert." Diese Aussage lässt sich mit Zahlen belegen: Vor 30 Jahren hungerten auf der Erde etwa 500 Millionen Menschen, heute etwa 1 Milliarde, und es gibt auf der Erde (ohne China) 150 Millionen mehr Analphabeten als 1970.

Derselbe Tatbestand lässt sich jedoch auch so ausdrücken und mit Zahlen beweisen: Für Hunderte Millionen von Menschen in der Dritten Welt hat sich die Lage in den letzten Jahren und Jahrzehnten verbessert. Vor 30 Jahren wurden in der Dritten Welt etwa 900 Millionen ausreichend ernährt, heute über zweieinhalb Milliarden. Damals litten 36 % aller Einwohner von Entwicklungsländern Hunger, heute 20 %. 1950 konnte etwa ein Drittel aller Erwachsenen in Entwicklungsländern lesen und schreiben, heute sind es 60 %.

Das Beispiel zeigt, dass Daten die Gefahr des Missverständnisses in sich bergen, sofern sie aus unterschiedlichen Positionen betrachtet und interpretiert werden.

Kompetenzbaustein K21

Streitschlichtungskonzept

Rahmenbedingungen

Die streitenden Parteien sollten einander gegenübersitzen. Die Schlichter sitzen beiden Parteien zugewandt. Arbeiten Sie mit zwei Schlichtern! Legen Sie die Rollenverteilung eindeutig fest. Während die Schlichterin oder der Schlichter die Verhandlung moderiert, verschriftlicht der/die Co-Schlichter/-in die Aussagen und Ergebnisse.

Grundregeln

- Das Schlichtungsverfahren ist keine Gerichtsverhandlung.
- Es geht nicht darum, eine Partei zu verurteilen.
- Gemeinsam tragbare Lösungen sollen gefunden werden.
- Der/die Schlichter/-in ist neutral.
- Alle Aussagen werden vertraulich behandelt.
- Jeder darf seine Meinung vortragen und ausreden.
- Gewaltsame Handlungen führen zum sofortigen Abbruch der Sitzung.
- Während der Verhandlung verhalten sich alle Teilnehmer/-innen ruhig.

Streitschlichtung

1. **Eröffnungsphase**
   Der/die Schlichter/-in eröffnet nach Namensnennung das Schlichtungsverfahren mit der Erklärung der Grundregeln.

2. **Austausch- und Aufdeckungsphase**
   Nach der Eröffnung wird der Grund der Zusammenkunft benannt und aufgeschrieben. Nacheinander legen nun die beiden Streitparteien – ohne Störungen – ihre Sicht der Dinge dar. Der/die Co-Schlichter/-in notiert das Gesagte und trägt die beiden unterschiedlichen Statements nacheinander vor. Danach hinterfragt er/sie, ob es noch andere Gründe gibt, die auf den Vorgang einen Einfluss gehabt haben – z. B.: vorherige Auseinandersetzungen, Neid oder Vorurteile. Auch diese Zusätze werden schriftlich festgehalten.

3. **Lösungsphase**
   Nach Abschluss der Bestandsaufnahme suchen die Streitparteien gemeinsam mit den Schlichtern im freien Gedankenspiel nach Lösungsmöglichkeiten. Der/die Schlichter/-in verhält sich hier im Idealfall als Moderator/-in und Impulsgeber/-in. Ist die Ideensammlung abgeschlossen, kommt es zu einem Abgleich mit dem Ziel, für alle Beteiligten tragbare Lösungen zu finden.

4. **Abkommensphase**
   Erzielte Einigungen werden als schriftliches Abkommen festgehalten. Ein Exemplar des Abkommens verbleibt zusammen mit den anderen Aufzeichnungen beim Schlichtungsgremium. Es wird so an einem neutralen und sicheren Ort aufbewahrt und archiviert. Jede Vertragspartei erhält ebenfalls ein Exemplar.

Kompetenzbaustein K22

Szenario

In Szenarien werden wahrscheinliche und mögliche Zukunftsmodelle aus der Gegenwart heraus logisch entwickelt. Die Szenario-Methode ist der Weg zur Entwicklung solcher Zukunftsvorstellungen in der Ausbildung. In der Alltagssprache werden z.B. die Beschreibung gegenwärtig unüberschaubarer Entwicklungen und auch in der Zukunft liegende Ereignisse als Szenarien bezeichnet. Man sollte den Begriff jedoch enger fassen. Szenarien sind Instrumente und Hilfsmittel zum Gewinn von Erkenntnissen und zur Erklärung der Welt oder zur Erklärung von kleineren Teilen der Welt. Szenarien im Sinne der Ausbildung sind Zukunftsentwürfe, die die Bedingungen des Lebens, des Arbeitens, des Wirtschaftens zu einem bestimmten oder offengelassenen Zeitpunkt beschreiben.

Ablauf

1. Aufgabenverabredung, Problemanalyse

2. Analyse der Rahmenbedingungen, der Einflussgrößen, der Trends, der Entwicklungen

3. Projektion eines Zukunftsbildes durch Fortschreibung der Trends und Entwicklungen

4. Beschreibung von Alternativentwicklungen und alternativen Zukunftsbildern

5. Interpretation der entwickelten Szenarien, Einschätzung der Gesamtentwicklung

6. Einschätzung der Konsequenzen

7. Sammlung von Eingriffsmöglichkeiten, Gegenmaßnahmen und Ereignissen, die die abgeleiteten Szenarien verändern können

8. Umsetzungsmaßnahmen und Aktivitäten, die positive Trends fördern und negative unterdrücken

Kompetenzbaustein K23

Tabellen

Die häufigste Darstellungsform statistischer Ergebnisse dürfte die Tabelle sein, in der übersichtlich Zahlenreihen bestimmten Gesichtspunkten zugeordnet werden. Die Tabelle ist wie folgt aufgebaut: Zwei Gesichtspunkte eines in der Überschrift genannten Sachbereichs werden miteinander in Beziehung gebracht: ein Aspekt in der horizontalen **Kopfzeile**, der andere in der vertikalen **Seitenspalte**. In die entstehenden (Leer-)Felder der Zeilen und Spalten können dann die zugehörigen Zahlenwerte eingetragen werden. Beispiel:

Sachgebiet ⟶	**Bevölkerungsgruppen nach Alter in %**					
Kopfzeile ⟶	**1960**	**1970**	**1980**	**1990**	**2000**	**2010**
1. Zeile ⟶ unter 1	1,7	1,3	1,1	1,1	0,9	0,8
2. Zeile ⟶ 1–6	7,7	7,8	5,1	5,6	4,8	4,2
3. Zeile ⟶ 6–15	12,2	14,0	12,0	9,5	9,8	8,4
4. Zeile ⟶ 15–18	3,8	4,1	5,2	3,0	3,3	2,9
5. Zeile ⟶ 18–21	4,9	4,1	5,0	3,8	3,5	3,3
6. Zeile ⟶ 21–25	6,8	4,9	6,1	6,5	4,5	4,9
7. Zeile ⟶ 25–40	19,9	21,3	20,2	23,7	22,9	18,1
8. Zeile ⟶ 40–60	25,7	22,4	25,9	26,3	26,7	31,1
9. Zeile ⟶ 60–65	5,8	6,1	3,8	5,5	7,0	5,7
10. Zeile ⟶ 65 und mehr	11,6	13,8	15,5	14,9	16,6	20,6

Stand: jeweils 31.12.   Seitenspalte   (1. Spalte)   (2. Spalte)   (3. Spalte)   (4. Spalte)   (5. Spalte)   (6. Spalte)

Statistisches Bundesamt, Statistisches Jahrbuch 2012, S. 31 (Auszug)

Kompetenzbaustein K24

Textanalyse und Textkritik

Textanalyse

Das Wort „Analyse" kommt aus dem Griechischen und bedeutet „allgemeine wissenschaftliche Methode der kontrollierten Zerlegung eines zusammengesetzten Ganzen, mit dem Ziel, es genauer kennenzulernen". Zielt die Texterschließung mehr auf das Erfassen und Wiedergeben der Textaussage, so ist die Textanalyse auf das Verstehen und Auslegen (Interpretieren) des Textes gerichtet. Die grundsätzliche Struktur zeigt sich in den bekannten W-Fragen:
Wer? – sagt was? – auf welchem Wege/wie? – zu wem? – mit welcher Wirkung?

Mögliche Fragen zur Textanalyse:
- Zeigt der Text eine Logik der Beweisführung (etwa: Wenn – dann)?
- Finden Sie die Beweisführung schlüssig oder widersprüchlich?
- Gibt es verzerrte Darstellungen? Werden Vorurteile verstärkt?
- Wo stellt der Text Tatsachen fest, wo wird nur behauptet?
- Welche Vergleiche werden benutzt?
- Stützen die vom Autor genannten Tatsachen seine Behauptungen bzw. Schlussfolgerungen?
- Welche gesellschaftlichen Positionen werden sichtbar?
- Wen (welche Gruppe, welche Schicht) will der Autor mit seinem Text ansprechen?
- Für oder gegen wen (bzw. wessen Interessen) schreibt der Autor?
- Auf wen will der Autor einwirken – und mit welchem Ziel?

Textkritik

Das griechische Wort „Kritik" besagt „eine scharf prüfende, das Für und Wider abwägende Beurteilung". Auf der Grundlage der Analyse ist die Textkritik gleichsam die Zusammenfassung Ihres Urteils über den Text. Dazu folgende Hinweise:

- Vergleichen Sie die Textaussagen mit Ihren bisherigen Informationen und Erfahrungen. Wo gibt es Übereinstimmungen, wo Widersprüche zu Ihrem bisherigen Wissen?

- Stellen Sie den Text in seinen geschichtlichen oder gesellschaftlichen Zusammenhang und werten Sie ihn vor diesem Hintergrund.

- Würdigen Sie die Folgerungen, die sich aus der Textaussage ergeben, und beziehen Sie Stellung dazu.

Kompetenzbaustein K25

Texterschließung

Auch ein aufmerksam gelesener Artikel gerät in Vergessenheit, wenn sich der Kern der Aussage nicht eingeprägt hat. Es ist deshalb sinnvoll, mit einer bestimmten **Fragestellung** an einen Text heranzugehen. Lenken Sie beim Studium eines Textes Ihre Aufmerksamkeit auf das Wesentliche und passen Sie Ihr Lesetempo dem Schwierigkeitsgrad des Textes an.

Spüren Sie die **Hauptaussage** eines Textes auf. Oft gibt der Text selbst Hilfen dazu, etwa durch Formulierungen wie „besonders zu erwähnen", „an erster Stelle zu nennen" oder „das Wichtigste ist" usw. Die Hauptaussage wird von angehängten oder eingeschobenen Nebensätzen zumeist nur ergänzt. Komplizierte Fachaussagen werden verständlicher, wenn Sie dazu auch vorhergehende und folgende Texte lesen. Das gilt auch für Fremdwörter und Fachausdrücke. Wird Ihnen der Begriff aus dem Kontext oder der erläuternden Fußnote nicht deutlich, so nehmen Sie ein Wörterbuch oder Lexikon zu Hilfe. Sie vergeben sich nichts, wenn Sie in verzwickten Fällen auch Ihren Lehrer/Ihre Lehrerin fragen. Nach dem Lesen eines Textes, erst recht eines abgeschlossenen Themas, sollten Sie das Gelesene überdenken. Was haben Sie als wichtig erkannt?

Machen Sie sich **Stichworte** als Gedächtnisstütze. Halten Sie sich dabei nicht sklavisch an den zitierten Text, sondern wählen Sie eigene Worte und Formulierungen. Darin zeigt sich, dass Sie den Text verstanden haben, und der Sachverhalt prägt sich Ihnen besser ein.

Ein erprobtes Mittel, auch schwierige Texte durchschaubar und für den „zweiten Blick" einfacher zu machen, ist das Unterstreichen der wichtigsten Wörter bzw. Textstellen. Das ist aber nur sinnvoll, wenn Sie sorgfältig auswählen und nicht jedes zweite Wort kennzeichnen.

Muster
Aufgaben des politischen Unterrichts in der Berufsschule:
„Um dem Jugendlichen das Politische bewusst zu machen, sollen grundsätzlich <u>seine Erfahrungen berücksichtigt und genutzt werden.</u> Das politische Urteil und die politische Entscheidung verlangen, die <u>Fähigkeiten zur Selbstbestimmung zu entwickeln</u> und zu stärken; das ist umso notwendiger, als der Jugendliche im besonderen Maße der <u>Gefahr der Außenlenkung</u> ausgesetzt ist."

In diesem Muster sind nur jene Wörter unterstrichen, die für den engsten und konkretesten Teil der jeweiligen Aussagen zentral sind.

Haben Sie so die wesentlichen Textaussagen durch Stichworte und/oder Unterstreichung zusammengefasst, sollten Sie aufgrund dieser Texterschließung die Aussage in verkürzter und eigener Fassung wiedergeben können.

Kompetenzbaustein K26

Wandzeitung

Eine Wandzeitung ist eine große Fläche (Plakatpapier, schwarzes Brett oder Pinnwand), auf der in übersichtlicher Form Informationen und Meinungen zu einem Thema dargestellt werden. Sie ist geeignet, um z.B. Ergebnisse von Arbeiten im Unterricht einer größeren Gruppe (ggf. auch der Öffentlichkeit) zu präsentieren.

In der Regel ist es günstig, wenn in der Klasse oder in der Arbeitsgruppe zu einem bestimmten Thema über einen längeren Zeitraum Artikel aus Zeitungen und Zeitschriften, Bilder, Fotos, Grafiken, Statistiken usw. zusammengetragen werden. Brauchbar sind auch Karikaturen. Falls genügend Material vorhanden ist, geht es daran, das Layout der Wandzeitung zu entwerfen. Diese Arbeit sollte von zwei bis drei Schülern/Schülerinnen übernommen werden.

Hierbei sind einige **Gestaltungsregeln** zu beachten:

- Gestalten heißt, einzelne Teile zu einem Gesamtbild zu formen.
- Die verschiedenen Teile müssen zusammenpassen.
- Erfolgreiche Gestaltung kommt nur vom Ausprobieren.
- Machen Sie verschiedene Entwürfe als Scribble (Handskizze).
- Oft sagen Bilder mehr als Worte.
- Stellen Sie das Wichtigste, wenn möglich, durch Bilder dar.
- Sorgen Sie für Kontrast.
- Die wichtigsten Informationen müssen schnell erfasst werden können und sollten deshalb hervorgehoben werden.
- Formulieren Sie eine griffige Headline (Schlagzeile, Überschrift).
- Wählen Sie die richtigen Schriftgrößen (nach der Wichtigkeit abgestuft).
- Überfrachten Sie die Seite nicht. Lassen Sie genügend Weißflächen.
- Auch Bilder brauchen Raum, um wirken zu können.

Kompetenzbaustein K27

Zukunftswerkstatt

Die Zukunftswerkstatt ist eine Methode, wünschenswerte Zukunftsvorstellungen zu entwickeln.

Das Besondere und Ungewöhnliche an der Zukunftswerkstatt ist die Umkehrung der gewohnten Betrachtungsperspektive. Die Zukunft wird nicht länger als eine Verlängerung der Gegenwart angesehen, sondern aus einer Zukunftsperspektive heraus werden alternative Entwicklungen der Gegenwart erarbeitet, um die gesellschaftliche Entwicklung in Richtung einer gewünschten und gewollten Zukunft beeinflussen zu können (Kaiser/Kaminski).

Die Zukunftswerkstatt bietet auch in der Ausbildung vielfältige Möglichkeiten, sich mit der Frage auseinanderzusetzen, wie wir die Zukunft gestalten wollen und wie wir in Zukunft leben sollen. Umfragen deuten bei Jugendlichen auf einen oft ausgeprägten Zukunftspessimismus hin. Gerade deshalb ist es wichtig, gemeinsam wünschenswerte Zukunftsvorstellungen zu entwickeln.

Diese Methode geht auf den Zukunftsforscher Robert Jungk zurück. Sie erfuhr vielfältige Ausprägungen und Anpassungen an die unterschiedlichen Arbeitsfelder, Ziele und Rahmenbedingungen. Es ist durchaus möglich, die Methode in ein bis drei Stunden mit gutem Erfolg durchzuführen, charakteristisch sind ein- bis zweitägige Veranstaltungen.

Ich bin im Grunde immer dafür eingetreten, dass nicht eine Methode Zukunftswerkstatt da sein soll, sondern Zukunftswerkstatt beinhaltet eine Haltung, die eben viele Methoden möglich macht, sonst widerspricht sie sich selbst (Robert Jungk 1992).

Verlauf

1. Vorbereitung und thematische Verabredung

2. Kritiksammlung zum Thema und Kritikverarbeitung

3. Sammlung von kreativen Wunschvorstellungen und Zukunftszuständen (Fantasiephase), oft durch Brainstorming realisiert

4. Überprüfung der Durchsetzungschancen in der Verwirklichungs- und Praxisphase

5. Nachbereitungsphase mit Verabredung von Nachfolgeaktivitäten

PriMuS GmbH (Hg.): Zukunftswerkstatt, abgerufen unter: http://aevo.de/wiki/zukunftswerkstatt/ [17.09.2013] (Auszug)

Kleine Institutionenkunde und wichtige Begriffe

Abgeordneter

Nach Art. 38 GG ist der Abgeordnete „an Aufträge und Weisungen nicht gebunden". Das gilt auch gegenüber der eigenen Fraktion und Partei. Weiterhin wird die rechtliche Stellung des Abgeordneten abgesichert durch die Indemnität (Art. 46 Abs. 1 GG) und die Immunität (Art. 46 Abs. 2 GG).

Indemnität heißt: Ein Abgeordneter darf zu keiner Zeit wegen seiner Abstimmung oder wegen einer Äußerung, die er im Bundestag oder in einem seiner Ausschüsse getan hat, gerichtlich oder dienstlich verfolgt oder sonst außerhalb des Bundestags zur Verantwortung gezogen werden. Dies gilt nicht für verleumderische Beleidigungen.

Immunität heißt: Wegen einer mit Strafe bedrohten Handlung darf ein Abgeordneter nur mit Genehmigung des Bundestags zur Verantwortung gezogen oder verhaftet werden, es sei denn, dass er bei Begehung der Tat oder im Laufe des folgenden Tags festgenommen wird.

Arbeitsgerichtsbarkeit

Für Streitigkeiten aus dem Arbeitsrecht sind die Arbeitsgerichte zuständig. Aufbau und Verfahren der Arbeitsgerichte sind im Arbeitsgerichtsgesetz (AGG) vom 03.09.1953 in mehrfach geänderter Fassung festgelegt.

Der Aufbau der Arbeitsgerichte ist dreistufig und gleicht dem der Zivilgerichte:

Schlichtungsverfahren

Außergerichtliche Entscheidungen durch ein von den Parteien vertraglich vereinbartes Schiedsgericht bei Rechtsstreitigkeiten aus Tarifverträgen

Arbeitsgericht
Die streitenden Parteien sind persönlich, durch Vertreter der Verbände oder durch Rechtsanwälte vertreten.

1. Instanz = Klageinstanz

Kammern oder nach Fachgebieten gegliederte Fachkammern

Innerhalb eines Monats: Ab 600,00 EUR Streitwert oder bei grundsätzlicher Bedeutung: Berufung

Landesarbeitsgericht
Die streitenden Parteien sind durch Vertreter der Verbände oder durch Rechtsanwälte vertreten.

2. Instanz = Berufungsinstanz

Kammern oder nach Fachgebietengegliederte Fachkammern

Innerhalb eines Monats: Wenn im vorigen Urteil bzw. durch Bundesarbeitsgericht zugelassen: Revision

Bundesarbeitsgericht
Die streitenden Parteien sind durch Rechtsanwälte vertreten.

3. Instanz = Revisionsinstanz

9 Senate	**Großer Senat**
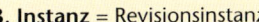	

■ = Berufsrichter   ○ = Laienrichter

Betriebsrat

Die rechtliche Vertretung der Arbeitnehmerinteressen im Betrieb ist der Betriebsrat. Das Betriebsverfassungsgesetz von 1972 (Neufassung 2001) regelt die Aufgaben, Rechte und Pflichten des Betriebsrats. Nach dem Betriebsverfassungsgesetz sind in allen Betrieben mit mindestens fünf wahlberechtigten Arbeitnehmern, von denen drei wählbar sind, Betriebsräte zu wählen. Die Betriebsräte sind je nach Mitarbeiterzahl des Betriebs verschieden groß.

Wahlberechtigt ist jeder Mitarbeiter, der sein 18. Lebensjahr vollendet hat. Das Recht, selbst gewählt zu werden, haben alle Arbeitnehmer, die über 18 Jahre alt sind und sechs Monate dem Betrieb angehören. Der Betriebsrat wird jeweils für vier Jahre gewählt. Die Rechte des Betriebsrats beziehen sich auf **Mitwirkung** und **Mitbestimmung**. Mitwirkung bedeutet ein Beratungs- und Anhörungsrecht (z. B. bei wirtschaftlichen Änderungen des Betriebs), Mitbestimmung dagegen heißt: Die Maßnahmen bedürfen der Zustimmung des Betriebsrats (z. B. bei Arbeitszeitregelungen).

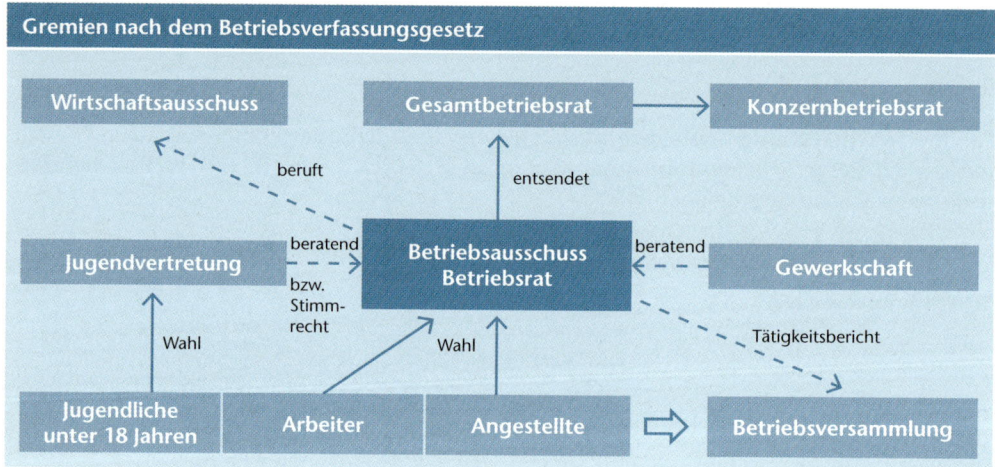

Bildungssystem der Bundesrepublik Deutschland

Das Bildungswesen fällt in den Kompetenzbereich der einzelnen Bundesländer. Die Schulpflicht beginnt für alle Kinder am 1. August des Jahres, in dem das 6. Lebensjahr bis zum 30. Juni vollendet wurde. Die Vollzeitschulpflicht endet nach 9 (evtl. 10) Schuljahren. Der **Primarbereich** umfasst die 1. bis 4. Klasse (in Berlin bis 6. Klasse) der Grundschule, der anschließende **Sekundarbereich** ist in die Sekundarstufe I (bis einschließlich 9. bzw. 10. Klasse der Haupt-, Real-, Gesamtschule und des Gymnasiums) und in die Sekundarstufe II (der Gesamtschule) eingeteilt. Zur Sekundarstufe II zählen auch die Berufskollegs und berufsbildenden Schulen.

Am Ende der Sekundarstufe I kann z. B. der Erwerb der Fachoberschulreife, am Ende der Sekundarstufe II die Fachhochschulreife bzw. allgemeine Hochschulreife oder der Berufsschulabschluss stehen.

Auf Förderschulen werden Kinder unterrichtet, die einer besonderen Förderung bedürfen.

Volkshochschulen und private Bildungseinrichtungen zählen zum Weiterbildungsbereich, Abendschulen (z. B. zur Erlangung der Hochschulreife) zum sogenannten zweiten Bildungsweg.

Im sogenannten **tertiären Bereich** sind die Universitäten, Gesamthochschulen und Fachhochschulen angesiedelt.

Bundespräsident

Der Bundespräsident ist das Staatsoberhaupt und somit der höchste Repräsentant der Bundesrepublik Deutschland. Er ernennt und entlässt den Bundeskanzler (Artikel 58 GG) und kann den Bundestag auflösen (Artikel 63 GG).

Der Bundespräsident vertritt den Bund völkerrechtlich. Er beglaubigt und empfängt Gesandte und kann im Namen des Bundes Verträge abschließen, wenn Bundestag und Bundesrat zuvor ein entsprechendes Bundesgesetz verabschiedet haben (Artikel 59 GG). Anordnungen und Verfügungen des Bundespräsidenten bedürfen zu ihrer Gültigkeit der Gegenzeichnung durch den Bundeskanzler und den federführenden Bundesminister (Artikel 82 GG).

Der Bundespräsident ernennt und entlässt die Bundesrichter, Bundesbeamten, Offiziere und Unteroffiziere. Für den Bund übt er das Begnadigungsrecht aus (Artikel 60 GG). Der Bundespräsident wird von der Bundesversammlung gewählt. Unmittelbare Wiederwahl ist einmal möglich.

Bundesrat

In der Bundesrepublik Deutschland ist mit dem Bundesrat ein Organ geschaffen worden, durch das die Bundesländer bei der Gesetzgebung und Verwaltung des Bundes mitwirken.

> **Artikel 51 Grundgesetz**
> (1) Der Bundesrat besteht aus Mitgliedern der Regierungen der Länder, die sie bestellen und abberufen. Sie können durch andere Mitglieder ihrer Regierung vertreten werden.
> (2) Jedes Land hat mindestens drei Stimmen, Länder mit mehr als zwei Millionen Einwohnern haben vier, Länder mit mehr als sechs Millionen Einwohnern fünf Stimmen, mit mehr als sieben Millionen Einwohnern sechs Stimmen.

Aufgrund der Vereinigung Deutschlands wurde die Zusammensetzung des Bundesrats neu geregelt. Der Bundesrat hat 69 Sitze. Die Stimmabgabe für die einzelnen Länder ist einheitlich, z. B. Sachsen-Anhalt stimmt mit vier Stimmen für eine Vorlage.

Die **Hauptaufgaben** des Bundesrats sind, über die Gesetzesbeschlüsse des Bundestages zu beraten und zu beschließen sowie zu Gesetzesentwürfen der Bundesregierung Stellung zu nehmen. Bei allen Gesetzen kann er den Vermittlungsausschuss anrufen, wenn er das Gesetz nicht billigt. Der Bundesrat wirkt bei der Verwaltung des Bundes mit. Er hat das Recht zur Gesetzesinitiative.

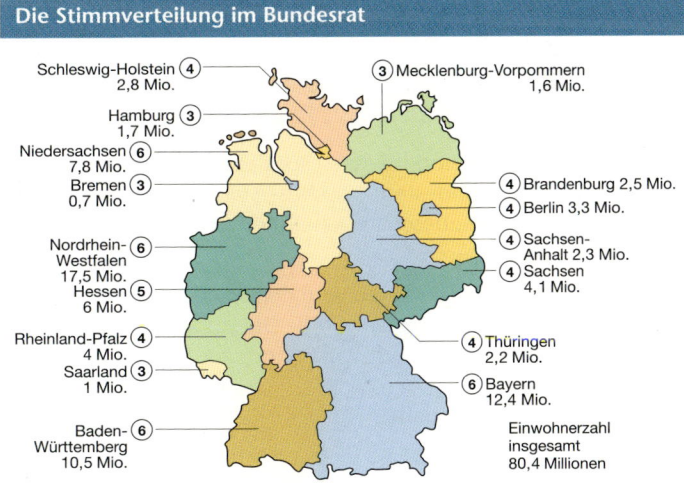

Die Stimmverteilung im Bundesrat

Schleswig-Holstein ④ 2,8 Mio.
③ Mecklenburg-Vorpommern 1,6 Mio.
Hamburg ③ 1,7 Mio.
Niedersachsen ⑥ 7,8 Mio.
Bremen ③ 0,7 Mio.
④ Brandenburg 2,5 Mio.
④ Berlin 3,3 Mio.
Nordrhein-Westfalen ⑥ 17,5 Mio.
④ Sachsen-Anhalt 2,3 Mio.
④ Sachsen 4,1 Mio.
Hessen ⑤ 6 Mio.
Rheinland-Pfalz ④ 4 Mio.
Saarland ③ 1 Mio.
④ Thüringen 2,2 Mio.
⑥ Bayern 12,4 Mio.
Baden-Württemberg ⑥ 10,5 Mio.
Einwohnerzahl insgesamt 80,4 Millionen

Bundesregierung

Die Bundesregierung besteht aus dem Bundeskanzler und den Bundesministern (Artikel 62 GG). Nach einer Wahl nennt die Partei, die die meisten Stimmen erringen oder bei Koalitionsgesprächen die meisten Abgeordneten für sich gewinnen konnte, ihren Kanzlerkandidaten. Dieser Kandidat wird vom Bundespräsidenten vorgeschlagen und vom Bundestag ohne Aussprache gewählt (Artikel 63 GG). Der Gewählte muss dann vom Bundespräsidenten ernannt werden.

Erreicht der Kandidat spätestens im dritten Wahlgang nicht die Mehrheit der Abgeordnetenstimmen, so muss der Bundespräsident ihn entweder binnen sieben Tagen trotzdem ernennen oder den Bundestag auflösen. (Für die Kanzlerwahl sind mitunter mehrere Wahlgänge nötig.) Die Bundesminister werden vom Bundeskanzler vorgeschlagen und vom Bundespräsidenten ernannt und entlassen. Bundeskanzler und Bundesminister leisten einen Eid nach Artikel 56 GG. Der Bundeskanzler bestimmt die Richtlinien der Politik und trägt dafür die volle Verantwortung, auch wenn die Minister ihren Geschäftsbereich selbstständig leiten und verantworten (Artikel 65 GG). Er ernennt einen Minister zu seinem Stellvertreter (Vizekanzler).

Bundestag

Im deutschen Bundestag haben 598 Abgeordnete Sitz und Stimme. Die Zahl der Sitze kann durch Überhang- und Ausgleichsmandate steigen. Ein Bundestag wird für eine Legislaturperiode, d. h. für vier Jahre (Artikel 39 GG), gewählt. Wahlberechtigt und wählbar ist, wer das 18. Lebensjahr vollendet hat (vgl. Wahlrecht).

Die Wahl des Bundeskanzlers (vgl. Bundesregierung) zählt zu den wichtigsten Aufgaben des Bundestages, weil hierdurch die politische Richtung der Bundesrepublik Deutschland für die nächsten vier Jahre bestimmt wird.

Daneben hat der Bundestag eine Reihe weiterer Aufgaben:
- Einbringen und Beschließen von Gesetzesvorlagen (vgl. Bundesrat)
- Kontrolle der Bundesregierung (vgl. Opposition)
- Mitwirkung bei der Wahl des Bundespräsidenten (vgl. Bundesversammlung)
- Mitwirkung bei der Wahl der Verfassungsrichter und der oberen Bundesrichter (vgl. Bundesverfassungsgericht)
- Beschließen des Bundeshaushalts
- Feststellung des Verteidigungsfalls u. a.

Viele Gesetzentwürfe sind heute so spezialisiert, dass nur Fachleute darüber beraten können. Darum richtet der Bundestag Ausschüsse ein, die sich mit besonderen Fragen, Gesetzesvorlagen, Änderungen u. a. beschäftigen. Ihnen gehören Abgeordnete aller im Parlament vertretenen Parteien an.

Die Ausschüsse werden entsprechend den Fraktionsstärken besetzt. Von den Fraktionen werden Fachleute in die Ausschüsse entsandt. Die Ausschüsse können von sich aus Sachverständige, die nicht Mitglieder des Bundestages sind, zur Beratung hinzuziehen.

Bundesverfassungsgericht

Das Bundesverfassungsgericht ist das höchste Gericht der Bundesrepublik Deutschland. Die Mitglieder des Bundesverfassungsgerichts werden je zur Hälfte von Bundestag und Bundesrat gewählt, dürfen aber keinem dieser Organe selbst angehören (Artikel 94 GG).

Das Bundesverfassungsgericht hat zwei Senate mit je acht Richtern. Die Wahl der vom Bundestag zu bestimmenden Hälfte jedes dieser Senate geschieht mittelbar durch einen zwölfköpfigen Wahlausschuss. Mindestens acht Stimmen sind für eine Wahl erforderlich. Ähnliches gilt für den Bundesrat.

Das Bundesverfassungsgericht als rechtlicher Hüter des Grundgesetzes entscheidet auf Antrag in folgenden Fällen (Artikel 93 GG):

- Streit um Zuständigkeiten oberster Bundesorgane
- Meinungsverschiedenheiten über die Vereinbarkeit von Bundes- oder Landesrecht mit dem Grundgesetz
- Streitigkeiten der Länder untereinander oder mit dem Bund
- Verfassungsbeschwerden

Verfassungsbeschwerde kann jeder erheben, der sich durch die öffentliche Gewalt in seinen Grundrechten verletzt fühlt, vorher jedoch den Rechtsweg voll ausgeschöpft hat. Ferner entscheidet das Bundesverfassungsgericht bei:

- Klagen gegen den Bundespräsidenten (Artikel 61 GG)
- Anträgen auf Verwirkung der Grundrechte (Artikel 18 GG)
- Zweifeln zur Geltung des Völkerrechts (Artikel 100 GG)
- Anträgen auf Verbot einer Partei (Artikel 21 GG)

Entscheidungen des Bundesverfassungsgerichts sind bindend für alle Bürger, Parlamente, Behörden und Gerichte.

Bundesversammlung

Die Wahl des Bundespräsidenten, die alle fünf Jahre stattfindet, ist die einzige Aufgabe der Bundesversammlung. Die Bundesversammlung setzt sich zur einen Hälfte aus den Mitgliedern des Bundestages zusammen und zum anderen aus einer gleich großen Anzahl von Bürgern, die von den Landtagen der einzelnen Bundesländer gewählt worden sind.

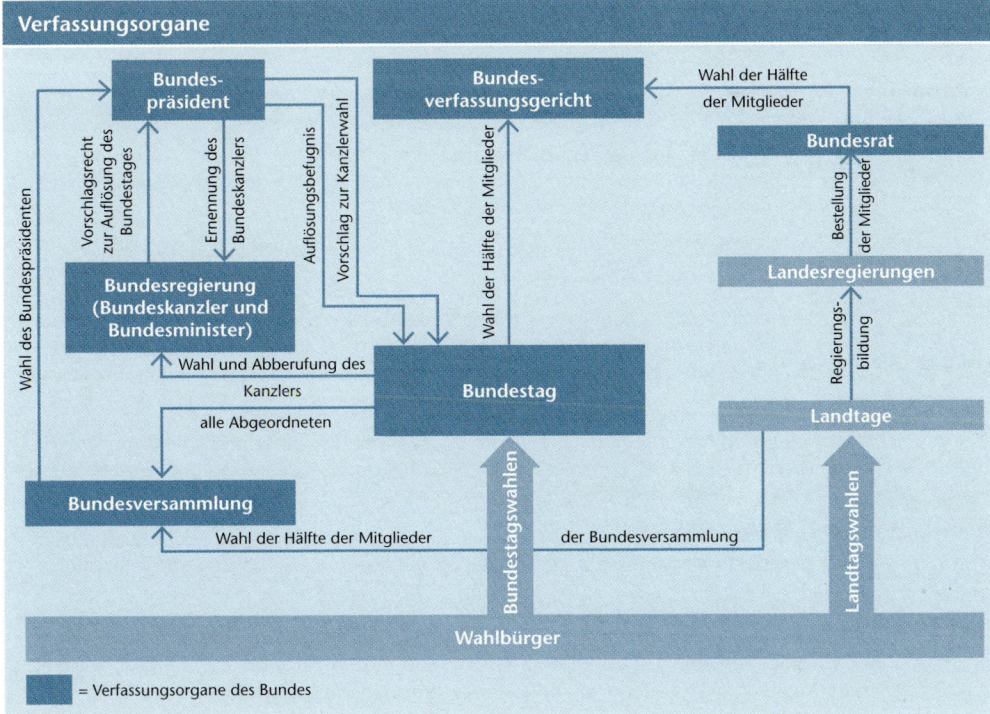

Verfassungsorgane

= Verfassungsorgane des Bundes

Demokratie

Die Demokratie (griechisch: Volksherrschaft) begegnet uns in vielfältigen Formen. Zwei Grundformen sind zu unterscheiden: In der **direkten** Demokratie werden die politischen Entscheidungen unmittelbar vom Volk in Volksversammlungen und durch Volksabstimmungen getroffen. Unter **repräsentativer** Demokratie ist hingegen eine politische Ordnung zu verstehen, in der sich das Volk durch die von den Parteien vorgeschlagenen und von den Bürgern gewählten Abgeordneten vertreten („repräsentieren") lässt, denen es seine Entscheidung auf Zeit überträgt.

Entwicklungsländer

Für den Begriff „Entwicklungsländer" gibt es keine einheitliche Definition. Nach einer Einteilung der OECD gehören zu diesen ca. 140 Staaten in

- Afrika alle Länder außer Südafrika,
- Amerika alle Länder außer den USA und Kanada,
- Asien alle Länder außer Japan und der früheren UdSSR,
- Ozeanien alle Länder außer Australien und Neuseeland,
- Europa Albanien.

Diese Staaten weisen sehr große Unterschiede sowohl bevölkerungsmäßig, kulturell, politisch, wirtschaftlich als auch hinsichtlich ihrer Ausstattung mit Ressourcen und ihres Entwicklungsstandes auf. Länder wie Bangladesch, Nepal, Niger oder Tansania, die nach ihrem Pro-Kopf-Einkommen zu den ärmsten der Erde zählen, gehören ebenso hierzu wie Südkorea, Taiwan, Saudi-Arabien und Venezuela, die sich im durchschnittlichen Einkommensniveau dem einige Industrieländer nähern.

Gerichtsbarkeit

Die Gerichte haben den Auftrag, bei Gesetzesverletzungen oder bei Streitigkeiten zwischen Bürgern bzw. zwischen Bürgern und Verwaltung Recht zu sprechen.

Gerichtszweige	
Zivilgerichte	sind zuständig für alle Rechtsstreitigkeiten aus dem bürgerlichen Privatbereich, also bei Ansprüchen eines Bürgers gegen einen anderen oder gegen Behörden, soweit hier nicht Verwaltungsgerichte zuständig sind.
Strafgerichte	entscheiden darüber, ob ein Bürger gegen Strafgesetze verstoßen hat, und bestimmen das Strafmaß.
Sozialgerichte	entscheiden über öffentlich-rechtliche Streitigkeiten, etwa in den Bereichen der Sozialversicherung (Kranken-, Renten-, Unfallversicherung), der Arbeitslosenversicherung, der Kriegsopferversorgung und bei Streitigkeiten zwischen Ärzten und Krankenkassen.
Arbeitsgerichte	befassen sich mit den Streitigkeiten aus dem Arbeitsverhältnis zwischen Arbeitnehmern und Arbeitgebern. Dabei geht es nicht nur um Lohn- und Urlaubsansprüche, sondern auch um Streit zwischen den Tarifvertragspartnern und um betriebsverfassungsrechtliche Angelegenheiten.
Verwaltungsgerichte	sollen den Rechtsschutz des Einzelnen gegenüber Maßnahmen der Verwaltung sichern, sind aber auch zuständig für Streitigkeiten der Behörden untereinander.
Finanzgerichte	dienen der Entscheidung bei öffentlich-rechtlichen Streitigkeiten aus dem Bereich der Finanzämter und der Zollämter (z. B. Rechtmäßigkeit von Steuer- und Zollbescheiden, Überwachung der Ein- und Ausfuhrverbote). Für die Gemeindesteuern und Gebühren sind die Verwaltungsgerichte zuständig.

Aufbau des Gerichtswesens in der Bundesrepublik Deutschland

		Verfassungsgerichte der Länder
1. Senat	2. Senat	

Bundesverfassungsgericht

Ordentliche Gerichtsbarkeit		Arbeits-gerichts-barkeit	Verwal-tungs-gerichts-barkeit	Sozialge-richts-barkeit	Finanz-gerichts-barkeit
Zivilgerichtsbarkeit	Strafgerichtsbarkeit				

Bundesgerichtshof

Zivilsenat	Strafsenat	Bundes-arbeits-gericht	Bundes-verwal-tungs-gericht	Bundes-sozial-gericht	Bundes-finanzhof

Oberlandesgerichte

	Strafsenat (als Gericht erster Instanz)	Landes-arbeits-gerichte	Ober-verwal-tungs-gerichte	Landes-sozial-gerichte	
Zivilsenat	Strafsenat				

Landgerichte

Schwurgericht

Zivilkammer	Kammer für Handelssachen	Große Strafkammer	Jugendkammer

Kleine Strafkammer

Amtsgerichte

Zivilsachen	Strafsachen	Jugendstrafsachen	Arbeits-gerichte	Verwal-tungs-gerichte	Sozial-gerichte	Finanz-gerichte

Einzelrichter

Erweitertes Schöffengericht

Streitige Gerichtsbarkeit	Freiwillige Gerichtsbarkeit
Zivil-prozes-se, Mahn-verfah-ren	Zwangsvollstre-ckungs- u. Vollstreckungs-schutzverfahren, Zwangsversteige-rungsverfah-ren, Insol-venzverfahren, Vergleichsver-fahren zur Abwendung der Insolvenz	Grundbuch-amt, Register-gericht, Vormund-schaftsge-richt, Nach-lassgericht, gerichtliche Verfahren in Landwirt-schafts-sachen, richterliche Vertragshilfe

Schöffengericht

Jugendschöffen-gericht

Einzelrichter

Jugendrichter

Rechtsmittel und Verfahrensfragen	
Berufung	Rechtsmittel, das durch Antrag an die Berufungsinstanz innerhalb einer bestimmten Frist eingelegt wird, um ein Urteil der ersten Instanz anzufechten. Die Berufungsinstanz prüft das Urteil nach.
Revision	Rechtsmittel gegen ein (Berufungs-)Urteil. In der Revision ist zu klären, ob Rechtsnormen fehlerhaft angewendet wurden.
Beschwerde	Rechtsmittel, mit dem Urteile, Begründungen und Verfahren angefochten werden. Sie ähnelt der Berufung, da sie eine neue Tatsacheninstanz eröffnet. Nur das Verfahren ist einfacher.
Wiederaufnahme	Neue Verhandlung aufgrund neuer Tatsachen, z. B. neuer Zeugenaussagen
Fristen	Berufung und Revision müssen spätestens einen Monat nach Zustellung des schriftlichen Urteils eingelegt werden.

Gesetzgebung (Zustimmungspflichtiges Bundesgesetz)

Die Gesetzesinitiative (das Recht, einen Gesetzentwurf zur Beschlussfassung vorzulegen) haben die Bundesregierung, der Bundestag und der Bundesrat.

Die meisten Gesetzentwürfe stammen von der Bundesregierung. Sie werden zunächst dem **Bundesrat** zugeleitet **(1)**. In den **Ausschüssen** wird der Entwurf der Bundesregierung eingehend beraten und die Entscheidung der Vollversammlung (Bundesratsplenum) vorbereitet. Der Bundesrat kann in diesem ersten Durchgang die Gesetzesvorlage billigen, ablehnen oder Änderungen empfehlen. Anschließend geht sie wieder der **Bundesregierung** zu **(2)**. Diese leitet dann die Vorlage mit der Stellungnahme des Bundesrats und der eigenen Auffassung hierzu an den **Bundestag** weiter **(3)**.

Im Bundestag geht nach der ersten Lesung die Vorlage an die zuständigen **Bundestagsausschüsse**. Danach wird sie in zweiter und dritter Lesung beraten. Am Schluss der dritten Lesung wird über das Gesetz abgestimmt. Bei Zustimmung wird es dem **Bundesrat** erneut vorgelegt (zweiter Durchgang) **(4)**. Stimmt der Bundesrat dem Gesetz ebenfalls zu, so ist es endgültig zustande gekommen. Es wird vom **Bundespräsidenten** ausgefertigt (unterschrieben). In Kraft tritt das Gesetz im Allgemeinen am 14. Tag nach der Verkündung (Veröffentlichung) im **Bundesgesetzblatt (5)**.

Ist der Bundesrat mit einem Gesetzbeschluss des Bundestages nicht einverstanden, so kann er ihn ablehnen **(6a)** oder den Vermittlungsausschuss anrufen **(6)**. Umgekehrt können Bundesregierung oder Bundestag ihn anrufen, wenn der Bundesrat dem Gesetz seine Zustimmung versagt. Dieser Fall ist jedoch selten. Schlägt der Vermittlungsausschuss eine Änderung des Gesetzbeschlusses vor, so hat der **Bundestag** erneut Beschluss zu fassen **(7)**. Wenn er keine Änderung vorschlägt, wird der Gesetzbeschluss dem **Bundesrat** unmittelbar zugeleitet **(8)**. Versagt der Bundesrat nach dem abgeschlossenen Vermittlungsverfahren bei einem zustimmungsbedürftigen Gesetz seine Zustimmung, so ist es gescheitert **(9)**. Bei den einfachen Gesetzen kann der Bundesrat nach abgeschlossenem Vermittlungsverfahren gegen ein vom Bundestag beschlossenes Gesetz Einspruch einlegen. Er kann jedoch von den Mitgliedern des Bundestages mit der gleichen Stimmenmehrheit zurückgewiesen werden.

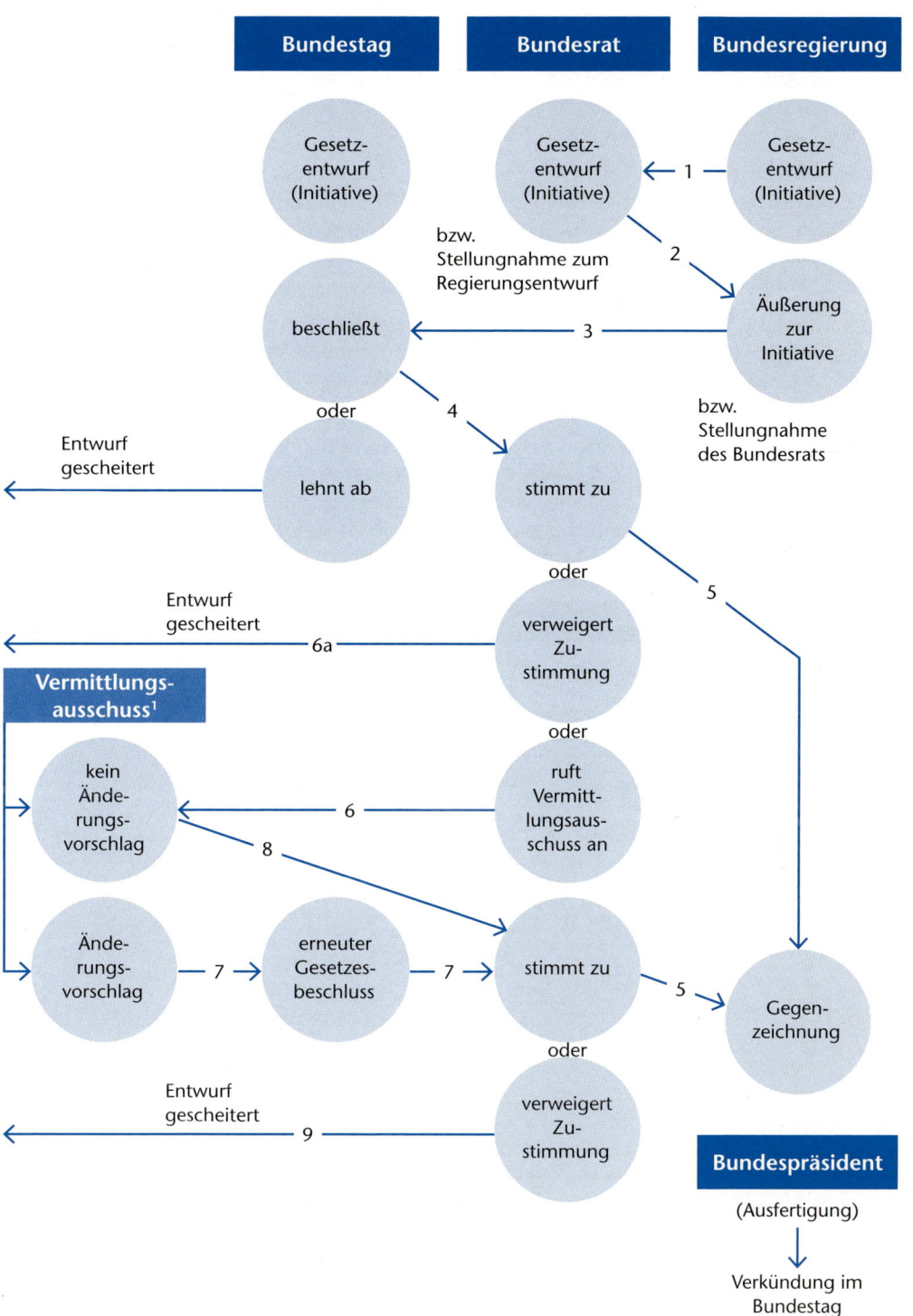

Bundestag

Gesetz-
entwurf
(Initiative)

Bundesrat

Gesetz-
entwurf
(Initiative)

Bundesregierung

Gesetz-
entwurf
(Initiative)

← 1

2

bzw.
Stellungnahme zum
Regierungsentwurf

beschließt

← 3 →

Äußerung
zur
Initiative

oder   4

bzw.
Stellungnahme
des Bundesrats

Entwurf
gescheitert
←

lehnt ab

stimmt zu

5

oder

Entwurf
gescheitert
←

— 6a —

verweigert
Zu-
stimmung

**Vermittlungs-
ausschuss[1]**

oder

kein
Ände-
rungs-
vorschlag

→

— 6 —

ruft
Vermitt-
lungsaus-
schuss an

8

Ände-
rungs-
vorschlag

→

— 7 →

erneuter
Gesetzes-
beschluss

— 7 →

stimmt zu

— 5 →

Gegen-
zeichnung

oder

Entwurf
gescheitert
←

— 9 —

verweigert
Zu-
stimmung

Bundespräsident

(Ausfertigung)

↓

Verkündung im
Bundestag

[1] Dem Vermittlungsausschuss gehören je 16 Mitglieder des Bundestages nach Fraktionsstärke und des
Bundesrats an.

Gewaltenteilung

Artikel 20 Abs. 2 GG sagt: „Alle Staatsgewalt geht vom Volke aus. Sie wird in Wahlen und Abstimmungen und durch besondere Organe der Gesetzgebung, der vollziehenden Gewalt und der Rechtsprechung ausgeübt."

Die Lehre von der Gewaltenteilung geht auf Charles Montesquieu (1689–1755) zurück. Unter dem Eindruck des Missbrauchs staatlicher Gewalt im Absolutismus (unbeschränkte Herrschaft) entwickelte er das Prinzip der Teilung der Gewalten als Ausgleich der verschiedenen Kräfte in einem Staat. Die Gewaltenteilung ist neben der Gewährleistung der Menschenrechte das tragende Prinzip demokratisch verfasster Staaten.

Entscheidend ist, dass durch die Verschränkung und gegenseitige Kontrolle der Gewalten ein Machtgleichgewicht hergestellt wird, auch wenn die Trennung der Staatsgewalt in Legislative = gesetzgebende Gewalt, Exekutive = ausführende Gewalt und Judikative = richterliche Gewalt in parlamentarischen Systemen nicht strikt verwirklicht ist.

In der Bundesrepublik Deutschland stehen sich Legislative und Exekutive keineswegs als zwei scharf voneinander getrennte Gewalten gegenüber. Der Bundestag (Legislative) wählt den Bundeskanzler (Exekutive) aus seinen Reihen. In der Regel sind Minister (als Mitglieder der Exekutive) zugleich Parlamentsabgeordnete (Mitglieder der Legislative) der Regierungspartei(en).

Gewaltenteilung (-verschränkung) in der Bundesrepublik Deutschland

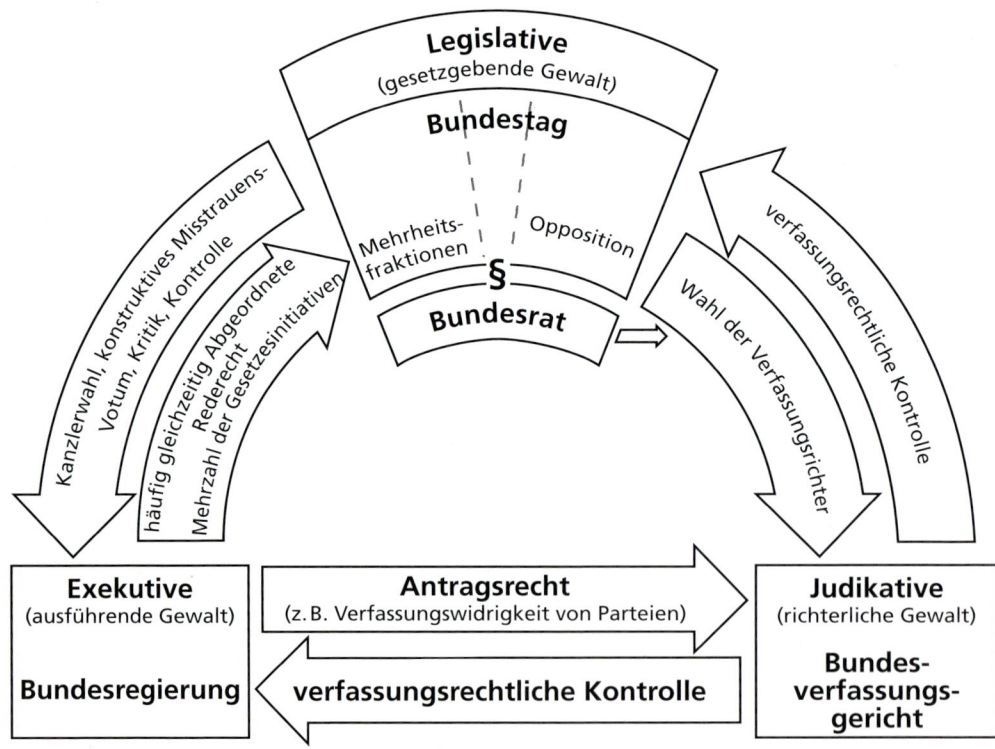

Internationale Arbeitsorganisation (IAO)

Die IAO ist eine Sonderorganisation der UN und hat ihren Sitz in Genf. Tätigkeitsfelder sind: Arbeitsschutz und Arbeitsbedingungen, Arbeitsrecht, soziale Sicherheit und Beschäftigungssicherheit, Bekämpfung von beruflicher Diskriminierung (z. B. bei Frauen) und Kinderarbeit.

Alle Organe der IAO sind dem Prinzip der Dreigliedrigkeit verpflichtet, d. h., in den IAO-Gremien sind Regierungs-, Arbeitgeber- und Arbeitnehmervertreter gleichberechtigt vertreten. Der IAO gehören 185 Mitgliedstaaten an (Stand 2013).

Internationaler Gerichtshof (IG)

Der 1946 geschaffene Internationale Gerichtshof mit Sitz in Den Haag ist das Hauptrechtsprechungsorgan der Vereinten Nationen (Art. 92 der UN-Charta). Er hat die Aufgabe, internationale Streitfälle zu regeln und beizulegen. Die wichtigsten Aufgaben sind

- verbindlich über zwischenstaatliche Streitigkeiten zu entscheiden, wenn sich die streitenden Parteien der Gerichtsbarkeit des IG unterwerfen,

- für die Vereinten Nationen bzw. deren Sonderorganisationen Rechtsgutachten zu völkerrechtlichen Fragen zu erstellen.

Seit 2002 gibt es ebenfalls in Den Haag den **Internationalen Strafgerichtshof (IStGH)**. Dieser Gerichtshof wurde eingerichtet zur Verfolgung von

- Völkermord,
- Verbrechen gegen die Menschlichkeit,
- Kriegsverbrechen sowie
- Verbrechen eines Angriffskriegs.

Von einigen Staaten, darunter China und Russland, wurde das Statut des IStGH bislang noch nicht ratifiziert; die USA zogen im Mai 2002 ihre Unterschrift unter das Statut zurück und erkennen somit den IStGH nicht an.

Internationaler Währungsfonds (IWF)

Der IWF wurde 1945 als Sonderorganisation der Vereinten Nationen in Bretton Woods (USA) gegründet. Im Einzelnen verfolgt er folgende Ziele:

- Förderung der internationalen Zusammenarbeit in der Währungspolitik
- Förderung eines ausgewogenen Wirtschaftswachstums sowie eines hohen Beschäftigungsgrads
- Sicherung geordneter Währungsbeziehungen
- Schaffung eines multilateralen Zahlungssystems
- Beseitigung von Beschränkungen im Devisenverkehr
- Zeitlich befristete Kreditgewährung zum Zahlungsbilanzausgleich

Die Vergabe von Krediten an einzelne Länder wird häufig an Auflagen zur Sanierung eines Staatshaushaltes gebunden. Auf diesem Wege kann der IWF erheblichen Einfluss auf die Politik eines Landes nehmen.

Kredite finanziert der IWF aus den Kapitaleinlagen seiner Mitgliedsländer. Die Einlagenhöhe, die sich nach der Wirtschaftskraft bemisst, bestimmt zugleich den Stimmanteil eines Landes. Die Industrieländer dominieren demzufolge die Entscheidungen der IWF-Gremien. Zurzeit hat der IWF 188 Mitglieder.

Internationales Kinderhilfswerk der Vereinten Nationen (UNICEF)

Die 1946 gegründete UNICEF ist eine Unterorganisation der Vereinten Nationen mit Sitz in New York und hat die Aufgabe, den Schutz und die Gesundheit von Kindern zu verbessern, Mütter zu unterstützen, in der Familienplanung zu beraten, bei Fragen der Erziehung und Ausbildung zu helfen und in Not- und Katastrophenfällen vor allem Kindern beizustehen. Diese Aufgaben werden in erster Linie in den Entwicklungsländern und in Kooperation mit anderen Organisationen der Vereinten Nationen wahrgenommen. 1965 erhielt UNICEF den Friedensnobelpreis.

Mitbestimmung

Mitbestimmung ist eine Bezeichnung für verschiedene Mitwirkungsrechte der Arbeitnehmer(-vertreter) bei unternehmerischen Entscheidungen. Zu unterscheiden sind die **betriebliche Mitbestimmung** und die **Mitbestimmung im Aufsichtsrat**.

Die betriebliche Mitbestimmung in der privaten Wirtschaft ist im Betriebsverfassungsgesetz festgesetzt. Wichtigstes Organ ist der Betriebsrat (siehe dort).

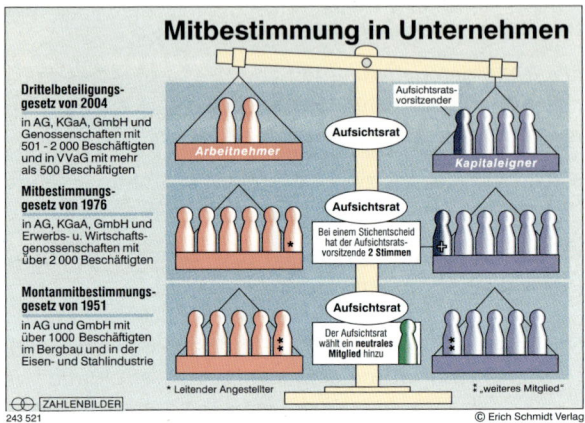

Die Mitbestimmung im Aufsichtsrat wird durch mehrere Gesetze geregelt: Montan-Mitbestimmungsgesetz (1951), Betriebsverfassungsgesetz (1952), Mitbestimmungsgesetz (1976). Wesentliches Element ist die Vertretung der Arbeitnehmer im Aufsichtsrat von Kapitalgesellschaften. Der Anteil der ihnen zustehenden Aufsichtsratsmandate hängt von der Anzahl der Mitarbeiter/-innen ab.

Nordatlantikpakt (NATO)

Die NATO wurde 1949 gegründet und hat ihren Sitz in Brüssel. Die Gründungsmitglieder waren Belgien, Dänemark, Frankreich, Großbritannien, Island, Italien, Kanada, Luxemburg, die Niederlande, Norwegen, Portugal und die USA. Später kamen hinzu: Griechenland 1952; Türkei 1952; Bundesrepublik Deutschland 1955; Spanien 1982; Polen, Tschechien, Ungarn 1999; Bulgarien, Estland, Lettland, Litauen, Rumänien, Slowakei, Slowenien 2004; 2009 traten Albanien und Kroatien bei. Offizielle Beitrittskandidaten sind zz. (Stand 2013): Montenegro, Bosnien und Herzegowina sowie Mazedonien. Ziele:

- Beistand gegen bewaffnete Angriffe auf das Gebiet eines Vertragsstaates in Europa und Nordamerika

- Friedlicher Ausgleich aller Streitigkeiten zwischen den Mitgliedern

- Gemeinsames Vorgehen auf politischem, wirtschaftlichem und sozialem Gebiet. Oberbefehlshaber ist ein Offizier aus den USA

OECD

Die wichtigsten Industrieländer sind in der OECD (Organisation for Economic Cooperation and Development – Organisation für wirtschaftliche Zusammenarbeit und Entwicklung) zusammengeschlossen. Der Organisation, die ihren Sitz in Paris hat und 1961 als Nachfolgerin der

OEEC (Organisation für europäische wirtschaftliche Zusammenarbeit) gegründet wurde, gehören inzwischen 25 europäische und neun nicht europäische Länder (wie z. B. die USA, Japan, Kanada und Südkorea) an. Gemeinsame Grundlage dieser atlantisch-pazifischen Wirtschaftsgemeinschaft sind die Ideen der Marktwirtschaft und der politischen Demokratie. Die OECD hat sich u. a. zum Ziel gesetzt, über eine engere wirtschaftspolitische Abstimmung zwischen den Mitgliedstaaten deren wirtschaftliche und soziale Entwicklung zu fördern, den Welthandel auszuweiten und Länder außerhalb der OECD in ihrer Entwicklung zu unterstützen.

Die OECD hat eine Vielzahl von Ausschüssen für fast alle Bereiche der Wirtschafts- und Sozialpolitik eingerichtet. Hier werden Stellungnahmen, Empfehlungen und Prognosen zur Konjunktur-, Struktur- und Währungspolitik der Mitgliedsländer ausgearbeitet. Auch die internationale Bildungsstudie PISA wurde von der OECD durchgeführt. Der für die Entwicklungszusammenarbeit maßgebliche Ausschuss ist das DAC (Development Assistance Comitee = Entwicklungshilfeausschuss), dessen Mitglieder rund 95 % der öffentlichen Entwicklungshilfeleistungen der Industrieländer aufbringen.

Opposition

In der parlamentarischen Demokratie stehen sich im Parlament die Regierungs- und die Oppositionsparteien gegenüber.

Oppositionspartner sind die Parteien, die nicht an der Regierung beteiligt sind (Opposition heißt Gegensatz, Widerstand). Die Opposition spielt im politischen System eine wichtige Rolle als Kontrolleur und Kritiker der Regierungsmehrheit. Für das parlamentarische System ist sie unentbehrlich, insbesondere im Hinblick auf die Gewaltenteilung.

Zu diesem Zweck ist die Opposition mit besonderen parlamentarischen Minderheitsrechten ausgestattet, z. B.

- Interpellation – Anfragen an die Regierung, die diese als „große Anfrage" im Parlament und als „kleine Anfrage" schriftlich beantworten muss;

- Einrichtung von Untersuchungsausschüssen, wie z. B. in der Parteispendenaffäre wegen des Verdachts der Steuerhinterziehung.

Der Opposition kommt die Aufgabe zu, die Interessen der Bevölkerungsteile zum Ausdruck zu bringen, die durch die Regierungsparteien nicht vertreten sind. Sie kann politische Alternativen entwickeln und auf diese Weise versuchen, der Regierung ihren politischen Gestaltungswillen aufzuzwingen.

Sozialgerichtsbarkeit

Die Gerichte der Sozialgerichtsbarkeit entscheiden in Angelegenheiten der Sozialversicherung (Kranken-, Pflege-, Unfall-, Rentenversicherung), der Arbeitslosenversicherung und der übrigen Aufgaben der Bundesagentur für Arbeit sowie der Kriegsopferversorgung. Grundsätzlich geht der Klage ein Vorverfahren voraus, das durch Erhebung des Widerspruchs gegen den erlassenen Verwaltungsakt eingeleitet wird, z. B.

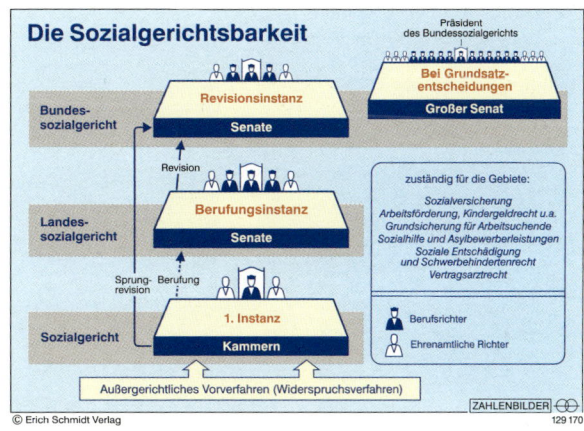

Die Sozialgerichtsbarkeit

Präsident des Bundessozialgerichts

Bundessozialgericht — Revisionsinstanz — Senate

Bei Grundsatzentscheidungen — Großer Senat

Revision

Landessozialgericht — Berufungsinstanz — Senate

zuständig für die Gebiete:
Sozialversicherung
Arbeitsförderung, Kindergeldrecht u.a.
Grundsicherung für Arbeitsuchende
Sozialhilfe und Asylbewerberleistungen
Soziale Entschädigung
und Schwerbehindertenrecht
Vertragsarztrecht

Sprung-
revision   Berufung

Sozialgericht — 1. Instanz — Kammern

Berufsrichter

Ehrenamtliche Richter

Außergerichtliches Vorverfahren (Widerspruchsverfahren)

© Erich Schmidt Verlag   ZAHLENBILDER   129 170

Widerspruch gegen Sperrung oder Kürzung des Arbeitslosengeldes.

Für das Verfahren vor dem Sozialgericht besteht kein Anwaltszwang. Eine Beratung durch Fachkundige aus Gewerkschaften oder Berufsverbänden ist aber vor einer Klage dringend zu empfehlen. In der 1. Instanz ist das Sozialgericht zuständig, in dessen Bezirk der Kläger seinen Wohnsitz hat. Die ehrenamtlichen Richter (Vertreter der Versicherten und der Arbeitgeber) haben das gleiche Stimmrecht wie die Berufsrichter.

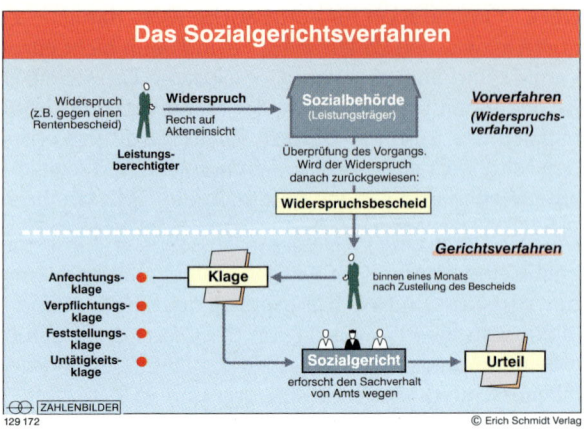

Das Verfahren vor dem Sozialgericht ist kostenfrei. Es entstehen aber Kosten des eigenen Anwalts, wenn der Kläger vor dem Gericht mit seiner Klage unterliegt.

Gegen die Urteile des Sozialgerichts findet eine mögliche Berufung vor den Landessozialgerichten statt, wenn die Berufung durch Gesetz nicht ausdrücklich ausgeschlossen ist, z. B. wenn es um einmalige Leistungsansprüche geht. Dann entscheidet das Sozialgericht endgültig. Revision ist nur in besonderen Ausnahmefällen beim Bundessozialgericht in Kassel zulässig, wenn es sich um Entscheidungen von grundsätzlicher Bedeutung handelt.

Tarifautonomie

Die Höhe von Löhnen und Gehältern, aber auch Arbeitszeit, Urlaub, Arbeitsbedingungen und vieles andere mehr werden zwischen Gewerkschaften und Arbeitgeberverbänden – den sogenannten Tarifparteien – ausgehandelt. Der Staat mischt sich dabei nicht ein. Gewerkschaften und Arbeitgeberverbände regeln gemeinsam durch das rechtlich abgesicherte System von Tarifverträgen die Beziehungen zwischen Arbeitnehmern und Arbeitgebern, zwischen Kapital und Arbeit. Ein geregeltes Arbeitsverhältnis zwischen Arbeit und Kapital ist eine unabdingbare Voraussetzung für das Funktionieren der Wirtschaft und für die Stabilität (Festigkeit, Haltbarkeit) der gesellschaftlichen Ordnung.

Tarifautonomie bedeutet, dass die Tarifvertragsparteien die Lohn-, Gehalts- und Arbeitszeitregelungen vom Staat in Selbstverwaltung und Selbstverantwortung übertragen bekommen haben. Damit üben Gewerkschaften und Arbeitgeberverbände ein Stück öffentlicher Rechtsgewalt zur Schaffung einer rechtsverbindlichen Ordnung für große Bereiche des Arbeitslebens aus. Diese Selbstverwaltung des Arbeitslebens geht dabei von zwei gleichgewichtigen Partnern aus. Auseinandersetzung und Kampf sind zugelassene Mittel.

Wahlrecht

Gemäß § 12 Bundeswahlgesetz (BWG) sind alle Deutschen im Sinne des Artikels 116 Abs. 1 GG **wahlberechtigt**, sofern sie am Wahltage

1. das achtzehnte Lebensjahr vollendet haben und mindestens drei Monate im Bundesgebiet wohnen;

2. nicht nach § 13 BWG vom Wahlrecht ausgeschlossen sind (z. B. infolge eines Richterspruchs oder wegen Entmündigung);

3. zwar in den Gebieten der übrigen Mitgliedstaaten des Europarats leben, aber nach dem 23.05.1949 und vor ihrem Fortzug mindestens drei Monate ununterbrochen im Geltungsbereich dieses Gesetzes eine Wohnung innehatten;

4. wie 3., jedoch **übriges Ausland** – seit dem Fortzug dürfen hier jedoch nicht mehr als zehn Jahre verstrichen sein.

Wählbar ist jeder (passives Wahlrecht), wer am Wahltage
1. seit mindestens einem Jahr Deutscher im Sinne des Artikels 116 Abs. 1 GG ist und
2. das achtzehnte Lebensjahr vollendet hat.

Wahlrechtsgrundsätze

Eine demokratische Wahl ist durch folgende Merkmale gekennzeichnet:

- **Allgemein:** Alle Staatsbürger dürfen wählen, unabhängig von Herkunft, Geschlecht, Stand, Bildung, Glaubensbekenntnis usw. An diesen Grundsatz sind allerdings einige unerlässliche Voraussetzungen geknüpft. Zu ihnen gehören:
  1. Besitz der Staatsangehörigkeit
  2. Vollendung des 18. Lebensjahres
  3. Volle rechtliche Handlungsfähigkeit
  4. Wohnsitz mindestens seit drei Monaten im Geltungsbereich des Grundgesetzes
  5. Eintragung in das Wählerverzeichnis

- **Geheim:** Jeder Bürger muss seine Stimme so abgeben können, dass seine Entscheidung nach der Wahl nicht überprüft werden kann. Er muss unbeobachtet seinen Stimmzettel ankreuzen und ihn dann zu den anderen in eine versiegelte Urne werfen können. Die Urne darf erst nach Beendigung der Wahl geöffnet werden. Die Stimmzettel müssen gleichartig sein. Kennzeichnung der Stimmzettel ist unzulässig. Für Wahlautomaten gelten entsprechende Regeln.

- **Frei:** Auf den Wähler darf kein Zwang ausgeübt werden. Aber auch die Parteien dürfen nicht daran gehindert werden, Kandidaten aufzustellen und Wähler zu werben. Der Wähler muss zwischen Kandidaten auswählen können.

- **Gleich:** Jede Stimme hat den gleichen Wert. Der Wert einer Stimme darf nicht nach Besitz, Steuerlast oder Bildung bemessen werden.

- **Unmittelbar:** Jeder Wähler wählt einen Abgeordneten oder eine Partei und nicht erst Wahlmänner. Dieser Grundsatz ist nicht notwendiger Bestandteil einer demokratischen Wahl. In den USA wählen die Wähler z. B. Wahlmänner, die ihrerseits den Präsidenten wählen.

Weltbank

Die Weltbank, eine Schwesterorganisation des IWF, hat ihren Sitz ebenfalls in Washington (USA). Die Mitgliedschaft in der Weltbank setzt diejenige im IWF voraus, damit gewährleistet ist, dass ein kreditnehmendes Land auch bei Zahlungsbilanzproblemen eine Währungs-, Finanz- und Außenhandelspolitik betreibt, die eine möglichst reibungslose Integration in die internationale Arbeitsteilung sicherstellt.

Die Weltbank widmet sich überwiegend der wirtschaftlichen Förderung der Entwicklungsländer. Ihr Ziel ist es, das Wohlstandsgefälle zwischen armen und reichen Ländern durch langfristige Kredite zu vermindern.

Die Organe der Weltbank entsprechen denen des IWF. Oberstes Gremium ist der Gouverneursrat, für den jedes Mitgliedsland einen Gouverneur (in der Regel Wirtschafts- oder Finanzminister) entsendet.

Welthandelsorganisation (WTO)

Die heutige Welthandelsorganisation WTO, englisch: World Trade Organisation, ging 1995 aus dem Allgemeinen Zoll- und Handelsabkommen (GATT) hervor und hat ihren Sitz in Genf.

Neben dem IWF und der Weltbank ist sie die wichtigste internationale Einrichtung zur Behandlung internationaler Wirtschaftsprobleme. Wichtigste Aufgaben der WTO sind

- die weitere Liberalisierung des Welthandels,
- Senkung der Zölle,
- Überwachung internationaler Handels- und Dienstleistungsregelungen,
- Abkommen über Eigentumsrechte, Patente u. a.,
- Vermittlung in bilateralen Handelskonflikten, so beispielsweise im Bananen- und Rindfleischstreit zwischen Europa und den USA.

Oberstes Organ ist die zweijährlich tagende Ministerkonferenz, in der jedes Land eine Stimme hat. Zwischen den Tagungen übernimmt der Allgemeine Rat deren Funktion. Diesem sind das Streitschlichtungsorgan und das Organ für den handelspolitischen Überprüfungsmechanismus zugeordnet. Weiterhin besteht ein Sekretariat, das ein von der Ministerkonferenz ernannter Generalsekretär leitet. 2013 gehörten der WTO 159 stimmberechtigte Mitglieder an. Zwei Drittel der Mitgliedstaaten sind Entwicklungsländer.

Sachwortverzeichnis

Bildquellenverzeichnis

Bergmoser + Höller Verlag AG: S. 9, 44, 46, 50, 51, 52, 55, 62, 63, 64, 74, 78, 82, 86, 140, 141, 143, 144, 146, 148, 149, 153, 159, 163, 164, 172, 227, 254, 255, 256

Bundesgeschäftsstelle der FDP: S. 76

Bundeskartellamt, Bonn: S. 41

dpa picture alliance: S. 29, 50, 59 (3x), 65, 87 (3x), 91, 103_1, 109_2, 185, 187_3, 194, 209

dpa-Infografik, Hamburg: S. 11, 15, 18, 24, 25, 32, 33, 35, 40, 48, 53, 54, 56, 57, 68, 83, 89, 90, 94, 95, 96, 97, 98, 99, 100, 102, 105, 123, 131, 133, 134, 136, 137, 139, 142, 143, 147, 161, 169, 174, 175, 176, 178, 180, 182, 183, 186, 190, 206, 207, 210, 213, 214

Europäische Union: S. 158, 163

Exxonmobil: S. 137

Fotolia.com: Umschlag (olly), S. 7_1 (Erika Walsh), 7_2 (wildworx), 7_3 (Adam Gregor), 13 (Andres Rodriguez), 14 (Carlson), 20_1 (ArTo), 20_2 (Robert Kneschke), 20_3 (Dmitriy Kudryavtsev), 20_4 (Christian Schwier), 34 (Jochen Mittenzwey), 41_1 (Gina Sanders), 41_2 (Yuri Arcurs), 97 (Alexander Raths), 103 (bluefern), 109_2 (Wavebreak Media LTD), 109_3 (Jasper Grahl), 112 (Syda Productions), 120 (sumnersgraphicsinc), 129_1 (Vitalij Schäfer), 129_2 (doncarlo), 129_3 (Martina Berg), 155_1 (stephan siedler), 155_2 (Robert Kneschke), 155_3 (Akhodi), 187_1 (soupstock), 187_3 (Scanrail), 191 (Julien Eichinger), 196 (adisa)

Germanwatch 2012: S. 133

Hans Böckler Stiftung: S. 101

Imu Infografik: S. 181

KMK: S. 17

Le Monde diplomatique (Hg.), Atlas der Globalisierung spezial. Klima, Berlin (taz Verlag) 2008, S. 11: S. 200

Marko Djurica/Reuters: S. 118

MEV Verlag GmbH, Augsburg: S. 143, 172, 227

Statista: S. 111, 112, 113

Karikaturen

Christian Born: S. 127

Horst Haitzinger: S. 70

Phil Hubbe: S. 36

HSB-Cartoon/toonpool.com: S. 138

E. H. Köhler: S. 45

Erik Liebermann: S. 142

Reinhold Löffler: S. 167

Felix Mussil: S. 75

Heiko Sakurai: S. 117, 138

Oliver Wetterauer/Bildungsverlag EINS: S. 211

Jupp Wolter, Sammlung Haus der Geschichte, Bonn: S. 146